La Bible dévoilée

Israel Finkelstein
et Neil Asher Silberman

La Bible dévoilée

Les nouvelles révélations de l'archéologie

Traduit de l'anglais (États-Unis)
par Patrice Ghirardi

LE GRAND LIVRE DU MOIS

Cet ouvrage a été originellement publié par The Free Press
A Division of Simon & Schuster, Inc. (New York, USA)
sous le titre *The Bible Unearthed*

ISBN : 2-7028-7254-9

3-5, rue Bayard, 75008 Paris

Remerciements

L'idée d'écrire ce livre nous est venue il y aura bientôt huit ans, au cours d'un week-end paisible que nous passions en famille, sur la côte du Maine. Le débat autour de la véracité historique de la Bible commençait de nouveau à passionner un nombre considérable de personnes qui n'appartenaient pas au cercle des savants ; il devenait donc nécessaire – et nous en avons pris conscience – de mettre à la disposition du grand public un ouvrage d'actualité sur le sujet. Nous souhaitions y présenter l'ensemble des preuves historiques et archéologiques qui, selon nous, imposaient une nouvelle manière de comprendre la naissance de l'ancien Israël et l'émergence de ses textes sacrés et historiques.

Depuis lors, au fil des ans, la Bible a fait l'objet de controverses archéologiques de plus en plus âpres. Elles ont parfois donné lieu à des attaques personnelles, voire à des accusations de mobiles politiques cachés. L'Exode a-t-il vraiment eu lieu ? Canaan a-t-il vraiment été conquis ? David et Salomon ont-ils vraiment régné sur un vaste empire ? Ce type de questions ne pouvait qu'attirer l'attention des médias partout dans le monde. Les débats publics suscités par chacune de ces questions s'écartaient souvent des limites précises des sciences de l'archéologie et de la critique biblique pour s'aventurer dans les domaines brûlants de la théologie et des croyances religieuses.

Nonobstant les passions soulevées par de tels sujets, nous estimons qu'un réexamen des découvertes antérieures et de celles provenant de fouilles archéologiques actuelles démontre clairement que, dorénavant, les savants devront aborder le problème des origines de la Bible et de l'antique société israélite à partir d'une perspective entièrement nouvelle. Dans les prochains chapitres, nous apporterons les preuves qui étayent cette affirmation ; elles brossent un panorama historique de l'ancien Israël qui diffère sensiblement de celui auquel nous avons été accoutumés. Nous laissons au lecteur le soin de décider si notre reconstruction s'accorde avec ces preuves.

Avant d'entrer dans le vif du sujet, il convient de préciser certains détails concernant nos sources et nos translittérations. Les citations des livres bibliques sont tirées de la traduction en anglais de la Bible hébraïque intitulée *Revised Standard Version* (*RSV*)[1]. Dans les citations, nous respectons les termes par lesquels la *RSV* nomme le Dieu d'Israël ; mais, dans nos propres textes, Dieu sera désigné par le tétragramme YHWH. De son côté, la *RSV* traduit le tétragramme par « Seigneur » et emploie le mot « Dieu » pour *Élohim* ou *Élohei*[2].

Pour la chronologie biblique, domaine semé d'embûches et d'incertitudes, nous avons opté pour la combinaison de deux systèmes de datation qui, d'après nous, offrait la meilleure adéquation avec la réalité archéologique émergente : à partir des débuts de la monarchie israélite jusqu'à l'époque d'Achab, nous avons suivi les dates proposées par Gershon Galil dans *The Chronology of the Kings of Israel and Judah* (Leiden, 1996). Pour les rois d'Israël et de Juda ultérieurs, nous avons choisi les dates proposées par Mordecai Cogan, dans son article intitulé « Chronology » (*Anchor Bible Dictionary*, New York, 1992). Bien entendu, de nombreuses incertitudes demeurent – notamment sur les dates précises des premiers rois et des corégences ultérieures, pour ne pas mentionner les contradictions internes au texte biblique lui-même –, mais nous estimons que, d'une manière générale, cette chronologie offre une base relativement fiable pour notre propos.

La reprise des fouilles de Megiddo, entreprise par l'université de Tel-Aviv, en partenariat avec la Pennsylvania State University, fut une source très riche de réflexions et de discussions entre collègues sur les matériaux introduits dans cet ouvrage. Nous souhaitons remercier tout particulièrement les codirecteurs de l'expédition de Megiddo,

1. Pour la traduction française, *La Bible de Jérusalem* a servi de référence, tant pour les citations que pour l'orthographe des noms de personnes et de lieux bibliques. (N.D.T.)

2. *La Bible de Jérusalem* traduit le tétragramme par « Yahvé », et *Élohim* ou *Élohei* par « Dieu ». (N.D.T.)

les professeurs David Ussishkin et Baruch Halpern, ainsi que les membres de l'équipe des fouilles de Megiddo, qui ont, au fil des ans, joué un rôle essentiel, non seulement dans les fouilles proprement dites, mais aussi dans l'évolution de l'archéologie biblique en général.

Les recherches et la rédaction de ce livre ont été entreprises à Paris, au cours d'une année sabbatique, par Israel Finkelstein, et à New Haven, par Neil Asher Silberman. Notre collègue et ami, le professeur Pierre de Miroschedji, a rendu notre séjour parisien à la fois agréable et productif. Pendant la composition de cet ouvrage, un certain nombre de bibliothèques publiques et privées nous ont grandement facilité la recherche : en Israël, la bibliothèque de l'Institute of Archaeology de l'université de Tel-Aviv ; à Paris, les bibliothèques de l'Institut catholique, du Centre d'archéologie orientale de la Sorbonne et de la section des études sémitiques du Collège de France ; à Yale, la Sterling Memorial Library et la bibliothèque de la Yale Divinity School.

Nous remercions vivement Judith Dekel, de l'Institute of Archaeology de l'université de Tel-Aviv, qui a réalisé les cartes, les plans et les croquis qui illustrent ce livre.

Les professeurs Baruch Halpern, Nadav Naaman, Jack Sasson et David Ussishkin nous ont prodigué leurs conseils avisés. Les réponses de Nadav Naaman et de Baruch Halpern à nos questions, posées parfois bien tard dans la nuit au téléphone, nous ont grandement aidés à résoudre les problèmes complexes relatifs à la rédaction et à l'histoire de la Bible. Baruch a également relu et discuté avec nous les premières ébauches de nombre de chapitres. À tous, nous exprimons notre gratitude, ainsi qu'aux amis et collègues que nous avons consultés, même si nous endossons, bien entendu, l'entière responsabilité du résultat final.

Carol Mann, notre agent littéraire de New York, a veillé sur la bonne marche du projet, depuis l'idée initiale jusqu'à la publication. Chez notre éditeur de The Free Press, nous tenons tout particulièrement à remercier Daniel Freedberg, assistant à la direction littéraire, pour son aide efficace et assidue tout au long du travail. Cet ouvrage a, depuis le début, bénéficié du support fervent et constant de Bruce Nichols, le directeur littéraire. Sa perspicacité et son professionnalisme nous ont considérablement aidés à améliorer notre manuscrit au fur et à mesure de son évolution.

Enfin, une bonne part du mérite revient aux membres de nos familles respectives : Joëlle, Adar et Sarai Finkelstein, d'une part, Ellen et Maya Silberman, de l'autre. Sans leur amour, sans leur patience, sans le sacrifice consenti de nombreuses fêtes de famille et sorties de week-end, ce livre n'aurait jamais vu le jour. Nous espérons que le résultat de nos efforts justifie la confiance qu'elles ont placée en nous – et en notre idée, qui a émergé pour la première fois en leur présence il y a plusieurs années, de rédiger un ouvrage sur l'archéologie en relation avec la Bible.

I. FINKELSTEIN
N. A. SILBERMAN

Prologue

Au temps du roi Josias

Le monde dans lequel fut composée la Bible n'avait rien d'un royaume mythique parsemé d'opulentes cités et peuplé de héros sanctifiés. La Bible naquit au cœur d'un minuscule royaume, très prosaïque, dont la population se forgeait un avenir en luttant avec des moyens parfaitement humains contre les peurs et les calamités engendrées par la guerre, la misère, l'injustice, la maladie, la disette et la sécheresse. La saga historique que nous conte la Bible – depuis la rencontre entre Dieu et Abraham, qui incita ce dernier à émigrer vers Canaan, jusqu'à la libération des enfants d'Israël du joug de la servitude, sous la conduite de Moïse, suivie de l'émergence et de la chute des royaumes d'Israël et de Juda – ne doit rien à une quelconque révélation miraculeuse ; elle est le brillant produit de l'imagination humaine. Comme le suggèrent de récentes découvertes archéologiques, elle a été conçue pour la première fois, en l'espace de deux ou trois générations, il y a environ 2 600 ans. Elle prit naissance au sein du royaume de Juda. C'était, à l'époque, une contrée à la population clairsemée, composée pour l'essentiel de pâtres et de fermiers, gouvernée à partir d'une cité royale excentrée, nichée au cœur d'une région de collines, et perchée, de façon précaire, sur une étroite crête rocheuse cernée de profonds ravins.

Vers la fin du VIIe s. av. J. C., au cours de quelques décennies, qui furent témoins à la fois d'un ferment spirituel sans précédent et d'une intense agitation politique, une coalition des plus hétéroclites rassembla des fonctionnaires de la cour judéenne, des scribes, des prêtres, des fermiers et des prophètes du royaume de Juda. Ensemble, ils initièrent un nouveau mouvement, dont l'élan puisait son inspiration dans une écriture sacrée, dont le génie spirituel et littéraire demeure sans égal. Cette saga épique se composait d'une collection, fabuleusement riche, de récits historiques, de souvenirs, de légendes, de contes populaires, d'anecdotes, de textes de propagande royale, de prédictions et de poèmes antiques. Ce chef-d'œuvre de la littérature – moitié composition originale, moitié adaptation de versions antérieures – connut un certain nombre de réajustements et d'améliorations avant de servir de point d'ancrage spirituel, non seulement aux descendants du peuple de Juda, mais aussi à d'innombrables communautés humaines dans le monde entier.

Le noyau historique de la Bible fut conçu dans la cohue des ruelles encombrées de Jérusalem, dans les cours intérieures du palais royal de la dynastie davidique et dans le Temple du Dieu d'Israël. Contrairement aux innombrables sanctuaires du Proche-Orient ancien, avec leur tendance œcuménique à entretenir les meilleures relations internationales possibles en honorant les symboles religieux et les déités de leurs alliés, le Temple de Jérusalem cultivait un splendide isolement. En réaction contre l'urgence et l'ampleur des changements imposés sur le royaume de Juda par la pression du monde extérieur, au VIIe s. av. J. C., pendant le règne du roi Josias – un descendant de la lignée de David de la seizième génération –, les dirigeants de Jérusalem ont jeté l'anathème sur la moindre trace de vénération des déités étrangères, qu'ils dénonçaient comme étant à l'origine des infortunes qui frappaient à l'époque le royaume de Juda. Ils se lancèrent dans une vigoureuse campagne de purification religieuse à travers le pays et ordonnèrent la destruction de tous les sanctuaires locaux, qu'ils accusaient d'être la source de leurs maux. Dorénavant, le Temple qui surplombait Jérusalem, avec son sanctuaire intérieur, son autel et ses enceintes sacrées, devait être reconnu comme l'« unique » lieu de culte légitime pour l'ensemble du peuple d'Israël. Le monothéisme[1] moderne est né de cette innovation.

1. Par « monothéisme », nous entendons le culte, ordonné par la Bible, d'un Dieu unique en un lieu unique – le Temple de Jérusalem – auquel était accordée une sainteté particulière. La littérature moderne et scientifique a identifié quantité de cultes dans lesquels un dieu unique joue un rôle central, mais pas exclusif (dans la mesure où il partage la dévotion qui lui est rendue avec d'autres déités et entités célestes). Il est de fait que, durant la période monarchique tardive et même par la suite, le culte du Dieu d'Israël s'accompagnait souvent de celui de son entourage divin et d'autres entités célestes. Mais nous suggérons qu'un mouvement décisif en direction du monothéisme moderne s'est opéré durant le règne de Josias, sous l'influence des conceptions deutéronomistes.

Parallèlement, les ambitions politiques des dirigeants de Juda prirent des proportions démesurées. Ils ambitionnaient de transformer le Temple et le palais royal de Jérusalem en un centre spirituel et administratif d'un vaste royaume panisraélite, de recréer le légendaire royaume unifié de David et de Salomon.

Et dire que c'est aussi tardivement – et aussi soudainement – que Jérusalem commença à occuper une place centrale dans la conscience israélite ! La Bible possède un tel pouvoir d'évocation qu'elle est parvenue à convaincre le monde entier que, de tout temps, Jérusalem avait joué un rôle central dans l'expérience de tout l'ancien Israël, et que les descendants de David furent toujours auréolés d'une sainteté particulière, alors qu'ils formaient un clan aristocratique comme les autres, qui bataillait ferme pour se maintenir au pouvoir, en dépit de querelles intestines et de menaces sans précédent en provenance du monde extérieur.

Les proportions de leur royale cité sembleraient quelque peu dérisoires au regard d'un moderne observateur. Au VIIe siècle avant notre ère, l'aire bâtie de Jérusalem couvrait tout au plus une superficie d'une soixantaine d'hectares, ce qui représenterait la moitié de l'actuelle vieille ville de Jérusalem. Sa population, qui totalisait environ quinze mille habitants, la faisait ressembler à n'importe quelle bourgade du Moyen-Orient, tapie à l'abri de ses remparts et de ses portes, avec son bazar et ses masures, entassés à l'ouest et au sud d'un palais royal de fort modestes dimensions et du complexe du Temple. Et pourtant, auparavant, Jérusalem n'avait jamais atteint une telle dimension. Au VIIe siècle, la ville débordait de fonctionnaires royaux, de prêtres, de prophètes, de réfugiés et de paysans privés de terre. Rares ont été les cités, toutes périodes comprises, qui ont fait preuve d'une telle intensité dans la prise de conscience de leur identité historique et religieuse, de leur destinée et de leur relation privilégiée avec Dieu.

Cette nouvelle manière d'appréhender la Jérusalem antique et les circonstances historiques qui ont accompagné la naissance de la Bible est due, en grande partie, aux récentes découvertes archéologiques. Elles ont révolutionné l'étude de l'ancien Israël ; elles ont semé le doute sur les fondements historiques des chroniques bibliques les plus célèbres, comme l'errance des patriarches, la sortie d'Égypte, la conquête de Canaan et le fabuleux empire, gouverné par David, puis par Salomon.

Cet ouvrage a pour objectif de raconter l'histoire de l'ancien Israël[2] et la naissance de son écriture sacrée à partir de la perspective nouvelle que nous propose l'archéologie. Nous tenterons de départager ce qui appartient à la légende de ce qui revient à la réalité. À travers les preuves que nous apportent les récentes découvertes archéologiques, nous construirons une nouvelle histoire de l'ancien Israël dans laquelle nombre d'événements et de personnages célèbres mentionnés dans la Bible revêtiront des aspects aussi différents qu'inattendus. Cependant, notre propos ne vise pas à une simple déconstruction. Nous souhaiterions, avant tout, partager avec le lecteur l'éclairage singulier projeté par les découvertes archéologiques les plus récentes – encore largement inconnues en dehors du cercle des experts –, afin d'expliquer non seulement à quelle époque la Bible fut composée, mais aussi pourquoi elle le fut, et pourquoi, aujourd'hui encore, le pouvoir d'évocation de ce texte demeure inchangé.

2. Dans cet ouvrage, le terme « Israël » recouvre alternativement deux significations distinctes : parfois il désigne le royaume du Nord, parfois la communauté de tous les Israélites. En général, nous désignons le royaume nordiste par l'expression « royaume d'Israël » et la communauté israélite par les termes « ancien Israël », « peuple d'Israël » ou « enfants d'Israël ». Quant aux « Israélites », ils représentent tantôt le peuple d'Israël, tantôt les sujets du royaume nordiste d'Israël.

Introduction

La Bible et l'archéologie

Comment et pourquoi la Bible fut-elle écrite ? Quel rôle a-t-elle joué dans l'histoire étonnante du peuple d'Israël ? Ces questions sont étroitement liées au récit fascinant des découvertes scientifiques modernes. La quête concerne un minuscule territoire, cerné d'un côté par le désert, de l'autre par la Méditerranée, et qui subit depuis des millénaires des sécheresses récurrentes et un état de guerre quasi permanent. Comparées à celles des empires voisins de l'Égypte et de la Mésopotamie, ses villes et sa population étaient des plus modestes. Sa culture matérielle faisait pâle figure au regard des splendeurs extravagantes de ses puissants voisins. Et pourtant, au sein de cette humble contrée, naquit un chef-d'œuvre de la littérature, qui exerça une influence sans pareille sur l'ensemble de la civilisation mondiale, à la fois sous son aspect d'écriture sacrée et sous son aspect de récit historique.

Plus de deux siècles d'études attentives du texte hébreu de la Bible et l'exploration, encore plus minutieuse, des moindres recoins de la région située entre le Nil, le Tigre et l'Euphrate ont permis de commencer enfin à comprendre quand, pourquoi et comment la Bible a pris naissance. Les analyses détaillées de la langue et des styles littéraires particuliers de la Bible ont permis aux savants d'identifier les sources orales et écrites qui ont alimenté le texte biblique actuel. De son côté, l'archéologie a accompli l'exploit de réunir un trésor de connaissances innombrables, d'une ampleur quasi encyclopédique, sur les conditions matérielles, les langues, les sociétés de l'ancien Israël, ainsi que sur l'histoire au cours de laquelle ses traditions se sont graduellement cristallisées, sur une période d'environ six cents ans, entre l'an 1000 et l'an 400 av. J. C. Et, ce qui est le plus important, une meilleure connaissance à la fois du texte et des trouvailles archéologiques nous a aidés à distinguer entre la puissance poétique de la saga biblique et les événements et les différentes phases, beaucoup plus prosaïques, de l'histoire du Proche-Orient ancien.

Jamais le monde de la Bible ne nous a été aussi proche, jamais il n'avait fait l'objet d'aussi minutieuses explorations. Grâce aux fouilles archéologiques, nous savons quelles céréales les Israélites et leurs voisins cultivaient, quels mets ils consommaient, avec quels matériaux ils bâtissaient leurs cités, avec qui ils commerçaient. Plusieurs dizaines de villes et de localités mentionnées dans la Bible ont été identifiées et exhumées. On a fait appel aux techniques de fouille les plus modernes, ainsi qu'au plus large éventail possible de tests de laboratoire, pour dater et analyser les civilisations des anciens Israélites et de leurs voisins philistins, phéniciens, araméens, ammonites, moabites et édomites. On a découvert un certain nombre d'inscriptions et de sceaux qu'il est permis d'associer à des personnages mentionnés dans le texte biblique. Pour autant, l'archéologie n'a pas démontré, loin s'en faut, que la chronique biblique est véridique dans tous ses détails. Il est aujourd'hui évident qu'un grand nombre d'événements de l'histoire biblique ne se sont déroulés ni au lieu indiqué ni de la manière dont ils sont rapportés. Bien plus : certains des épisodes les plus célèbres de la Bible n'ont tout simplement jamais eu lieu.

L'archéologie nous permet de reconstituer la véritable histoire qui se cache derrière la Bible, que ce soit au niveau des grands rois et de leurs royaumes ou au niveau des us et coutumes de la vie quotidienne. Comme nous allons l'expliquer dans les prochains chapitres, nous savons à présent que les premiers livres de la Bible, dont les récits célèbres content l'histoire des premiers Israélites, furent d'abord codifiés (et, pour l'essentiel, composés) en un lieu et à une époque désormais identifiés : la Jérusalem du VIIe siècle av. J. C.

QU'EST-CE QUE LA BIBLE ?

Commençons par quelques définitions. Par « Bible », nous entendons essentiellement le recueil de textes anciens, longtemps désigné sous le titre d'Ancien Testament, et qu'aujourd'hui les savants ont coutume d'appeler la Bible hébraïque. C'est un assemblage d'histoires, de légendes, de textes de lois, de poèmes, de prophéties, de réflexions philosophiques, composés pour la plupart en hébreu (exception faite de quelques passages écrits en araméen, dialecte sémitique proche de l'hébreu, qui, à partir de l'an 600 avant notre ère, servit de *lingua franca* au Moyen-Orient). La Bible se divise en trente-neuf livres qui, à l'origine, étaient classés par auteurs ou par sujets – ou bien, pour des ouvrages plus longs comme les livres 1 et 2 de Samuel, les livres 1 et 2 des Rois, les livres 1 et 2 des Chroniques, d'après la longueur étalon des rouleaux de parchemin ou de papyrus utilisés. La Bible hébraïque sert de fondement spirituel au judaïsme ; elle constitue la première partie du canon du christianisme ; l'Islam aussi la considère comme une source d'inspiration et d'enseignement éthique d'une grande richesse, transmise par l'intermédiaire du Coran. La tradition divise la Bible hébraïque en trois parties principales (voir tableau 1).

En premier lieu, vient la Torah, appelée également les cinq livres de Moïse, ou Pentateuque (« cinq livres », en grec). Elle inclut la Genèse, l'Exode, le Lévitique, les Nombres et le Deutéronome. Elle raconte l'histoire du peuple d'Israël, à commencer par la création du monde, suivie du Déluge, de la vie des patriarches, de la sortie d'Égypte, de la traversée du désert et de la remise des Tables de la Loi sur le mont Sinaï. La Torah se termine par les adieux de Moïse au peuple d'Israël.

Viennent ensuite les Prophètes. Cette partie de la Bible se divise en deux groupes de textes. Les « premiers prophètes » – Josué, les Juges, 1 et 2 Samuel, 1 et 2 Rois – narrent l'histoire du peuple d'Israël en partant de la traversée du Jourdain et de la conquête de Canaan, suivies de l'ascension et de la chute des royaumes israélites, puis de leur défaite et de leur exil sous les coups des Assyriens et des Babyloniens. Les « derniers prophètes » rassemblent une série d'oracles, de directives sociales, d'âpres admonestations, qui expriment l'attente messianique d'un ensemble d'individus diversement inspirés sur une période d'environ trois siècles et demi, entre le milieu du VIIIe siècle et la fin du Ve siècle av. J. C.

Enfin, viennent les Écrits. Ils regroupent des homélies, des poèmes, des prières, des proverbes et des psaumes, qui expriment, de façon

TABLEAU 1
LA TORAH La Genèse l'Exode le Lévitique les Nombres le Deutéronome
LES PROPHÈTES LES PROPHÈTES ANTÉRIEURS Josué les Juges 1 Samuel 2 Samuel 1 Rois 2 Rois LES PROPHÈTES POSTÉRIEURS Isaïe Jérémie Ézéchiel Osée Joël Amos Abdias Jonas Michée Nahum Habaquq Sophonie Aggée Zacharie Malachie
LES ÉCRITS POÉSIE Les Psaumes les Proverbes Job LES CINQ ROULEAUX Le Cantique des cantiques Ruth les Lamentations l'Ecclésiaste Esther PROPHÉTIE Daniel HISTOIRE 1 Chroniques 2 Chroniques Esdras Néhémie

mémorable et frappante, la dévotion de l'Israélite ordinaire en des temps de joie, de crise, de vénération ou de réflexion personnelle. Dans la plupart des cas, il est extrêmement difficile de les relier à des événements historiques ou à des auteurs déterminés. Ils ont fait l'objet d'un processus permanent de recomposition qui s'est prolongé pendant plus d'un siècle. Bien que les premiers textes (certains Psaumes et Lamentations) aient pu être rassemblés au cours de la période monarchique tardive, ou aussitôt après la destruction de Jérusalem, en 586 av. J. C., la plupart de ces écrits paraissent avoir été composés plus récemment, entre le Vᵉ et le IIᵉ siècle av. J. C., au cours des périodes perse et hellénistique.

Cet ouvrage est consacré, pour l'essentiel, aux œuvres dites « historiques » de la Bible, en particulier la Torah et les premiers prophètes, qui racontent la saga du peuple d'Israël depuis ses débuts jusqu'à la destruction du Temple de Jérusalem (586 av. J. C.). Nous comparerons ces récits avec la manne de données archéologiques rassemblées au cours des dernières décennies. Le résultat de cette investigation est la découverte d'une relation fascinante et complexe entre ce qui s'est *réellement* passé (pour autant que nous puissions le déterminer) dans le pays de la Bible à l'époque biblique, et la version bien connue et détaillée que nous propose la Bible hébraïque.

DU JARDIN D'ÉDEN À SION

Le cœur de la Bible hébraïque est un récit épique qui décrit l'émergence du peuple d'Israël et sa relation constante avec Dieu. À l'encontre d'autres récits mythologiques du Proche-Orient, comme les histoires égyptiennes d'Osiris, d'Isis et d'Horus, ou bien l'épopée mésopotamienne de Gilgamesh, la Bible s'ancre fermement dans l'histoire terrestre. Le drame divin se joue sous les yeux de l'humanité. À l'encontre également des autres chroniques royales des nations du Proche-Orient, la Bible ne se contente pas de célébrer le pouvoir de la tradition et des dynasties régnantes. Elle explique pourquoi l'histoire du peuple d'Israël – et du monde entier – s'est déroulée selon un schéma dont l'issue dépendait directement des commandements et des promesses de Dieu. C'est le peuple d'Israël qui tient le rôle central dans cette tragédie. Son comportement et son adhésion aux commandements de Dieu déterminent la direction que suivra le flot de l'histoire. Il appartient au peuple d'Israël – et, à travers lui, à tous les lecteurs de la Bible – d'orienter le sort du monde.

L'histoire biblique débute au jardin d'Éden ; elle se poursuit avec Caïn et Abel, puis Noé et le Déluge, pour se concentrer finalement sur le sort d'une seule famille, celle d'Abraham. Abraham, que Dieu a choisi pour devenir le père d'une grande nation, observe, avec une obéissance farouche, les commandements divins. Il quitte, avec sa famille, sa demeure située en Mésopotamie pour se rendre au pays de Canaan. Là, au cours de sa longue existence, il nomadise, étranger au milieu de la population autochtone. Son épouse, Sara, lui donne un fils, Isaac, qui héritera des promesses divines faites en premier lieu à son père. Le fils d'Isaac, Jacob – qui représente la troisième génération de patriarches –, sera le père des douze tribus. Au cours d'une existence chaotique, haute en couleur, Jacob élève sa grande famille et parcourt le pays en y construisant des autels ; c'est en luttant avec un ange qu'il reçoit le nom d'Israël, nom qu'il léguera à ses descendants. La Bible raconte alors les querelles qui opposent les douze fils de Jacob, les travaux qu'ils mènent en commun, puis la grande famine qui les contraint à quitter leur terre natale pour se réfugier en terre égyptienne. Dans ses dernières volontés, Jacob, le patriarche, confie à la tribu de son fils Juda la responsabilité de régner sur les onze autres tribus (Gn 49,8-10).

La grande saga quitte alors le registre du drame familial pour se transformer en fresque historique. Le Dieu d'Israël fait au pharaon égyptien – le plus puissant souverain de la terre – la démonstration éclatante de ses pouvoirs impressionnants. En effet, les enfants d'Israël se sont multipliés au point de devenir une grande nation, mais, réduits en esclavage, ils subissent le sort des minorités opprimées. Condamnés aux travaux forcés, ils participent à la construction des grands monuments élevés à la gloire du régime pharaonique. Désireux de se faire reconnaître du monde entier, Dieu choisit alors Moïse pour lui servir d'intermédiaire dans la tâche de libérer les Israélites afin qu'ils puissent se mettre en quête de leur véritable destin. Dans ce qui constitue peut-être la série d'événements la plus dramatique de toute la littérature occidentale, le Dieu d'Israël guide les enfants d'Israël hors d'Égypte jusque dans le désert. Au mont Sinaï, Dieu, non content de révéler à son peuple sa véritable identité sous le nom de YHWH (appellation sacrée composée de quatre lettres hébraïques), leur remet également un code légal pour les guider dans leur vie collective et individuelle.

Ce contrat sacré passé entre YHWH et son peuple, gravé dans la pierre et scellé dans l'Arche d'alliance, servira aux Israélites d'étendard de bataille dans leur marche vers la Terre promise. Dans d'autres cultures, un tel mythe fondateur se serait peut-être arrêté à ce moment, ayant fourni une explication miraculeuse des premiers pas d'un peuple. Mais la Bible, elle, a encore des siècles et des siècles d'histoire à nous conter, faits de succès et de miracles, mais aussi de revers spectaculaires et de douloureuses tribulations collectives. En effet, la conquête triomphale du pays de Canaan, la fondation d'un vaste empire par le roi David, la construction d'un Temple majestueux par Salomon, tous ces exploits seront suivis des drames du schisme, de rechutes à répétition dans l'idolâtrie et, finalement, de l'exil. En effet, la Bible décrit comment, peu après la mort de Salomon, les dix tribus du Nord secoueront le joug des rois davidiques de Jérusalem pour se séparer de la monarchie unifiée, donnant ainsi naissance à deux royaumes distincts et rivaux : au nord, celui d'Israël, et au sud, celui de Juda.

Pendant les deux siècles suivants, le peuple d'Israël vit donc sous la tutelle de deux royaumes indépendants. D'après la Bible, il ne cesse de succomber au leurre des divinités étrangères. Toujours d'après la Bible, les dirigeants du royaume du Nord sont d'une impiété invétérée ; mais certains rois de Juda n'échappent pas non plus à l'opprobre, car ils se détournent de la voie de la dévotion exclusive envers le Dieu unique. Las de ces infidélités, Dieu finit par châtier son peuple en lui envoyant des tyrans envahisseurs. Les premiers sont les Araméens de Syrie, qui harcèlent le royaume d'Israël. Puis, en 720 av. J. C., viendra le tour du puissant Empire assyrien, qui pille et détruit les cités du Nord, forçant une grande partie de la population des dix tribus nordistes à s'exiler. Le royaume de Juda est épargné pendant plus d'un siècle, mais sa population ne peut échapper éternellement au jugement de Dieu. En 586 av. J. C., le brutal Empire babylonien décime l'ensemble du territoire et réduit en cendres Jérusalem et son Temple.

Après une telle tragédie, le récit biblique s'écarte dramatiquement, et de façon caractéristique, du schéma habituel des épopées religieuses de l'Antiquité. Dans ce genre de narration, généralement, la défaite d'un dieu par une armée ennemie entraîne la fin de son culte. Dans la Bible, en revanche, le pouvoir du Dieu d'Israël ne cesse de grandir à la suite de la chute de Juda et de l'exil des Israélites. Loin d'être anéanti par la destruction de son Temple, le Dieu d'Israël apparaît au contraire comme doté d'un pouvoir incommensurable. Ne vient-il pas, en effet, de manipuler les Assyriens et les Babyloniens, contraints de le servir en devenant ses agents involontaires pour infliger au peuple d'Israël le châtiment de son infidélité ?

Dorénavant, le retour à Jérusalem d'un certain nombre d'exilés et la reconstruction du Temple marquera, pour Israël, la fin de la période monarchique et le début de sa mutation en une communauté religieuse, soumise à la loi divine et dédiée à l'accomplissement méticuleux des rituels prescrits par ses textes sacrés. Désormais, la manière dont les hommes et les femmes de la communauté observeront, ou violeront, le commandement de Dieu – et non plus le comportement de ses rois, ou la grandeur et la décadence de ses empires – déterminera le cours de l'histoire d'Israël. Tout le pouvoir de la Bible réside dans cette surprenante insistance sur la responsabilité humaine. D'autres épopées antiques s'estomperont petit à petit. L'impact de la Bible sur la civilisation occidentale ne fera que grandir.

QUAND ET PAR QUI LE PENTATEUQUE FUT-IL ÉCRIT ?

Pendant des siècles, aux yeux des lecteurs, l'inspiration divine et la véracité historique de la Bible ne faisaient pas l'ombre d'un doute : Dieu en personne avait dicté les Écritures à un certain nombre de sages, de prophètes et de grands prêtres israélites. Pour les autorités religieuses au pouvoir, qu'elles fussent juives ou chrétiennes, Moïse était l'auteur du Pentateuque : selon le Deutéronome, le prophète l'avait écrit de sa propre main peu de temps avant sa mort sur le mont Nébo. Les livres de Josué, des Juges et de Samuel étaient des archives sacrées recueillies et conservées par le vénérable prophète Samuel au sanctuaire de Silo ; quant aux livres des Rois, ils étaient dus à la plume du prophète Jérémie. Dans la même veine, David était l'auteur des Psaumes, et Salomon celui des Proverbes et du Cantique des cantiques.

Pourtant, à l'aube de l'ère moderne, au XVIIe siècle, les érudits qui se consacraient à l'étude détaillée, littéraire ou linguistique, de la Bible, s'aperçurent que les choses n'étaient pas aussi simples qu'elles le paraissaient. Appliqué à l'examen des textes des Saintes Écritures, le pouvoir de la logique et de la raison soulevait de fort troublantes questions sur l'exactitude historique de la Bible.

Moïse fit les frais de la première question qui sautait aux yeux : comment le prophète pouvait-il être l'auteur du Pentateuque dès lors que le Deutéronome, le dernier des cinq livres, décrit avec force détails le moment exact et les circonstances de son décès ? D'autres incongruités du même genre firent rapidement surface : le texte biblique est truffé de remarques rajoutées, qui donnent les noms anciens de certains lieux et qui prennent soin de préciser que les preuves d'événements bibliques célèbres sont toujours « visibles de nos jours ». Ces facteurs ont convaincu certains savants du XVIIe siècle que, au moins pour ce qui concerne les cinq premiers livres, la Bible avait fait l'objet, au cours des siècles, de retouches, de remaniements et d'améliorations de la main de scribes et de correcteurs anonymes.

À la fin du XVIIIe siècle – mais davantage encore au cours du siècle suivant –, bien des savants qui se livraient à la recherche critique sur les textes bibliques commençaient déjà à douter que Moïse ait pu jouer le moindre rôle dans la composition de la Bible ; ils étaient parvenus à la conclusion qu'elle était l'œuvre exclusive d'auteurs plus récents. Ces savants en donnaient pour preuve les versions différentes de la même histoire trouvées dans le Pentateuque, qui suggèrent que le texte biblique serait dû à plusieurs auteurs dont on peut distinguer les styles. La lecture attentive de la Genèse, par exemple, révélait deux versions différentes de la création (Gn 1,1–2,3 et Gn 2,4-25), deux généalogies fort dissemblables de la descendance d'Adam (Gn 4,17-26 ; 5,1-28), et deux descriptions du Déluge, découpées et raccordées différemment (Gn 6,5–9,17). Certains épisodes, comme l'errance des patriarches, la sortie d'Égypte, la réception de la Loi, contenaient quantité de doublets, voire à l'occasion de triplets.

Pourtant, ces répétitions, en dépit de leur désordre apparent, n'étaient clairement pas dues au hasard. Remarqués dès le XIXe siècle (et bien expliqués par le savant américain Richard Elliot Friedman dans son essai intitulé *Qui a écrit la Bible ?*), ces doublets, présents surtout dans la Genèse, l'Exode et les Nombres, ne pouvaient être des variations arbitraires ou de simples répétitions des mêmes récits. Ils présentent certaines caractéristiques patentes de terminologie et de milieu géographique ; en outre – de façon fort évidente –, leurs récits ne désignent pas le Dieu d'Israël par le même nom. Une série d'épisodes emploie le tétragramme – le nom en quatre lettres de YHWH (qui, pour la plupart des savants de l'époque, se prononçait Yahvé) – tout au long du texte, et semble davantage concernée par le sort de la tribu et du pays de Juda. En revanche, une autre série d'épisodes désigne Dieu sous les noms d'*Élohim*, ou d'*El*, et se consacre à l'histoire des territoires et des tribus nordistes, en particulier Éphraïm, Manassé et Benjamin. Il fallut bien admettre que les doublets provenaient de sources entièrement distinctes, composées à diverses époques et en des lieux différents. C'est ainsi que les savants attribuèrent la lettre « J » à la source « yahviste » (« Jahviste », en allemand) et la lettre « E » à la source « élohiste ».

L'emploi de termes géographiques et de symboles religieux différents, ainsi que les rôles joués par les tribus, dans l'une et l'autre source, convainquirent les savants que le texte « J » exprimait le point de vue de la monarchie unifiée, ou du royaume de Juda, et qu'il avait été composé à Jérusalem, probablement vers la fin du règne du roi Salomon (env. 970-930 av. J. C.) ou aussitôt après. De la même manière, le texte « E » devait exprimer le point de vue du royaume d'Israël et avait dû être composé dans le Nord, durant les années d'indépendance de ce royaume (env. 930-720 av. J. C.). Quant au Deutéronome, au message et au style très particuliers, il leur apparut comme un document indépendant, qu'ils classèrent sous la lettre « D ». Certaines sections du Pentateuque, que l'on ne pouvait attribuer à J, à E ou à D, contenaient nombre de passages qui traitaient du rituel. Ceux-ci finirent par être considérés comme provenant d'un long traité auquel fut attribuée la lettre « P » (pour « Prêtre »), car il manifestait un intérêt particulier pour tout ce qui touchait à la pureté, au culte et aux lois du sacrifice. Autrement dit, les savants en vinrent petit à petit à la conclusion que les cinq premiers livres de la Bible tels que nous les connaissons aujourd'hui résultaient d'un processus éditorial complexe au cours duquel les quatre sources principales de documents – J, E, P et D – avaient été habilement mélangées et reliées entre elles par des scribes compilateurs, appelés « rédacteurs », dont on distingue les empreintes littéraires (que plusieurs savants appellent les passages « R ») dans certaines phrases qui servent de transition ou dans des notes rajoutées. La dernière de ces « rédactions » date de la période postexilique.

Au cours des récentes décennies, l'opinion des savants sur les dates de composition et sur les auteurs de ces sources indépendantes a considérablement varié. Certains affirment que ces textes furent composés et publiés d'abord durant la période de l'union monarchique, puis pendant celle des royaumes d'Israël et de Juda (entre 1000 et 586 av. J. C.). D'autres soutiennent que leur composition fut plus tardive ; d'après eux, ils auraient été rassemblés et publiés par des prêtres et des scribes durant l'exil à Babylone et le retour en Israël (au cours des VIe et Ve siècles), voire plus tard, au cours de la période hellénistique (entre le IVe et le IIe siècle). Mais tous s'accordent sur le fait que, loin de résulter d'une composition continue et sans couture, le Pentateuque est au contraire un patchwork, assemblé à partir de sources variées, et dont les diverses pièces furent écrites durant des circonstances historiques dissemblables, pour exprimer des points de vue religieux ou politiques différents.

LES DEUX VERSIONS DE L'HISTOIRE TARDIVE D'ISRAËL

Les quatre premiers livres de la Bible – la Genèse, l'Exode, le Lévitique et les Nombres – résultaient, semblait-il, d'un habile amalgame des sources J, E et P. Il n'en était pas de même, en revanche, pour le cinquième livre, le Deutéronome. Il emploie une terminologie particulière, qu'il ne partage avec aucune autre source ; il condamne sans appel le culte d'autres divinités ; Dieu y apparaît sous une vision nouvelle et transcendante ; il prohibe absolument l'offrande de sacrifices au Dieu d'Israël en d'autres lieux que le Temple de Jérusalem. Depuis longtemps, les savants envisageaient la possibilité d'une relation entre le Deutéronome et le très mystérieux « livre de la Loi », découvert par le grand prêtre Hilqiyyahu dans le chantier de rénovation du Temple, sous le règne de Josias, en 622 av. J. C. Selon les Rois (2 R 22,8–23,24), ce document aurait inspiré une réforme religieuse d'une sévérité sans précédent.

L'influence du Deutéronome sur le message ultime de la Bible hébraïque déborde largement le cadre strictement légal. Le fil conducteur historique qui relie les livres qui suivent le Pentateuque – Josué, les Juges, 1 et 2 Samuel, 1 et 2 Rois – est si étroitement lié au Deutéronome, tant sur le plan linguistique que théologique, que, depuis le milieu des années 1940, les savants l'appellent l'« histoire deutéronomiste ». Elle forme le deuxième grand volet de l'histoire d'Israël dans la Bible. Poursuivant le récit avec la description de l'évolution d'Israël depuis la conquête de la Terre promise jusqu'à l'exil à Babylone, elle exprime l'idéologie qui se profile derrière un nouveau mouvement religieux qui émerge au sein du peuple d'Israël à une période relativement tardive. Cette œuvre a fait, elle aussi, l'objet de plus d'un remaniement. Certains savants affirment que sa compilation eut lieu pendant l'exil et qu'elle s'inscrivait dans une tentative désespérée de préserver l'histoire, la culture et l'identité de la nation vaincue après la destruction de Jérusalem. D'autres savants suggèrent que le plus gros de l'histoire deutéronomiste aurait été composé sous le roi Josias, pour servir son idéologie religieuse et ses ambitions territoriales, et qu'elle fut révisée et achevée en exil quelques décennies après.

Les Chroniques – le troisième volet historique de la Bible, consacré à l'Israël préexilique – furent composées seulement vers le Ve ou le IVe siècle av. J. C., donc plusieurs siècles après les événements qu'elles décrivent. Soucieuses de mettre en valeur les prétentions historiques et politiques de Jérusalem et de la dynastie davidique, elles passent quasiment sous silence les événements relatifs au royaume du Nord. Sous bien des aspects, les Chroniques reflètent essentiellement l'idéologie et les espérances du Second Temple de Jérusalem ; elles se contentent de reformuler une saga historique qui avait déjà été couchée par écrit. Par conséquent, dans cet ouvrage, nous ferons rarement référence aux Chroniques. Nous nous concentrerons essentiellement sur les débuts du Pentateuque et sur l'histoire deutéronomiste, d'origine plus ancienne.

Nous verrons, au cours des prochains chapitres, que l'archéologie propose un nombre suffisant de preuves qui étayent l'assertion que le noyau historique central du Pentateuque et de l'histoire deutéronomiste fut composé, dans ses grandes lignes, au cours du VIIe siècle av. J. C. Pour ce faire, nous nous pencherons sur le royaume de Juda, de la fin du VIIIe siècle à la fin du VIIe siècle. Cette époque fut témoin des débuts enthousiastes de cet élan littéraire. Nous démontrerons que, pour l'essentiel, le Pentateuque fut une création de la monarchie tardive, destinée à propager l'idéologie et les besoins du royaume de Juda, et qu'il est, de ce fait, étroitement lié à l'histoire deutéronomiste. Nous soutiendrons les savants qui affirment que l'histoire deutéronomiste fut compilée, en grande partie, sous le règne de Josias, afin de servir de fondement idéologique à des ambitions politiques et à des réformes religieuses particulières.

QUELLE EST LA VALEUR HISTORIQUE DE LA BIBLE ?

L'archéologie a toujours joué un rôle crucial dans les débats qui abordent la question de la véracité historique de la Bible. Au début, cette science parut réfuter les affirmations les plus radicales qui prônaient une rédaction fort tardive de la Bible et qui mettaient en doute son exactitude historique. En effet, à partir de la fin du XIXe siècle, époque à laquelle furent entreprises les premières explorations archéologiques de la terre biblique, une série de découvertes spectaculaires, suivies de plusieurs décennies de fouilles systématiques, sembla indiquer que le récit de la Bible relatait de façon assez satisfaisante les grandes lignes de l'histoire de l'ancien Israël. En apparence, même si le texte biblique lui-même était ultérieur aux événements relatés, il paraissait avoir été rédigé à partir d'une masse substantielle de souvenirs qui s'étaient transmis avec une bonne dose d'exactitude. Cette conclusion se fondait sur plusieurs catégories de preuves aussi bien archéologiques qu'historiques.

Identifications géographiques

Si, depuis la période byzantine, les pèlerins et les aventuriers occidentaux parcouraient de long en large la terre biblique, ce n'est qu'à l'avènement des études géographiques et historiques modernes, vers la fin du XVIIIe et au début du XIXe siècle, que des savants, solidement versés dans l'étude de la Bible et dans celle des autres sources antiques, se sont lancés dans une tentative de reconstitution systématique de la géographie de l'ancien Israël, fondée sur l'étude comparée de la topographie, des références bibliques et des vestiges archéologiques, au lieu de se contenter des traditions ecclésiastiques liées aux différents lieux saints. Dans ce domaine, la palme de pionnier revient au pasteur américain Edward Robinson, qui entreprit, en 1838 et en 1852, deux explorations prolongées de la Palestine ottomane. Il souhaitait réfuter les théories des critiques de la Bible en repérant et en identifiant d'authentiques sites bibliques, historiquement vérifiables.

Si certains lieux importants de l'histoire biblique tels que Jérusalem, Hébron, Jaffa, Beth-Shéân et Gaza n'étaient jamais tombés dans l'oubli, en revanche, à l'époque de Robinson, des centaines de lieux mentionnés dans la Bible étaient inconnus. La comparaison entre les descriptions géographiques contenues dans la Bible et les noms arabes de certains emplacements lui permit d'identifier plusieurs douzaines de tertres et de ruines antiques comme autant de sites bibliques, ignorés précédemment.

Robinson et ses successeurs parvinrent ainsi à établir la connexion entre les lieux nommés El-Jîb, Beitin et Seilun, situés au nord de Jérusalem, et les sites bibliques de Gibéa, Béthel et Silo. Cette méthode révélait son efficacité dans des régions qui n'avaient jamais cessé d'être habitées et où les noms de lieux avaient été préservés. Mais les générations suivantes de savants découvrirent que, dans des lieux où les noms actuels n'offraient aucune relation avec un équivalent biblique, d'autres critères permettaient de les identifier, tels que la dimension et la datation des types de poteries, par exemple. C'est ainsi que Megiddo, Haçor, Lakish, et bien d'autres localités furent graduellement rajoutées dans le puzzle de la reconstitution évolutive de la géographie biblique. Vers la fin du XIXe siècle, les ingénieurs britanniques du Palestine Exploration Fund entreprirent ce travail de façon systématique et sur une vaste échelle ; ils tracèrent des cartes topographiques détaillées de tout le pays, des sources du Jourdain, au nord, jusqu'à Beersheba, dans le Néguev, au sud.

Ce qui importait encore plus que l'identification précise des sites était la connaissance approfondie et croissante des grandes aires géographiques de la terre biblique (carte 1) : la plaine, étendue et fertile, qui borde la Méditerranée, les contreforts de la Shefelah, qui s'élèvent graduellement vers les monts de Judée, le désert du Néguev, la dépression de la mer Morte, la vallée du Jourdain, les hauteurs de Samarie et de Galilée, et les larges vallées du nord. Le pays de la Bible est une région extraordinairement variée et contrastée, tant du point de vue climatique qu'environnemental. À l'époque biblique, elle servait de zone tampon entre les deux grandes civilisations de l'Égypte et de la Mésopotamie. Ses paysages caractéristiques paraissaient correspondre, dans la plupart des cas, et de façon assez précise, aux descriptions du récit biblique.

Les monuments et les archives égyptiennes et mésopotamiennes

Pendant le Moyen Âge et la Renaissance, des tentatives répétées ont été entreprises pour établir une chronologie définitive des événements décrits dans la Bible. La plupart d'entre elles se fondaient sur une interprétation littérale du texte. Il fallut faire appel à des sources extérieures pour vérifier la chronologie biblique interne. On les trouva dans les vestiges archéologiques de deux des civilisations les plus importantes – et les plus lettrées – de l'Antiquité.

L'Égypte, avec ses impressionnants monuments et son fabuleux trésor hiéroglyphique, a fait l'objet d'explorations intensives par les savants européens à partir de la fin du XVIIIe siècle. Mais seul le déchiffrement des hiéroglyphes – à partir du texte trilingue de la pierre de Rosette –, par le savant français Jean-François Champollion, durant la décennie 1820-1830, permit de découvrir la richesse historique des vestiges égyptiens et de s'en servir comme d'une aide à la datation et, le cas échéant, à la vérification des épisodes historiques de la Bible. L'identification des pharaons mentionnés dans l'Exode et dans les récits concernant Joseph demeura incertaine, mais d'autres connexions ne tardèrent pas à se clarifier. Une stèle érigée par le pharaon Merneptah en 1207 av. J. C. faisait état d'une grande victoire remportée contre un peuple nommé Israël. Plus tardivement, le pharaon Shishaq (1 R 14,25 le mentionne : il aurait marché sur Jérusalem pour exiger son tribut durant la cinquième année du règne du fils de Salomon) fut identifié comme étant Shéshonq Ier de la XXIIe dynastie, qui régna de 945 à 924 av. J. C. Un compte rendu de sa campagne orne l'un des murs du temple d'Amon, à Karnak, en haute Égypte.

Les vastes plaines situées entre le Tigre et l'Euphrate, région de l'antique Mésopotamie, se révélèrent également fertiles en découvertes qui se prêtaient idéalement à l'identification chronologique et historique. À partir des années 1840, des savants, en provenance de France et d'Angleterre puis, plus tard, des États-Unis et d'Allemagne, exhumèrent les villes, les palais grandioses et les archives des Empires d'Assyrie et de Babylonie. Pour la première fois depuis l'époque biblique, les principaux monuments et les vastes cités de ces grands empires orientaux surgirent des sables. Des lieux comme Ninive et Babylone, connus auparavant grâce à la Bible, se révélèrent avoir été les capitales

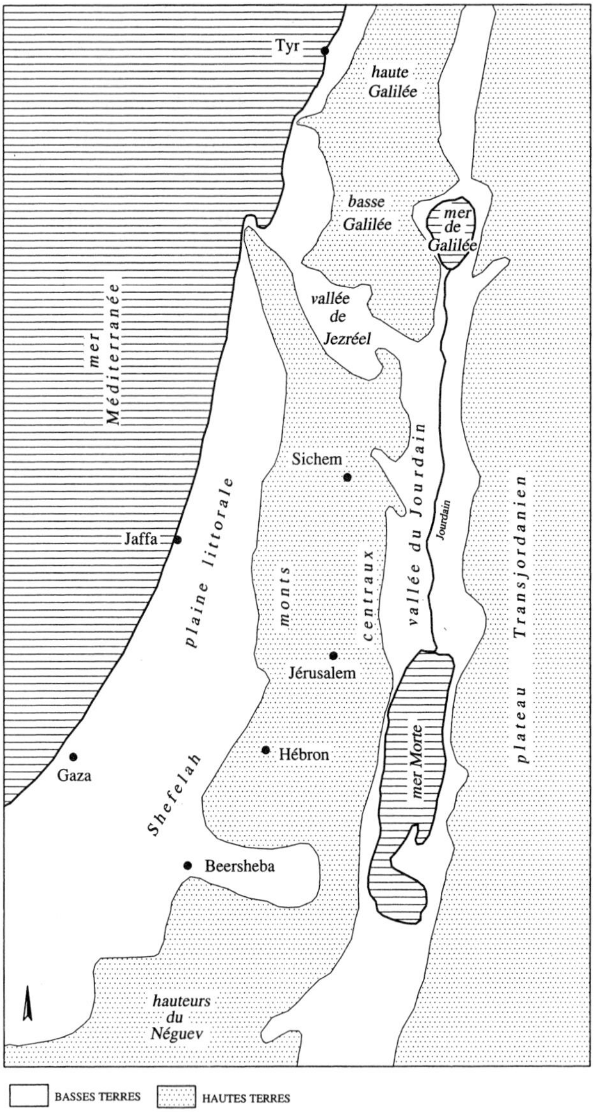

Carte 1. Zones géographiques de la terre d'Israël.

de puissants et ambitieux empires, dont les scribes et les artistes avaient soigneusement consigné les campagnes militaires ainsi que les événements politiques de leur époque. C'est ainsi que les archives cunéiformes de Mésopotamie permirent d'identifier nombre de rois bibliques importants, les rois israélites Omri, Achab et Jéhu, par exemple, et les rois judéens Ézéchias et Manassé. Grâce à ces références étrangères, les savants purent contempler l'histoire biblique sous une perspective plus large, et synchroniser les règnes des souverains bibliques avec le système de datation plus détaillé proposé par les grandes civilisations du Proche-Orient. Peu à peu, les connexions s'établirent. Les dates des règnes des souverains israélites et judéens, des empereurs assyriens et babyloniens, et des pharaons égyptiens commencèrent, enfin, pour la première fois, à s'emboîter avec précision.

En outre, les archives égyptiennes et mésopotamiennes bien plus anciennes, qui remontent au Bronze moyen et récent (2000-1150 av. J. C.), découvertes sur des sites comme Mari, Tell el-Amarna et Nuzi, ont puissamment éclairé le monde de l'antique Proche-Orient et, partant, le milieu culturel au sein duquel allait émerger la Bible.

Des inscriptions éparses, découvertes dans des régions limitrophes de la terre d'Israël, permirent d'établir des liens encore plus précis. Une stèle triomphale du roi moabite Mésha, découverte en Transjordanie au XIXe siècle, proclame la victoire qu'il vient de remporter contre les armées d'Israël ; cette inscription offre un témoignage extérieur sur une guerre qui opposa Moab à Israël, mentionnée dans 2 R 3,4-27. L'inscription la plus significative pour la vérification historique fut découverte en 1993, sur le site de Tel Dan, au nord d'Israël. Elle fait référence, semble-t-il, à la victoire remportée par le roi araméen Hazaël contre la coalition du roi d'Israël et du roi de la « maison de David », au IXe siècle av. J. C. À l'instar de l'inscription moabite, cette source étrangère à la Bible permet de reconstruire l'histoire ancienne d'Israël.

Les fouilles des sites bibliques

Mais la source de très loin la plus importante de découvertes permettant la reconstitution du contexte historique de la Bible découle des fouilles archéologiques modernes, entreprises depuis plus d'un siècle en Israël, en Jordanie, et dans les régions limitrophes. L'application des techniques archéologiques les plus pointues a rendu possible l'identification des séquences des styles architecturaux, des formes de poterie et d'objets divers, dont la datation, immédiate et aisée, permet aux savants de déterminer, avec un degré satisfaisant de précision, l'époque à laquelle appartiennent les différentes couches des cités et des tombes exhumées. Au début du XXe siècle, le savant américain William Albright fut un véritable pionnier dans ce type d'archéologie qui se consacre essentiellement à la fouille des tertres artificiels (appelés « tell » en arabe, ou « tel » en hébreu) nés de l'accumulation de ruines superposées de cités, recouvertes de sable ou de terre apportés par les vents, et dont l'étude des différents niveaux permet de reconstituer l'évolution des sociétés et des cultures sur plusieurs millénaires.

TABLEAU 2

PÉRIODES ARCHÉOLOGIQUES

Bronze ancien	3500-2200 av. J. C.
Bronze intermédiaire	2200-2000 av. J. C.
Bronze moyen	2000-1550 av. J. C.
Bronze récent	1550-1150 av. J. C.
Fer I	1150-900 av. J. C.
Fer II	900-586 av. J. C.
Période babylonienne	586-538 av. J. C.
Période perse	538-333 av. J. C.

Ces dates obéissent à la logique de cet ouvrage. Du Bronze ancien au Bronze moyen, elles sont approximatives et se fondent surtout sur des considérations culturelles. À partir du Bronze récent, elles suivent les événements historiques.

LES ROIS D'ISRAËL ET DE JUDA*

Saül env. 1025-1005 av. J. C.
David env. 1005-970 av. J. C.
Salomon env. 970-931 av. J. C.

Juda		Israël	
Roboam	931-914 av. J. C.	Jéroboam Ier	931-909 av. J. C.
Abiyyam	914-911 av. J. C.	Nadab	909-908 av. J. C.
Asa	911-870 av. J. C.	Basha	908-885 av. J. C.
Josaphat	870-846 av. J. C.**	Éla	885-884 av. J. C.
Joram	851-843 av. J. C.**	Zimri	884 av. J. C.
Ochozias	843-842 av. J. C.	Tibni	884-880 av. J. C.***
Athalie	842-836 av. J. C.	Omri	884-873 av. J. C.
Joas	836-798 av. J. C.	Achab	873-852 av. J. C.
Amasias	798-769 av. J. C.	Ochozias	852-851 av. J. C.
Ozias/Azarias	785-733 av. J. C.**	Joram	851-842 av. J. C.
Yotam	743-729 av. J. C.**	Jéhu	842-814 av. J. C.
Achaz	743-727 av. J. C.**	Joachaz	817-800 av. J. C.**

Ézéchias	727-698 av. J. C.	Joas	800-784 av. J. C.
Manassé	698-642 av. J. C.	Jéroboam II	788-747 av. J. C.**
Amon	641-640 av. J. C.	Zacharie	747 av. J. C.
Josias	639-609 av. J. C.	Shallum	747 av. J. C.
Joachaz	609 av. J. C.	Menahem	747-737 av. J. C.
Joiaqim	608-598 av. J. C.	Peqahya	737-735 av. J. C.
Joiakîn	597 av. J. C.	Peqah	735-732 av. J. C.
Sédécias	596-586 av. J. C.	Osée	732-724 av. J. C.

* Les dates de règne suivent le *Anchor Bible Dictionary*, vol. I, p. 1010 ; et G. Galil, *The Chronology of the Kings of Israel ans Judah*, Leyde, 1996.
** Ces dates tiennent compte des corégences.
*** Ces dates tiennent compte des règnes rivaux.

Après des décennies de fouilles, les chercheurs ont pu reconstituer le vaste contexte archéologique dans lequel doit se situer l'histoire biblique (tableau 2). À partir des premiers indices d'agriculture et d'habitat dans la région datant de la fin du néolithique, les archéologues ont retracé les prémices d'une civilisation urbaine à l'âge du Bronze (3500-1150 av. J. C.), suivies de sa transformation en États territoriaux durant la période ultérieure de l'âge du Fer (1150-586 av. J. C.), durant laquelle se sont déroulés l'essentiel des événements historiques décrits dans la Bible.

Avant que ne prît fin le XXe siècle, l'archéologie avait amplement démontré que les concordances entre, d'un côté, les découvertes réalisées en terre d'Israël et dans l'ensemble du Proche-Orient, et, de l'autre, le monde décrit par la Bible étaient bien trop nombreuses pour laisser croire que cette œuvre n'était qu'une fable littéraire et religieuse de composition tardive, écrite sans le moindre fondement historique. Mais, par ailleurs, les contradictions évidentes entre les découvertes archéologiques et la version biblique des événements demeuraient, elles aussi, bien trop abondantes pour affirmer que la Bible nous offre une description fiable de la manière dont ces mêmes événements se sont véritablement déroulés.

De l'illustration biblique à l'anthropologie de l'ancien Israël

Aussi longtemps que les savants qui se livraient à la critique textuelle de la Bible et ceux qui s'adonnaient à l'archéologie biblique refusaient d'engager un dialogue constructif au sujet de l'exactitude historique de la Bible, ils restaient cloisonnés à l'intérieur de deux mondes intellectuels séparés. Les philologues persistaient à regarder la Bible un peu comme un cadavre à disséquer, que l'on pouvait découper en tranches de plus en plus fines, selon les idées religieuses ou politiques que chacune était censée exprimer. De leur côté, les archéologues prenaient trop souvent les récits historiques de la Bible au pied de la lettre. Au lieu de considérer les données archéologiques comme une source d'information indépendante permettant la reconstitution de l'histoire de la région, ils persistaient à fonder l'interprétation de leurs découvertes sur le récit biblique – en particulier sur les traditions relatives à la naissance d'Israël. Bien entendu, au fur et à mesure de l'avancement des fouilles, se fit jour une nouvelle compréhension de l'avènement et du développement d'Israël. Des questions furent soulevées concernant l'existence historique des patriarches ainsi que les dates exactes et l'ampleur réelle de l'Exode. De nouvelles théories apparurent, qui suggéraient que, contrairement à ce qu'affirme le livre de Josué, la conquête israélite de Canaan ne résultait pas d'une seule campagne militaire, planifiée et systématique. Mais, au sujet des événements bibliques qui débutent au règne de David (env. 1000 av. J. C.), au moins jusque dans les années 1990, les archéologues s'accordaient à penser que, dans l'ensemble, la Bible pouvait être considérée comme un document d'une fiabilité historique satisfaisante.

Néanmoins, vers les années 1970, de nouvelles tendances apparurent, dont l'influence sur l'archéologie biblique commença à se faire sentir. Cette science finit par changer d'orientation, par remettre en question la relation traditionnelle entre l'objet découvert et le texte biblique. Pour la première fois, les archéologues qui sondaient la terre biblique cessèrent de voir, en chaque découverte exhumée, une simple illustration de la Bible ; se tournant vers les méthodes des sciences sociales, ils se mirent en quête de la réalité humaine qui se cache « derrière » le texte. Durant les fouilles, le problème de la relation du site avec la Bible cessa de les obnubiler. Les objets exhumés, l'architecture, les types d'habitats, les ossements d'animaux, les débris végétaux, l'analyse chimique des sols, les modèles anthropologiques empruntés à d'autres cultures du monde, tous ces éléments servirent de clefs pour l'étude et l'interprétation des transformations économiques, de l'histoire politique, des pratiques religieuses, des densités de population et des structures fondamentales de l'ancienne société israélite. En adoptant les méthodes employées par les archéologues et les anthropologues dans d'autres régions, un nombre croissant de chercheurs tentèrent de comprendre comment l'interaction entre l'élément humain et l'environnement naturel, complexe et morcelé, de la terre d'Israël avait favorisé l'éclosion d'un système social, d'une religion et d'un testament spirituel uniques au monde.

Un nouveau regard sur l'histoire biblique

L'évolution récente de l'archéologie nous permet enfin de combler le fossé qui séparait jadis l'étude des textes bibliques et celle des découvertes archéologiques. Nous considérons à présent que – à l'instar des formes de poteries, des styles architecturaux et des inscriptions hébraïques – la Bible peut être envisagée comme un objet façonné qui nous révèle un grand nombre de données sur la société qui l'a fabriquée.

Il est maintenant prouvé que des phénomènes comme la conservation d'archives, la correspondance administrative, la composition de chroniques royales et la compilation d'un texte sacré national – d'autant plus s'il est aussi profond et sophistiqué que la Bible – sont intimement liés à un stade avancé de développement social. Les archéologues et les anthropologues qui exercent dans le monde entier ont étudié avec soin le contexte dans lequel ont émergé les genres perfectionnés de traditions scripturaires. Dans presque tous les cas, on y trouve les signes indubitables d'un État en voie de formation, au sein duquel le pouvoir central est investi dans des institutions nationales, dont l'autorité se fonde soit sur un culte officiel soit sur une monarchie. D'autres traits caractéristiques de ce stade avancé de développement social incluent la construction de monuments, la spécialisation de l'économie et la présence d'un réseau dense de communautés bien intégrées, de dimensions variées, comprenant de larges cités, des bourgs, des villages et des hameaux.

Encore récemment, les archéologues et les spécialistes de l'étude textuelle étaient persuadés que l'ancien Israël avait déjà atteint le stade abouti d'État constitué à l'époque de la monarchie unifiée de

David et de Salomon. En effet, encore aujourd'hui, nombreux sont les spécialistes de la Bible qui persistent à croire que la première source du Pentateuque est le document yahviste (document « J »), compilé, d'après eux, dans le royaume de Juda, à l'époque de David et de Salomon, au Xᵉ siècle av. J. C. Dans ce livre, nous allons prouver que cette conclusion est hautement improbable. L'analyse des découvertes archéologiques révèle que c'est seulement deux siècles et demi plus tard, à la fin du VIIIᵉ siècle av. J. C., que le royaume de Juda – et tout particulièrement Jérusalem – présentera les caractéristiques d'un État pleinement constitué : une alphabétisation répandue et les autres indices mentionnés plus haut. Bien entendu, aucun archéologue ne s'aventurerait à nier que nombre de légendes, de personnages et de fragments de récits de la Bible remontent fort loin dans le temps. Mais les archéologues sont à même de prouver que la Torah et l'histoire deutéronomiste portent des marques distinctives qui permettent de dater de façon indubitable leur compilation initiale au VIIᵉ siècle av. J. C. Pourquoi en est-il ainsi ? Quelles conclusions peut-on en tirer pour notre compréhension de la grande saga biblique ? Les réponses à ces questions constituent précisément l'essentiel de cet ouvrage.

Nous allons voir combien le récit biblique doit aux espoirs, aux craintes et aux ambitions du royaume de Juda, qui atteignit son apogée sous le roi Josias, à la fin du VIIᵉ siècle av. J. C. Nous tenterons de démontrer que le cœur historique de la Bible s'est développé dans des circonstances politiques, sociales et spirituelles précises, et qu'il doit tout au génie inventif et visionnaire de femmes et d'hommes exceptionnels. Le plus gros de ce que l'on tient généralement pour authentique – les histoires des patriarches, l'Exode, la conquête de Canaan, la saga de la glorieuse monarchie unifiée de David et de Salomon – est, en réalité, l'expression de l'élan créatif d'un puissant mouvement de réformes religieuses, dont l'éclosion a eu lieu dans le royaume de Juda durant l'âge du Fer récent. Même si ces récits se sont greffés sur un tronc initial historique, ils reflètent, pour l'essentiel, l'idéologie et la vision du monde de leurs auteurs. Nous montrerons comment le récit de la Bible a été reconstruit de manière à favoriser la réforme religieuse et les ambitions territoriales du royaume de Juda durant les décennies dramatiques sur lesquelles s'est achevé le VIIᵉ siècle av. J. C.

Suggérer que les événements bibliques les plus célèbres ne se sont pas déroulés exactement comme les rapporte la Bible ne prive nullement l'ancien Israël de son histoire. Au contraire, dans les prochains chapitres, nous allons en reconstruire l'histoire telle que nous la révèlent les découvertes archéologiques – qui restent l'unique source d'information sur la période biblique à n'avoir subi ni purge, ni remaniement, ni les censures exercées par de nombreuses générations de scribes bibliques. Les découvertes archéologiques et les archives extérieures à la Bible nous révéleront que les récits bibliques font eux-mêmes partie de l'histoire, même s'ils ne forment pas un cadre historique parfait dans lequel chaque découverte particulière, ou chaque conclusion, devrait obligatoirement se situer. Notre version s'éloignera considérablement du récit biblique qui nous est familier. Elle contera l'histoire de deux royaumes élus, et non plus d'un seul. Ensemble, ces deux royaumes forment le terreau dans lequel plongent les racines historiques du peuple d'Israël.

L'un de ces deux royaumes – celui d'Israël – naquit dans les vallées fertiles et les collines onduleuses du Nord. Il devint l'un des plus riches, des plus cosmopolites et des plus puissants de la région. Aujourd'hui, hormis le rôle abominable que lui attribue le livre des Rois, il a pratiquement sombré dans l'oubli. Le second royaume – celui de Juda – s'est développé dans les collines rocheuses et inhospitalières du Sud. Son souvenir s'est transmis en partie grâce à son isolement, mais aussi grâce à la dévotion farouche que sa population n'a cessé de manifester envers son Temple et sa dynastie royale. Ces deux royaumes représentent deux aspects authentiques de l'expérience israélite, deux sociétés distinctes, marquées par des attitudes et des identités nationales différentes. Pas à pas, nous allons retracer les étapes par lesquelles l'histoire, les souvenirs et les aspirations de ces deux royaumes finirent par se combiner au sein d'une seule tradition scripturaire, laquelle, plus que tout autre document jamais écrit de la main de l'homme, a façonné – et continue de façonner – le visage de la société occidentale.

Première partie

L'historicité de la Bible

1

En quête des patriarches

Au commencement était une famille qui bénéficiait d'une relation privilégiée avec Dieu. Au fil du temps, cette famille devint féconde et se multiplia, donnant naissance au peuple d'Israël. Ainsi débute la grande saga de la Bible, fondée sur des rêves d'immigrants et sur l'espérance suscitée par la promesse divine ; elle sert d'ouverture, haute en couleur et d'une grande richesse d'inspiration, à l'histoire subséquente de la nation d'Israël. Abraham est le premier des patriarches. Dieu lui promet une terre et une nombreuse descendance. La promesse divine se transmet de génération en génération, par l'intermédiaire du fils d'Abraham, Isaac, puis du fils d'Isaac, Jacob, connu également sous le nom d'Israël. À leur tour, les douze fils de Jacob deviendront les patriarches des douze tribus d'Israël, mais c'est à Juda que sera accordé l'honneur insigne de régner sur les autres.

Le récit biblique de la vie des patriarches est une somptueuse histoire, à la fois familiale et nationale. Son pouvoir émotionnel émane du fait qu'elle décrit les luttes, profondément humaines, menées par des pères, des mères, des époux, des épouses, des filles et des fils. Sous bien des aspects, c'est le roman d'une dynastie familiale, qui conte ses joies, ses peines, ses amours, ses haines, ses fourberies, ses périodes de famine et de prospérité. C'est également une histoire universelle, d'une haute portée philosophique, sur la relation entre Dieu et l'humanité, sur la dévotion et l'obéissance, sur le bien et le mal, sur la piété et l'immoralité. C'est l'histoire de Dieu qui se choisit une nation, l'histoire de l'éternelle promesse divine d'une terre, de la prospérité et de la croissance.

À tous les points de vue – historique, psychologique et spirituel –, les récits consacrés aux patriarches sont une réussite littéraire prodigieuse. Mais constituent-ils pour autant des annales dignes de foi de la naissance du peuple d'Israël ? Quelles preuves détenons-nous que les patriarches Abraham, Isaac et Jacob – sans oublier les matriarches Sara, Rébecca, Léa et Rachel – ont véritablement existé ?

UNE SAGA DE QUATRE GÉNÉRATIONS

La Genèse nous présente Abraham comme l'archétype du patriarche et de l'homme de foi. Originaire d'Ur, en Mésopotamie méridionale, il vient s'installer avec sa famille à Harân, sur l'un des affluents du haut Euphrate (carte 4). Là, Dieu lui apparaît et lui ordonne (Gn 12,1-2) : « Quitte ton pays, ta parenté et la maison de ton père, pour le pays que je t'indiquerai. Je ferai de toi un grand peuple, je te bénirai, je magnifierai ton nom ; sois une bénédiction. » Obéissant à l'injonction divine, Abram (c'est ainsi qu'il se nomme à l'époque) emmène avec lui son épouse, Saraï, son neveu, Lot, et se rend à Canaan. Il mène une vie pastorale, errant avec ses troupeaux dans les régions montagneuses du centre du pays ; il se déplace principalement entre Sichem, au nord, Béthel (près de Jérusalem) et Hébron, au sud ; ses pas le mènent parfois jusqu'au Néguev, à l'extrême sud du pays (carte 2).

Dans son errance, Abram bâtit des autels à la gloire de Dieu dans de nombreux endroits ; il prend conscience, petit à petit, de la vraie nature de sa destinée. Dieu lui promet, à lui et à sa postérité, toute la terre « du fleuve d'Égypte jusqu'au grand fleuve, le fleuve Euphrate » (Gn 15,18). Pour confirmer qu'Abram est destiné à devenir le patriarche d'un grand peuple, Dieu change son nom en celui d'Abraham, « car je te fais père d'une multitude de nations » (Gn 17,5). Dieu change aussi le nom de Saraï, la femme d'Abraham, en celui de Sara, pour bien marquer qu'elle aussi a changé de statut.

La famille d'Abraham engendre la totalité des peuples de la région. Pendant leur transhumance à travers le pays de Canaan, une querelle oppose les bergers d'Abraham à ceux de Lot. Pour éviter que le conflit ne s'envenime, Abraham et Lot décident de départager leurs territoires respectifs. Abraham et son peuple demeurent sur place, sur

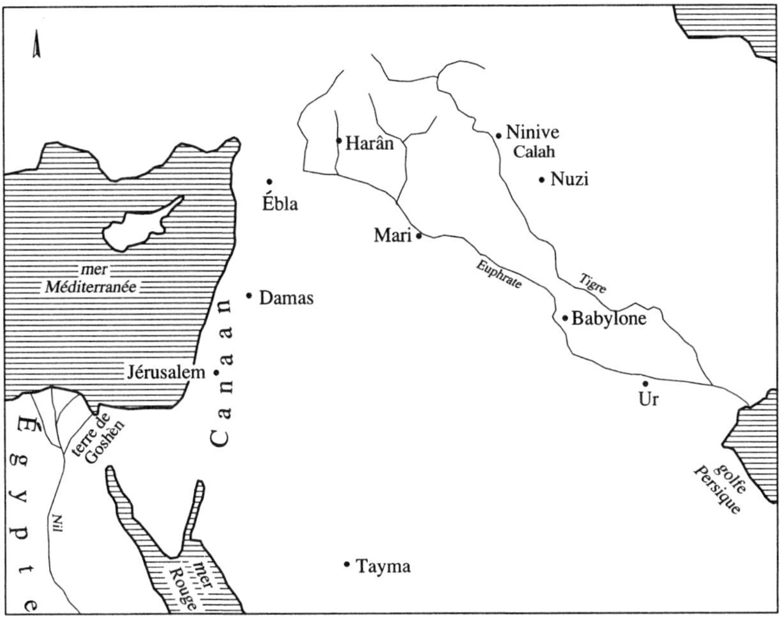

Carte 2. Sites mésopotamiens et proche-orientaux de l'Antiquité en rapport avec l'histoire des patriarches.

les hautes terres occidentales, tandis que Lot et sa famille émigrent vers l'orient, en direction de la vallée du Jourdain, et s'établissent à Sodome, près de la mer Morte. Les populations de Sodome et de la ville voisine, Gomorrhe, se révèlent fourbes et dépravées. Dieu fait donc pleuvoir sur elles le soufre et le feu, détruisant ainsi ces cités impies. Lot dirige alors ses pas en direction des collines orientales ; il sera l'ancêtre des Moabites et des Ammonites de Transjordanie. Abraham aussi sera à l'origine d'un certain nombre d'anciennes peuplades. Comme son épouse, Sara, âgée de quatre-vingt-dix ans, ne peut enfanter, Abraham prend une concubine, la servante égyptienne de Sara, Hagar, qui lui donne un fils du nom d'Ismaël ; il sera l'ancêtre des Arabes, qui peupleront les étendues désertiques méridionales.

C'est alors qu'intervient le moment crucial du récit biblique : Dieu promet à Abraham que Sara, l'épouse bien-aimée du patriarche centenaire, lui donnera un fils. Et c'est ainsi que Sara enfantera Isaac. L'un des épisodes les plus tragiques de la Bible raconte alors comment Dieu, pour éprouver la foi d'Abraham, lui ordonne de sacrifier son fils unique, Isaac, au sommet d'un mont dans la région de Moriah. Dieu, qui est intervenu à temps pour annuler le sacrifice, récompense la fidélité d'Abraham en renouvelant l'alliance qu'il a jadis passée avec lui. Non seulement la postérité d'Abraham deviendra une grande nation – aussi nombreuse que les étoiles du ciel et le sable de la mer – mais les futures nations du monde seront bénies à travers elle.

Isaac croît en force et en sagesse. Il erre aux alentours de la cité méridionale de Beersheba ; il épouse Rébecca, une jeune femme qu'il a envoyé chercher dans le nord, au pays natal de son père. Pendant ce temps, la famille s'enracine de plus en plus profondément dans la Terre promise. Abraham acquiert la grotte de Makpéla, à Hébron, dans la région montagneuse du midi, pour y enterrer Sara, son épouse bien-aimée. Il y sera inhumé à son tour.

Les générations se succèdent. Dans leur campement du Néguev, l'épouse d'Isaac, Rébecca, met au monde des jumeaux. Ceux-ci se révèlent dotés de caractères et de tempéraments violemment antagonistes ; leurs descendants se livreront une guerre permanente pendant des siècles. L'aîné, Ésaü, un rude chasseur, est le préféré d'Isaac, tandis que Jacob, le cadet, plus sensible et délicat, jouit des faveurs de sa mère. L'héritage de la promesse divine doit en principe revenir à l'aîné ; mais Rébecca revêt Jacob de peaux de mouton et l'introduit auprès de la couche sur laquelle gît Isaac, agonisant. Faible et aveugle, le patriarche prend Jacob pour Ésaü et lui octroie la bénédiction sacrée, réservée au fils aîné.

De retour au camp, Ésaü découvre la supercherie, mais elle ne peut être réparée. Son vieux père à l'agonie ne peut que promettre à Ésaü qu'il sera le père des Édomites, qui peupleront le désert. « Loin des gras terroirs sera ta demeure », lui dit-il, en guise de consolation (Gn 27,39). Ainsi est fondé l'un des peuples de la région. Plus tard (Gn 28,9), Ésaü prendra femme dans la famille de son oncle Ismaël ; c'est ainsi qu'il engendrera de nouvelles tribus du désert. Toutes ces tribus seront en conflit permanent avec les Israélites – nom que porteront les descendants de son frère Jacob, qui lui a dérobé son droit d'aînesse.

Fuyant la colère de son frère, Jacob se dirige vers le nord, où se trouve la maison de son oncle Laban, à Harân, pour y prendre épouse. En chemin, il fait halte pour la nuit. Un songe le visite : une échelle, dressée sur la terre, s'élève jusqu'au ciel, et des anges de Dieu y montent et en descendent. Dieu, qui se tient au sommet de l'échelle, fait alors à Jacob la promesse qu'il a faite jadis à Abraham (Gn 28,13-15) :

> Je suis Yahvé, le Dieu d'Abraham ton ancêtre et le Dieu d'Isaac. La terre sur laquelle tu es couché, je la donne à toi et à ta descendance. Ta descendance deviendra nombreuse comme la poussière du sol, tu déborderas à l'occident et à l'orient, au septentrion et au midi, et tous les clans de la terre se béniront par toi et par ta descendance. Je suis avec toi, je te garderai partout où tu iras et te ramènerai en ce pays, car je ne t'abandonnerai pas que je n'aie accompli ce que je t'ai promis.

Jacob poursuit son périple en direction du nord, vers Harân. Il demeure plusieurs années chez Laban, dont il épouse les deux filles, Léa et Rachel. Ses deux épouses et leurs deux servantes lui donneront onze fils : Ruben, Siméon, Lévi, Juda, Dan, Nephtali, Gad, Asher, Issachar, Zabulon et Joseph. Un beau jour, Dieu ordonne à Jacob de retourner à Canaan avec sa nombreuse famille. En chemin, alors qu'il traverse le fleuve au gué de Yabboq, en Transjordanie, un personnage mystérieux le contraint de lutter avec lui. À l'issue du combat, ce personnage mystérieux – ange ou Dieu ? – change le nom de Jacob en celui d'Israël (qui signifie littéralement « Celui qui lutte avec Dieu »), « car tu as été fort contre Dieu et contre les hommes, et tu l'as emporté » (Gn 32,28). Jacob retourne donc à Canaan, où il établit son camp près de Sichem ; il construit un autel à Béthel – à l'endroit même où Dieu s'était révélé à lui quand il faisait route vers Harân. Il poursuit son périple vers le sud. Rachel meurt près de Bethléem, en accouchant de Benjamin, le dernier des fils de Jacob. Peu après, Isaac, le père de Jacob, décède à son tour. Il est enterré lui aussi dans la grotte de Makpéla, à Hébron.

Graduellement, la famille s'élargit aux dimensions d'un clan, en passe de devenir une nation. Pourtant, les enfants d'Israël en sont encore au stade d'une grande famille, dont les frères se querellent. En effet, Joseph, qui est le fils favori de Jacob, se fait détester par ses frères en raison de rêves étranges et prémonitoires dans lesquels il règne sur toute la famille. Ruben et Juda parviennent à grand-peine à convaincre leurs autres frères de ne pas assassiner Joseph. Au lieu de l'éliminer, ceux-ci le vendent à un groupe de marchands ismaélites dont la caravane de chameaux se dirige vers l'Égypte. Ses frères, feignant la douleur, expliquent à Jacob qu'une bête féroce a dévoré Joseph. Le patriarche porte longtemps le deuil de son fils bien-aimé.

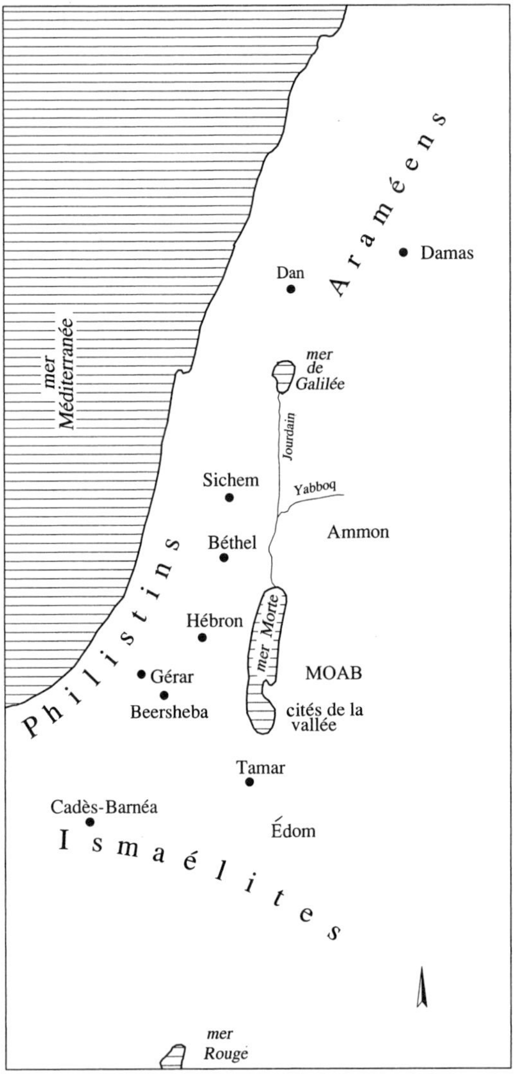

Carte 3. Lieux et peuples de Canaan mentionnés dans l'histoire des patriarches.

Mais la jalousie criminelle de ses frères ne remet nullement en question le fabuleux destin de Joseph. Arrivé en Égypte, il gravit rapidement, grâce à ses dons exceptionnels, les échelons du pouvoir et de la richesse. Un jour, Joseph interprète de façon magistrale le rêve du pharaon : il lui prédit que sept années d'abondance seront suivies d'autant d'années de disette. Le souverain l'élève alors à la position de grand vizir. Joseph en profite pour réorganiser l'économie du pays : il fait emmagasiner le blé pendant les années d'abondance en prévision des années de disette. Aussi, quand vient la famine, le pays d'Égypte, dont les greniers sont pleins, est prêt à l'affronter. Cependant, au pays voisin de Canaan, Jacob et ses fils n'ont plus rien pour se nourrir. Jacob envoie alors en Égypte dix de ses onze fils en quête de ravitaillement. Ceux-ci se rendent auprès du grand vizir, qui n'est autre que Joseph, leur frère, parvenu à l'âge adulte. De prime abord, les fils de Jacob ne le reconnaissent pas : il avait disparu depuis des lustres. De son côté, Joseph ne dévoile pas son identité. Plus tard, dans une scène émouvante, il leur révélera qu'il n'est autre que ce frère tant haï qu'ils ont vendu jadis en esclavage.

Les enfants d'Israël sont enfin réunis. Le vieux patriarche Jacob, avec sa nombreuse famille, vient vivre auprès du personnage influent qu'est devenu son fils, dans la terre de Goshèn. Sur son lit de mort, Jacob bénit ses fils et ses deux petits-fils, Manassé et Éphraïm, les fils de Joseph. Tous sont honorés, mais c'est à Juda que revient le droit d'aînesse de la souveraineté (Gn 49,8-10) :

> Juda, toi, tes frères te loueront, ta main est sur la nuque de tes ennemis et les fils de ton père s'inclineront devant toi. Juda est un jeune lion ; de la proie, mon fils, tu es remonté ; il s'est accroupi, s'est couché comme un lion, comme une lionne : qui le ferait lever ? Le sceptre ne s'éloignera pas de Juda, ni le bâton de chef d'entre ses pieds, jusqu'à ce que le tribut lui soit apporté et que les peuples lui obéissent.

Après la mort de Jacob, son corps est ramené à Canaan – territoire qui, un jour, reviendra en héritage aux membres de la tribu de Juda – et ses fils l'enterrent dans la grotte de Makpéla, près d'Hébron. À son tour, Joseph décède. Les enfants d'Israël demeurent en Égypte, où se déroulera la suite de leur histoire en tant que nation.

LA QUÊTE ILLUSOIRE DE L'ABRAHAM HISTORIQUE

Avant de décrire l'époque et les circonstances historiques sous lesquelles fut probablement et initialement tissé, à partir de sources antérieures, le récit de la Bible dédié aux patriarches, il importe d'expliquer pourquoi tant de savants, depuis un siècle, sont demeurés convaincus que la saga patriarcale était, au moins dans ses grandes lignes, historiquement véridique. Dans l'ensemble, la vie pastorale des patriarches ressemblait à celle des Bédouins du Moyen-Orient, telle qu'elle se déroulait sous les yeux des archéologues des débuts du XXe siècle. Persuadés que le mode de vie des Bédouins avait peu varié au cours des millénaires, les savants l'associaient avec les histoires bibliques de prospérité mesurée en nombre de chèvres et de moutons (Gn 30,30-43), de conflits opposant les pasteurs aux villages sédentaires sur la question du partage des puits (Gn 21,25-33), ou de disputes concernant les droits de pâturage (Gn 13,5-12). Outre cela, les références claires à des sites mésopotamiens ou syriens, comme Ur, lieu de naissance d'Abraham, ou Harân (où la plupart des membres de la famille d'Abraham continuèrent de vivre après son émigration à Canaan), situé sur un affluent de l'Euphrate, semblaient correspondre aux résultats des fouilles entreprises dans l'arc oriental du croissant fertile, où certains des premiers noyaux de civilisation du Proche-Orient ancien avaient été découverts.

Une motivation plus profonde, cependant, intimement liée aux croyances religieuses modernes, animait les premiers savants qui se sont mis en quête des patriarches « historiques ». La plupart des pionniers de l'archéologie biblique étaient des prêtres ou des théologiens. Leur foi les persuadait que la promesse faite par Dieu à Abraham, à Isaac et à Jacob – héritage confié d'abord au peuple d'Israël, mais devenu depuis l'apanage des chrétiens, comme l'explique l'apôtre Paul dans son épître aux Galates – était une réalité absolue. Si elle était réelle, elle avait forcément été accordée à des gens tout aussi réels, dont l'existence ne pouvait être issue de l'imaginaire de quelque scribe anonyme de l'Antiquité.

Le dominicain français Roland de Vaux, bibliste et archéologue, résume bien la situation quand il fait remarquer que « si la foi historique d'Israël ne se fonde pas sur l'Histoire, cette foi est erronée et, par conséquent, la nôtre l'est tout autant ». Le doyen américain de l'archéologie biblique, William F. Albright, se fait l'écho de ce sentiment quand il affirme que, « dans l'ensemble, ce que dépeint la Genèse est historique et rien ne nous permet de douter de l'exactitude globale de ses détails biographiques ». En effet, à partir des débuts du XXe siècle, de nombreux historiens et archéologues étaient persuadés que les découvertes archéologiques en Mésopotamie et en Palestine allaient confirmer la vraisemblance, voire la certitude de l'existence historique des patriarches. Pour eux, le compte rendu biblique, quand bien même il aurait fait l'objet d'une compilation à une période aussi tardive que la monarchie unifiée, nous transmet, au moins dans ses grandes lignes, une authentique réalité historique.

La Bible, il est vrai, livre quantité d'informations chronologiques spécifiques qui devraient permettre, pour commencer, de préciser quand ont vécu les patriarches. Dans le récit biblique, l'histoire des débuts d'Israël se déroule selon des séquences bien ordonnées : les patriarches, l'Exode, la traversée du désert, la conquête de Canaan, le règne des juges, l'établissement de la monarchie. La Bible donne d'ailleurs la clef pour le calcul de certaines dates. Dans une note, qui fournit l'indice le plus probant, le livre des Rois (1 R 6,1) précise que l'Exode s'est déroulé 480 ans avant la construction du Temple de Jérusalem, laquelle fut entreprise dans la quatrième année du règne de Salomon. Le livre de l'Exode (Ex 12,40) indique également que les Israélites avaient dû subir 430 années de servitude en Égypte avant de quitter le pays. Si l'on ajoute 200 ans, qui correspondent à peu près à la durée de vie des patriarches à Canaan avant le départ pour l'Égypte, on peut dater le propre départ d'Abraham pour Canaan aux alentours de 2100 ans av. J. C.

Le problème de cette chronologie était qu'elle soulevait de sérieuses questions, dont la moindre n'était pas la fabuleuse longévité d'Abraham, d'Isaac et de Jacob, qui auraient vécu bien au-delà de cent ans. En outre, les généalogies ultérieures des descendants de Jacob semaient la confusion ; elles étaient même franchement contradictoires. Par exemple, Moïse et Aaron y sont présentés comme des descendants de la quatrième génération de Lévi, le fils de Jacob, alors que Josué, qui leur était contemporain, est présenté comme étant un descendant de la douzième génération de Joseph, autre fils de Jacob. La divergence est de taille.

Le savant américain Albright affirmait que certains détails particuliers du récit de la Genèse contenaient la clef permettant de vérifier leur fondement historique. Des éléments comme les noms propres de personne, les coutumes particulières de mariage, les lois qui régissaient l'achat des terrains correspondaient, d'après lui, à la description que nous en donnent les archives de la société mésopotamienne – berceau supposé de l'origine des patriarches – au IIe millénaire av. J. C. Qui plus est, ceux-ci menaient exactement le style de vie des Bédouins, transhumant avec leurs troupeaux à travers la région montagneuse du centre de Canaan, entre Sichem, Béthel, Beersheba et Hébron. Sur la foi de ces éléments, Albright était persuadé que l'âge des patriarches était plausible. Avec ses collègues, il se mit donc en quête de preuves permettant d'assurer avec certitude que des tribus pastorales d'origine mésopotamienne parcouraient bien la région de Canaan aux alentours de l'an 2000 av. J. C.

Cette quête des patriarches historiques ne fut pas couronnée de succès. La période qui embrasse la date suggérée par la Bible ne s'est pas révélée compatible avec le récit biblique (voir appendice A). La supposée migration vers l'ouest de tribus en provenance de la Mésopotamie et se rendant à Canaan – la prétendue migration « amorite », au cours de laquelle Albright situait l'arrivée d'Abraham et de sa famille – s'est révélée illusoire. L'archéologie prouve de façon indubitable qu'aucun mouvement subit et massif de population ne s'est produit à cette époque. Les similitudes apparentes entre les lois et coutumes mésopotamiennes du IIe millénaire av. J. C. et celles détaillées dans le récit des patriarches pourraient s'appliquer à n'importe quelle période de l'Antiquité proche-orientale. Jongler avec les dates n'a pas davantage résolu le problème. Ni Roland de Vaux, avec sa tentative tardive de situer le récit des patriarches au Bronze moyen (2000-1550 av. J. C.), ni les savants américains E. Speiser et C. Gordon, lesquels, à partir des archives découvertes à Nuzi, dans le nord de l'Irak, ont placé l'existence des patriarches au XVe siècle av. J. C., ni l'historien israélien Benjamin Mazar, qui opta pour le début de l'âge du Fer, ne sont parvenus à établir des liens convaincants. Les parallèles soulignés étaient tellement généraux qu'ils pouvaient s'appliquer à de nombreuses périodes.

L'entreprise tournait en rond dans un cercle vicieux. Les théories scientifiques sur l'âge des patriarches (dont on n'osait pas remettre en question l'existence historique) variaient, selon les découvertes, entre la moitié et la fin du IIIe millénaire, entre le début et la moitié du IIe millénaire, au début de l'âge du Fer. Le problème majeur provenait du fait que les savants qui prêtaient foi au compte rendu biblique commettaient l'erreur de croire que l'ère des patriarches devait à tout prix être considérée comme la phase première d'une histoire séquentielle d'Israël.

QUELQUES ANACHRONISMES RÉVÉLATEURS

Les spécialistes de la critique textuelle, qui avaient identifié les sources distinctives sous-jacentes du texte de la Genèse, répétaient avec insistance que le récit des patriarches avait été couché par écrit à une date relativement récente, qu'ils situaient à la période monarchique (Xe-VIIIe siècles av. J. C.), voire plus tard, à la période exilique, ou postexilique (VIe-Ve siècles av. J. C.). Le bibliste allemand Julius Wellhausen affirmait que les histoires des patriarches des documents « J » et « E » reflétaient les préoccupations de la monarchie israélite tardive, projetées sur l'existence de pères fondateurs légendaires, qui appartiendrait à un passé largement mythique. Les récits bibliques se rangeraient donc parmi les mythologies nationales, et n'auraient pas plus de fondement historique que la saga homérique d'Ulysse, ou celle d'Énée, le fondateur de Rome, chantée par Virgile.

Plus récemment, les biblistes américains John Van Seters et Thomas Thomson ont rajouté leur voix pour contester les prétendues preuves archéologiques qui font vivre les patriarches au IIe millénaire av. J. C. Même si le texte ultérieur reprend certaines traditions plus anciennes, affirment ces savants, le choix des histoires et la manière dont elles sont introduites expriment clairement le message que les éditeurs de la Bible tenaient à faire passer au moment de la compilation. De toute évidence, leur souci n'était pas la préservation d'un compte rendu historique exact.

Mais, quand cette compilation a-t-elle eu lieu ? Le texte biblique livre certains indices qui permettent de préciser le moment de sa composition finale, comme la mention répétée de chameaux. L'histoire des patriarches est pleine de chameaux, par troupeaux entiers. Quand ses frères vendent Joseph en esclavage (Gn 37,25), ce sont des chameaux qui transportent les marchandises de la caravane. Or, l'archéologie révèle que le dromadaire ne fut pas domestiqué avant la fin du IIe millénaire et qu'il ne commença à être couramment employé comme bête de somme au Proche-Orient que bien après l'an 1000 av. J. C. L'histoire de Joseph contient d'ailleurs un détail des plus révélateurs : la caravane de chameaux en question transporte de la « gomme adragante, du baume et du ladanum ». Cette description correspond, de façon évidente au commerce de ces mêmes produits, entrepris par les marchands arabes sous la surveillance de l'Empire assyrien, aux VIIIe et VIIe siècles av. J. C.

D'ailleurs, les fouilles du site de Tell Jenmeh, dans la plaine littorale du sud d'Israël – c'était un gros entrepôt situé sur la voie principale empruntée par les caravanes qui effectuaient la liaison entre l'Arabie et la Méditerranée –, révèlent une augmentation spectaculaire du nombre d'ossements de chameaux au cours du VIIe siècle av. J. C. Pour la plupart, ces ossements proviennent d'animaux adultes, qui servaient de bêtes de somme, et dont l'origine n'était pas locale – sinon, on y aurait aussi trouvé des ossements d'animaux jeunes. Des sources assyriennes mentionnent, précisément à la même époque, l'emploi régulier du chameau pour le transport caravanier de marchandises. Ce n'est donc qu'à partir de cette époque que le chameau fera « partie du paysage » et qu'il sera possible de l'intégrer dans les détails d'un récit littéraire.

Se pose également la question des Philistins. Ils font leur première apparition quand Isaac rencontre « Abimélek, roi des Philistins », dans la cité de Gérar (Gn 26,1). Or, ces Philistins, un groupe migratoire en provenance de la mer Égée ou de l'Asie Mineure, ne se sont établis le long de la plaine littorale de Canaan qu'à partir de l'an 1200 av. J. C. Leurs villes devinrent prospères durant les XIe et Xe siècles et leur domination sur la contrée se maintint pendant une bonne partie de la période assyrienne. La mention de Gérar comme cité philistine dans l'histoire d'Isaac et son inclusion dans l'histoire d'Abraham (en Gn 20,1, qui omet cependant les Philistins) prouve son importance ou, à tout le moins, qu'elle devait avoir une certaine réputation au moment de la composition du récit des patriarches. Gérar est aujourd'hui assimilée à Tel Haror, située au nord-ouest de Beersheba. Les fouilles ont prouvé qu'au Fer I – la phase première de l'histoire des Philistins – la ville n'était encore qu'une minuscule et insignifiante bourgade. Or, vers la fin du VIIIe siècle et durant le VIIe siècle av. J. C., la ville était devenue un centre administratif assyrien puissamment fortifié, un point de repère important de la région.

Ces détails incongrus représentaient-ils des insertions tardives dans une tradition écrite antérieure, ou bien les détails et le récit étaient-ils aussi tardifs l'un que l'autre ? De nombreux savants – en particulier ceux qui défendaient l'idée des patriarches « historiques » – les considéraient comme des détails dénués d'importance. Mais, comme le précisait Thomas Thomson dès les années 1970, dans le texte biblique, ce sont précisément les références à des cités, à des peuples voisins, à des lieux familiers qui permettent de distinguer le récit des patriarches d'une légende populaire entièrement mythologique. Ces détails sont d'une importance capitale pour dater le texte et en clarifier le message. Autrement dit, l'étude des anachronismes nous permet de préciser la date de ces histoires, d'en comprendre le sens, de saisir le contexte historique, bien mieux que la quête hypothétique de Bédouins antiques ou les calculs mathématiques pour tenter de déterminer l'âge et la généalogie des patriarches.

Ainsi, la combinaison de chameaux, de produits en provenance de l'Arabie, de Philistins, de la cité de Gérar – et d'autres lieux ou peuplades mentionnés dans les histoires patriarcales de la Genèse – se révèle hautement significative. Ces indices démontrent que ces textes furent écrits de nombreux siècles après l'époque à laquelle la Bible situe la vie des patriarches. Ces anachronismes, et bien d'autres, indiquent que les VIIIe et VIIe siècles av. J. C. ont été une période particulièrement active de composition du récit des patriarches.

UNE CARTE VIVANTE DU PROCHE-ORIENT ANCIEN

Quand nous examinons les généalogies des patriarches, et celles des nombreux peuples issus de leurs amours, mariages et échanges familiaux, on s'aperçoit que l'ensemble forme une carte humaine haute en couleur de l'ancien Proche-Orient, dessinée indubitablement à partir de la perspective des royaumes d'Israël et de Juda au cours des VIIIe et VIIe siècles av. J. C. Ces histoires nous offrent un commentaire très précis des affaires politiques de la région aux époques assyrienne et néobabylonienne. Non seulement il est possible de dater de cette époque la plupart des termes ethniques et des noms de lieux, mais leur représentation s'accorde parfaitement avec ce que nous savons par ailleurs des relations que les peuples et les royaumes voisins entretenaient avec Juda et Israël.

Commençons par les Araméens, qui interviennent dans l'histoire du mariage de Jacob avec Léa et Rachel, et de sa relation avec son oncle

Laban. Les Araméens ne sont mentionnés parmi les groupes ethniques particuliers appartenant au Proche-Orient ancien que vers l'an 1100. Ils commenceront à jouer un rôle important en bordure des frontières nord des Israélites au début du IXe siècle av. J. C., époque à laquelle un certain nombre de royaumes araméens se sont constitués dans l'espace géographique qui correspond en gros à la Syrie moderne. Parmi ceux-ci, le royaume d'Aram-Damas était tantôt l'allié d'Israël, tantôt son rival, pour le contrôle des riches terres agricoles qui s'étendaient de la vallée du haut Jourdain à la Galilée. En réalité, les épisodes concernant Jacob et Laban sont la parfaite métaphore des relations complexes, et souvent orageuses, entretenues par Aram et Israël pendant de nombreux siècles.

D'un côté, Israël et Aram se querellaient fréquemment. De l'autre, une bonne part de la population des territoires septentrionaux du royaume d'Israël était, semble-t-il, d'origine araméenne. C'est ainsi que le Deutéronome (Dt 26,5) va jusqu'à décrire Jacob comme un « Araméen errant ». La façon de présenter la relation entre les patriarches et leurs cousins araméens est révélatrice de la conscience d'une origine commune. La description biblique de la tension qui opposa Jacob à Laban, et de la pose d'une borne à l'est du Jourdain pour délimiter la frontière entre leurs deux peuples (Gn 31,51-54 – de toute évidence un document « E », ou « nordiste »), symbolise parfaitement la partition territoriale entre Aram et Israël au cours des IXe-VIIIe siècles av. J. C.

Les récits bibliques sur les patriarches décrivent également fort bien les relations entre, d'un côté, les royaumes d'Israël et de Juda et, de l'autre, leurs voisins orientaux. Durant les VIIIe et VIIe siècles av. J. C., les contacts entre les deux royaumes hébreux et les royaumes d'Ammon et de Moab étaient souvent hostiles ; du reste, au début du IXe siècle, Israël exerçait sa domination sur Moab. Cela explique pourquoi ces turbulents voisins orientaux sont présentés de façon fort peu flatteuse (et plutôt amusante) dans les généalogies des patriarches. La Genèse (Gn 19,30-38 – de toute évidence un document « J ») nous apprend en effet que ces peuples sont nés d'une union incestueuse. Après que Dieu eut éradiqué les villes de Sodome et Gomorrhe, Lot et ses deux filles ont trouvé refuge dans une grotte perchée sur les hauteurs. Leur isolement leur interdisant de se chercher un époux, les deux filles, qui voulaient désespérément avoir des enfants, servirent à boire à leur père. Profitant de son état d'ivresse, elles couchèrent avec lui et, de cette liaison incestueuse, naquirent deux fils : Moab et Ammon. Aucun Judéen du VIIe siècle av. J. C., regardant, au-delà de la mer Morte, en direction des royaumes rivaux, n'aurait pu retenir un sourire de mépris à l'idée que ces peuplades descendaient d'ancêtres aussi douteux.

Les histoires bibliques des deux frères Jacob et Ésaü nous proposent une version encore plus claire de ce que donnaient les perceptions du VIIe siècle une fois revêtues de costumes antiques. La Genèse (Gn 25 et Gn 27 – documents « J », ou « sudistes ») nous présente les jumeaux – Ésaü et Jacob – qui naîtront de la couche d'Isaac et Rébecca. Dieu déclare à Rébecca, enceinte : « Il y a deux nations en ton sein, deux peuples, issus de toi, se sépareront, un peuple dominera un peuple, l'aîné servira le cadet » (Gn 25,23). Nous apprenons plus loin qu'Ésaü est l'aîné et Jacob le cadet. C'est ainsi que la description des deux frères, géniteurs d'Édom et d'Israël, utilise la parole de Dieu pour légitimer la relation politique entre les deux nations durant la période monarchique tardive. Jacob-Israël est un être sensible et cultivé, tandis qu'Ésaü-Édom est un chasseur primitif, un véritable rustre. Or il se trouve qu'Édom n'est parvenu au stade d'entité politique séparée que tardivement. D'après les sources assyriennes, Édom ne possédait ni roi ni État avant la fin du VIIIe siècle av. J. C. Et il ne se révélera un sérieux rival de Juda qu'à partir des débuts du commerce lucratif entrepris par les Arabes. Là encore, les preuves archéologiques abondent : la première vague d'occupation d'Édom sur une large échelle, accompagnée de l'établissement de grands sites d'habitat et de l'érection de forteresses, aurait débuté vers la fin du VIIIe siècle, pour culminer au cours des VIIe et VIe siècles av. J. C. Avant cela, la région n'était que sporadiquement peuplée. Les fouilles de Boçra – capitale d'Édom à l'âge du Fer tardif II – ont révélé que la ville n'est devenue une large cité qu'à la période assyrienne.

C'est ainsi que les histoires de Jacob et d'Ésaü – du fils délicat et du puissant chasseur – sont habilement introduites sous la forme de légendes archaïques pour refléter les rivalités de la période monarchique tardive.

LES PEUPLES DU DÉSERT ET LES EMPIRES ORIENTAUX

Durant les VIIIe et VIIe siècles av. J. C., le lucratif commerce de caravanes, transportant des épices et de l'encens de l'Arabie jusqu'aux ports de la Méditerranée, à travers les déserts et le long des frontières méridionales de Juda, jouait un rôle déterminant dans la vie économique de la région. Pour la population judéenne, la présence d'un grand nombre de gens d'origine nomade était cruciale pour un système commercial de cette ampleur. Plusieurs des généalogies mentionnées dans les histoires des patriarches offrent une peinture détaillée des peuples des déserts méridionaux et orientaux pendant l'époque monarchique tardive ; elles expliquent – par la métaphore des relations familiales – leur rôle dans l'histoire contemporaine de Juda. Ismaël, en particulier, est présenté dans la Genèse comme l'ancêtre de nombre de tribus arabes qui peuplaient les territoires de la frontière méridionale de Juda. Son portrait n'est guère flatteur. La Genèse le décrit comme un vagabond, « un onagre d'homme, sa main contre tous, la main de tous contre lui » (Gn 16,12, un document « J », évidemment). Parmi ses nombreux enfants, on compte les tribus méridionales qui entrèrent en contact avec Juda au cours de la période assyrienne.

Parmi les descendants d'Ismaël énumérés par la Genèse (Gn 25,12-15) figurent les Qédarites (issus de son fils Qédar). Leur nom apparaît pour la première fois dans les archives assyriennes à la fin du VIIIe siècle av. J. C. Puis, on le retrouve souvent sous le règne du roi d'Assyrie, Assurbanipal, au VIIe siècle av. J. C. Avant cette époque, ils étaient établis bien au-delà de l'aire géographique de Juda et d'Israël, à l'extrême bout de la corne occidentale du croissant fertile. Il en est de même pour les fils d'Ismaël, Abdéel et Nebayot, qui représentent des tribus de l'Arabie septentrionale, dont on voit les noms apparaître pour la première fois dans les inscriptions assyriennes vers la fin du VIIIe siècle, puis durant tout le VIIe siècle av. J. C. Le nom d'un autre fils d'Ismaël, Tema, est sans doute à rapprocher de celui de Tayma, une vaste oasis caravanière située au nord-ouest de l'Arabie et mentionnée dans les inscriptions assyriennes et babyloniennes des VIIIe et VIe siècles av. J. C. Une autre tribu issue de Sheba (Gn 25,3) vécut elle aussi dans le nord de l'Arabie. Aucun des noms qui précèdent ne joua le moindre rôle en relation avec l'expérience d'Israël avant la période assyrienne ; il est donc permis d'en déduire que ces généalogies furent composées et introduites entre la fin du VIIIe et le VIe siècle av. J. C.[1]

Le récit des patriarches contient d'autres toponymes, en relation avec les étendues désertiques avoisinantes, qui permettent de mieux confirmer la date de leur rédaction. Le chapitre 14 de la Genèse, qui conte une grande guerre livrée par des envahisseurs nordiques (commandés par le mystérieux Kedor-Laomer, roi d'Élam, en Mésopotamie) contre les rois des cités de la plaine, est l'unique source de la Genèse que l'on pourrait dater de la période exilique ou postexilique. Mais il contient des détails géographiques intéressants, qui, eux, n'appartiennent en propre qu'au VIIe siècle av. J. C. Le Cadès (Gn 14,7) qu'il mentionne se réfère vraisemblablement à Cadès-Barnéa, une grande oasis méridionale qui joue un rôle important dans le récit de l'Exode. On l'associe à Ein el-Qudeirat, dans la partie orientale du Sinaï, un site archéologique dont les fouilles révèlent une première période d'occupation à cheval entre le VIIe et le début du VIe siècle av. J. C. De même, le site nommé Tamar, mentionné par le même verset, doit probablement être associé à celui d'Ein Haseva, dans la Araba septentrionale, où les fouilles ont révélé la présence d'une large forteresse, dont l'activité principale date du Fer tardif. C'est ainsi que la géographie, voire la situation générale d'un terrible conflit engagé contre un envahisseur mésopotamien étaient tout ce qu'il y a de plus familier à la population du royaume de Juda au VIIe siècle av. J. C.

Ce n'est pas tout. Le récit de la Genèse fait montre d'une familiarité incontestable avec les noms de lieux et la réputation des Empires assyrien et babylonien qui régnèrent du IXe au VIe siècle av. J. C. Le verset 14 du chapitre 2 du livre de la Genèse (document « J ») mentionne spécifiquement l'Assyrie en relation avec le Tigre. Le verset 11 du chapitre 10 (également document « J ») comporte le nom de Kalah et celui de Ninive (reconnue comme la capitale officielle de l'Empire assyrien au VIIe siècle), qui furent successivement capitales royales de

1. Notons que certains des matériaux généalogiques de la Genèse, comme la liste des fils d'Ismaël, appartiennent à la source « P » (appelée parfois en français la « tradition sacerdotale »), rédigée pour l'essentiel lors de la période postexilique. Certains savants affirment que « P » contiendrait des éléments qui dateraient de la fin de la période monarchique et que, par conséquent, cette source pourrait aussi bien refléter des réalités et des intérêts judéens du VIIe siècle, mais certaines allusions pourraient également refléter ceux du VIe siècle. En tout cas, il n'existe aucune explication plausible pour la mention de ces peuples du désert parmi les généalogies patriarcales, hormis une tentative littéraire tardive pour les incorporer de façon systématique dans la protohistoire d'Israël.

l'Empire d'Assyrie. La cité d'Harân joue un rôle primordial dans l'histoire des patriarches. Le site, qui s'appelle encore aujourd'hui Eski-Harrân (« Harrân-le-Vieux »), est situé en Turquie méridionale, à proximité de la frontière syrienne. La cité prospéra au début du IIe millénaire av. J. C., puis durant la période néoassyrienne. Les textes assyriens mentionnent des villes proches d'Harân dont les noms ressemblent à ceux de Térah, de Nahor et de Serug, lesquels, d'après la Genèse (Gn 11,22-26 – document « P »), furent les aïeux d'Abraham, et peut-être aussi les ancêtres éponymes de ces villes.

LA DESTINÉE DU ROYAUME DE JUDA

Il y a longtemps, le bibliste allemand Martin Noth soutenait que la description des événements qui relatent l'émergence d'Israël – les histoires des patriarches, l'Exode, l'errance dans le Sinaï – ne formait pas à l'origine une seule et unique saga. D'après sa théorie, les traditions séparées de tribus indépendantes furent rassemblées de manière à former un récit cohérent, destiné à favoriser l'unification politique d'une population israélite dispersée et hétérogène. Selon lui, le centre géographique de chaque cycle d'histoires, en particulier pour ce qui concerne les patriarches, offre l'indication certaine de l'endroit où – indépendamment des événements contés – a eu lieu la composition du récit. Par exemple, les histoires d'Abraham se situent dans la partie méridionale de la région montagneuse, autour d'Hébron, au sud du royaume de Juda. De son côté, Isaac serait plutôt associé aux étendues désertiques de la frontière méridionale de Juda, en particulier autour de la région de Beersheba. En revanche, les activités de Jacob se déroulent, pour une grande part, dans les montagnes septentrionales et en Transjordanie – régions qui concernent davantage le royaume du Nord, ou royaume d'Israël. Noth suggérait donc qu'à l'origine les patriarches étaient des ancêtres régionaux séparés, qui se trouvèrent rassemblés ultérieurement au sein d'une généalogie unique dans un effort accompli en vue de la création d'une histoire unifiée.

Il est aujourd'hui évident que le choix d'Abraham, considérant sa relation étroite avec Hébron, première capitale du royaume de Juda, et avec Jérusalem (« Shalem », en Gn 14,18), répondait à un besoin de souligner la primauté de Juda dès les débuts de l'histoire d'Israël. C'est un peu comme si un écrivain américain racontait l'histoire de l'Amérique du Nord avant l'arrivée de Christophe Colomb en accordant une importance primordiale à l'île de Manhattan ou au bout de territoire sur lequel allait être bâtie, longtemps après, la moderne Washington. L'intention politique évidente qui se devine derrière l'inclusion incongrue d'un tel détail dans un récit par ailleurs beaucoup plus vaste remet automatiquement en question sa crédibilité historique.

Comme nous le verrons en détail dans les prochains chapitres, jusqu'au VIIIe siècle av. J. C., Juda était un royaume plutôt isolé, à la population clairsemée. En étendue, en prospérité et en puissance militaire, il ne souffrait pas la comparaison avec Israël, le royaume du Nord. L'alphabétisation y était peu répandue et sa capitale, Jérusalem, n'était qu'une modeste bourgade de montagne. Mais, à la suite de l'anéantissement du royaume d'Israël par l'Empire assyrien, en 720 av. J. C., la population de Juda crût considérablement ; le royaume se dota d'une administration élaborée et finit par émerger comme l'un des pouvoirs dominants de la région. Dirigée par une très ancienne dynastie, la capitale se targuait de posséder le Temple le plus imposant consacré au Dieu d'Israël. C'est pourquoi, à partir de la fin du VIIIe siècle, mais surtout pendant le VIIe siècle, Juda acquit un sens aigu de sa propre importance et de sa destinée divine. Le royaume considérait sa survie comme le signe évident que Dieu l'avait prédestiné, depuis la lointaine époque des patriarches, à régner sur toute la terre d'Israël. Unique survivant du mode de gouvernement israélite, Juda se considérait comme l'héritier en titre de l'ensemble des territoires et des populations qui avaient survécu aux ravages commis par les Assyriens. Le puissant message de cette nouvelle vision des choses devait être transmis au peuple de Juda et aux communautés israélites dispersées, qui vivaient sous la férule des Assyriens. C'est ainsi que naquit l'idée panisraélite, centrée autour de Juda.

C'est la raison pour laquelle le récit patriarcal dépeint une ascendance commune à tout le peuple israélite, en la faisant remonter au plus judéen des patriarches : Abraham. Cependant, même si les histoires de la Genèse gravitent principalement autour de Juda, elles n'en honorent pas moins au passage les traditions israélites du Nord. Un exemple significatif dépeint Abraham en train de construire des autels dédiés à YHWH à Sichem et

Béthel (Gn 12,7-8), qui étaient les deux centres cultuels les plus importants du royaume du Nord, ainsi qu'à Hébron (Gn 13,18), le plus grand centre judéen après Jérusalem. Ainsi, le personnage d'Abraham cimente les deux traditions, méridionale et septentrionale, jetant un pont entre le Nord et le Sud. La mention d'Abraham qui érige un autel à Sichem et à Béthel témoigne clairement de l'ambition judéenne de prouver que, même les lieux que l'idolâtrie des souverains israélites a souillés, étaient, à l'origine, des sites consacrés par des patriarches sudistes[2].

Il est tout à fait possible, voire probable, que les épisodes individuels du récit des patriarches soient fondés sur d'anciennes traditions locales. Cependant, l'usage qui en est fait et l'ordre dans lequel ils ont été réarrangés en font une puissante expression des rêves judéens du VIIe siècle. En effet, rien ne pouvait souligner plus fortement la supériorité de Juda sur les autres tribus que la bénédiction finale de Jacob à ses fils, réunis autour de son lit de mort, mentionnée plus haut. Ses ennemis auront beau l'accabler, Juda, selon la promesse, ne sera jamais renversé.

Le récit traditionnel des patriarches doit donc être considéré comme une sorte de « préhistoire » pieuse d'Israël, dans laquelle Juda joue le rôle central. Il décrit les prémices de la nation, définit ses frontières, insiste sur le fait que les Israélites venaient d'ailleurs, qu'ils ne faisaient pas partie des peuples indigènes de la région, embrasse les traditions du Nord et du Sud, tout en insistant finalement sur la supériorité de Juda[3]. Dans les fragments de version « E » préservés dans l'histoire des patriarches, que l'on suppose avoir été compilés dans le royaume nor-

2. L'emplacement des tombes des patriarches offre un exemple de plus de l'effort d'unification des traditions du Nord et du Sud entrepris sous la domination judéenne. Ce lieu sacré – qui servit de tombeau à Abraham et à Isaac (héros sudistes), aussi bien qu'à Jacob (héros nordiste) – est situé à Hébron, ville qui occupe la deuxième place en importance dans la région de Juda. On attribue généralement le récit de l'acquisition du tombeau des patriarches à la source « P », qui paraît contenir plus d'une couche de composition. Cette tradition a beau appartenir à la période monarchique tardive (bien que sa composition finale soit postérieure), elle n'en exprime pas moins les prétentions de Juda au centralisme et à la suprématie sur le Nord. La transaction immobilière décrite ressemble fort à celles qui étaient en vigueur à l'époque néobabylonienne – une preuve de plus de la réalité tardive qui sert de toile de fond au narratif des patriarches.

3. Dans leur grande majorité, les savants datent la source « P » du Pentateuque de la période postexilique. La rédaction finale du Pentateuque fut également entreprise à la même époque. Une question épineuse se pose : pouvons-nous identifier une couche postexilique dans la Genèse ? De bien des façons, les besoins d'une communauté postexilique devaient s'apparenter aux nécessités de la monarchie tardive. Cependant, comme nous tentons de le démontrer ici, le cadre général et l'élaboration initiale du récit des patriarches trahissent nettement une origine datant du VIIe siècle av. J. C.

diste d'Israël antérieurement à sa destruction en 720 av. J. C., la tribu de Juda ne joue pratiquement aucun rôle. Mais, vers la fin du VIIIe siècle, et sans doute durant tout le VIIe siècle, Juda était tout ce qui restait de la nation israélite. À la lumière de ce fait, nous devrions regarder la version « J » du récit des patriarches avant tout comme une tentative de reformulation littéraire de l'unité fondamentale du peuple d'Israël, plutôt que comme un compte rendu exact et parfaitement documenté sur les détails de la vie de personnages historiques qui auraient vécu plus d'un millier d'années avant la composition du récit.

Au VIIe siècle, les épisodes bibliques des patriarches devaient paraître parfaitement familiers aux yeux des Judéens. Dans ces histoires, les peuples bien connus et les ennemis menaçants du présent sont les mêmes qui environnaient les campements et les pâturages d'Abraham, et de sa progéniture. Les paysages dans lesquels ils se déplaçaient représentaient une sorte de vision romantique d'un passé idyllique et pastoral, proche du mode de vie d'une large portion de la population judéenne. Ces récits furent ensuite cousus ensemble à partir de souvenirs, de débris d'anciennes coutumes, de légendes sur la naissance de différents peuples, et de préoccupations suscitées par les conflits contemporains[4]. Les innombrables épisodes combinés ensemble témoignent de la riche variété des sources et des traditions qui donnèrent naissance au récit biblique – et aussi de la diversité des lecteurs judéens et israélites qu'il cherchait à atteindre.

4. Au VIIe siècle, le royaume de Juda caressait l'ambition de reconquérir les territoires que s'étaient appropriés les Assyriens. Les récits consacrés à Abraham expriment cette ambition. Dans le chapitre 14 de la Genèse, Abraham poursuit les rois mésopotamiens qui ont capturé son neveu, Lot. Il les poursuit jusqu'à Damas et à Dan (Gn 14,14-15). Ce faisant, il libère son parent du joug mésopotamien et il rejette les forces d'occupation étrangères loin des frontières nord du royaume d'Israël.

L'insistance particulière sur les tribus issues de Joseph – Éphraïm et Manassé –, ainsi que le message portant sur la séparation des Israélites et des Cananéens manifestent également les ambitions territoriales de Juda à cette époque. Au lendemain de la chute du royaume du Nord, Juda projetait de s'agrandir en s'emparant des anciens territoires israélites des hauts plateaux situés sur la frontière nord de Juda, où se trouvent précisément les territoires attribués à Éphraïm et à Manassé. Après la destruction de Samarie, les Assyriens y avaient installé des déportés mésopotamiens pour coloniser les territoires du royaume nordiste vaincu. Certains d'entre eux occupaient la région de Béthel, proche de la frontière nord de Juda. L'idée panisraélite dut tenir compte de la présence de ces nouveaux « Cananéens », installés à demeure dans des territoires que les Judéens considéraient comme leur héritage. D'où l'insistance particulière, exprimée par le récit des patriarches, sur la nécessité de n'épouser que les femmes d'un même clan, d'éviter toute alliance matrimoniale avec les peuples étrangers, ce qui correspond bien à la situation.

LA GENÈSE COMME PRÉAMBULE ?

Mais, si les histoires de la Genèse gravitent ainsi essentiellement autour de Juda et si elles ne furent composées qu'au VIIe siècle av. J. C., donc peu de temps avant la composition de l'histoire deutéronomiste, comment se fait-il qu'elles n'expriment pas des idées proches de celles du Deutéronome, comme la notion d'un culte centralisé exclusivement à Jérusalem ? Elles vont jusqu'à faire les louanges de lieux de culte nordistes, comme Béthel et Sichem, et décrire l'érection d'autels dans de nombreux endroits autres que Jérusalem. Peut-être faut-il y voir une tentative de présenter la tradition patriarcale comme une sorte de préhistoire pieuse, antérieure à Jérusalem, à la monarchie, au Temple, témoin d'une époque où les pères de la nation, bien que parfaitement monothéistes, n'en bénéficiaient pas moins du droit divin d'offrir encore des sacrifices en divers lieux. La peinture des patriarches sous les traits de pâtres nomades était probablement destinée à conférer une atmosphère de très haute antiquité à la description de ce stade de formation d'une société qui n'avait que récemment développé une conscience nationale clairement définie.

La conclusion que l'on peut en tirer est que le texte « J » du Pentateuque et l'histoire deutéronomiste furent l'un et l'autre composés au VIIe siècle av. J. C., au royaume de Juda, à Jérusalem, à une époque où Israël, le royaume du Nord, n'était plus. Les idées, les épisodes essentiels, les personnages des deux compositions devaient être largement connus. La source « J » décrit la protohistoire d'une nation ; l'histoire deutéronomiste se penche, elle, sur des événements plus récents et insiste surtout sur l'idée panisraélite, sur la protection divine dont bénéficie la lignée de David et sur la centralisation du culte au Temple de Jérusalem.

Tout le génie des auteurs du VIIe siècle, créateurs de cette épopée nationale, réside dans l'habileté avec laquelle ils ont tissé les histoires antérieures, sans les priver ni de leur humanité ni de leur originalité distinctives. Abraham, Isaac et Jacob sont à la fois des êtres vivants, dotés d'une haute spiritualité, et les métaphoriques ancêtres du peuple d'Israël. Les douze fils de Jacob ont été introduits dans la tradition comme des frères cadets qui viennent compléter la généalogie. Tout l'art du récit biblique est de nous présenter les fils d'Abraham, d'Isaac et de Jacob, comme les membres d'une seule et même famille. Le pouvoir d'évocation de la légende les a donc réunis pour l'éternité, de façon beaucoup plus profonde que n'aurait pu le faire le récit d'aventures éphémères de quelques individus historiques qui menaient paître leurs troupeaux dans les hautes terres de Canaan.

2

L'Exode a-t-il eu lieu ?

L'héroïsme de Moïse face à la tyrannie du pharaon, les dix plaies d'Égypte, l'Exode de masse des Israélites, ces épisodes hautement dramatiques, dont le souvenir s'est perpétué au cours des siècles, comptent parmi les événements les plus marquants de l'histoire biblique. Sous la conduite d'un chef – et non plus d'un père – divinement inspiré, qui représente Dieu auprès de la nation et la nation auprès de Dieu, les Israélites accomplissent l'impossible périple qui les fait passer de la déchéance de l'esclavage aux frontières de la Terre promise. Le récit de cette libération prend une telle importance que les livres bibliques de l'Exode, du Lévitique, des Nombres et du Deutéronome – qui forment les quatre cinquièmes des Écritures fondamentales d'Israël – sont essentiellement consacrés à ces événements fabuleux qui se sont déroulés en une seule génération, en à peine plus de quarante ans. Ces quelques dizaines d'années verront s'accomplir les extraordinaires miracles du buisson ardent, des plaies d'Égypte, du partage de la mer Rouge, de la manne dans le désert, de la révélation de la Loi au sommet du mont Sinaï, manifestations visibles de l'autorité absolue que Dieu exerce à la fois sur la nature et sur l'humanité. Le Dieu d'Israël, qui n'avait entretenu jusqu'ici qu'une relation privée et individuelle avec les patriarches, se révèle aux yeux de la nation d'Israël comme une déité universelle.

Mais tout cela est-il historique ? L'archéologie est-elle en mesure de nous préciser à quelle époque un chef du nom de Moïse serait parvenu à mobiliser son peuple pour lui faire accomplir l'exploit de sa propre libération ? Sommes-nous capables de retracer les voies de l'Exode et de l'errance des tribus dans le désert ? Pouvons-nous même déterminer si l'Exode – tel que la Bible nous le décrit – a jamais eu lieu ? Deux cents ans de fouilles et d'études intensives des innombrables vestiges de l'antique civilisation égyptienne nous ont fourni la chronologie détaillée des événements, des personnalités et des lieux clés de l'époque pharaonique. Le récit de l'Exode regorge – plus encore que celui des patriarches – de détails sur des emplacements géographiques spécifiques. Nous offrent-ils un cadre historique fiable nous permettant de situer dans le temps la grande épopée israélite de la sortie d'Égypte et du don de la Loi reçue au sommet du Sinaï ?

ISRAËL EN ÉGYPTE

L'histoire de l'Exode décrit deux transitions importantes dont la connexion est cruciale pour le déroulement ultérieur de l'histoire israélite. D'une part, les douze fils de Jacob et leurs familles, exilés en Égypte, deviennent une grande nation. D'autre part, cette nation passe par un double processus de libération et d'engagement à l'égard de la loi divine, qui aurait été impossible auparavant. C'est ainsi que le message de la Bible met en valeur le pouvoir potentiel d'une nation pieuse et unie quand elle se met à réclamer sa liberté même au plus puissant souverain de la terre.

La fin du livre de la Genèse préparait la scène pour cette métamorphose spirituelle : elle dépeint les fils de Jacob vivant en sécurité sous la protection de leur frère Joseph, qui occupe un rang important dans la hiérarchie égyptienne. Ils mènent une vie heureuse et prospère dans les cités de la partie orientale du delta du Nil, libres d'aller et venir entre l'Égypte et leur terre natale de Canaan. À la mort de leur père Jacob, ils transportent son corps au tombeau prévu pour sa dernière demeure : la grotte de Makpéla, à Hébron, où il reposera aux côtés de son père Isaac et de son grand-père Abraham. En l'espace de quatre cent trente ans, les descendants des douze frères et de leurs familles proches sont devenus une grande nation – ainsi que Dieu le leur avait promis –, que la population égyptienne appelle les Hébreux : « Ils furent féconds et se multiplièrent, ils devinrent de plus en plus nombreux et puissants, au point que le pays en fut rempli » (Ex 1,7). Mais les temps changent. Un nouveau pharaon monte sur le trône, « qui n'avait pas connu Joseph ». De crainte que les Hébreux ne trahissent l'Égypte en faveur de l'un de ses ennemis, le nouveau pharaon les réduit en esclavage et les condamne aux travaux forcés sur les chantiers de construction des cités impériales de Pitom et de Ramsès. « Mais plus on lui [Israël] rendait la vie dure, plus il croissait en nombre et surabondait » (Ex 1,12). Le cycle vicieux de la répression s'intensifie : les Égyptiens rendent la vie encore plus dure aux Hébreux, qu'ils forcent à accomplir des tâches de plus en plus pénibles : « préparation de l'argile, moulage des briques, divers travaux des champs » (Ex 1,14).

Craignant une explosion démographique chez ces dangereux travailleurs immigrés, le pharaon ordonne de noyer tous leurs enfants mâles dans le Nil. De cette mesure radicale naquit l'instrument de la libération du peuple hébreu. Un fils de la tribu de Lévi – confié au fleuve dans une corbeille de papyrus – est découvert et adopté par l'une des filles du pharaon. Elle le nomme Moïse (de la racine hébraïque « tirer » des eaux). Il grandit au sein de la cour impériale. Des années plus tard, devenu adulte, Moïse aperçoit un contremaître égyptien en train de battre un esclave hébreu. Son sang ne faisant qu'un tour, il tue le contremaître et « le cache dans le sable ». Craignant pour sa vie, Moïse fuit dans le désert ; il prend refuge au pays de Madiân, où il adopte l'existence d'un nomade du désert. Au cours de son périple de berger solitaire, près de l'Horeb, « la montagne de Dieu », il reçoit la révélation qui changera la face du monde.

Au milieu des flammes étincelantes d'un buisson qui brûle dans le désert sans pour autant se consumer, le Dieu d'Israël se révèle au regard de Moïse comme le libérateur du peuple hébreu. Dieu promet de le délivrer des mains de ses oppresseurs pour le mener sain et sauf à la Terre promise où il vivra libre et en sécurité. Dieu se présente comme le Dieu d'Abraham, d'Isaac et de Jacob. Il révèle à Moïse son nom mystérieux et mystique, YHWH, « Je suis celui qui est ». Alors, Dieu confie à Moïse la mission solennelle de retourner en Égypte, avec son frère Aaron, pour confronter le pharaon à la démonstration éclatante de puissants miracles et exiger de lui la liberté de la maison d'Israël.

Mais le pharaon a le cœur endurci. Sa seule réponse à Moïse sera d'intensifier la persécution des esclaves hébreux. C'est pourquoi Dieu ordonne à Moïse de menacer l'Égypte d'une série de fléaux épouvantables si le pharaon persiste à refuser de se plier à la divine injonction : « Laisse partir mon peuple ! » (Ex 7,16). Le pharaon refuse de plier. Le Nil se change en sang. Des nuées de grenouilles, de moustiques et de taons tombent sur tout le pays. Une épizootie mystérieuse décime les troupeaux égyptiens. Des ulcères et des pustules crèvent la peau des gens et des bêtes qui ont survécu. La grêle s'abat sur la contrée et détruit les récoltes. Obstiné, le pharaon ne cède toujours pas. Des nuées de sauterelles dévorent le peu qui reste des récoltes et les ténèbres assombrissent tout le pays d'Égypte. Enfin intervient la plaie la plus terrible de toutes : la mort des premiers-nés, ceux des hommes comme ceux du bétail, sur toute la terre du Nil.

Pour protéger les premiers-nés israélites, Dieu ordonne à Moïse et à Aaron de préparer la congrégation d'Israël par l'offrande spéciale de moutons ou de chèvres dont le sang devra être répandu sur le seuil des maisons israélites de façon que Dieu les épargne la nuit où il frappera les enfants des Égyptiens. Il donne aussi l'ordre de préparer des provisions de pain azyme en vue d'un départ précipité. Quand le pharaon découvre la perte terrible occasionnée par le dixième fléau, la mort de tous les premiers-nés, y compris les siens, il s'avoue vaincu et supplie les Israélites de quitter le pays avec leurs troupeaux.

C'est ainsi que la multitude d'Israël, « au nombre de près de six cent mille hommes de pied, sans compter leur famille » (Ex 12,37), abandonne les villes de la région orientale du delta et se dirige vers les étendues désertiques du Sinaï. « Lorsque Pharaon eut laissé partir le peuple, Dieu ne lui fit pas prendre la route du pays des Philistins, bien qu'elle fût plus proche, car Dieu s'était dit qu'à la vue des combats le peuple pourrait se repentir et retourner en Égypte. Dieu fit donc faire au peuple un détour par la route du désert de la mer des Roseaux » (Ex 13,17-18). Mais le pharaon regrette soudain sa décision et envoie une force armée de « six cents des meilleurs chars et tous les chars d'Égypte » à la poursuite des Israélites. La mer Rouge se divise en deux pour permettre aux Hébreux de passer à pied sec sur la rive opposée du Sinaï. À peine l'ont-ils franchie que les eaux se referment sur les poursuivants égyptiens, miracle inoubliable que commémore le *Chant de victoire* (Ex 15,1-18).

Sous la conduite de Moïse, la foule des Israélites accomplit un interminable périple à travers le désert. Ils suivent une route à l'itinéraire soigneusement répertorié, qui précise les noms de lieux où ils ont souffert de la soif, de la faim, où ils ont exprimé leur mécontentement, où ils ont été consolés, nourris et abreuvés, grâce à l'intercession de Moïse auprès de Dieu. Ils atteignent finalement « la montagne de Dieu », où Moïse a déjà reçu sa première révélation. Le peuple se rassemble au pied du mont, tandis que Moïse grimpe au sommet pour y recevoir la Loi destinée à régir l'existence des Israélites nouvellement libérés. La réunion est gâchée par les Israélites, qui se sont mis à adorer le Veau d'or pendant que Moïse était occupé au sommet du mont. De colère, Moïse brise le premier exemplaire des Tables de la Loi. En dépit de cet incident, Dieu s'en remet à Moïse pour communiquer à son peuple les dix commandements, ainsi qu'une législation très complexe sur tout ce qui touche au culte, à la pureté rituelle et à la nourriture. L'Arche d'alliance qui renferme les Tables de la Loi servira dorénavant d'étendard de bataille ; symbole national le plus sacré, elle accompagnera les Israélites tout au long de leur périple.

De leur campement dans le désert de Parân, les Israélites envoient des espions pour collecter des informations sur les peuples de Canaan (Nb 13). À leur retour, ces derniers font un rapport tellement impressionnant sur les forces cananéennes et la dimension formidable des remparts qui protègent leurs cités que les Israélites perdent courage. Ils se rebellent contre Moïse, allant jusqu'à le supplier de les ramener en Égypte où, au moins, leur sécurité physique est garantie. En voyant cela, Dieu décrète que la génération qui a connu l'esclavage en Égypte ne vivra pas pour jouir de l'héritage de la Terre promise, et devra poursuivre son périple dans le désert pendant encore quarante ans. Aussi les Israélites n'entreront-ils pas dans Canaan directement, mais par un itinéraire détourné, passant par Cadès-Barnéa, puis par l'Araba, puis à travers les terres d'Édom et de Moab, pour aboutir à l'est de la mer Morte.

L'acte final de l'Exode prend place dans les plaines de Moab, en Transjordanie, en vue de la Terre promise. Moïse, qui a atteint un âge fort avancé, révèle aux Israélites les termes définitifs de la Loi qu'ils devront observer s'ils veulent hériter de Canaan. Cette seconde version de la Loi appartient au Deutéronome (*deuteronomos*, en grec, signifie « deuxième loi »). Elle réitère les dangers mortels de l'idolâtrie, établit le calendrier des fêtes, énumère toute une série de législations sociales, et ordonne que, une fois la conquête accomplie, le Dieu d'Israël ne soit plus vénéré que dans un unique sanctuaire, « au lieu choisi par Yahvé ton Dieu pour y faire habiter son nom » (Dt 26,2). Après avoir imposé les mains sur Josué, fils de Nûn, pour qu'il commande aux Israélites durant leur brève campagne de conquête, le vieux Moïse, âgé de cent vingt ans, monte au sommet du mont Nébo pour y rendre l'âme. Ainsi s'achève la transition de famille à nation. Cette dernière n'a plus qu'à relever son défi le plus périlleux : accomplir le destin que Dieu lui a réservé.

L'ATTRAIT DE L'ÉGYPTE

Un fait est certain : la situation générale décrite par la saga de l'Exode – celle d'une immigration de gens qui quittent Canaan pour venir s'installer dans la partie orientale du delta du Nil – est abondamment vérifiée par les découvertes archéologiques et par les textes historiques. Depuis des temps immémoriaux, durant toute l'Antiquité, l'Égypte représentait un lieu de refuge et de sécurité pour les populations de Canaan, chaque fois que la sécheresse, la famine ou la guerre rendait leur situation insupportable, voire simplement difficile. Cette relation historique s'explique par les contrastes environnementaux et climatiques entre l'Égypte et Canaan, deux contrées séparées par le désert du Sinaï. Canaan, au climat méditerranéen, avait des étés secs et n'était arrosée par la pluie qu'en hiver ; la pluviométrie pouvait y varier considérablement. L'agriculture de Canaan dépendait donc entièrement du climat ; la prospérité bénissait les années aux pluies abondantes ; sécheresse et donc famines résultaient de l'insuffisance des précipitations. L'existence des peuples de Canaan se trouvait donc directement affectée par les fluctuations entre bonne, moyenne ou maigre pluviosité, se traduisant invariablement en années de prospérité ou de disette. Quand la famine sévissait trop durement, il ne restait qu'une solution : l'Égypte, qui ne dépendait pas des pluies puisqu'elle était baignée par le Nil.

L'Égypte aussi connaissait des années grasses et des années maigres – déterminées par le niveau des crues, lesquelles dépendaient des différences de précipitations à ses sources d'Afrique centrale et des hauts plateaux éthiopiens –, mais les famines proprement dites étaient rares. Le Nil, même à son plus bas niveau, constituait une réserve d'eau suffisante pour l'irrigation ; d'autre part, l'Égypte était un État remarquablement bien organisé, toujours prêt à affronter les contingences des années maigres grâce aux entrepôts de grains du gouvernement. Dans l'Antiquité, le delta du Nil offrait au regard un paysage bien plus verdoyant que celui qu'il présente aujourd'hui. De nos jours, en raison de l'envasement et des transformations géologiques, le Nil ne se sépare plus qu'en deux bras, au nord du Caire. Mais un nombre considérable de documents anciens, dont deux cartes de la période romano-byzantine, prouvent que le Nil, jadis, se divisait en pas moins de sept bras, qui baignaient une large étendue de terres fort bien irriguées. Le bras le plus oriental allait fertiliser ce qui est devenu à présent la zone marécageuse, saline et aride du nord-ouest du Sinaï. Il alimentait un réseau abondant de canaux construits de la main de l'homme, qui distribuaient l'eau douce à travers toute la région ; ces canaux transformaient ce qui constitue à présent la zone marécageuse du canal de Suez en une terre verdoyante, fertile et très peuplée. Ce bras oriental du Nil et les canaux qui lui étaient rattachés ont été récemment identifiés lors de relevés géologiques et topographiques entrepris dans le delta et les déserts qui le bordent à l'est.

Nous avons de bonnes raisons de croire que, lorsque sévissait la famine en terre de Canaan – comme le décrit le récit biblique –, bergers et fermiers se rendaient en Égypte et s'installaient dans le delta oriental pour profiter de sa fertilité assurée. Cependant, l'archéologie nous brosse un tableau infiniment plus nuancé sur les groupes importants issus de peuples sémitiques, en provenance du sud de Canaan, qui, pour diverses raisons, se seraient établis, à l'âge du Bronze, dans le delta et y auraient rencontré plus ou moins de succès. Certains d'entre eux fournirent des manœuvres pour les chantiers de travaux publics. À d'autres périodes, leur arrivée était simplement motivée par les meilleures perspectives économiques et commerciales que l'Égypte leur offrait. Les peintures intérieures de la fameuse nécropole de Beni-Hasan, située en moyenne Égypte, montrent un groupe de visiteurs, en provenance probable de Transjordanie, qui arrivent en Égypte avec leurs bêtes de somme chargées de marchandises – visiblement, ils ne venaient pas s'embaucher comme manœuvres, mais bien plutôt pour commercer. D'autres Cananéens installés dans le delta durent y être introduits de force comme prisonniers de guerre par les armées des pharaons, qui revenaient de campagnes punitives contre les cités rebelles de Canaan. Certains se voyaient réduits à l'état d'esclaves pour cultiver les terres appartenant aux temples. Quelques-uns gravirent les échelons de la société égyptienne et accédèrent à la dignité d'administrateurs, de soldats, voire de prêtres.

Ces schémas démographiques de la partie orientale du delta – des populations d'origine asiatique qui immigrent en Égypte pour s'y employer comme manœuvres – ne sont pas restreints à l'âge du Bronze. Ils reflètent le rythme séculaire de la région, qui était toujours en vigueur dans les derniers siècles de l'âge du Fer, proches de l'époque à laquelle fut composé le récit de l'Exode.

L'ASCENSION ET LA CHUTE DES HYKSOS

L'histoire de la réussite de Joseph en Égypte, telle que nous la conte la Genèse, forme de très loin le récit le plus célèbre sur l'ascension sociale d'un immigré cananéen en Égypte. Mais d'autres documents nous en font une peinture identique, présentée du point de vue égyptien. Le témoignage le plus important nous est transmis par l'historien égyptien Manéthon, au IIIe siècle av. J. C. Manéthon nous raconte l'histoire de la réussite surprenante d'un groupe d'immigrés, qu'il nous présente, de son point de vue de patriote égyptien, comme une tragédie nationale. Fondant son récit sur des « annales sacrées » et des « contes et légendes populaires » anonymes, Manéthon décrit une invasion massive et brutale de l'Égypte par des étrangers venus d'orient, qu'il appelle les Hyksos (une énigmatique hellénisation d'un mot égyptien que l'auteur traduisait par « rois-pasteurs », mais qui signifie en réalité « rois étrangers »). D'après Manéthon, les Hyksos se seraient établis dans une cité du delta nommée Avaris. Ils y auraient fondé une dynastie qui aurait régné sur l'Égypte, de façon fort cruelle, pendant plus de cinq cents ans.

Au début de l'ère scientifique moderne, les savants identifiaient les Hyksos avec les souverains de la XVe dynastie égyptienne, qui régnèrent de 1670 à 1570 av. J. C. Prenant le récit de Manéthon au pied de la lettre, ils cherchaient les vestiges d'une nation ou d'un groupe ethnique de puissants étrangers, venus de loin pour envahir et conquérir l'Égypte. Des études ultérieures ont révélé que les noms des rois Hyksos retrouvés sur les inscriptions et les sceaux étaient sémitiques, des régions de l'ouest – par conséquent, cananéens. Les fouilles archéologiques récentes menées dans la partie orientale du delta du Nil confirment cette conclusion. Elles attestent également que l'« invasion » des Hyksos correspond en réalité à un processus graduel d'immigration de Canaan vers l'Égypte, bien plus qu'à une campagne militaire subite et brutale.

Les fouilles les plus importantes furent entreprises par Manfred Bietak, de l'université de Vienne, à Tell ed-Daba, un site du delta oriental identifié à Avaris, la capitale des Hyksos (carte 4, p. 76). Les découvertes prouvent une lente et progressive croissance de l'influence cananéenne dans les styles de poterie, dans l'architecture et dans les rites funéraires à partir de 1800 av. J. C. Sous la XVe dynastie, c'est-à-dire quelque cent cinquante ans plus tard, cette influence prédomine nettement sur le site, devenu alors une grande cité. Les découvertes de Tell ed-Daba nous révèlent un développement graduel de la présence cananéenne dans le delta, qui résulta en un transfert pacifique de pouvoir. Dans ses grandes lignes, cette situation rappelle étrangement les récits sur les visites que rendent les patriarches en Égypte, qui ont abouti à leur installation durable dans ce pays. Le fait que Manéthon, qui composa son récit presque 1 500 ans plus tard, nous décrit une invasion brutale au lieu d'une immigration graduelle et pacifique s'explique probablement par le contexte de sa propre époque, où les souvenirs des invasions de l'Égypte par les Assyriens, les Babyloniens et les Perses, durant les VIIe et VIe siècles av. J. C., étaient encore vivaces dans la conscience égyptienne.

Mais, en dépit de la différence radicale de ton, le parallèle est encore plus frappant entre la saga des Hyksos et le récit biblique des Israélites en Égypte. Manéthon nous décrit comment un souverain égyptien vertueux mit un terme à cette « invasion » de l'Égypte : il attaqua et vainquit les Hyksos, « en tua un grand nombre et poursuivit le reste jusqu'aux frontières de la Syrie ». Manéthon laisse même entendre qu'après leur expulsion d'Égypte, les Hyksos fondèrent la ville de Jérusalem et y construisirent un temple. Bien plus fiable est le document égyptien, datant du XVIe siècle av. J. C., qui raconte les exploits du pharaon Ahmosis, de la XVIIIe dynastie, qui saccagea Avaris, puis poursuivit les Hyksos survivants jusqu'à leur citadelle située au sud de Canaan – Sharuhen, près de Gaza –, qu'il emporta d'assaut après un siège prolongé. Or, il se trouve que vers le milieu du XVIe siècle av. J. C., Tell ed-Daba a été abandonnée, et que cet événement marque la fin de l'influence cananéenne dans la région.

Ainsi, des documents archéologiques et historiques indépendants mentionnent bien des immigrations en Égypte de peuples sémitiques en provenance de Canaan, ainsi que des rois égyptiens qui les expulsent de force hors du pays. Dans ses grandes lignes, cette histoire d'immigration suivie d'un retour brutal à Canaan correspond assez bien au récit biblique de l'Exode. Reste à répondre à deux questions clés. Premièrement : qui étaient ces immigrants sémitiques ? Deuxièmement : la date de leur séjour en Égypte s'accorde-t-elle à la chronologie biblique ?

UN CONFLIT DE DATES ET DE RÈGNES

On date généralement l'expulsion des Hyksos en se fondant sur les archives égyptiennes et les preuves archéologiques de destruction de cités cananéennes, aux alentours de l'an 1570 av. J. C. Comme nous l'avons mentionné dans le chapitre précédent au sujet du temps des patriarches, le livre des Rois (1 R 6,1) nous dit que la construction du Temple, durant la quatrième année du règne de Salomon, débuta 480 ans après l'Exode. Si l'on se fonde sur la corrélation entre les dates des règnes des rois israélites et les documents extérieurs, égyptiens ou assyriens, on peut en conclure que l'Exode a eu lieu aux environs de l'an 1440 av. J. C., c'est-à-dire plus d'un siècle après l'expulsion des Hyksos par les Égyptiens. Mais les choses se compliquent encore davantage. La Bible mentionne spécifiquement la condamnation aux travaux forcés des enfants d'Israël, employés en particulier sur le chantier de construction de la ville de Ramsès (Ex 1,11). Or, au XVe siècle av. J. C., un tel nom est inconcevable : le premier pharaon à le porter ne montera sur le trône qu'en 1320 av. J. C., c'est-à-dire plus d'un siècle après la date suggérée par la tradition biblique. Et en effet, des dizaines de sites archéologiques liés à l'installation des premiers Israélites ont été découverts dans les régions montagneuses de Canaan et datent de cette époque. De nombreux savants minimisent la valeur littérale de la datation biblique en expliquant que le nombre 480 ne représenterait qu'une valeur symbolique, qui couvrirait douze générations d'une durée de quarante ans chacune. Cette chronologie très schématisée situe la construction du Temple à mi-chemin entre la fin du premier exil (en Égypte) et la fin du deuxième exil (à Babylone).

Néanmoins, aux yeux de la plupart des savants, la référence biblique à Ramsès apparaît comme un détail destiné à préserver un souvenir historique authentique. Autrement dit, ils affirment que l'Exode avait dû avoir lieu durant le XIIIe siècle av. J. C. D'autres détails spécifiques de l'histoire biblique de l'Exode plaident en faveur de cette datation. En premier lieu, les documents égyptiens rapportent que la ville de Pi-Ramsès (« La Maison de Ramsès ») fut construite dans le delta au temps du grand pharaon égyptien Ramsès II, qui régna de 1279 à 1213 av. J. C., et que des Sémites ont participé à sa construction. En deuxième lieu, détail des plus convaincants, la plus ancienne mention d'Israël dans un texte extra-biblique fut découverte en Égypte sur une stèle qui décrit la campagne militaire entreprise par le fils de Ramsès II, le pharaon Merneptah, contre Canaan, au cours de laquelle un peuple nommé Israël aurait été anéanti ; le pharaon déclare péremptoirement qu'il n'en reste plus rien. Il se vantait, bien sûr, mais la stèle prouve qu'un groupe humain portant le nom d'Israël était déjà établi à Canaan à cette époque. Donc, d'après les savants, si un exode historique a vraiment eu lieu, il doit s'être déroulé vers la fin du XIIIe siècle.

La stèle de Merneptah contient donc la première mention du nom d'Israël dans un texte de l'Antiquité encore intact. Cela soulève quelques questions fondamentales : qui étaient ces Sémites installés en Égypte ? Peut-on les considérer comme des Israélites à part entière ? Le nom d'Israël n'apparaît nulle part dans les inscriptions ou les documents qui nous sont parvenus sur les Hyksos. Il n'est pas davantage mentionné dans les inscriptions égyptiennes plus tardives, ni dans les abondantes archives cunéiformes datant du XIVe siècle, découvertes à Tell el-Amarna, en Égypte, dont les quelque quatre cents lettres décrivent de façon détaillée les conditions sociales, politiques et démographiques de Canaan à cette époque. Comme nous le verrons dans un prochain chapitre, les Israélites ne commenceront à émerger graduellement comme un groupe distinctif de la région de Canaan qu'à partir de la fin du XIIIe siècle av. J. C. Il n'existe aucune preuve archéologique de présence israélite en Égypte antérieure à cette période.

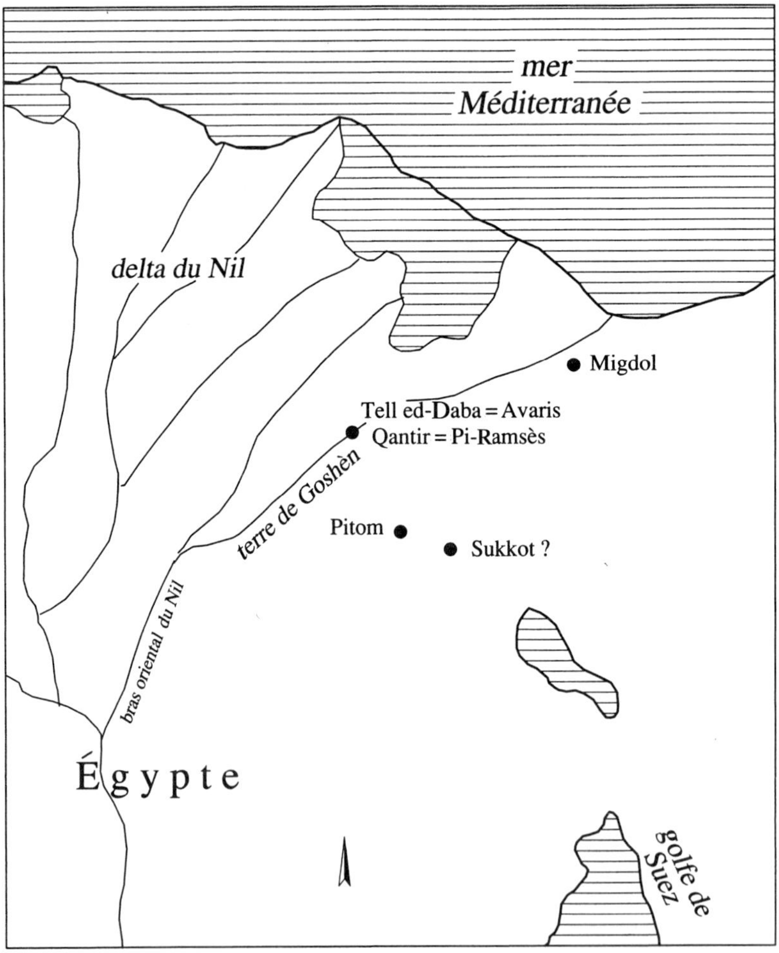

Carte 4. Le delta du Nil : sites principaux mentionnés dans l'Exode.

UN EXODE POUVAIT-IL AVOIR LIEU SOUS RAMSÈS II ?

Nous savons aujourd'hui que le problème de l'Exode ne peut se résoudre en alignant simplement dates et rois. Après l'expulsion des Hyksos, qui eut lieu en 1570 av. J. C., les Égyptiens firent preuve d'infinies précautions pour éviter toute incursion future d'étrangers à l'intérieur de leur territoire. L'impact négatif du souvenir des Hyksos est symptomatique d'un état d'esprit qui se reflète dans les vestiges archéologiques. Depuis quelques années seulement, nous savons qu'à partir du Nouvel Empire, au lendemain de l'expulsion des Hyksos, les Égyptiens ont exercé un contrôle très attentif du flot des immigrants dans le delta en provenance de Canaan. Ils érigèrent toute une série de forteresses, bien administrées et solidement équipées de garnisons, sur toute la frontière orientale du delta. Un papyrus datant de la fin du XIIIe siècle démontre avec quel soin méticuleux les commandants de ces forts surveillaient les mouvements des groupes étrangers : « Nous avons complété l'entrée des tribus des Édomites-Shosou [Bédouins], à travers la forteresse de Merneptah-Satisfait-avec-la-Vérité, qui est à *Tjkw*, aux étangs de *Pr-Itm* qui [sont] à *Tjkw*, pour assurer la survie de leurs troupeaux. »

Ce rapport présente un intérêt supplémentaire : il désigne deux des plus importants sites mentionnés par la Bible en relation avec l'Exode (carte 6). Sukkot (Ex 12,37 et Nb 33,5) doit être la forme hébraïque de l'égyptien *Tjkw*, un nom de lieu qui fait son apparition dans les textes égyptiens à partir de la XIXe dynastie, celle de Ramsès II. Pitom (Ex 1,11) est la forme hébraïque de *Pr-Itm*, qui signifie la « Maison [Temple] du Dieu Atoum ». Ce nom apparaît pour la première fois sous le Nouvel Empire. En outre, deux noms de lieux, qui interviennent dans le récit de l'Exode, correspondent à la réalité du delta oriental à la période du Nouvel Empire. Le premier, déjà mentionné, est celui de la ville nommée Ramsès (Pi-Ramsès). Cette cité fut construite au XIIIe siècle, dans le delta oriental, non loin des ruines d'Avaris, pour servir de capitale à Ramsès II. La fabrication des briques, mentionnée dans le récit biblique, était un phénomène courant en Égypte ; des fresques, datant du XVe siècle, qui ornent un tombeau égyptien, en dépeignent de façon détaillée le processus de fabrication. Pour finir, le nom de Migdol (Ex 14,2) désignait les forteresses du Nouvel Empire qui gardaient la frontière orientale du delta et la voie principale qui reliait l'Égypte à Canaan, au nord du Sinaï.

La frontière entre Canaan et l'Égypte était donc étroitement contrôlée. Si une horde d'Israélites en fuite avait traversé les frontières fortifiées du territoire pharaonique, on en aurait retrouvé une trace écrite. Or, dans les documents égyptiens surabondants qui décrivent l'époque du Nouvel Empire, en général, et celle du XIIIe siècle en particulier, on ne trouve pas la moindre référence aux Israélites, pas même une suggestion. Nous savons que des nomades d'Édom sont entrés en Égypte par le désert. La mention d'Israël sur la stèle de Merneptah se réfère à des gens qui habitent déjà Canaan. Mais nous n'avons pas la moindre trace, pas un seul mot, mentionnant la présence d'Israélites en Égypte : pas une seule inscription monumentale sur les murs des temples, pas une seule inscription funéraire, pas un seul papyrus. L'absence d'Israël est totale – que ce soit comme ennemi potentiel de l'Égypte, comme ami, ou comme peuple asservi. Et l'Égypte ne recèle aucune découverte qu'il soit possible d'associer, directement ou indirectement, avec la notion d'un groupement ethnique particulier (par opposition à une forte concentration de travailleurs immigrés en provenance de nombreux pays) qui, si l'on en croit le récit biblique sur les enfants d'Israël installés « dans la terre de Goshèn » (Gn 47,27), aurait vécu dans une région déterminée du delta oriental.

De surcroît, il est des plus improbables qu'un groupe de taille non négligeable ait pu échapper au contrôle égyptien à l'époque de Ramsès II. Tout comme le serait la traversée du désert et l'entrée à Canaan. Au XIIIe siècle, l'Égypte était parvenue au faîte de son pouvoir. C'était la plus grande puissance du monde. L'autorité de l'Égypte sur Canaan était absolue : les forteresses égyptiennes couvraient son territoire et les officiers égyptiens administraient l'ensemble du pays. Les lettres de Tell el-Amarna, antérieures d'un siècle, racontent qu'une patrouille de cinquante soldats égyptiens suffisait à ramener le calme en cas de révolte cananéenne. Pendant toute la période du Nouvel Empire, de larges contingents égyptiens marchaient à travers Canaan en direction du nord, pour se rendre jusqu'à l'Euphrate, en Syrie. Le contrôle de la voie terrestre principale, qui, partant du delta, longeait la côte du Nord-Sinaï pour se rendre au cœur du pays de Canaan représentait un enjeu d'une importance capitale pour le régime pharaonique.

La partie la plus vulnérable de cette route – qui traversait le redoutable et très aride désert du Nord-Sinaï, entre le delta et Gaza – était aussi la mieux protégée. Un système très abouti de forteresses égyptiennes, dotées de puits et d'entrepôts, construites à des intervalles correspondant à une journée de marche, avait été établi tout au long de la route appelée la voie d'Horus. Ces citadelles permettaient à l'armée impériale de traverser aisément et rapidement la péninsule du Sinaï, en cas de nécessité. Les annales du grand conquérant égyptien, Thoutmosis III, relatent qu'il couvrit, avec ses troupes, la distance qui sépare le delta oriental de Gaza, représentant environ 250 kilomètres, en seulement dix jours. Un bas-relief, sculpté sous le règne du père de Ramsès II, le pharaon Séti Ier (env. 1300 av. J. C.), représente ces avant-postes, avec leurs réservoirs d'eau potable, sous la forme d'une sorte de carte qui retrace la route menant du delta oriental à la frontière sud-ouest de Canaan (ill. 1, ci-dessous). Les vestiges de ces forteresses ont été exhumés au cours de fouilles archéologiques entreprises au nord du Sinaï par Eliezer Oren, de l'université Ben-Gourion, dans les années 1970. Oren découvrit que chacune de ces « forteresses-étapes » égyptiennes, dont l'emplacement correspondait aux indications fournies par le bas-relief égyptien, comprenait trois éléments récurrents : une citadelle montée en briques, selon le type courant d'architecture militaire égyptienne en usage à l'époque, un entrepôt de vivres et une citerne.

Ill. 1. Relief de l'époque du pharaon Séti Ier (env. 1300 av. J. C.). Gravé dans un mur du temple d'Amon, à Karnak, il dépeint la voie internationale qui reliait l'Égypte à Canaan par le littoral méditerranéen de la péninsule du Sinaï. Les forteresses égyptiennes, avec leurs citernes, sont représentées sur le registre du bas.

À moins d'accepter l'idée de miracles dus à l'intervention divine, il est bien difficile d'envisager la possibilité d'une fuite hors d'Égypte d'une foule d'esclaves qui, après avoir franchi une frontière aussi puissamment gardée, auraient ensuite traversé le désert jusqu'à Canaan, à une époque où l'Égypte y maintenait une quantité aussi formidable de troupes. N'importe quel groupe fuyant l'Égypte contre la volonté du pharaon aurait été aisément pris en chasse, non seulement par une armée égyptienne lancée à sa poursuite à partir du delta, mais aussi par les garnisons égyptiennes des forteresses du nord du Sinaï et de Canaan.

D'ailleurs, le récit biblique mentionne le danger d'une tentative de fuite par la voie littorale. La seule autre option aurait consisté à traverser les étendues désertiques et désolées de la péninsule du Sinaï. Or, l'archéologie contredit tout autant la possibilité d'un large groupement de population se déplaçant à loisir dans cette péninsule.

LES MARCHEURS FANTÔMES ?

Si l'on en croit la Bible, les enfants d'Israël ont parcouru de long en large les déserts et les monts de la péninsule du Sinaï, en campant dans toutes sortes d'endroits, pendant quarante ans bien comptés (carte 5). En admettant que le nombre des Israélites en fuite (six cent mille, d'après le texte) ait été quelque peu exagéré, ou qu'il soit permis de l'interpréter comme la représentation symbolique de groupes plus modestes, le texte n'en décrit pas moins un nombre considérable de gens qui y ont survécu dans des conditions extrêmes. Il devrait rester des traces archéologiques de leur interminable périple à travers le Sinaï. Or, à l'exception des vestiges de forteresses égyptiennes le long de la côte nord, aucune trace de campement, aucun signe d'occupation, datant du temps de Ramsès II, ou de ses prédécesseurs, ou de ses successeurs immédiats, n'ont été retrouvés nulle part dans le Sinaï. Et ce n'est pas faute de les avoir cherchés. Des explorations archéologiques de tous les coins et recoins de la péninsule ont été entreprises, y compris des montagnes qui environnent le lieu supposé être à l'emplacement du mont Sinaï, près du monastère Sainte-Catherine (voir appendice B), mais elles n'ont rien donné de positif : pas un seul tes-

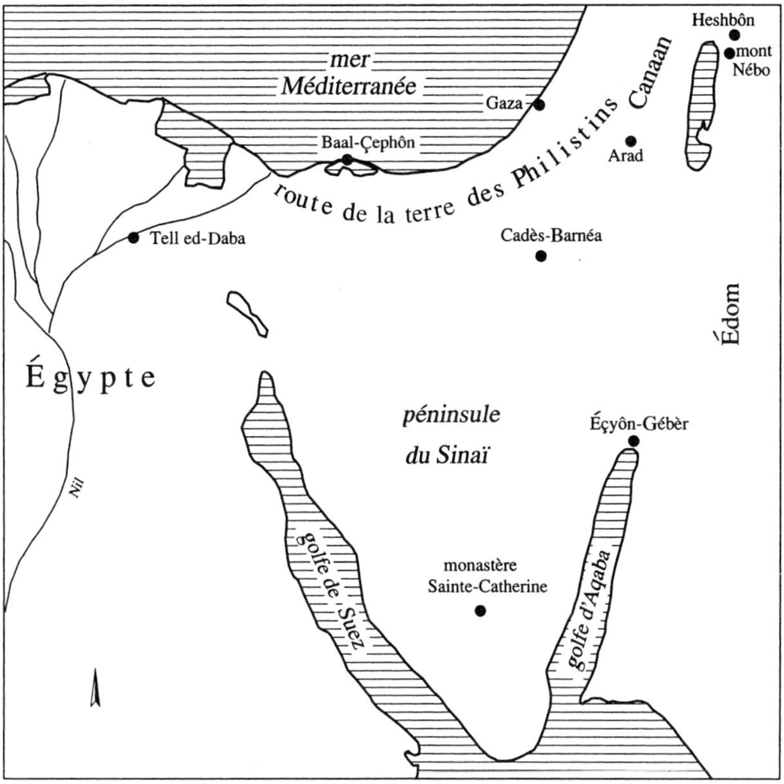

Carte 5. La péninsule du Sinaï et les principaux lieux mentionnés dans l'Exode.

son de poterie, pas la moindre structure ni la moindre trace d'habitation ou signe d'ancien campement. Mais comment une modeste bande de vagabonds israélites pourrait-elle laisser quoi que ce soit derrière elle, demanderez-vous ? Les techniques modernes de l'archéologie permettent de repérer les traces des plus infimes vestiges laissés derrière eux par des cueilleurs-chasseurs ou des bergers nomades n'importe où de par le monde. D'ailleurs, les découvertes archéologiques de la péninsule du Sinaï révèlent précisément les éléments d'une activité pastorale au IIIe millénaire av. J. C., et durant les périodes byzantines et hellénistiques. Il n'existe tout simplement pas la moindre évidence de ce type d'activité à l'époque attribuée à l'Exode, c'est-à-dire au XIIIe siècle av. J. C.

La conclusion – que l'Exode ne s'est pas déroulé à l'époque et de la manière dont la Bible le raconte – semble irréfutable dès lors qu'on examine les découvertes faites sur les sites où les enfants d'Israël sont présumés avoir campé pendant de longues périodes au cours de leurs pérégrinations dans le désert (Nb 33). Un indice archéologique quelconque, s'il existe, devrait y être découvert. D'après le récit biblique, les fils d'Israël campèrent à Cadès-Barnéa pendant trente-huit ans sur les quarante que dura leur errance. La description de la frontière sud d'Israël au chapitre 34 des Nombres donne une indication claire qui permet de localiser l'endroit. Les archéologues l'ont identifié avec la grande et fertile oasis d'Ein el-Qudeirat, dans la partie orientale du Sinaï, située à la frontière de l'Israël moderne et de l'Égypte. Le nom de Cadès s'est probablement transmis dans celui d'une source voisine nommée Ayn Qedeis. Un petit tertre, vestige d'un fort datant du Fer récent, occupe le centre de cette oasis. Cependant, les fouilles systématiques et répétées de la région n'ont pas livré la moindre preuve d'une activité quelconque au Bronze récent, même pas un minuscule tesson que n'aurait pas manqué d'y laisser la plus insignifiante bande de fuyards.

Éçyôn-Gébèr fait également partie de ces endroits où auraient campé les enfants d'Israël. D'autres passages de la Bible mentionnent que le site devint une ville portuaire située sur la pointe nord du golfe d'Aqaba. Cela permit aux archéologues de l'identifier avec un tertre situé sur la frontière moderne qui sépare Israël de la Jordanie, entre les villes d'Eilat et d'Aqaba. Les fouilles qui y furent entreprises de 1938 à 1940 ont permis d'exhumer des vestiges impressionnants datant du Fer récent, mais pas la moindre trace d'occupation au Bronze récent. Sur une longue liste de campements dans le désert, Cadès-Barnéa et Éçyôn-Gébèr sont les seuls qu'il soit permis d'identifier avec certitude. On n'y trouve aucune trace des Israélites en marche.

Mais que pouvons-nous dire au sujet des autres lieux et des autres peuples mentionnés dans le compte rendu de la marche des Israélites dans le désert ? Le récit biblique décrit comment le roi cananéen Arad, « habitant au Néguev », attaqua les Israélites et en fit quelques-uns prisonniers. Furieux, ceux-ci en appelèrent à Dieu pour qu'il détruisît toutes les cités cananéennes (Nb 21,1-3). Presque vingt ans de fouilles intensives sur le site de Tel Arad, à l'est de Beersheba, ont permis de découvrir les restes d'une cité du Bronze ancien, couvrant une superficie d'environ dix hectares, ainsi qu'une forteresse de l'âge du Fer, mais aucun vestige datant du Bronze récent, époque où l'endroit était apparemment déserté. On peut en dire autant de toute la vallée de Beersheba. Arad n'existait tout simplement pas au Bronze récent.

La situation se répète si nous nous dirigeons vers l'orient, sur l'autre rive du Jourdain, où les Israélites durent combattre la ville d'Heshbôn, la capitale de Sihôn, roi des Amorites, qui tentait de leur interdire le passage sur son territoire alors qu'ils faisaient route vers Canaan (Nb 21,21-25 ; Dt 2,24-35 ; Jg 11,19-21). Les fouilles de Tel Hesban, au sud d'Amman, où l'on situe l'antique Heshbôn, révèlent qu'aucune ville, pas même un hameau, ne s'y trouvait au Bronze récent. Bien plus. D'après la Bible, quand les enfants d'Israël marchèrent à travers le plateau transjordanien, ils durent combattre Moab, Édom et Ammon. Or, nous savons à présent qu'au Bronze récent, le plateau transjordanien était très sporadiquement peuplé. La majeure partie de la région, y compris Édom, que le récit biblique nous décrit pourtant comme un État gouverné par un roi, ne possédait pas de population sédentaire à l'époque. L'archéologie prouve simplement qu'aucun roi ne se trouvait à Édom pour affronter les Israélites.

La situation est claire, à présent. Les sites mentionnés dans le récit de l'Exode ont bel et bien existé. Certains étaient connus et furent apparemment occupés, mais bien avant, ou bien après le temps présumé de l'Exode – en fait, après l'émergence du royaume de Juda, quand le texte du récit biblique fut composé pour la première fois. Malheureusement pour ceux qui sont attachés à l'idée d'un Exode historique, ces sites étaient inhabités au moment précis où ils auraient, paraît-il, joué un rôle dans les événements qui ont ponctué la marche dans le désert des enfants d'Israël.

RETOUR VERS LE FUTUR : LES INDICES QUI PLAIDENT EN FAVEUR DU VIIe SIÈCLE AV. J. C.

Où cela nous mène-t-il ? Pouvons-nous affirmer que l'Exode, la traversée du désert et – l'essentiel – l'alliance au Sinaï ne renferment pas la moindre parcelle de vérité ? L'histoire de l'Exode réunit tant d'éléments historiques et géographiques appartenant à des époques tellement différentes qu'il est très difficile de déterminer quand ce genre d'événement a pu se produire. Il y a l'éternel rythme migratoire vers et en provenance de l'Égypte dans l'Antiquité. Il y a la domination des Hyksos sur le delta oriental au Bronze moyen. Il y a certaines correspondances avec la dynastie des Ramsès – avec la première mention du nom d'Israël (oui, mais à Canaan, pas en Égypte). Dans l'Exode, beaucoup de noms de lieux semblent avoir des racines égyptiennes, par exemple la mer Rouge (Yam Suph, en hébreu), le fleuve Shihor, dans le delta oriental (Jos 13,3), ou la halte que firent les Israélites à Pi-ha-hiroth. Ils appartiennent à la géographie de l'Exode, mais ils ne livrent aucune indication claire quant à la période précise de l'histoire égyptienne à laquelle ils appartiendraient.

Le fait que le récit de l'Exode ne nomme aucun pharaon du Nouvel Empire (alors que les textes postérieurs de la Bible présentent les pharaons par leurs noms, comme Shéshonq Ier et Neko II) ajoute au flou historique. L'identification de Ramsès II avec l'Exode vient de l'association entre le nom de lieu Pi-Ramsès et celui du pharaon (Ex 1,11 ; 12,37). On y trouve en revanche des liens indiscutables avec le VIIe siècle av. J. C. À part une vague référence à la crainte des Israélites d'emprunter la voie littorale, les forteresses égyptiennes du nord du Sinaï et de Canaan n'y sont pas mentionnées. La Bible reflète peut-être la réalité du Nouvel Empire, mais elle pourrait aussi bien refléter des conditions plus tardives de l'âge du Fer, plus proche de l'époque à laquelle le récit de l'Exode fut écrit.

C'est précisément ce que suggère l'égyptologue Donald Redford. Dans le texte de l'Exode, les détails géographiques les plus évocateurs et les plus logiques se rattachent au VIIe siècle, ère de prospérité du royaume de Juda, six siècles après l'époque à laquelle les événements contés sont présumés avoir eu lieu. Redford a démontré comment un grand nombre de détails de l'Exode s'expliquent dans ce contexte, qui correspond en outre au crépuscule du pouvoir impérial égyptien, sous la XXVIe dynastie.

Les deux plus grands souverains de cette dynastie, Psammétique Ier (664-610 av. J. C.) et son fils Neko II (610-595 av. J. C.), ont consciemment pris modèle sur les pharaons beaucoup plus anciens. Ils entreprirent de grands travaux à travers le delta pour tenter de restituer à l'Empire égyptien son éclat d'antan et d'accroître sa puissance économique et militaire. Psammétique installa sa capitale dans la ville de Saïs (qui a donné la forme adjectivale de « saïte » associée à la XXVIe dynastie), située dans le delta occidental. Neko II entreprit des travaux publics encore plus ambitieux dans la partie orientale du delta, telle la percée d'un canal à travers l'isthme de Suez pour relier la mer Rouge à la Méditerranée par l'intermédiaire de l'affluent le plus oriental du Nil. L'exploration archéologique du delta oriental révèle les efforts initiaux de certains de ces chantiers de grande envergure entrepris par la dynastie saïte – ainsi que la présence d'un grand nombre d'immigrés installés à demeure dans la région.

En fait, l'ère de la dynastie saïte offre la meilleure illustration historique de ces mouvements migratoires qui voient des étrangers venir s'installer dans le delta. Outre les colonies marchandes grecques, établies depuis la seconde moitié du VIIe siècle av. J. C., de nombreux immigrés en provenance de Juda se trouvaient dans le delta ; établis à partir du début du VIe siècle, ils formaient une large communauté (Jr 44,1 ; 46,14) dans la région. Qui plus est, les travaux publics entrepris à cette époque correspondent parfaitement à ceux que décrit le récit de l'Exode. Un texte datant de la fin du XIIIe siècle mentionne bien un lieu qui porte le nom de Pitom, mais c'est seulement vers la fin du VIIe siècle que fut construite la fameuse et importante cité de Pitom. Certaines inscriptions trouvées à Tell Maskouta, dans le delta oriental, ont conduit les archéologues à identifier le site avec la seconde Pitom. Les fouilles qui y furent menées ont révélé qu'à l'exception d'une brève occupation au Bronze moyen, le site ne fut habité qu'à partir de la XXVIe dynastie, au cours de laquelle il abrita une cité d'une certaine importance. De même si, sous le Nouvel Empire, Migdol (que mentionne Ex 14,2) signifie bien, de manière générale, un fort, un Migdol très important est attesté dans le delta oriental durant le VIIe siècle av. J. C. Ce n'est certainement pas une coïncidence si le prophète Jérémie, qui vécut entre la fin du VIIe siècle et le début du VIe siècle, en parlant de Judéens installés dans le delta oriental, mentionne précisément Migdol (Jr 44,1 ; 46,14). Enfin, le nom de Goshèn – le pays où les Israélites se sont installés dans le delta (Gn 45,10) – n'est pas égyptien mais sémitique. À partir du VIIe siècle av. J. C., les Arabes qédarites se répandirent jusqu'aux extrémités des terres occupées du Levant, pour atteindre le delta au cours du VIe siècle. Plus tard, durant le Ve siècle, ils jouaient un rôle dominant dans la vie du delta. D'après Redford, le nom de Goshèn dériverait de Geshem – nom de dynastie de la famille royale qédarite.

Certains des noms étranges mentionnés dans l'histoire égyptienne de Joseph présentent une relation évidente avec le VIIe siècle. Les quatre noms de Çophnat-Panéah (le grand vizir du pharaon), Potiphar (officier royal), Poti-Phéra (un prêtre), Asnat (fille de Poti-Phéra), rarement usités lors des périodes antérieures de l'histoire égyptienne, connurent une popularité sans précédent au cours des VIIe et VIe siècles av. J. C. Un détail additionnel semble vouloir consolider les preuves en faveur de la relation entre le récit biblique et cette période spécifique de l'histoire : la crainte, exprimée par les Égyptiens, d'une invasion sur leur frontière orientale. Avant les attaques assyriennes du VIIe siècle, l'Égypte n'avait jamais été envahie par cette frontière. Pourtant, dans l'histoire de Joseph, ce dernier accuse ses frères, qui viennent d'arriver de Canaan, d'être des espions venus « pour reconnaître les points faibles du pays » (Gn 42,9). Dans le récit de l'Exode, le pharaon refuse de laisser partir les Israélites de crainte qu'ils ne collaborent avec un ennemi de l'Égypte. Ces détails dramatiques prennent tout leur sens *après* l'âge d'or du pouvoir égyptien de la dynastie des Ramsès, à une époque où, précisément, les invasions assyriennes et babyloniennes du VIIe siècle avaient gravement affaibli l'Égypte.

Enfin, tous les lieux qui jouent un rôle important dans l'errance des Israélites étaient bien habités durant le VIIe siècle. Qui plus est, certains d'entre eux le furent *uniquement* à cette époque. Au VIIe siècle, une large forteresse fut établie à Cadès-Barnéa. On débat de l'identité des constructeurs de ce fort ; on ignore s'il servait d'avant-poste méridional du royaume de Juda pour protéger les routes du désert vers la fin du VIIe siècle ou bien s'il fut construit au début du même siècle sous les auspices de l'Assyrie. Quelle que soit la réponse, ce site, qui joue un rôle essentiel dans le récit de l'Exode puisque les Israélites l'utilisent comme lieu favori de campement, était un avant-poste important, et peut-être célèbre, durant la période monarchique tardive. Le port méridional d'Éçyôn-Gébèr était aussi florissant à la même époque. Les royaumes de Transjordanie étaient également prospères et très peuplés au VIIe siècle. Le cas d'Édom est particulièrement éloquent. La Bible explique que Moïse, de Cadès-Barnéa, délégua auprès du roi d'Édom des émissaires chargés de lui demander la permission de traverser son territoire pour se rendre à Canaan. Le souverain édomite l'ayant refusée, les Israélites durent contourner son pays. Si l'on en croit le récit biblique, un royaume existait bien à Édom à l'époque. Or, les explorations archéologiques démontrent qu'Édom n'a atteint une dimension étatique que sous les auspices assyriennes au VIIe siècle av. J. C. Auparavant, c'était une contrée quasiment dépeuplée, occupée essentiellement par des pasteurs nomades. Et, détail important, Édom fut ravagée par les Babyloniens au VIe siècle et ne connut un renouveau d'activité sédentaire que dans la période hellénistique.

Tout cela semble indiquer que le récit de l'Exode a trouvé sa forme définitive sous la XXVIe dynastie, au cours de la seconde moitié du VIIe siècle et de la première moitié du VIe siècle av. J. C. Les nombreuses références à des lieux et à des événements spécifiques de cette période suggèrent clairement que l'auteur, ou les auteurs, ont intégré dans l'histoire maints détails qui leur étaient contemporains. D'une façon similaire, les Européens du Moyen Âge enluminaient leurs manuscrits bibliques en représentant Jérusalem comme une cité européenne, ceinturée de remparts, avec tourelles et créneaux, de façon à frapper davantage l'imagination des lecteurs. Des légendes plus anciennes, aux contours assez flous, gravitant autour d'une quelconque libération des mains des Égyptiens, ont peut-être été habilement brodées sur le tissu général d'une formidable saga qui empruntait les paysages et les monuments familiers. Mais comment considérer comme une simple coïncidence le fait que les détails géographiques et ethniques des récits qui concernent à la fois les patriarches et l'Exode portent les marques indubitables d'une composition datant du VIIe siècle av. J. C. ? Y aurait-il un noyau plus ancien de vérités historiques, ou bien le fondement même des histoires fut-il inventé à cette époque ?

LE DÉFI AU NOUVEAU PHARAON

Il est évident que la saga de la libération du joug égyptien ne fut pas composée comme une œuvre originale au VIIe siècle av. J. C. Les grandes lignes de cette histoire étaient certainement connues, comme le prouvent les allusions à l'Exode et à la marche dans le Sinaï présentes dans les oracles des prophètes Amos (Am 2,10 ; 9,7) et Osée (Os 11,1 ; 13,4), qui datent d'un bon siècle auparavant. Ces oracles partageaient le souvenir d'un grand événement historique qui concernait l'Égypte et qui avait pris place dans un passé très lointain. Quel pouvait être ce souvenir ?

Selon l'égyptologue Donald Redford, l'écho des événements marquants de l'occupation de l'Égypte par les Hyksos, suivie de leur expulsion brutale du delta, a dû résonner pendant des siècles, pour devenir un souvenir central et partagé pour tous les peuples de Canaan. Ces histoires de colons cananéens établis en Égypte, qui avaient dominé le delta avant d'être contraints de retourner dans leur terre natale, auraient bien pu servir de foyer de solidarité et de résistance, au moment où le contrôle égyptien sur Canaan devenait plus étroit, au Bronze récent. Comme nous le verrons, au fur et à mesure que nombre de peuples cananéens étaient assimilés dans la nation d'Israël en formation, ce puissant symbole de liberté avait de quoi séduire une communauté de plus en plus étendue. Sous les royaumes d'Israël et de Juda, le récit de l'Exode se serait conservé pour se transformer en saga nationale, en un appel à l'unité face aux menaces permanentes en provenance de grands empires voisins.

Il est impossible d'affirmer avec certitude que le récit biblique a été composé à partir des vagues souvenirs d'une émigration en Égypte en provenance de Canaan, suivie d'une expulsion du delta au IIe millénaire. Mais, de toute évidence, l'histoire de l'Exode devait tirer son pouvoir non seulement de traditions plus anciennes adaptées aux détails géographiques et démographiques contemporains, mais encore plus directement de réalités politiques contemporaines.

Aussi bien pour l'Égypte que pour Juda, le VIIe siècle fut une époque de grand renouveau. En Égypte, après une longue période de déclin et plusieurs années de soumission à l'Empire assyrien, le pharaon Psammétique Ier prend le pouvoir et donne un regain d'importance à l'Égypte décadente. Tandis que s'écroule l'Empire assyrien, l'Égypte occupe le terrain politique vacant et s'empare d'anciens territoires assyriens pour y imposer son pouvoir. Entre 640 et 630 av. J. C., les Assyriens retirent leurs forces des satrapies philistines, de Phénicie, et de tout le territoire occupé précédemment par Israël ;

l'Égypte pénètre dans la plupart de ces régions et sa domination politique remplace le joug assyrien.

De son côté, le roi Josias règne sur Juda. Que YHWH finirait par remplir la promesse faite aux patriarches, à Moïse et à David – celle d'un Israël puissant et unifié établi en sécurité dans sa terre – est incontestablement l'une des idées fortes, tant sur le plan politique que spirituel, qui anime les sujets de Josias. À cette époque, le souverain judéen se lance dans la tentative audacieuse de profiter de la chute de l'Assyrie pour unir tous les Israélites sous son sceptre. Il projette de s'étendre vers le nord, pour rassembler tous les territoires où vivent encore des Israélites, un siècle après la chute du royaume d'Israël. Il songe à concrétiser le rêve d'une monarchie unifiée et glorieuse, de fonder un grand et puissant État, réunissant tous les Israélites, qui adorent un Dieu unique dans un Temple unique, dominé par une unique capitale – Jérusalem – sous le gouvernement d'un roi unique de la lignée de David.

Les ambitions de la puissante Égypte, qui veut étendre sa domination, contrarient celles du minuscule Juda, qui tente d'annexer les territoires de l'ancien royaume d'Israël et d'imposer son indépendance. L'Égypte de la XXVIe dynastie, aux ambitions impérialistes, barre la voie qui conduit à la réalisation des rêves de Josias. Surgissant de la brume d'un lointain passé, certaines images et certains souvenirs servent donc de munitions dans l'épreuve de force nationaliste qui oppose les enfants d'Israël au pharaon et à ses régiments de chars.

Dès lors, la composition de l'Exode nous apparaît sous une perspective nouvelle et frappante. De même que la composition de l'histoire des patriarches rassemblait diverses traditions originelles mises au service de la montée du nationalisme, à Juda, au VIIe siècle, de même, la composition élaborée du récit d'un conflit avec l'Égypte – contant l'incommensurable pouvoir du Dieu d'Israël et le salut miraculeux de son peuple – servait une fin politique et militaire encore plus immédiate. Cette grande saga, celle d'un nouveau départ et d'une seconde chance, devait entrer en résonance avec les consciences des lecteurs du VIIe siècle, en leur rappelant leurs propres difficultés et en les comblant d'espoir pour le futur.

L'attitude du nouveau royaume de Juda à l'égard de l'Égypte était faite d'un mélange de respect, de crainte et d'aversion. D'un côté, l'Égypte était considérée comme un refuge sûr en période de famine, un lieu d'asile pour les fugitifs ; elle représentait également une alliée potentielle, en cas d'invasion par le nord. D'un autre côté, une animosité doublée de soupçons était ressentie en permanence à l'encontre de cette grande voisine méridionale, qui n'avait jamais cessé de manifester l'ambition de conserver le contrôle du passage vital à travers la terre d'Israël vers l'Asie Mineure et la Mésopotamie. Or, voici qu'un jeune roi de Juda se déclare prêt à affronter la puissance du grand pharaon ; d'anciennes légendes traditionnelles, issues de sources très variées, sont donc rassemblées en une épopée unique pour soutenir les visions politiques de Josias.

Durant l'exil à Babylone et au cours des siècles qui suivirent, de nouvelles couches se rajouteront au récit de l'Exode. Mais nous voyons maintenant comment, pendant le VIIe siècle av. J. C., une tension croissante avec l'Égypte permit à cette composition surprenante de se cristalliser. Par conséquent, la saga de l'Exode d'Israël hors d'Égypte n'est pas une vérité historique, mais elle n'est pas non plus une fiction littéraire. Elle exprime puissamment les souvenirs et les espérances suscités par un monde en mutation. L'affrontement de Moïse et du pharaon reflète la rencontre imminente et fatidique qui opposera le jeune roi Josias au pharaon Neko II, qui vient d'être couronné. Tenter d'attribuer à cette allégorie biblique une date précise reviendrait à trahir sa signification profonde. La pâque juive ne fête pas un événement historique précis, mais une expérience de résistance nationale contre les pouvoirs établis.

3

La conquête de Canaan

Le destin national d'Israël ne pouvait s'accomplir que dans le pays de Canaan. Le livre de Josué nous décrit une campagne militaire éclair au cours de laquelle les tribus israélites défirent sur le champ de bataille les puissants rois de Canaan et héritèrent de leurs territoires. Il proclame la victoire du peuple de Dieu sur l'arrogance des païens ; il chante l'éternelle épopée de la conquête de nouvelles frontières et de la capture de cités ; quant au peuple vaincu, il doit subir l'ultime châtiment de la dépossession et de la mort. C'est une saga martiale et poignante, pleine d'actes d'héroïsme, de ruses, de cruelles vengeances, ponctuée de certains des épisodes les plus saisissants de la Bible : la chute des murs de Jéricho, le soleil dont la course s'arrête à Gabaôn, l'incendie qui ravage la grande cité cananéenne d'Haçor. C'est aussi un essai détaillé sur la géographie de Canaan et l'explication historique de la manière dont chacune des douze tribus israélites hérita de sa portion traditionnelle de territoire au sein de la Terre promise.

Mais si, comme nous venons de le voir, l'Exode ne s'est pas déroulé de la manière dont nous le raconte la Bible, qu'en est-il de la conquête ? La question est encore plus embarrassante. Comment une armée de gueux dépenaillés, encombrée de femmes, d'enfants et de vieillards, surgissant du désert après y avoir séjourné pendant des décennies, pouvait-elle se lancer dans l'entreprise d'une invasion aussi redoutablement efficace ? Comment une horde désorganisée pouvait-elle s'emparer des puissantes forteresses cananéennes, avec leurs garnisons de soldats professionnels, appuyés par des régiments de chars de guerre ?

La conquête de Canaan a-t-elle vraiment eu lieu ? Cette saga, qui occupe le cœur même de la Bible – et de l'histoire ultérieure d'Israël –, fait-elle partie de l'histoire ou du mythe ? Les antiques cités de Jéricho, d'Aï, de Gabaôn, de Lakish et d'Haçor, ainsi que presque toutes les villes qui figurent dans le récit de la conquête, ont été localisées et fouillées, mais les vestiges de la conquête historique de Canaan par les Israélites sont, comme nous le verrons, plutôt maigres. Ici aussi, l'archéologie nous permettra de démêler les événements historiques réels de ceux qui relèvent de l'imagination puissante des auteurs de l'impérissable conte biblique.

LE PLAN DE BATAILLE DE JOSUÉ

La saga de la conquête débute par le dernier des cinq livres de Moïse – le Deutéronome –, qui nous explique que Moïse, le grand chef, ne sera pas celui qui mènera les enfants d'Israël au pays de Canaan. Comme il fait partie de la génération qui a subi l'amère servitude égyptienne, lui aussi est condamné à mourir sans poser le pied sur la Terre promise. Avant sa mort et son enterrement sur le mont Nébo, dans le pays de Moab, Moïse insiste sur l'importance de l'observance des commandements de Dieu, clé de la conquête à venir ; obéissant aux instructions divines, Moïse désigne son fidèle lieutenant Josué comme commandant des Israélites. Après avoir subi l'esclavage égyptien pendant des générations, après quarante ans d'errance dans le désert, les Israélites sont enfin parvenus à la frontière de Canaan, sur la rive opposée du fleuve qui les sépare de la terre de leurs ancêtres, Abraham, Isaac et Jacob. Dieu leur a donné l'ordre de nettoyer la Terre sainte de toute trace d'idolâtrie, ce qui signifie l'annihilation intégrale des Cananéens.

Menés par Josué – un général remarquable, particulièrement doué pour la surprise tactique –, les Israélites volent de victoire en victoire, en une série impressionnante de sièges et de batailles rangées. Près de la rive opposée du Jourdain, se trouve la ville de Jéricho, dont les Israélites doivent s'emparer pour y établir une tête de pont. Tandis que les troupes israélites se préparent à franchir le fleuve, Josué envoie deux espions qui s'introduisent dans Jéricho pour recueillir des renseignements sur les forces de l'ennemi et la sûreté des fortifications. Les informations (obtenues auprès d'une prostituée nommée Rahab) que rapportent les espions sont encourageantes : la nouvelle de l'approche des Israélites terrorise déjà les habitants. Le peuple d'Israël traverse le Jourdain, précédé de l'Arche d'alliance. L'épisode de la prise de Jéricho est trop célèbre pour en refaire le récit détaillé : les Israélites, suivant en cela les instructions de Dieu transmises par l'intermédiaire de Josué, marchent en procession autour des hautes murailles de la cité ; au septième jour, une puissante sonnerie de trompettes fait crouler les murailles qui protégeaient Jéricho (Jos 6).

Le prochain objectif est la cité d'Aï, proche de Béthel, située dans les hautes terres de Canaan, sur l'une des voies principales menant de la vallée du Jourdain aux régions montagneuses. Cette fois-ci, plutôt que de recourir de nouveau au miracle, la ville sera conquise grâce à l'habileté tactique de Josué, digne des guerriers grecs lors de la prise de Troie. Josué range le plus gros de ses troupes en ordre de bataille à l'est de la ville et lance un défi aux défenseurs ; au même moment, en secret, une embuscade se prépare du côté ouest. Tandis que les défenseurs d'Aï sortent en force pour engager le combat avec les Israélites et les poursuivre dans le désert, les unités israélites embusquées pénètrent dans la cité laissée sans défense et l'incendient. Josué, qui d'abord simule la retraite, fait demi-tour avec ses troupes, massacre tous les habitants d'Aï, s'empare du bétail et d'un important butin, et pend ignominieusement le roi vaincu à un arbre (Jos 8,1-29).

La panique s'empare des habitants des autres villes de Canaan. À la nouvelle du sort réservé aux gens de Jéricho et d'Aï, les Gabaonites, qui vivent dans quatre villes situées au nord de Jérusalem, envoient des émissaires à Josué pour implorer sa grâce. Ils se présentent comme des étrangers au pays (Dieu n'ayant ordonné l'extermination que des autochtones) ; aussi Josué accepte-t-il de passer un traité de paix avec eux. Quand on lui révèle que les Gabaonites lui ont menti et qu'ils sont natifs de l'endroit, Josué les châtie en les condamnant à servir les Israélites comme « fendeurs de bois et porteurs d'eau » (Jos 9,27).

Les victoires initiales remportées par les envahisseurs israélites contre Jéricho et les villes des régions du centre provoquent l'inquiétude des souverains les plus puissants de Canaan. Le roi de Jérusalem,

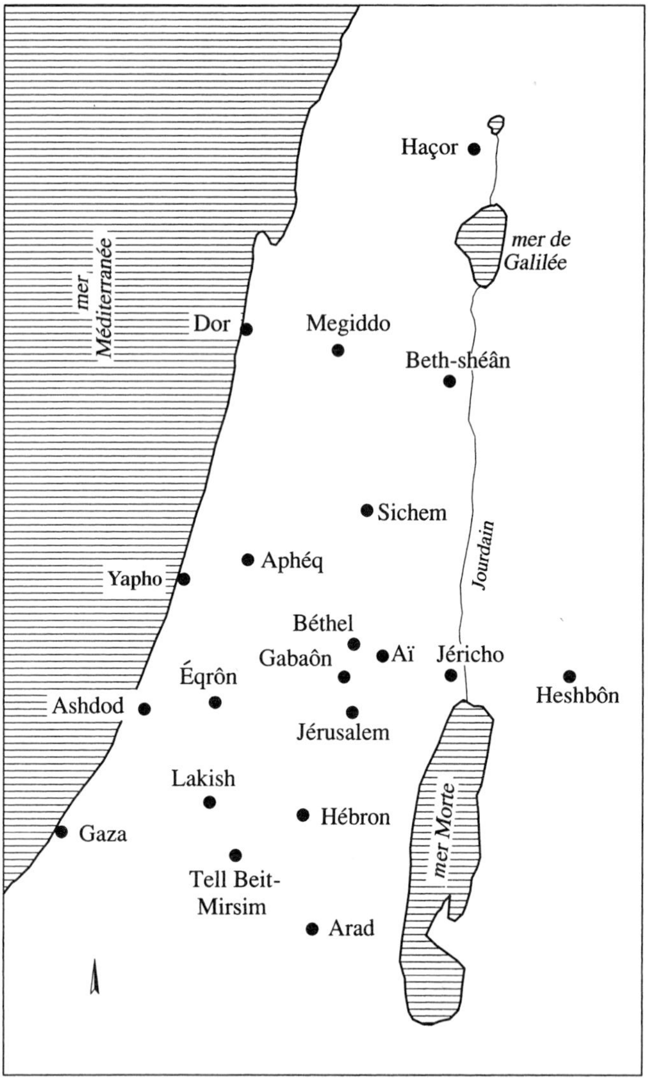

Carte 6. Principaux sites en relation avec le récit de la conquête de Canaan.

Adoni-Çédeq, forme une alliance militaire avec le roi d'Hébron, ville située dans les hautes terres méridionales, et les rois de Yarmut, de Lakish et d'Églôn, villes situées sur les contreforts de la Shefelah, à l'ouest. Les rois cananéens rassemblent leurs forces autour de Gabaôn. En un mouvement éclair, après une marche nocturne forcée depuis la vallée du Jourdain, Josué fond à l'improviste sur l'armée de la coalition hiérosolymite. Prises de panique, les forces cananéennes fuient vers les hauteurs de Bet-Horôn, vers l'ouest. Pendant leur fuite, Dieu fait pleuvoir sur eux d'énormes grêlons. En fait, nous dit la Bible, « il en mourut plus sous les grêlons que sous le tranchant de l'épée des Israélites » (Jos 10,11). Le soleil décline à l'horizon, mais le juste massacre des ennemis n'étant pas terminé, Josué se tourne vers Dieu, en présence de l'armée d'Israël, pour le supplier d'arrêter la course du soleil jusqu'à l'accomplissement intégral de la volonté divine.

> Le soleil se tint immobile au milieu du ciel et près d'un jour entier retarda son coucher. Il n'y a pas eu de journée pareille, ni avant ni depuis, où Yahvé ait obéi à la voix d'un homme. C'est que Yahvé combattait pour Israël (Jos 10,13.14).

Les rois en fuite sont capturés et passés au fil de l'épée. Josué poursuit sa campagne et anéantit les cités cananéennes des régions méridionales du pays, qu'il conquiert au bénéfice du peuple d'Israël.

C'est dans le Nord que sera porté le coup final. Une coalition de rois cananéens, menée par Yabîn, roi d'Haçor, « un peuple nombreux comme le sable au bord de la mer, avec une énorme quantité de chevaux et de chars » (Jos 11,4) affronte les Israélites en une bataille rangée quelque part en Galilée. Les forces cananéennes sont écrasées. Haçor, la cité la plus importante de Canaan, « jadis capitale de tous ces royaumes » (Jos 11,10), est prise d'assaut et détruite par le feu. Cette victoire met entre les mains des Israélites la totalité de la Terre promise, des déserts méridionaux aux pics enneigés du mont Hermon, au septentrion. La promesse divine est accomplie. Les forces cananéennes sont anéanties. Les enfants d'Israël peuvent s'installer à demeure et se partager, tribu par tribu, la terre que Dieu leur a donnée en héritage.

UN CANAAN DIFFÉRENT

Comme pour le récit de l'Exode, le Canaan que nous révèle l'archéologie diffère radicalement de celui que nous dépeint la Bible au moment présumé de la conquête, c'est-à-dire entre 1230 et 1220 av. J. C.[1] Nous tenons pour certain qu'en 1207 av. J. C., un groupe nommé Israël était établi quelque part dans le pays, mais ce que nous savons par ailleurs de la situation générale de Canaan, sur le plan militaire et politique, tend à prouver qu'une invasion éclair de l'ensemble du territoire de la part de ce groupe eût été fort peu réaliste, voire extrêmement improbable.

La documentation sur le Canaan de l'époque abonde ; on la trouve dans des documents égyptiens datant du Bronze récent (1550-1150 av. J. C.), sous la forme de lettres diplomatiques, de listes de villes conquises, de scènes de siège sculptées en bas-reliefs sur les murs des temples égyptiens, d'annales de princes égyptiens, d'œuvres littéraires et d'hymnes de toutes sortes. La meilleure source d'information nous vient des lettres de Tell el-Amarna. Ces textes représentent une partie de la correspondance diplomatique et militaire des grands pharaons Aménophis III et Akhenaton, son fils, qui régnaient sur l'Égypte au XIVe siècle av. J. C.

Les quatre cents tablettes de Tell el-Amarna, éparpillées dans les musées du monde entier, contiennent des missives envoyées en Égypte par des dirigeants de puissants États comme les Hittites d'Anatolie et les rois de Babylone. La plupart émanent des dirigeants des cités-États de Canaan, qui étaient vassales de l'Égypte durant cette période. Ces dirigeants comprennent ceux des villes cananéennes dont le nom deviendra célèbre grâce à la Bible, comme Jérusalem, Sichem, Megiddo, Haçor et Lakish. Mais, surtout, les lettres de Tell el-Amarna révèlent que Canaan était une province égyptienne, étroitement contrôlée par l'administration pharaonique. La capitale provinciale était établie à Gaza, mais les garnisons égyptiennes étaient stationnées en des lieux clés à travers tout le pays, par exemple à Beth-Shéân, au sud de la mer de Galilée, ou au port de Jaffa (aujourd'hui intégré dans la ville de Tel-Aviv).

Dans la Bible, on ne rencontre aucun Égyptien en dehors de l'Égypte ; pas un seul Égyptien n'est mentionné dans les batailles qui se déroulent à Canaan. Or, les documents contemporains et les découvertes archéologiques attestent que l'Égypte administrait et sur-

1. Comme nous l'avons vu dans le dernier chapitre, cette date est calculée d'après les références présumées aux pharaons de la dynastie des Ramsès contenues dans l'Exode et d'après la date de la stèle de Merneptah (1207 av. J. C.), qui mentionne une présence d'Israël à Canaan à cette époque.

veillait étroitement les affaires publiques de cette contrée. Les princes des cités cananéennes (que le livre de Josué nous présente comme de puissants ennemis) étaient, en réalité, d'une faiblesse pathétique. Les fouilles prouvent qu'à l'époque les cités de Canaan n'étaient pas les « villes » qu'elles deviendront plus tard. Elles n'étaient tout au plus que des places fortes abritant l'administration et la petite élite du pays : le roi, sa famille et un entourage réduit de bureaucrates ; les paysans vivaient alentour, éparpillés dans des hameaux. La cité typique consistait en un palais, un temple, et quelques édifices publics : résidences privées des officiels, auberges, bâtiments administratifs. Il n'y avait pas de mur d'enceinte. Nulle fortification ne protégeait les formidables cités cananéennes décrites dans le récit de la conquête !

Apparemment, la protection de l'Égypte, qui veillait sur la sécurité de la province, dispensait de murailles défensives. Une raison supplémentaire, d'ordre économique, explique l'absence de fortifications dans la majorité des villes cananéennes. Les lourds impôts dus au pharaon par les princes de Canaan interdisaient au petit dirigeant local d'entreprendre de gros travaux publics. En fait, le Canaan du Bronze récent n'était plus que l'ombre de la société prospère qu'il avait représenté plusieurs siècles auparavant, au Bronze moyen. De nombreuses cités avaient été désertées, d'autres avaient rapetissé, l'ensemble de la population devait totaliser tout au plus cent mille personnes. Les dimensions réduites de la société de l'époque sont amplement démontrées par la lettre de Tell el-Amarna envoyée au pharaon par le roi de Jérusalem dans laquelle ce dernier demande au souverain égyptien de bien vouloir lui déléguer une escouade de cinquante hommes « pour protéger le pays ». Ce chiffre est confirmé par une autre lettre, envoyée par le roi de Megiddo, qui demande au pharaon de lui envoyer cent soldats pour protéger la cité contre les agressions répétées de l'un de ses voisins, le roi de Sichem.

Les lettres de Tell el-Amarna détaillent la situation de Canaan au XIVe siècle av. J. C., soit un siècle environ avant la conquête présumée des Israélites. Nous ne possédons pas de source d'information équivalente sur la situation de Canaan au XIIIe siècle. Mais le pharaon Ramsès II, qui régnait sur l'Égypte durant une bonne partie de ce siècle, n'était pas du genre à négliger la surveillance militaire de Canaan. C'était un puissant souverain, peut-être même le plus puissant des pharaons, et les affaires étrangères le passionnaient au plus haut point.

D'autres indications – à la fois archéologiques et littéraires – tendent à démontrer que, durant le XIIIe siècle av. J. C., le contrôle égyptien sur Canaan était plus étroit que jamais. Au moindre trouble, l'armée égyptienne aurait traversé le désert du Sinaï en longeant le littoral méditerranéen pour marcher contre les cités rebelles ou les peuples insurgés. Comme nous l'avons mentionné, une série de forteresses, alimentées en eau potable, gardaient la voie militaire du Nord-Sinaï. Après avoir traversé le désert, l'armée égyptienne était en mesure de mettre en déroute les forces rebelles et d'imposer sa volonté à la population locale.

L'archéologie a découvert des preuves flagrantes de l'importance de la présence égyptienne dans tout le pays de Canaan. Dans les années 1920, on a exhumé une place forte égyptienne sur le site de Beth-Shéân, au sud de la mer de Galilée. Ses structures diverses et ses cours intérieures renfermaient des statues et des édifices ornés d'inscriptions hiéroglyphiques datant des règnes des pharaons Séti Ier (1294-1279 av. J. C.), Ramsès II (1279-1213 av. J. C.) et Ramsès III (1184-1153 av. J. C.). L'antique cité cananéenne de Megiddo témoigne d'une forte influence égyptienne, qui s'exerça jusqu'à Ramsès VI, dont le règne se situe à la fin du XIIe siècle av. J. C., c'est-à-dire bien après la conquête présumée de Canaan par les Israélites.

On imagine mal les garnisons égyptiennes, chargées de la sécurité de Canaan, se tourner les pouces pendant qu'une horde de réfugiés (échappés d'Égypte…) répandait la terreur à travers toute la province. Il est également inconcevable que les surabondantes archives égyptiennes n'aient pas préservé la moindre note relative à la destruction par des envahisseurs d'autant de cités vassales, loyales à l'empire. L'unique mention (indépendante de la Bible) du nom d'Israël, qui date de l'époque – la stèle de victoire de Merneptah – proclame que ce peuple insignifiant, établi quelque part à Canaan, vient de subir une défaite écrasante. Il est évident que rien ne va plus quand on juxtapose le récit biblique, les preuves archéologiques et les archives égyptiennes.

DANS LES PAS DE JOSUÉ ?

Il y a – ou, tout au moins, il y a eu – des contre-arguments aux preuves égyptiennes. En premier lieu, il est évident que le livre de Josué n'est pas un récit inventé de toutes pièces. Il reflète avec précision la géographie du territoire d'Israël. Le schéma de la campagne de Josué obéit à un ordre géographique logique. Au début du XXe siècle, certains savants ont repéré plusieurs sites choisis que l'on pouvait à juste titre identifier aux progrès de l'avance israélite ; des fouilles y furent entreprises – destinées à vérifier s'il s'y trouvait des vestiges de murailles effondrées, des morceaux de poutres calcinées, des signes révelateurs d'une destruction massive.

La personnalité la plus éminente à entreprendre une telle quête était une fois de plus le savant américain William F. Albright, de l'université Johns Hopkins de Baltimore. C'était un brillant linguiste, historien, bibliste et archéologue, qui clamait haut et fort que les patriarches étaient d'authentiques personnages historiques. Son interprétation des preuves archéologiques l'avait également persuadé que les exploits de Josué appartenaient eux aussi à l'histoire. Les fouilles d'Albright les plus connues ont eu lieu entre 1926 et 1932, à Tell Beit-Mirsim, au pied des monts de Judée, au sud-ouest d'Hébron (carte 6, p. 94). La position géographique du site incita Albright à l'identifier avec la cité cananéenne de Debir, dont la conquête par les Israélites est mentionnée à trois reprises dans la Bible (Jos 10,38-39 ; 15,15-19 ; Jg 1,11-15). Plus tard, l'identification d'Albright a été contestée, mais les trouvailles archéologiques de Tell Beit-Mirsim jouent toujours un rôle central dans le débat historique.

Les fouilles ont révélé une ville de dimension réduite, plutôt pauvre, qui ne possédait pas de murailles, et qu'un incendie soudain et dévastateur aurait ravagée à la fin du Bronze récent, vers 1230 av. J. C., selon Albright. Au-dessus des couches de cendres, Albright découvrit ce qu'il interpréta comme des preuves de l'installation de nouveaux occupants : quelques débris de poteries rudimentaires, qu'il avait déjà remarquées dans d'autres sites des hautes terres et que son intuition attribuait aux Israélites. Albright y voyait les preuves indiscutables de l'historicité du récit biblique : une cité cananéenne (mentionnée par la Bible) avait été réduite en cendres par les Israélites, qui s'y étaient ensuite installés.

En outre, les recherches d'Albright parurent donner des résultats identiques partout alentour. Sur un tertre ancien situé dans le village arabe de Beitin, identifié à la cité biblique de Béthel, à environ quinze kilomètres au nord de Jérusalem, les fouilles ont révélé une cité cananéenne du Bronze récent. Le feu l'avait détruite vers la fin du XIIIe siècle av. J. C. Au Fer I, une population différente l'aurait réoccupée. Cela semblait correspondre au récit biblique de la ville cananéenne appelée autrefois Luz, conquise par des membres de la maison de Joseph, qui s'y établirent et la nommèrent Béthel (Jg 1,22-26). Plus au sud, sur le tertre imposant de Tell ed-Duweir, dans la Shefelah, site identifié avec la célèbre ville biblique de Lakish (Jos 10,31-32), une expédition britannique des années 1930 exhuma les restes d'une autre grande cité du Bronze récent détruite par un sinistre.

Les découvertes se poursuivirent dans les années 1950, après la création de l'État d'Israël, quand les archéologues israéliens se concentrèrent sur la question de la conquête de la Terre promise. En 1956, Yigael Yadin, l'archéologue israélien le plus éminent, entreprit d'explorer le site de l'antique cité d'Haçor, que le livre de Josué (Jos 11,10) décrit comme la « capitale de tous ces royaumes ». On ne pouvait rêver emplacement plus idéal pour vérifier la preuve archéologique de la conquête israélite. Haçor, identifiée à l'énorme tertre de Tell el-Waqqas, en haute Galilée, en raison de son emplacement et de sa dimension, se révéla être la ville la plus importante de Canaan au Bronze récent. Elle recouvrait une superficie de quatre-vingts hectares, huit fois plus étendue que celle de sites de l'importance de Megiddo et de Lakish.

Comme le découvrit Yadin, si Haçor avait atteint l'apogée de sa splendeur sous le Bronze moyen (2000-1550 av. J. C.), sa prospérité s'était poursuivie plus tard, jusqu'au Bronze récent. C'était une ville fabuleuse, dotée de temples et d'un immense palais. Ce dernier, qui se révéla d'une richesse inouïe en styles architecturaux, en sculptures, et en toutes sortes de menues découvertes, fut partiellement exploré par Yadin, puis entièrement exhumé lors de fouilles entreprises dans les années 1990 par Amnon Ben-Tor, de l'université hébraïque de Jérusalem. La découverte de plusieurs tablettes cunéiformes laisse présager de la présence d'archives royales dans la cité. L'une des tablettes porte le nom royal d'Ibni ; or un roi d'Haçor, nommé Ibni-Addu, est mentionné dans les archives de Mari. L'un et l'autre datent d'époques bien antérieures (du Bronze moyen), mais ils sont peut-être liés étymologiquement au nom de Yabîn, le roi d'Haçor mentionné dans la Bible. La récurrence surprenante de ce nom indiquerait qu'il s'agit peut-être d'un nom de dynastie qui aurait été associé à Haçor pendant des siècles, et dont on se souvenait encore, bien après la destruction de la cité.

Les fouilles d'Haçor révèlent que la splendide cité cananéenne, à l'image de tant d'autres villes du pays, connut une fin brutale au XIIIe siècle av. J. C. Soudain, sans le moindre signe annonciateur d'un déclin, Haçor fut attaquée, dévastée, incendiée. Les murs en briques crues du palais, soudain cuites par la chaleur terrifiante, sont encore préservés aujourd'hui sur une hauteur de près de deux mètres. Après une période d'abandon, un modeste habitat occupa une partie des vastes ruines. Les poteries ressemblent à celles des premiers habitats israélites établis dans les montagnes centrales au sud.

Il faut bien avouer que, pendant une bonne partie du XXe siècle, l'archéologie semblait confirmer la version de la Bible. Mais le consensus scientifique n'allait pas tarder à partir en fumée.

LES TROMPETTES ONT-ELLES VRAIMENT RETENTI ?

Dans l'euphorie générale – au moment même où Josué semblait devoir remporter une nouvelle victoire –, un certain nombre de contradictions troublantes apparurent. Alors que les médias du monde entier annonçaient la confirmation des conquêtes de Josué, les morceaux essentiels du puzzle archéologique cessèrent tout à coup de s'emboîter.

À commencer par Jéricho. Nous le disions plus haut, les cités de Canaan n'étaient pas fortifiées : aucune muraille ne pouvait donc s'écrouler. Dans le cas de Jéricho, la situation est encore plus simple, car on n'y décèle pas la moindre trace d'occupation au XIIIe siècle av. J. C. ; l'habitat précédent, du Bronze récent, date du XIVe siècle ; très modeste, pauvre, presque insignifiant, il ne comportait pas de mur d'enceinte. Il ne révèle non plus aucune trace de destruction. Par conséquent, la fameuse scène des forces israélites, massées derrière l'Arche d'alliance, en train de défiler autour des puissantes murailles, lesquelles s'écroulent quand retentissent les trompettes de guerre, se révèle n'être rien de mieux, pour parler simplement, qu'un mirage romanesque.

Le site de l'antique Aï, où, d'après les Écritures, Josué aurait mis au point son ingénieuse embuscade, offre le même type de contradiction, opposant l'archéologie à la Bible. Les savants identifient le vaste tertre de Khirbet et-Tell, situé sur les hauteurs, au nord-est de Jérusalem, avec le site d'Aï. Sa position géographique, à deux kilomètres au sud-est de Béthel, s'accorde avec la description biblique. En outre, le mot arabe moderne qui désigne la localité, *et-tell*, signifie « la ruine » ; or, l'*aï* hébreu signifie à peu près la même chose. Enfin, aucun autre site du Bronze récent ne se trouve dans le voisinage. Entre 1933 et 1935, l'archéologue judéo-palestinienne, formée selon les méthodes de l'école française, Judith Marquet-Krause, entreprit une exploration approfondie du site, qui révéla les vestiges d'une imposante cité du Bronze ancien. Soit un millénaire avant la chute de Canaan qui date du Bronze récent. On n'y découvrit ni tesson de poterie ni trace d'habitat datant du Bronze récent. Les fouilles qui furent renouvelées sur le site dans les années 1960 obtinrent le même résultat. À l'instar de Jéricho, le site n'était pas habité au moment de la présumée conquête des enfants d'Israël.

Quant à la saga des Gabaonites qui mendient la protection des Israélites, les fouilles sur un tertre situé dans le village de El-Jîb, au nord de Jérusalem, identifié par tous les savants avec l'antique Gabaôn, ont révélé des vestiges du Bronze moyen et du Fer, mais aucun qui datât du Bronze récent. Les sondages archéologiques des sites des trois autres cités gabaonites de Kephira, Béérot et Qiryat-Yéarim ont livré le même résultat : aucun vestige du Bronze récent. La situation est identique avec les autres villes mentionnées dans le récit de la conquête ainsi que dans la liste des rois de Canaan (Jos 12). Parmi celles-ci, nous trouvons Arad, dans le Néguev, et Heshbôn, en Transjordanie, que nous avons mentionnées au chapitre précédent.

Les explications passionnées, les raisonnements alambiqués ne se firent pas attendre : l'enjeu était de taille. Pour Aï, Albright suggéra que le récit de cette conquête concernait en réalité la cité voisine de Béthel ; en effet, Béthel et Aï sont associées aussi bien par la géographie que par la tradition. Pour Jéricho, certains savants firent appel à des explications environnementales : d'après eux, la couche correspondant à la conquête de Jéricho, fortifications comprises, s'était complètement érodée.

Ce n'est que récemment que le consensus autour de l'histoire de la conquête a fini par s'effriter. Quant aux destructions de Béthel, de Lakish, d'Haçor, et des autres cités cananéennes, les indices en provenance du Moyen-Orient et du Levant suggèrent que leurs destructeurs n'étaient pas nécessairement israélites.

LE MONDE MÉDITERRANÉEN AU XIIIe SIÈCLE AV. J. C.

La Bible se concentre exclusivement sur la terre d'Israël. Or, si l'on veut comprendre l'ampleur des événements qui survinrent au Bronze récent, il faut regarder bien au-delà des frontières de Canaan, il faut envelopper toute la partie orientale de la Méditerranée (carte 7). Les fouilles entreprises en Grèce, en Turquie, en Syrie et en Égypte ont révélé une histoire étonnante d'insurrections, de guerres et de bouleversements sociaux de très vaste amplitude. Au cours des dernières années du XIIIe siècle et du début du XIIe siècle av. J. C., l'ensemble du vieux monde connut une période de transformations radicales. Une crise dévastatrice balaya les royaumes de l'âge du Bronze, et un nouveau monde commença à émerger. Ce fut l'une des périodes les plus dramatiques et les plus chaotiques de l'histoire. Les anciens empires furent engloutis ; de nouveaux pouvoirs émergèrent pour les remplacer.

Auparavant – jusqu'à la moitié du XIIIe siècle av. J. C. –, deux grands empires se partageaient la région. Au sud, l'Égypte, qui était à son apogée. Sous Ramsès II, elle contrôlait tout Canaan, y compris les territoires du Liban moderne et le sud-ouest de la Syrie. Au sud, elle dominait la Nubie et, à l'ouest, elle administrait la Libye. L'Empire égyptien entreprenait de monumentales constructions et contribuait au commerce lucratif qui faisait la richesse du pourtour oriental de la Méditerranée. Des émissaires et des marchands en provenance de

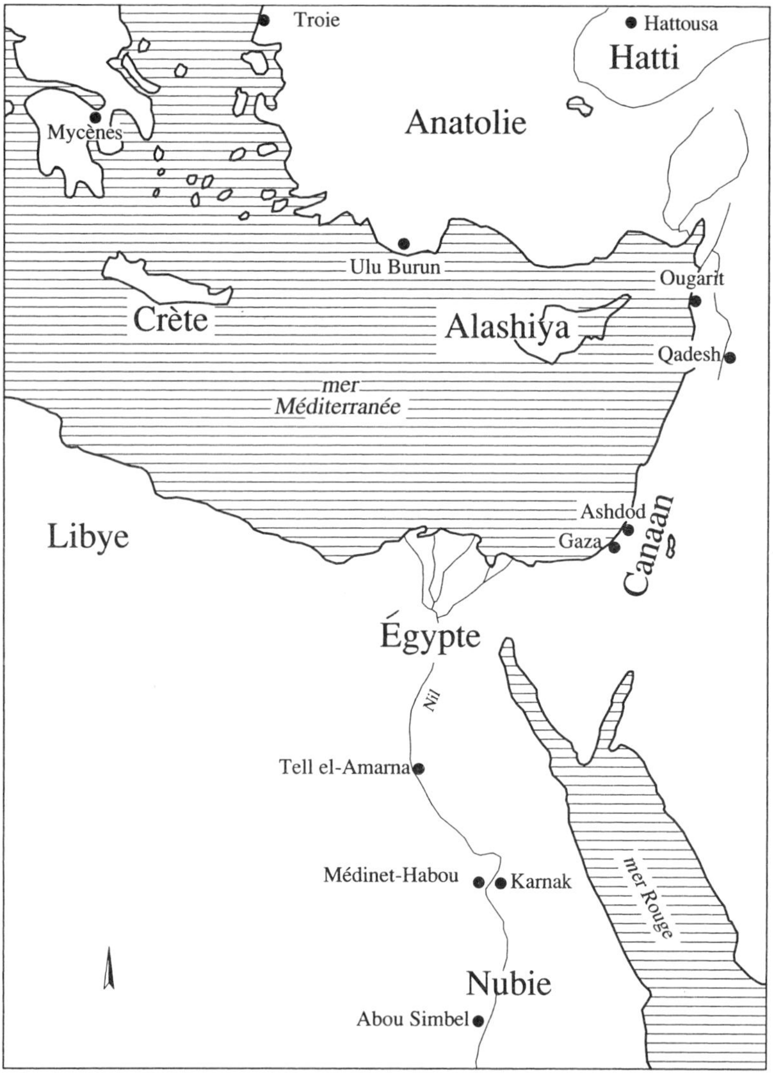

Carte 7. Le Proche-Orient ancien : quelques sites archéologiques du XIIIe siècle av. J. C.

Crète, de Chypre, de Canaan et d'Hatti fréquentaient assidûment l'Égypte et couvraient le pharaon de présents. Les Égyptiens exploitaient les mines de turquoise et de cuivre du Sinaï et du Néguev. Jamais auparavant l'Empire égyptien n'avait été aussi étendu et puissant. La contemplation du temple d'Abou Simbel, en Nubie, ou celle des célèbres temples de Karnak et de Louxor suffit à mesurer la grandeur de l'Égypte, au XIIIe siècle av. J. C.

L'autre grand empire de la région était situé en Anatolie. Il s'agissait du puissant État des Hittites, gouverné à partir de la capitale, Hattousa, à l'est de la moderne Ankara. Les Hittites contrôlaient toute l'Asie Mineure et le nord de la Syrie. Leurs œuvres, en matière d'architecture, de littérature et de stratégie, étaient remarquables. L'immense cité d'Hattusa, avec ses fortifications cyclopéennes et son fameux temple creusé dans le roc, donne aux visiteurs modernes la sensation de la grandeur des Hittites.

Les territoires des deux Empires – égyptien et hittite – se rejoignaient en Syrie. L'affrontement, inévitable, eut lieu au début du XIIIe siècle. Le choc, formidable, entre les deux armées se déroula à Qadesh, sur le fleuve Oronte, en Syrie occidentale. D'un côté, combattait Mouwatalli, le roi hittite ; le jeune Ramsès II, encore inexpérimenté, lui faisait face. Les deux adversaires nous ont laissé leurs comptes rendus respectifs de la bataille : l'un et l'autre clament victoire. La vérité doit se situer dans l'entre-deux. En réalité, l'issue de la bataille resta incertaine et les deux pouvoirs durent arriver à un compromis. Le nouveau roi hittite, Hattousil III, et un Ramsès II plus aguerri finirent par signer un traité de paix qui liait d'amitié les deux superpuissances et renonçait « définitivement » aux hostilités. Ramsès II scella le traité en épousant une princesse hittite.

La situation créée par l'impasse entre les Égyptiens et les Hittites laissait le champ libre à l'émergence d'un troisième pouvoir, à l'occident, dont la puissance n'était pas militaire, mais maritime : les Mycéniens, bâtisseurs des fameuses citadelles de Mycènes et de Tirynthe, et des fastueux palais de Pylos et de Thèbes. Le cadre épique de l'*Iliade* et de l'*Odyssée*, les personnages célèbres d'Agamemnon, d'Hélène, de Priam et d'Ulysse sont apparemment issus du monde mycénien. Nous ignorons si ce monde était gouverné à partir d'un centre, comme Mycènes. Probablement s'agissait-il plutôt de plusieurs centres de pouvoir, qui dirigeaient chacun un large territoire, un peu comme les cités-États de Canaan ou le système de la *polis* de la Grèce classique, mais sur une échelle beaucoup plus grande.

Le monde mycénien, révélé pour la première fois vers la fin du XIXe siècle, grâce aux fouilles entreprises par Heinrich Schliemann sur les sites de Mycènes et de Tirynthe, commença à livrer ses secrets bien des années plus tard, quand l'écriture linéaire B des tablettes mycéniennes fut déchiffrée (1953). Ces tablettes, découvertes dans les palais mycéniens, prouvent que leurs occupants parlaient le grec. Leur pouvoir et leur richesse provenaient apparemment de leur activité commerciale en Méditerranée orientale.

L'île de Chypre – connue à l'époque sous le nom d'Alashiya – jouait également un rôle important dans cette partie du monde au XIIIe siècle av. J. C. Elle était le principal producteur de cuivre de la Méditerranée orientale et elle servait de plaque tournante pour le commerce avec le Levant. D'impressionnants édifices en pierres appareillées témoignent de la prospérité de l'île à cette époque.

Pouvoir, richesse et commerce caractérisent le Bronze récent. L'épave aujourd'hui célèbre d'Ulu Burun, découverte au large de la Turquie méridionale, donne une idée de la prospérité de l'époque. Un navire, qui transportait des lingots de cuivre et d'étain, des rondins d'ébène, de la résine de térébinthe, des défenses d'hippopotame et d'éléphant, des épices, des coquilles d'œufs d'autruche, et autres articles, cabotait le long des côtes d'Asie Mineure aux environs de 1300 av. J. C. quand une tempête le fit sombrer. Les explorations sous-marines de l'épave ont permis de remonter sa fabuleuse cargaison. Ce modeste vaisseau – dont les dimensions n'avaient rien d'exceptionnel pour l'époque – empruntait les voies maritimes dédiées au lucratif commerce qui enrichissait le pourtour oriental de la Méditerranée, chargé d'articles de luxe et de produits de grande consommation embarqués à chaque escale.

Il faut garder en mémoire que ce monde ne ressemblait nullement à une version antique d'un moderne marché commun, au sein duquel chaque nation commerce librement avec les autres. C'était un monde contrôlé étroitement par les rois et les princes des différentes entités politiques, sous la surveillance sourcilleuse de l'Égypte et des autres superpuissances de l'époque. Dans ce monde d'ordre et de prospérité, sur lequel régnaient les élites de l'âge du Bronze, une chute aussi violente et soudaine a certainement laissé une impression durable, traduite dans les souvenirs, les légendes, les poèmes.

LE GRAND BOULEVERSEMENT

Aussi paisible et harmonieux que dût sembler le paysage vu des terrasses des palais de Canaan, des menaces se préparaient à l'horizon, qui n'allaient pas tarder à jeter à bas toute l'économie et les structures sociales dominantes du Bronze récent. Dès 1130 av. J. C., nous découvrons un monde radicalement changé. Il diffère tellement du précédent qu'un habitant de Mycènes, de No Amon (ancienne capitale de l'Égypte appelée aujourd'hui Louxor), ou d'Hattousa de l'an 1230 ne s'y retrouverait pas. En 1130, l'Égypte, qui n'était plus que l'ombre de sa gloire passée, avait perdu la plupart de ses colonies. Hatti n'existait plus. Hattousa gisait en ruine. Le monde mycénien, avec ses anciens palais détruits, n'était plus qu'un vague souvenir. Chypre était complètement transformée : le commerce de cuivre et d'autres articles avait cessé. Un grand nombre de ports cananéens sur la côte méditerranéenne, dont le grand comptoir maritime d'Ougarit, au nord, avaient été réduits en cendres. D'impressionnantes cités de l'intérieur, comme Megiddo ou Haçor, n'étaient plus que champs de ruines désertés.

Que s'était-il passé ? Comment expliquer la disparition brutale de l'ancien monde ? Les savants qui se sont penchés sur la question sont convaincus que la raison majeure doit être attribuée aux invasions de peuplades violentes et mystérieuses qu'on appelle les Peuples de la Mer. Ces immigrants, venus d'occident par voie de terre ou de mer, dévastaient tout sur leur passage. Les archives ougaritiques et égyptiennes des débuts du XIIe siècle av. J. C. mentionnent ces maraudeurs. Un texte découvert dans les ruines de la ville portuaire d'Ougarit décrit la situation dramatique des environs de l'an 1185 av. J. C. Cette lettre, adressée par Ammourapi, le dernier roi d'Ougarit, au roi d'Alashiya (Chypre), décrit avec effroi comment « les vaisseaux ennemis sont arrivés, l'ennemi incendie les cités et sème la destruction. Mes troupes sont en pays hittite, mes bateaux sont en Lycie et la contrée est abandonnée à son sort. » Dans la même veine, une lettre datant de cette période, adressée par le grand roi d'Hatti au préfet d'Ougarit, exprime l'anxiété que provoque l'approche d'un groupe de Peuples de la Mer appelés les Shiqalaya, « ceux qui vivent sur des bateaux ».

Dix ans après, en 1175 av. J. C., c'en était fini du Nord. Hatti, Alashiya, Ougarit n'étaient que monceaux de ruines. Mais l'Égypte, qui représentait encore une puissance formidable, n'avait pas dit son dernier mot. Les inscriptions monumentales de Ramsès III, qui couvrent les murailles du temple de Médinet-Habou, en haute Égypte, rapportent le complot ourdi par les Peuples de la Mer pour ravager les terres habitées de la Méditerranée orientale : « Les étrangers ont conspiré dans leurs îles... Aucun pays ne peut résister contre leurs armes... Ils ont fondu sur l'Égypte, mais les flammes les attendaient à leur arrivée. Leur confédération rassemble les Philistins, les Zekker, les Shekel, les Denyen et les Weshesh, terres unies. Ils se sont emparés de territoires aussi lointains que le pourtour de la terre ; les cœurs confiants et assurés, ils proclament : "Notre plan va réussir !" »

La représentation fort réaliste des batailles qui s'ensuivirent recouvre l'un des murs extérieurs du temple (ill. 2). L'un de ces bas-reliefs dépeint un enchevêtrement de navires égyptiens et étrangers, avec les archers bandant leur arc pour frapper le navire ennemi et les guerriers tués tombant à la mer. Les envahisseurs diffèrent sensiblement des Égyptiens ; leur allure ne ressemble pas du tout à celle que l'art égyptien prête habituellement aux peuples asiatiques. Le détail le plus marquant de leur apparence réside dans leurs coiffes singulières : certains portent des casques à cornes, d'autres, d'étranges toques emplumées. Tout près du précédent, un autre bas-relief dépeint une bataille terrestre qui fait rage, dans laquelle les troupes égyptiennes affrontent les guerriers des Peuples de la Mer, tandis que des familles entières d'hommes, de femmes et d'enfants, montés sur des chars à bœufs, se préparent pour une migration terrestre en jetant sur la scène un regard impuissant. Si on en croit Ramsès III, l'issue de ces deux batailles, maritime et terrestre, fut décisive : « Ceux qui atteignirent ma frontière ne sont plus ; leur engeance, leur cœur et leur âme sont détruits à tout jamais. Ceux qui sont venus ensemble par la mer, le feu les attendait... Ils furent traînés jusque sur le rivage, encerclés, allongés sur le sol, puis tués et entassés pêle-mêle. »

Qui étaient ces terribles Peuples de la Mer ? Les savants n'en finissent pas de débattre à propos de leur origine et des facteurs qui les poussèrent à se précipiter en masse en direction du sud et de l'est. Certains disent qu'il s'agissait d'Égéens ; d'autres voient leur origine

Ill. 2. Relief du temple funéraire de Ramsès III, à Médinet-Habou, en haute Égypte. Il dépeint une bataille navale contre les Peuples de la Mer.

en Anatolie du Sud. Mais rien n'explique pourquoi des milliers de gens se sont jetés sur les routes terrestres et maritimes en quête de nouvelles demeures. Peut-être n'étaient-ils qu'une confédération de fortune, rassemblant des aventuriers, des marins sans feu ni lieu, des paysans privés de terre, poussés par la faim, par la pression démographique ou par un manque subit de terres arables. Toujours est-il que leur migration vers l'orient détruisit le fragile réseau du commerce international qui reliait les régions de la Méditerranée orientale, mit un terme à l'économie du Bronze récent et fit sombrer dans l'oubli les grands empires de l'époque. Des théories plus récentes proposent des explications sensiblement différentes. Certains savants évoquent de soudains bouleversements climatiques, qui auraient ravagé l'agriculture et provoqué des famines sur une large échelle. D'autres avancent l'hypothèse d'un effondrement subit de l'ensemble des sociétés du pourtour oriental de la Méditerranée, devenues trop spécialisées pour supporter les changements économiques ou les tensions sociales. Dans ces deux scénarios, la migration soudaine des Peuples de la Mer est devenue l'effet, et non plus la cause de l'effondrement. Autrement dit, la dégradation de l'économie de palais du Bronze récent aurait jeté sur les routes des hordes de gens déracinés qui auraient envahi les rivages de la Méditerranée orientale pour y fonder de nouveaux foyers et y trouver de nouveaux moyens d'existence.

En vérité, on ignore les raisons précises qui ont présidé à l'effondrement des civilisations du Bronze récent dans cette partie du monde antique. Et pourtant, les preuves archéologiques du résultat abondent. La plus évidente nous vient de la partie méridionale d'Israël – l'ancienne terre des Philistins, qui faisaient partie des Peuples de la Mer mentionnés dans les inscriptions de Ramsès III. Les fouilles entreprises sur les sites des deux centres les plus importants du pays philistin – Ashdod et Éqrôn – ont mis au jour des témoignages de ces années mouvementées. Au XIIIe siècle av. J. C., la ville cananéenne d'Ashdod, en particulier, menait une existence prospère, sous influence égyptienne. Ashdod et Éqrôn survécurent au moins jusqu'au règne de Ramsès III, puis Ashdod fut détruite par le feu. Des immigrants philistins rebâtirent des cités sur les ruines et, au XIIe siècle, l'une et l'autre étaient redevenues des cités prospères, dotées d'une culture différente. L'ancien mélange des styles cananéens et égyptiens, qui caractérisait auparavant l'architecture et la céramique, avait été remplacé par quelque chose de totalement nouveau dans cette partie de la Méditerranée : une architecture et un style de poterie d'inspiration égéenne.

Ailleurs, dans le pays, l'ordre qui dominait au Bronze récent fut déstabilisé par une violence généralisée dont on ne sait à qui attribuer la cause. La longueur de la période – près d'un siècle – qui vit l'effondrement des cités-États cananéennes autorise à penser que la crise avait allumé des querelles entre cités cananéennes voisines qui rivalisaient pour le contrôle des terres agricoles vitales et des villages de paysans. Dans certains cas, les paysans et les populations pastorales, à bout de ressources, ont peut-être attaqué les riches cités qui se trouvaient à leur portée. L'un après l'autre, les anciens centres cananéens ont disparu, soit en raison de désastres soudains, soit au cours d'un graduel déclin. Au nord, le feu détruisit Haçor ; les statues des dieux du palais royal furent décapitées et brisées. Sur la plaine littorale, Aphek fut ravagée par un terrible incendie. Une tablette cunéiforme, qui traitait d'une transaction commerciale de blé entre Ougarit et l'Égypte, fut découverte dans le tas épais de débris laissés par le sinistre. Plus au sud, l'imposante cité cananéenne de Lakish fut incendiée et abandonnée. Dans l'opulente vallée de Jezréel, Megiddo fut réduite en cendres et son palais se retrouva enfoui sous deux mètres de débris de briques calcinées.

Notons que ce bouleversement important ne s'est pas déroulé partout de façon soudaine. Les preuves archéologiques témoignent d'une décomposition relativement longue et graduelle de la société cananéenne. Les types de poterie découverts dans les débris d'Haçor, au niveau du Bronze récent, ne présentent pas les formes caractéristiques de la fin du XIIIe siècle, ce qui laisse envisager une destruction antérieure de la cité. À Aphek, une lettre cunéiforme appartenant à la couche de destruction porte les noms de représentants d'Ougarit et d'Égypte, déjà connus grâce à d'autres sources – et qui permettent de dater la lettre aux environs de l'an 1230 av. J. C. Le fort égyptien qui s'y trouvait fut par conséquent dévasté au cours des deux ou trois décennies qui suivirent. Les fouilleurs de Lakish découvrirent dans la couche de destruction un fragment métallique – il devait servir à renforcer la porte principale de la cité –, qui porte gravé le nom de Ramsès III. Cette découverte prouve que Lakish ne fut pas détruite avant le règne de ce pharaon (1184-1153 av. J. C.). Enfin, le socle métallique d'une statue qui porte le nom de Ramsès VI (1143-1136) fut découvert dans les ruines de Megiddo : ce grand centre cananéen de la vallée de Jezréel fut sans doute détruit dans la seconde moitié du XIIe siècle av. J. C.

Les souverains de ces quatre cités – Haçor, Aphek, Lakish et Megiddo – sont nommés parmi les rois vaincus par les Israélites commandés par Josué. Or, l'archéologie démontre que la destruction de ces villes s'est déroulée à plus d'un siècle d'intervalle. Les raisons possibles incluent l'invasion, des troubles sociaux, ou la guerre civile. Quoi qu'il en soit, on ne peut attribuer leur destruction à une seule armée, opérant au cours d'une unique campagne militaire.

SOUVENIRS DE TRANSITION

Bien avant que les découvertes archéologiques n'aient remis en question le fondement historique de la conquête de Josué, un petit cercle de biblistes allemands se sont penchés sur le développement de la tradition littéraire israélite plutôt que sur les stratégies guerrières. En dignes héritiers de la tradition critique du XIXe siècle, ils notèrent les contradictions internes du texte biblique, qui contient au moins deux versions distinctes et contradictoires de la conquête de Canaan.

Les savants allemands ont toujours considéré le livre de Josué comme un montage de légendes diverses, de chansons de geste et de mythes locaux, en provenance de diverses régions du pays et composés au cours des siècles. Les biblistes Albrecht Alt et Martin Noth, en particulier, affirmaient qu'un grand nombre des récits contenus dans le livre de Josué relèvent davantage de la tradition étiologique – c'est-à-dire de légendes destinées à expliquer l'origine de points de repère ou de curiosités naturelles célèbres. Par exemple, les habitants de Béthel à l'âge du Fer avaient dû remarquer le gigantesque amas de ruines du Bronze ancien à l'est de leur cité. Le champ de ruines était presque dix fois plus étendu que leur propre ville et les vestiges des fortifications étaient encore impressionnants. Donc – comme l'affirmaient Alt et Noth – des légendes ont dû se tisser autour de ces ruines, des contes, qui célébraient les victoires remportées par d'antiques héros dont les exploits surhumains expliquaient la destruction surprenante d'une aussi vaste cité.

Dans une autre région, les populations qui vivaient sur les contreforts de la Shefelah ne pouvaient manquer d'être impressionnés par les dimensions énormes d'une pierre qui obstruait l'ouverture d'une caverne mystérieuse proche de la cité de Maqqéda. Cette pierre a bien pu donner naissance à une série de contes liant le monolithe à des actes d'héroïsme accomplis dans un lointain passé : cette pierre scellait la grotte où s'étaient cachés cinq anciens rois et où ils furent enterrés ensuite, comme le raconte le livre de Josué (Jos 10,16-27). Selon cette théorie, les histoires bibliques qui se terminent par la remarque que certains points de repère sont encore « visibles de nos jours » proviennent sans doute de légendes de ce genre. À une certaine époque, ces histoires éparses furent rassemblées et mises à l'actif de la campagne militaire éclair du grand et mythique stratège de la conquête, Josué.

Si, aux yeux d'Alt et de Noth, le caractère légendaire du livre de Josué paraissait évident, ils estimaient que le premier chapitre du livre des Juges possédait, en revanche, un noyau central relativement fiable de souvenirs de victoires qu'avaient bien pu remporter des milices très éparpillées, formées par les populations des régions montagneuses, face à différentes cités qui les dominaient. En effet, la situation chaotique de la destruction de cités cananéennes dans certains endroits et de leur survie dans d'autres correspond assez bien aux preuves archéologiques. Cependant, il n'y a aucune raison pour que le récit de la conquête du livre de Josué ne puisse pas, lui aussi, contenir des souvenirs populaires et des légendes qui commémoraient un bouleversement historique qui avait fait date. Peut-être nous offrent-ils des aperçus très fragmentaires de la violence, de la passion, de l'euphorie suscitées par les destructions à grande échelle de cités et par les affreux massacres de leurs habitants, qui se sont clairement produits. Des expériences aussi marquantes ne peuvent s'oublier complètement ; leur souvenir, estompé au cours des siècles, a bien pu servir de matière première à une réécriture beaucoup plus élaborée. Il n'y a donc aucune raison de croire que l'incendie d'Haçor par des forces hostiles n'a jamais eu lieu. Simplement, une série chaotique de révoltes, dues à des facteurs variés et perpétrées par différents groupes, se serait transformée – au fil des siècles – en la brillante saga d'une conquête entreprise sous le commandement et avec les bénédictions de Dieu. La composition littéraire de cette chanson de geste était motivée par des raisons qui n'avaient rien à voir avec la préservation du folklore régional. Elle était, comme nous allons le voir, une étape importante dans la création d'une identité panisraélite.

NOUVEAU RETOUR VERS LE FUTUR ?

Cette accumulation progressive de contes et de légendes – et leur incorporation finale dans une chanson de geste unique et cohérente porteuse d'un message théologique précis – fut le résultat de cette période d'intense créativité et de grande production littéraire qui caractérisa le royaume de Juda pendant le VIIe siècle av. J. C. L'indice le plus probant que le livre de Josué fut bien écrit à cette époque nous est fourni par la liste des villes appartenant au territoire de la tribu de Juda (Jos 15,21-62). Cette liste correspond exactement aux frontières du royaume de Juda sous le règne de Josias. En outre, les noms de lieux mentionnés dans la liste correspondent de très près aux sites occupés au VIIe siècle dans cette région. Notons que certains de ces sites furent occupés *uniquement* pendant les dernières décennies de ce siècle.

La géographie n'est pas le seul lien avec le temps de Josias. L'idéologie, favorable aux réformes religieuses et aux aspirations territoriales, qui caractérise tellement cette période y est tout aussi évidente. Depuis longtemps, pour les biblistes, le livre de Josué fait partie intégrante de ce qu'ils appellent l'histoire deutéronomiste, c'est-à-dire la compilation en sept livres de divers matériaux bibliques, du Deutéronome au second livre des Rois, qui fut réalisée durant le règne de Josias. L'histoire deutéronomiste insiste de façon répétée sur la notion que la terre d'Israël, dans sa totalité, doit être dirigée par le chef choisi par Dieu pour régner sur l'ensemble du peuple d'Israël, qui observe scrupuleusement les lois données sur le mont Sinaï, tout en prohibant les pratiques idolâtres dénoncées par Moïse dans le Deutéronome. Or, le langage et le style particuliers, ainsi que le message théologique très strict du Deutéronome, se retrouvent tout au long du livre de Josué – surtout dans les passages où les descriptions des batailles individuelles ont été intégrées dans l'histoire globale. Et le plan de bataille du livre de Josué correspond bien mieux à la réalité du VIIe siècle av. J. C. qu'à la situation qui prévalait au Bronze récent.

Les deux premières batailles, celles de Jéricho et d'Aï (proches l'une et l'autre de Béthel), furent menées sur le terrain qui fut la première cible de l'expansionnisme de Josias, qui suivit de près le retrait des Assyriens de Samarie. Jéricho était le bastion le plus méridional du royaume nordiste d'Israël, et de la province assyrienne qui l'avait supplanté ; la ville commandait un gué stratégique sur le Jourdain. Quant à Béthel, non seulement elle était le lieu de culte abhorré le plus important du royaume du Nord, mais aussi la ville choisie par les Assyriens pour y installer des populations étrangères colonisées[2]. Sous le règne

2. L'histoire des Gabaonites, venus d'« un pays lointain » en quête d'une alliance avec les envahisseurs israélites (Jos 9,3-27), représente une adaptation possible d'une ancienne légende aux réalités du VIIe siècle. Après la retraite assyrienne, l'expansion de Juda dans la région de Béthel se heurtait au problème de l'intégration des descendants des déportés introduits par les Assyriens et installés sur place depuis plusieurs décennies. La mention d'Avvim dans cette région (Jos 18,23) rappelle le nom d'Avva, qui est l'un des lieux d'origine des déportés mentionnés dans 2 R 17,24. À l'époque de Josias, la question de savoir comment intégrer ceux qui épousaient la cause de Juda était cruciale. La vieille histoire des Gabaonites fournissait peut-être le contexte historique par lequel le Deutéronome expliquait comment il fallait s'y prendre.

de Josias, les deux villes furent l'objet d'intenses activités : Jéricho et sa région devinrent florissantes ; quant au temple de Béthel, il fut complètement rasé.

L'histoire de la conquête de la Shefelah correspond elle aussi à l'expansion de Juda dans cette région clé, très fertile. Cette contrée – qui était, par tradition, le grenier de Juda – avait été conquise par les Assyriens quelques décennies auparavant et attribuée aux cités philistines. Par exemple, le second livre des Rois (2 R 22,1) nous dit que la mère de Josias était originaire d'une ville nommée Boçqat. La Bible ne la mentionne qu'une seule autre fois, dans la liste des villes de la tribu de Juda, datant du règne de Josias (Jos 15,39). Boçqat y apparaît entre Lakish et Églôn, qui sont les deux villes cananéennes qui jouent un rôle majeur dans le récit de la conquête de la Shefelah par Josué.

La saga de la campagne de Josué s'oriente ensuite vers le nord, ce qui révèle une ambition de futures conquêtes territoriales, propre au VIIe siècle. La référence à Haçor rappelle non seulement son antique réputation de cité cananéenne éminente, mais aussi une réalité qui ne datait que d'un siècle, quand Haçor était le centre le plus important du royaume d'Israël, puis, plus tard, un centre provincial tout aussi important de l'Empire assyrien, doté d'un palais et d'une forteresse des plus impressionnants. La mention de Naphot Dor, qui fait sans doute allusion à l'époque où la cité portuaire de Dor servait de capitale à la province assyrienne, n'est pas moins significative.

Pour résumer, les territoires du Nord décrits dans le livre de Josué correspondent au royaume d'Israël vaincu, transformé par la suite en provinces assyriennes, considéré par les Judéens comme un héritage que Dieu avait accordé au peuple d'Israël et qui était destiné à être reconquis par un « nouveau » Josué.

UNE NOUVELLE CONQUÊTE DE LA TERRE PROMISE ?

Au couronnement de Josias, en 639 av. J. C., l'idéal de sanctification et d'unité de la terre d'Israël – concept sur lequel le Deutéronome va passionnément insister – était encore loin d'avoir été réalisé. Hormis le petit noyau central du royaume de Juda (qui comprenait les territoires traditionnels de Juda et de Siméon, ainsi qu'une portion congrue de celui de Benjamin, au nord), la grande majorité de la Terre promise était, depuis bientôt un siècle, soumise à un pouvoir étranger : l'Assyrie, dont Juda lui-même n'était d'ailleurs qu'un vassal.

L'explication donnée par la Bible de cette triste situation était aussi sévère qu'elle était simpliste : peu de temps auparavant, le peuple d'Israël avait cessé d'observer les lois de l'alliance, condition première de son droit à la possession de la terre. Les Israélites s'étaient refusés à éradiquer toute trace de paganisme. Ils avaient rendu hommage aux divinités des peuples voisins pour tenter de s'enrichir par le biais du commerce et des alliances politiques. Ils n'avaient pas fidèlement observé les lois de purification rituelle dans leur vie personnelle. Et ils n'avaient pas tendu une main secourable à leurs frères israélites qui s'étaient retrouvés dans le besoin, réduits en esclavage ou croulant sous les dettes. En un mot, ils avaient cessé d'être une communauté sacrée. Seule l'observance scrupuleuse du « livre de la Loi », récemment découvert, allait pouvoir racheter les fautes des générations précédentes et permettre aux Israélites de recouvrer la totalité de la terre d'Israël.

Quelques années plus tard, les Assyriens battent en retraite, ce qui permet d'envisager la possibilité de réunir tous les Israélites. Le livre de Josué présente alors une épopée inoubliable qui débouche sur une leçon claire : quand le peuple d'Israël observait à la lettre la Loi de l'alliance avec Dieu, aucune victoire ne lui était impossible. La preuve en était administrée à l'aide des légendes les plus frappantes (la chute des murailles de Jéricho, le soleil qui arrête sa course au-dessus de Gabaôn, la déroute des rois cananéens dans la descente de Bet-Horôn), présentées sous la forme d'une unique épopée, qui se déroule dans le cadre familier et suggestif du VIIe siècle, habilement adaptée, dans les passages essentiels, au langage de l'idéologie deutéronomiste. La lecture et la récitation de ces histoires donnaient aux Judéens de la fin du VIIe siècle l'impression de voir leurs vœux les plus profonds ainsi que leur foi religieuse parfaitement exprimés.

Pris dans ce sens, le livre de Josué est l'expression littéraire et classique des aspirations et des rêves d'un peuple à une époque et en un lieu donnés. La personnalité surhumaine de Josué évoque le portrait métaphorique de Josias, le prochain sauveur de tout le peuple d'Israël. En effet, le bibliste américain Richard D. Nelson démontre comment l'histoire deutéronomiste emploie, pour décrire le personnage de Josué, des termes généralement réservés à un roi. L'instruction faite par Dieu à Josué concernant sa prise de commandement (Jos 1,1-9) emploie la phraséologie d'une intronisation royale. Le serment prêté par le peuple d'obéir loyalement à Josué, digne successeur de Moïse (Jos 1,16-18), fait penser à la coutume de l'obédience publique rendue à un roi qui vient d'être couronné. Josué préside à une cérémonie de renouvellement de l'alliance (Jos 8,30-35), assumant là un rôle qui allait devenir la prérogative des rois de Juda. Le passage dans lequel Dieu ordonne à Josué de méditer jour et nuit sur le « livre de cette Loi » (Jos 1,8-9) offre un parallèle encore plus frappant avec la description biblique de Josias comme un roi essentiellement concerné par l'étude de la Loi, un roi « tourné vers Yahvé de tout son cœur, en toute fidélité à la Loi de Moïse » (2 R 23,25).

Il ne s'agit pas de parallèles conventionnels entre deux personnages vertueux de la Bible, mais de parallèles dictés par le texte et l'idéologie – sans oublier l'identité des ambitions territoriales des deux hommes. Il va de soi que le désir d'expansion caressé par Josias, voire d'annexion pure et simple des hautes terres du royaume du Nord, suscitait de grands espoirs, mais posait également de graves difficultés pratiques, à commencer par un sérieux défi sur le plan militaire. Il y avait aussi la nécessité de prouver aux habitants des régions septentrionales qu'eux aussi faisaient partie intégrante du grand peuple d'Israël, qui avait jadis combattu avec le peuple de Juda pour conquérir la Terre promise. Venait également le problème du mariage avec les femmes étrangères, dont la pratique devait être courante parmi les Israélites qui vivaient encore dans les anciens territoires du royaume du Nord, parmi lesquels les Assyriens avaient installé des déportés étrangers.

C'est le visage du roi Josias qui se cache derrière le masque de Josué lorsque ce dernier proclame que le peuple d'Israël doit rester totalement séparé des peuples natifs de la région. Le livre de Josué illustre brillamment les soucis les plus profonds et les plus pressants du VIIe siècle av. J. C. Comme nous le verrons plus loin, le pouvoir de cette épopée était tel qu'elle survécut, bien après que le plan de reconquête du pays de Canaan par le très pieux et très ambitieux roi Josias eut tragiquement failli.

4

Qui étaient les Israélites ?

La Bible ne laisse ni doute ni ambiguïté planer sur les origines du peuple d'Israël. Descendants en droite ligne des patriarches Abraham, Isaac et Jacob, les douze tribus d'Israël sont la progéniture biologique, après de nombreuses générations, des douze fils de Jacob. Après 430 années de servitude en Égypte, les Israélites nous sont décrits comme n'ayant jamais oublié leurs racines plantées en terre de Canaan ni leur héritage commun. La Bible répète d'ailleurs avec insistance que, pour Israël, la clé du futur réside dans la stricte observance de son mode de vie distinctif et dans sa relation privilégiée avec Dieu. Dans le Deutéronome, Moïse promet aux Israélites qu'ils jouiront à jamais, en toute sécurité, de la possession de la Terre promise, à condition d'observer strictement les Lois de l'alliance, de repousser la tentation de contracter des liens matrimoniaux avec leurs voisins et d'éviter avec un soin scrupuleux de tomber dans le piège des pratiques païennes de Canaan. La conquête achevée, le livre de Josué relate avec force détails comment le chef israélite divise alors la terre – quasiment débarrassée de sa population indigène cananéenne – entre les tribus israélites victorieuses, qui prennent possession de ce qu'ils considèrent comme leur éternel héritage.

Cependant, le livre de Josué et le livre des Juges sont tissés de contradictions quant à la peinture qu'ils font de l'héritage tribal de la totalité de la terre d'Israël. Un passage de Josué déclare que les Israélites ont pris possession de tout le territoire que Dieu leur avait promis et qu'ils se sont débarrassés de tous leurs ennemis (Jos 21,43-44), tandis que d'autres passages, dans Josué comme dans les Juges, montrent clairement qu'un grand nombre de Cananéens et de Philistins vivaient encore à proximité immédiate des Israélites. Comme dans le cas de Samson, les mariages mixtes étaient en réalité monnaie courante. Parfois, de sérieux problèmes déchiraient la famille israélite. Dans les Juges, on voit les tribus d'Israël se coaliser contre la tribu de Benjamin, après avoir juré qu'elles ne contracteraient aucun mariage avec cette dernière (Jg 19–21). Enfin, à l'évidence, chaque tribu devait faire face, toute seule, aux problèmes qu'elle rencontrait, sous l'autorité de son propre chef charismatique. Le *Cantique de Débora* (Jg 5) énumère les tribus qui ont répondu favorablement à l'appel au ralliement pour la cause de la nation d'Israël – mais aussi celles qui ont fait la sourde oreille.

Si, comme le suggère l'archéologie, la saga des patriarches et de l'Exode est un tissu de légendes compilées ultérieurement, s'il n'existe aucune preuve convaincante d'une invasion de Canaan par les enfants d'Israël commandés par Josué, que devons-nous penser des Israélites qui prétendaient former une très ancienne nation ? Qui étaient ces gens, dont les traditions faisaient état d'événements historiques et cultuels communs ? Une fois de plus, l'archéologie nous propose des réponses surprenantes. Les fouilles de villages israélites primitifs, avec leurs poteries, leur habitat, leurs silos à grains, permettent de reconstituer leur mode de vie quotidien et leurs connexions culturelles. Or, à notre grande surprise, l'archéologie révèle que les habitants de ces villages n'étaient autres que les peuplades indigènes de Canaan qui, petit à petit, ont fini par développer une identité ethnique que l'on peut qualifier d'israélite.

L'HÉRITAGE DE LA TERRE PROMISE

Une fois la conquête de Canaan achevée, le livre de Josué nous informe que « le pays se reposa de la guerre » (Jos 11,23). Tous les Cananéens et autres peuplades indigènes ont été éradiqués. Josué invite alors les tribus à se partager la terre. Ruben, Gad et la moitié de Manassé reçoivent les territoires situés à l'est du Jourdain ; les autres tribus s'installent à l'ouest du fleuve. Nephtali, Asher, Zabulon et Issachar se partagent les hautes terres et les vallées de Galilée. L'autre moitié de la tribu de Manassé, Éphraïm et Benjamin reçoivent le plus gros des hautes terres du centre, qui partent de la vallée de Jezréel, au nord, à Jérusalem, au sud. À Juda sont attribuées les hautes terres du sud, de Jérusalem à la vallée de Beersheba. Siméon reçoit la zone aride de la vallée de Beersheba et la plaine littorale avoisinante. Initialement, Dan devait hériter de la plaine littorale, mais finalement lui sera octroyé un territoire dans le nord du pays. Cette dernière migration achève de dessiner la carte de la Terre sainte.

Qu'en fut-il réellement ? En flagrante contradiction avec cette proclamation triomphale de victoire totale, le livre de Josué rapporte que de larges portions de territoires, à l'intérieur même de Canaan, situées en dehors des zones distribuées aux tribus, restent à conquérir. Elles incluent notamment « tous les districts des Philistins », situés sur le littoral méridional du pays, le littoral nord, pays des Phéniciens, et la vallée de la Beqaa, au nord-est (Jos 13,1-6). Le livre des Juges va encore plus loin, puisqu'il énumère d'importantes enclaves cananéennes dans les territoires de plus de la moitié des tribus. Le livre des Juges énumère de grandes cités cananéennes, dans la plaine littorale et les vallées du nord, comme Megiddo, Beth-Shéân, Dor et Gézér, parmi les villes qui n'ont pas été conquises – alors que le livre de Josué nomme leurs dirigeants dans la liste des rois cananéens vaincus. Bien pire, les Ammonites et les Moabites, qui occupent l'autre rive du Jourdain, font toujours preuve d'hostilité. Les raids en provenance du désert des redoutables chameliers madianites et amalécites restent une menace constante pour les Israélites. Les dangers que doivent affronter les nouveaux venus sont donc à la fois militaires et religieux. Des ennemis extérieurs menacent leur sécurité physique, tandis que les Cananéens restés dans leur terre représentent un danger permanent et mortel d'incitation à l'apostasie – qui ébranle gravement l'alliance solennelle passée entre Dieu et Israël.

De nombreuses années de combats incessants nous attendent. Après le livre de Josué, vient celui des Juges, une anthologie palpitante de récits guerriers d'une étonnante richesse, qui chantent les actes d'héroïsme individuel dans les batailles qui opposent les Israélites à leurs voisins. Il contient certains des héros les plus hauts en couleur de la Bible, ainsi que des scènes inoubliables. Otniel, frère de Caleb, triomphe à lui tout seul des forces armées d'un mystérieux ennemi, le « roi d'Édom », nommé Kushân-Risheatayim (Jg 3,7-11). Éhud, le Benjamite, tue, sans la moindre crainte, Églôn, le roi de Moab, aussi obèse que ridicule, dans son appartement privé (Jg 3,12-30). Shamgar pourfend à lui seul six cents Philistins de son aiguillon à bœuf (Jg 3,31). Débora et Baraq soulèvent les tribus israélites contre la menace des rois cananéens du nord ; l'héroïque Yaël, la femme d'Héber le Qénite, tue le général cananéen Sisera en lui plantant un piquet de tente dans la tempe pendant son sommeil (Jg 4,1–5,31). Gédéon le Manassite purifie la terre de l'idolâtrie et protège son peuple contre les raids des Madianites (Jg 6,1–8,28). Sans oublier, comme il se doit, Samson, le fameux héros de Dan ; après avoir été séduit puis trahi par la fourbe Dalila, la Philistine, aveugle et humilié, Samson se donne la mort à Gaza en faisant crouler sur ses ennemis philistins rassemblés les colonnes du grand temple de Dagôn (Jg 13,1–16,31).

Le message théologique de cette première période d'occupation est clairement énoncé au début du livre des Juges, avec le rappel implacable de l'équation : apostasie = châtiment ! Tant que le peuple d'Israël se tiendra à l'écart de la population locale, il sera récompensé. Pour peu que la tentation le prenne de s'assimiler, la sanction divine sera brutale et instantanée ! Malheureusement pour lui, le peuple fait la sourde oreille. Seule l'intervention de chefs pieux et divinement inspirés, appelés les « Juges », sauve Israël, au moins temporairement, de la perdition totale (Jg 2,11-19) :

> Alors les Israélites firent ce qui est mal aux yeux de Yahvé et ils servirent les Baals. Ils délaissèrent Yahvé, le Dieu de leurs pères, qui les avait fait sortir du pays d'Égypte, et ils suivirent d'autres dieux parmi ceux des peuples d'alentour. Ils se prosternèrent devant eux, ils irritèrent Yahvé, ils délaissèrent Yahvé pour servir le Baal et les Astartés. Alors la colère de Yahvé s'enflamma contre Israël. Il les abandonna à des pillards qui les dépouillèrent, il les livra aux ennemis qui les entouraient et ils ne purent plus tenir devant leurs ennemis. Dans toutes leurs expéditions la main de Yahvé intervenait contre eux pour leur faire du mal, comme Yahvé le leur avait dit et comme Yahvé le leur avait juré. Leur détresse était extrême.
>
> Alors Yahvé leur suscita des Juges qui les sauvèrent de la main de ceux qui les pillaient. Mais même leurs juges, ils ne les écoutaient pas, ils se prostituèrent à d'autres dieux, et ils se prosternèrent devant eux. Bien vite ils se sont détournés du chemin qu'avaient suivi leurs pères, dociles aux commandements de Yahvé ; ils ne les ont point imités. Lorsque Yahvé leur suscitait des juges, Yahvé était avec le juge, car Yahvé se laissait émouvoir par leurs gémissements devant

> leurs persécuteurs et leurs oppresseurs. Mais le juge mort, ils recommençaient à se pervertir encore plus que leurs pères. Ils suivaient d'autres dieux, les servaient et se prosternaient devant eux, ne renonçant en rien aux pratiques et à la conduite endurcie de leurs pères.

La version de l'histoire que nous conte la Bible reflète-t-elle les événements tels qu'ils se sont réellement déroulés ? Les Israélites adoraient-ils vraiment un Dieu unique depuis des siècles, tout en cédant parfois au polythéisme de leurs voisins ? De façon plus générale, comment vivaient-ils ? À quoi ressemblait leur culture ? Hormis les combats permanents contre l'idolâtrie, la Bible ne nous dit pratiquement rien sur la vie quotidienne des Israélites. Le livre de Josué nous donne les limites des territoires attribués aux différentes tribus. Le livre des Juges nous raconte les batailles livrées aux ennemis d'Israël. Mais on ne sait rien des types d'habitats privilégiés par les Israélites ni de la manière dont ils assuraient leur subsistance. Les siècles de travaux forcés en Égypte et les quarante années d'errance dans les étendues désertiques du Sinaï les avaient bien mal préparés à cultiver les vallées encaissées et les terrains rocailleux des hauteurs de Canaan. Comment ont-ils appris si rapidement à mener une existence de fermiers, à affronter la routine et les épreuves du mode de vie sédentaire des villageois ?

DES IMMIGRANTS EN PROVENANCE DU DÉSERT ?

D'après l'inscription sur la stèle de Merneptah, une peuplade nommée Israël vivait à Canaan en 1207 av. J. C. Jusqu'à très récemment, malgré certains doutes quant à l'exactitude historique de l'Exode et de la conquête, peu d'historiens et d'archéologues remettaient en doute le fait que les Israélites étaient un peuple d'immigrants qui s'étaient établis à Canaan en provenance de l'extérieur.

La différence (apparente) entre Cananéens et Israélites semblait plus nette dans le domaine de la culture matérielle. Juste au-dessus des couches de destruction des cités cananéennes du Bronze récent, les archéologues tombaient régulièrement sur des fosses éparses, qui semblaient creusées au hasard, et des restes de poteries rustiques : vestiges apparents de ce qu'ils interprétaient comme des campements temporaires de semi-nomades. De nombreux savants croyaient reconnaître un schéma familier dans cette situation archéologique : des habitants du désert avaient pénétré en masse dans les terres habitées, s'y étaient installés et avaient graduellement adopté un mode de vie sédentaire. Ces savants, familiarisés avec les raids de tribus bédouines contre les régions agricoles du Moyen-Orient, étaient persuadés que le conflit avait toujours existé entre les nomades du désert et les paysans sédentaires, typique de la lutte constante qui oppose le désertique au cultivé. Quant bien même les Israélites n'avaient pas marché sur Canaan en ordre de bataille, les signes de leur arrivée n'en paraissaient pas moins évidents. Comparés aux édifices monumentaux, aux articles de luxe importés, aux céramiques raffinées, bref, à toutes les découvertes faites dans les couches qui correspondent aux cités cananéennes antérieures, les campements rustiques et les ustensiles grossiers des envahisseurs israélites témoignaient de toute évidence d'un niveau de civilisation très inférieur à celui des populations qu'ils avaient remplacées.

Cette différence de niveau de vie donna naissance à ce qu'on a fini par appeler la théorie d'une « infiltration pacifique », défendue en premier lieu par le bibliste allemand Albrecht Alt, dans les années 1920. D'après Alt, les Israélites étaient des pasteurs nomades, dont la transhumance saisonnière s'effectuait entre les bordures du désert et les terres cultivées. Vers la fin du Bronze récent – pour des raisons qu'Alt n'expliquait pas clairement –, ils se seraient installés dans les hautes terres peu habitées de Canaan.

Toujours d'après Alt, au début, le processus se fit graduellement et plutôt pacifiquement. Les éleveurs israélites ont défriché la forêt pour pratiquer un type saisonnier d'agriculture à petite échelle, tout en poursuivant leurs activités pastorales. Après quelque temps, ils adoptèrent un mode de vie plus sédentaire, en établissant des villages permanents et en consacrant davantage d'énergie aux activités agricoles. Ce n'est que plus tard, en raison de l'afflux de nouveaux arrivants et de leurs besoins grandissants en terres arables et en eau douce que – d'après cette théorie – les problèmes entre Israélites et Cananéens seraient apparus. Des conflits liés aux droits d'exploitation des terres et d'approvisionnement en eau auraient suscité des échauffourées locales, lesquelles auraient servi de toile de fond aux querelles entre les Israélites et leurs voisins, décrites de façon si frappante dans le livre des Juges (voir appendice C).

Il était donc admis que les Israélites s'étaient présentés en groupes dispersés de pasteurs nomades, et non comme une armée organisée. La mention d'« Israël » sur la stèle de Merneptah n'offre aucune information supplémentaire quant à l'emplacement exact, à la taille ou à la nature de la peuplade ainsi désignée. D'autres archives égyptiennes – qui ne renferment qu'un aperçu succinct de ce qui devait avoir été un compte rendu complet – mentionnent deux groupes d'étrangers qui préféraient – à moins qu'ils n'y aient été contraints – vivre en marge de la société urbaine de Canaan. L'un comme l'autre présentent un intérêt particulier dans la quête de l'origine des Israélites.

Les premiers sont les Apirou, mentionnés non seulement par les lettres de Tell el-Amarna datées du XIVe siècle av. J. C. et qui en parlent de façon peu flatteuse, mais aussi par d'autres documents de l'âge du Bronze. Vivant en marge de la société cananéenne, chassés de leurs foyers par la guerre, la famine ou le poids écrasant des impôts, on les présente parfois comme des hors-la-loi, des brigands, d'autres fois comme des soldats de fortune. On les retrouve jusqu'en Égypte, où certains d'entre eux s'embauchaient comme manœuvres dans la construction d'édifices publics. Pour résumer, ces Apirou étaient soit des réfugiés soit des rebelles qui fuyaient le système et qui vivaient en marge de la société urbanisée. On ne les tenait décidément pas en estime. La pire insulte qu'un roitelet local pût lancer à propos d'un prince voisin était de l'accuser de « s'être joint aux Apirou ». Dans le passé, certains savants voyaient une connexion linguistique directe entre le mot *Apirou* (ou l'une de ses variantes, *Khabirou* ou *Habirou*) et le mot *Ibri*, ou « hébreu », ce qui suggérait que les Apirou des documents égyptiens auraient été les premiers Israélites. Nous savons aujourd'hui qu'une telle association n'est pas évidente. L'emploi très répandu de ce terme tout au long des siècles à travers tout le Proche-Orient indique qu'il désignait davantage une situation socio-économique qu'un groupe ethnique déterminé. Néanmoins, la connexion ne peut être totalement écartée. Il n'est pas impossible que le souvenir des Apirou se soit conservé très longtemps pour se retrouver ainsi incorporé dans le récit biblique.

Le second groupe mentionné dans les documents égyptiens était celui des Shosou. Il semble qu'ils aient été des pasteurs nomades, vivant de leurs troupeaux de chèvres et de moutons dans les régions frontalières entre Canaan et la Transjordanie. Le récit d'un raid égyptien contre des rebelles du sud de Canaan, sous le règne de Ramsès III, au début du XIIe siècle av. J. C., nous donne une description intéressante de cette peuplade. L'auteur égyptien décrit le pillage de leurs « campements de tentes, de leurs biens, mais aussi de leurs troupeaux, qui étaient innombrables ». Ils représentaient à l'évidence des éléments turbulents et incontrôlables, largement répandus dans les étendues désertiques et hautes terres frontalières. Il leur arrivait parfois de migrer vers le delta oriental de l'Égypte, comme l'atteste un papyrus du XIIIe siècle, qui rapporte leur mouvement entre les forteresses de la frontière égyptienne.

L'un ou l'autre de ces groupements aurait-il été ce mystérieux « Israël », sous une autre appellation ?

DES PAYSANS PRIVÉS DE TERRE ?

La théorie de l'« infiltration pacifique » d'Alt fit l'objet d'attaques féroces, dans les années 1970, qui s'appuyaient sur des données ethnographiques et des théories anthropologiques nouvelles et plus pointues concernant la relation entre les pasteurs nomades et les communautés sédentaires du Moyen-Orient. La remise en cause des notions précédentes sur la lutte entre le désertique et le cultivé se fondait sur le fait que fermiers et éleveurs étaient en réalité bien mieux intégrés qu'on ne l'imaginait, qu'ils n'étaient pas étrangers les uns aux autres. Ils constituaient les éléments complémentaires et indispensables d'une seule et même société. C'est ainsi que, durant les années 1960 et 1970, se formula une nouvelle théorie sur les origines des Israélites.

Avancée pour la première fois par le bibliste américain George Mendenhall, élaborée ensuite par l'historien et sociologue américain Norman Gottwald, cette théorie énonce que les premiers Israélites n'étaient ni des envahisseurs en maraude ni des nomades infiltrés, mais des paysans rebelles qui avaient fui les cités de Canaan pour se réfugier dans les hautes terres, alors dépeuplées. Mendenhall et Gottwald affirmaient, en prenant pour preuves les documents égyptiens (surtout les tablettes de Tell el-Amarna), que le Canaan du Bronze récent était une société hautement stratifiée, dans laquelle s'exacerbaient les inégalités économiques et les tensions sociales. L'élite urbaine contrôlait la terre, l'économie et le commerce, tandis que les paysans des villages survivaient à grand-peine, privés à la fois de prospérité et de droits. Au fur et à mesure que la situation se détériorait, vers la fin du Bronze récent, le poids écrasant des impôts, les mauvais traitements en provenance des propriétaires terriens et les persécutions de la part des autorités – locales ou égyptiennes – devenaient intolérables.

C'est pourquoi Mendenhall et Gottwald ont élaboré la théorie selon laquelle un grand nombre de paysans préférèrent quitter leurs foyers et se mettre en quête de nouveaux territoires. Certains rejoignirent peut-être les rangs des Apirou, vivant en marge de la société civile et provoquant des frictions avec les autorités. Mais la plupart s'installèrent dans les forêts relativement dépeuplées des régions montagneuses, loin de tout contrôle cananéen ou égyptien. Dans leur nouvel environnement, ces paysans rebelles se seraient regroupés au sein d'une société plus égalitaire, moins rigidement stratifiée. Ce faisant, ils seraient devenus les « Israélites ».

Gottwald allait plus loin. Il suggérait que les nouvelles idées égalitaires furent importées à Canaan par un petit groupe dc gens venus d'Égypte qui se seraient installés dans les hautes terres. Influencé par certaines tendances hétérodoxes de la religion égyptienne, comme celles qui avaient inspiré la révolution monothéiste d'Akhenaton, au XIVe siècle av. J. C., ce groupe initial aurait été le noyau autour duquel les nouveaux venus se seraient rassemblés. L'avènement d'Israël serait donc la conséquence d'une révolte sociale de déshérités contre leurs seigneurs féodaux, stimulée par l'intrusion d'une nouvelle idéologie visionnaire.

Malheureusement, les preuves archéologiques, loin d'appuyer cette théorie, vont jusqu'à la contredire purement et simplement. Comme nous l'avons vu, la culture matérielle des nouveaux villages se distinguait du tout au tout de celle des basses terres cananéennes ; or, si ces colons avaient été des réfugiés en provenance des basses terres, on aurait retrouvé chez eux des styles de poteries et d'architecture de ce type. Qui plus est, les dernières études archéologiques sur les cités du Bronze récent montrent clairement que le déclin du secteur rural de la société cananéenne avait commencé dès le XVIe siècle. En fait, l'appauvrissement et le dépeuplement des campagnes – avec pour corollaire la baisse de la production agricole – ont dû jouer un rôle déterminant dans l'effondrement de la culture urbaine. De surcroît, les colons n'ont certainement pas pu apporter l'énergie nécessaire pour soutenir une nouvelle et vigoureuse campagne de colonisation des hautes terres. Enfin, même après la fin de l'âge du Bronze et la destruction des centres urbains de Canaan, la plupart des villages des basses terres – aussi peu nombreux fussent-ils – parvinrent à survivre en menant la même existence qu'auparavant. Le cœur de la culture cananéenne que sont les vallées de Jezréel et du Jourdain, ainsi que la plaine littorale philistine, en fournissent la preuve éloquente.

Donc, nous voyons très difficilement des hordes de déshérités en train d'abandonner leurs villages des basses terres en quête d'une existence bucolique dans les hautes terres inoccupées. Il vaut mieux chercher ailleurs la réponse à la question : « Qui étaient les Israélites ? »

ENFIN, UNE PERCÉE ARCHÉOLOGIQUE

Les premières identifications et les théories sociologiques concernant les premiers Israélites se fondaient avant tout sur le déchiffrage d'inscriptions éparpillées et fragmentaires, ou sur l'interprétation subjective du récit biblique – pas sur l'archéologie. Malheureusement, pendant des décennies, les archéologues s'entêtaient à chercher les indices sur l'origine des Israélites partout, sauf au bon endroit. Comme la plupart d'entre eux interprétaient au pied de la lettre le récit de Josué, ils concentraient leurs efforts sur l'exploration des principaux tertres des cités cananéennes, comme Jéricho, Béthel, Lakish et Haçor. Cette stratégie, nous le savons aujourd'hui, était erronée. Certes, ces monticules nous ont beaucoup éclairés sur la culture urbaine du Bronze récent, mais ils ne nous ont quasiment rien révélé sur les Israélites.

Ces grandes villes cananéennes étaient situées le long de la plaine littorale et dans les vallées, très loin des régions des collines boisées où Israël fit ses premiers pas. Avant la fin des années 1960, une seule exploration archéologique d'ensemble avait été entreprise pour retrouver les traces de sites purement israélites. Elle fut dirigée par l'archéologue israélien Yohanan Aharoni, dans une région marginale : dans les monts rocailleux et boisés de haute Galilée, en bordure nord de la région contrôlée plus tard par le royaume du Nord. Aharoni découvrit que la contrée ne contenait aucun site du Bronze récent ; son occupation se résumait à une vingtaine de sites, pauvres et de dimensions réduites, datant du Fer I (XIIe-XIe siècles av. J. C.), qu'il identifia avec les premiers pionniers des tribus de Nephtali et d'Asher. Les explorations d'Aharoni en haute Galilée semblèrent d'abord soutenir la théorie d'une infiltration pacifique. Le seul problème était que l'exploration concernait le nord du pays, donc sa périphérie.

Aussi surprenant que cela puisse paraître, le fief israélite des hautes terres de Palestine occidentale, comprises entre les vallées de Jezréel et de Beersheba, était pratiquement une *terra incognita* archéologique. L'absence d'explorations dans la région montagneuse du centre n'était pas seulement due à des questions de préférences scientifiques. Des années 1920 à 1967, la guerre et l'agitation politique au Moyen-Orient décourageaient toute tentative de recherche archéologique dans cette région. Plus tard, après la guerre de 1967, le paysage archéologique changea radicalement. Une nouvelle génération d'archéologues israéliens, influencés par les récentes orientations de l'archéologie mondiale, attaquèrent le terrain, armés de méthodes innovantes de recherche : leur objectif était d'explorer, d'établir une carte et d'analyser le paysage ancien de cette région, au lieu de se contenter de fouiller.

À partir du début des années 1940, les archéologues reconnurent l'importance des études régionales qui examinent les types d'habitats sur une période prolongée. Les fouilles d'un site unique livrent une image trop localisée de la culture matérielle des populations anciennes, en exhumant les différentes séquences dans les styles de poteries, de bijoux, d'armes, de maisons et de sépultures d'une communauté particulière. L'exploration régionale, qui permet de dresser la carte des sites anciens d'une région entière, puis de les dater grâce aux tessons collectés en surface, échange la profondeur contre l'étendue. Ce type d'étude dévoile la répartition et l'étendue de l'habitat des peuples anciens. Le choix de certaines niches topographiques (comme les sommets de collines de préférence aux vallées), ou de certaines niches économiques (la céréaliculture plutôt que l'horticulture), les conditions d'accès aux sources et aux voies principales, tout cela est très révélateur des modes de vie et, finalement, de l'identité sociale des populations d'une contrée, plutôt que de communautés individuelles. Et, ne l'oublions surtout pas, les relevés qui permettent de dresser la carte des sites appartenant à des périodes variées donnent aux archéologues la possibilité de définir l'évolution démographique, dans la durée, d'une région donnée.

Depuis 1967, le cœur de l'habitat israélite – les territoires traditionnels des tribus de Juda, de Benjamin, d'Éphraïm et de Manassé – a fait l'objet d'explorations intensives. Des équipes d'archéologues, secondés par des étudiants, ont passé au peigne fin les moindres vallées, crêtes, pentes, en quête de traces de murs ou de concentrations de tessons de poterie. L'étude du terrain progressait lentement ; une journée de travail ne couvrait environ que deux kilomètres carrés et demi. Toute trace du moindre signe d'occupation depuis le néolithique jusqu'à la période ottomane fut notée, afin d'établir sur le long terme l'historique de l'habitat dans les hautes terres. Des méthodes empruntées à la statistique furent employées, pour évaluer la dimension de chaque site d'habitat lors de chacune de ses périodes d'occupation. Des informations sur l'environnement de chaque site furent réunies et analysées, afin de reconstituer le paysage naturel aux diverses époques. Sur certains lieux particulièrement prometteurs, des fouilles approfondies furent bien entendu entreprises.

Cette mission d'exploration a révolutionné l'étude de l'ancien Israël. La découverte des vestiges d'un réseau très dense de villages de montagne – établis apparemment en l'espace de quelques générations – indique qu'aux alentours de 1200 av. J. C., une transformation sociale radicale a eu lieu dans la région montagneuse du centre de Canaan. On n'y trouve pas la moindre trace d'invasion violente, ni même d'infiltration d'un groupe ethnique clairement défini. Cela ressemblerait plutôt à une révolution dans le mode de vie. Dans les hautes terres auparavant dépeuplées, depuis les monts de Judée au sud jusqu'aux montagnes de Samarie au nord, loin des cités cananéennes menacées par l'effondrement et la désintégration, environ deux cent cinquante communautés ont soudain occupé les zones élevées. Ce furent les premiers Israélites[1].

LA VIE DANS LES HAUTES TERRES

Les fouilles entreprises sur certains de ces modestes sites du Fer I, découverts au cours de cette exploration, ont révélé l'uniformité surprenante de cette vague soudaine d'occupation des hautes terres. Le village typique occupait généralement le sommet d'un mont, ou le bord d'une corniche, de manière à offrir une vue dégagée sur le paysage environnant. Il se nichait dans une clairière, entourée de forêts de chênes et de térébinthes. Dans certains cas, ces villages étaient construits au-dessus de vallées encaissées, ceinturées de monts – sans doute pour faciliter l'accès aux champs. Beaucoup d'entre eux occupaient les terres fertiles les plus orientales surplombant le désert, proches des gras pâturages. Dans tous les cas, les villages semblaient pouvoir se suffire à eux-mêmes. Soit les habitants puisaient l'eau d'une source voisine, soit ils captaient les eaux de pluie hivernales, grâce à des citernes creusées dans le roc et recouvertes d'un enduit. Le plus surprenant est la dimension réduite de ces hameaux. La plupart couvraient une superficie d'un demi-hectare et abritaient, d'après les calculs, une cinquantaine d'adultes et autant d'enfants. Les plus gros villages de montagne couvraient au maximum deux hectares et abritaient quelques centaines d'individus. La population totale de ces villages, à l'apogée de leur période d'occupation, c'est-à-dire aux alentours de l'an 1000 av. J. C., ne devait pas dépasser quarante-cinq mille habitants.

Contrastant avec la culture des cités cananéennes et des villages des plaines, les villages des hautes terres ne possédaient aucun bâtiment administratif, palais, entrepôt, ou temple. Les traces d'activité scripturaire – comme la préservation d'archives, sceaux ou impressions de

1. Il n'existe aucun moyen de vérifier si une identité ethnique existait vraiment à l'époque. Nous qualifions ces villages des hautes terres d'« israélites » dans la mesure où un grand nombre d'entre eux sont demeurés occupés jusqu'à la période monarchique, sur laquelle abondent les documents, qu'ils soient bibliques ou extra-bibliques, qui attestent que leurs habitants se considéraient clairement comme des Israélites.

sceaux – sont quasiment absentes. On n'y trouve pratiquement aucun produit de luxe, comme de la poterie importée ou des bijoux. Les maisons villageoises avaient toutes à peu près la même dimension, preuve d'une répartition assez équitable des richesses entre les familles. Les maisons étaient bâties en pierres sèches ; de grossiers piliers de pierres soutenaient le toit ou le plancher de l'étage. Une construction type couvrait environ soixante mètres carrés et devait abriter quatre ou cinq personnes – la dimension d'une famille nucléaire. Entre les maisons, on retrouve un grand nombre de fosses, parementées en pierres, qui servaient de silos à grains (ill. 3). Ces silos, ainsi que le nombre important de lames de faucilles et de meules en pierre découvertes dans chaque habitation, indiquent que l'agriculture céréalière représentait l'essentiel de l'activité du village. Cependant, l'élevage restait important : à proximité des habitations se trouvaient des enclos qui devaient servir à protéger les bêtes pendant la nuit.

Les commodités étaient des plus rudimentaires. La poterie, rustique et purement utilitaire, ne contient pas de récipients ornementés ou luxueux. Les ustensiles ménagers se résument à des jarres de stockage et à des marmites pour la cuisson des aliments. Les jarres servaient à emmagasiner l'eau, l'huile et le vin. Nous ignorons presque tout de leurs coutumes d'inhumation, car leurs tombes sont très simples et les morts étaient enterrés sans offrandes mortuaires. On ne trouve également aucune indication concernant le culte. Les villages ne possédaient pas d'autel ni de sanctuaire ; aussi leurs croyances religieuses nous sont-elles inconnues. Dans un seul cas, sur un site minuscule, sis au sommet d'un mont, dans les régions montagneuses du nord, les fouilles entreprises par Amihai Mazar, de l'université hébraïque de Jérusalem, ont mis au jour une figurine de bronze représentant un taureau, ce qui semble indiquer la vénération de quelque divinité cananéenne. Sur un autre site, le mont Ébal, Adam Zertal, de l'université d'Haïfa, découvrit une structure de pierre insolite, qu'il a identifiée à un autel israélite primitif, mais la fonction précise de ce site et de ses murs de clôture reste controversée.

Il faut également noter – ce qui contraste avec le récit de la Bible, qui fait état d'une guerre perpétuelle entre les Israélites et leurs voisins – que les villages n'étaient pas fortifiés. Soit les habitants se sentaient en sécurité dans leurs habitats isolés, au point de n'éprouver

Ill. 3. Secteur exhumé d'Izbet Sartah : village du Fer I, situé dans les collines occidentales, avec maisons à piliers et silos à grains.

aucune nécessité de posséder des systèmes de protection, soit ils ne possédaient ni les moyens ni l'organisation nécessaire pour entreprendre des travaux de cette nature. Aucune arme, du type épée ou lance, ne fut découverte – alors que ce genre de trouvailles est typique des villages des plaines. On ne trouve non plus aucune trace d'incendie ou de destruction témoignant d'une attaque.

L'un de ces villages du Fer I – Izbet Sartah –, situé sur les flancs occidentaux des collines qui surplombent la plaine littorale, a fait l'objet de fouilles approfondies. Elles ont livré des renseignements suffisants pour permettre une reconstruction fiable de son économie de subsistance.

Baruch Rosen, spécialiste israélien de l'agriculture et de la nutrition dans l'Antiquité, a fait l'analyse détaillée des données rassemblées lors des fouilles. Le résultat indique que le village (dont la population présumée totalisait une centaine d'habitants) dépendait d'environ trois cent cinquante hectares de terres environnantes, un peu plus de la moitié était cultivée et le reste servait de pâture. Dans les conditions du Fer ancien, ces champs devaient produire jusqu'à cinquante-trois tonnes de blé et vingt et une tonnes d'orge par an ; les labours nécessitaient environ une quarantaine de bœufs. Outre cela, les habitants maintenaient un troupeau d'environ trois cents chèvres et moutons. Notons que ce village particulier est situé dans une zone fertile de la région montagneuse. La plupart des villages de collines étaient loin d'être aussi privilégiés.

Ce qui précède démontre que le souci essentiel des premiers Israélites n'était pas de combattre les autres peuples, mais de lutter contre le terrain rocailleux et hostile, les forêts denses et profondes, les rigueurs d'un environnement souvent imprévisible. Cependant, tout semble indiquer qu'ils menaient une existence relativement paisible et qu'ils assuraient leur subsistance. Ils vivaient très à l'écart des grandes voies régionales du commerce ; ils semblaient également assez éloignés les uns des autres ; rien n'indique que des produits commerciaux aient été échangés entre villages des hautes terres. Il n'est donc pas surprenant qu'on ne retrouve, dans ces villages, aucune trace de stratification sociale, aucun vestige de bâtiment administratif, aucune maison de dignitaire, ni aucun produit sophistiqué qui exigerait le savoir-faire d'un artisan hautement spécialisé.

Les premiers Israélites seraient donc apparus aux alentours de l'an 1200 av. J. C. Ils vivaient dans les collines, où ils menaient une existence de fermiers et d'éleveurs. Leur culture matérielle, très simple, était caractéristique d'une économie de subsistance. Voilà ce que nous en savons. Mais d'où venaient-ils ?

NOUVEAUX INDICES SUR L'ORIGINE DES ISRAÉLITES

En l'occurrence, la réponse à la question sur les origines des Israélites gît dans les vestiges des premiers habitats. Pour la plupart, les fouilles des villages des hautes terres ont livré des indices sur l'existence que menaient les Israélites plusieurs décennies, voire un siècle après leur établissement. Maisons et cours de ferme avaient été élargies et remodelées au fil des ans. Rares étaient les sites où les vestiges de l'occupation initiale étaient demeurés intacts sous les constructions ultérieures. Le site d'Izbet Sartah, mentionné plus haut, est justement l'un de ceux-là.

La première phase d'occupation suivait un plan des plus insolites, qui différait du tout au tout du groupe de maisons rectangulaires à piliers qui se sont élevées plus tard sur le site. Le plan de ce premier habitat était ovale ; une série de pièces ceinturaient une grande cour intérieure (ill. 4). Ces petites salles en chapelet formaient une sorte d'enceinte continue qui protégeait la cour intérieure. Cette vaste cour intérieure, soigneusement protégée, indique que les habitants devaient posséder des troupeaux, probablement de moutons et de chèvres. La découverte de quelques silos, de lames de faucilles et de meules en pierre prouve qu'ils pratiquaient également de menues activités agricoles.

Des sites identiques, de forme ovale, ont été retrouvés dans les hautes terres du centre et dans celles du Néguev, au sud. Des sites comparables,

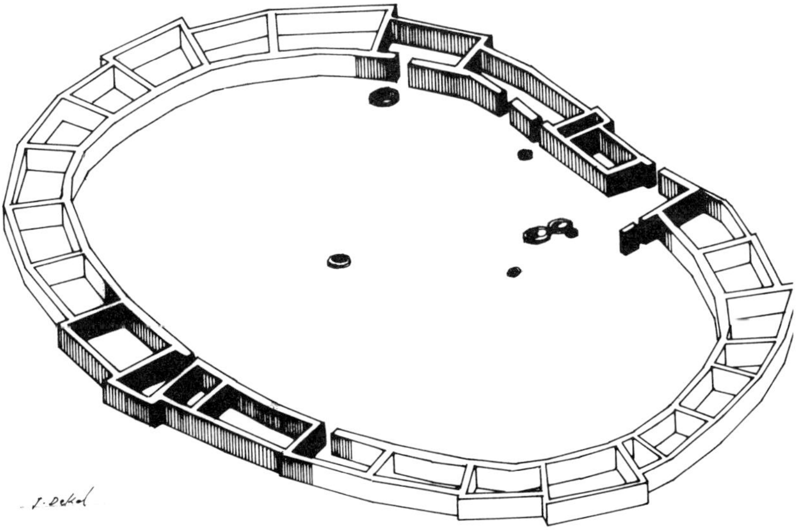

Ill. 4. Phase du Fer I d'Izbet Sartah : le plan ovale du site témoigne de l'origine pastorale des habitants.

datant d'autres périodes, ont été découverts dans le Sinaï, en Jordanie et dans d'autres régions du Moyen-Orient. Ce type d'enclos caractérise l'habitat des hautes terres ou des frontières du désert. Le plan de ce village du Fer ancien I ressemble non seulement aux sites du Bronze et du Fer de la région des steppes mais également aux campements de tentes des Bédouins qu'ont décrits et photographiés ceux qui ont exploré les déserts de Judée, de Transjordanie et du Sinaï, à la fin du XIXe siècle et au début du XXe siècle (ill. 5). Dans ce type de campement, une rangée de tentes ceinture une cour intérieure, où l'on parque les animaux pendant la nuit. Les sites des hautes terres et du Néguev qui datent de l'âge du Fer leur ressemblent énormément, que ce soit par la forme, la dimension ou le nombre d'unités. Dans les premiers habitats, il est évident que les murs de pierre ont tout simplement remplacé les tentes ; mais, dans l'un et l'autre cas, la forme de l'installation répond à la fonction. Les gens qui habitaient ces sites – dans le passé et le présent – étaient des bergers, préoccupés essentiellement par la protection de leurs troupeaux. Tout cela tend donc à prouver qu'une large proportion des premiers Israélites avaient précédemment mené l'existence de pasteurs nomades.

Ill. 5. Campement bédouin en forme ovale près de Jéricho, d'après une gravure du XIXe siècle.

Mais ces pasteurs nomades étaient en pleine mutation. Le passage de l'ancien camp de tentes au village de pierre modelé sur le même agencement, puis, à des maisons plus durables, rectangulaires, dotées de piliers, prouve qu'ils avaient abandonné leur mode de vie nomade, qu'ils s'étaient débarrassés de la plupart de leurs animaux et qu'ils s'adonnaient à une activité agricole régulière. Le Moyen-Orient continue à nous offrir des exemples de ce genre de mutation. Les Bédouins qui se sédentarisent remplacent souvent leurs tentes par des structures en pierres ou en briques de forme semblable. Ils ont également tendance à conserver l'agencement de leur campement traditionnel dans leur premier habitat en dur. Plus tard, tournant le dos à la tradition, ils s'installent dans des villages sédentaires ordinaires. Les villages des hautes terres de l'âge du Fer témoignent du même type d'évolution.

Un autre indice tend vers cette direction : les emplacements choisis par les colons du Fer I pour y installer leurs premiers habitats permanents trahissent leur nomadisme antérieur. La plupart des premières zones d'occupation datant des débuts de l'âge du Fer sont situées dans la partie orientale de la région, à proximité du désert. En s'installant dans cet endroit, les nouveaux villageois pouvaient continuer à faire paître chèvres et moutons, tout en opérant la transition graduelle vers l'agriculture comme moyen principal de subsistance. Plus tard, ils se sont déplacés vers l'ouest, sur des terrains moins propices à l'élevage ou à l'agriculture, mais en revanche appropriés à la culture de l'olivier et de la vigne.

Beaucoup de ces premiers Israélites étaient donc, semble-t-il, des nomades qui se sont graduellement convertis en fermiers. Mais ces nomades venaient bien de quelque part. Ici aussi, les récentes découvertes archéologiques sont riches d'enseignements.

LES CYCLES CACHÉS DE CANAAN

L'exploration minutieuse des hautes terres au cours des dernières décennies a permis d'accumuler beaucoup de données sur la nature de l'occupation humaine dans la région, et ce sur plusieurs millénaires. L'une des plus grandes surprises fut de découvrir que cette vague de pasteurs nomades devenus fermiers sédentaires au XIIe siècle av. J. C.

ne constitue pas un phénomène unique. L'archéologie montre en effet que deux vagues d'occupation similaire des hautes terres ont eu lieu avant le XIIe siècle, et qu'elles ont sans doute été suivies d'un retour des habitants à un mode de vie pastoral.

TABLEAU 3

VAGUES D'IMPLANTATION TERRITORIALE DANS LES HAUTES TERRES

PÉRIODES	DATES	CARACTÉRISTIQUES PRINCIPALES
Bronze ancien	3500-2200 av. J. C.	Première vague d'habitat : une centaine de sites.
Bronze intermédiaire	2200-2000 av. J. C.	Crise de l'habitat : la plupart des sites abandonnés.
Bronze moyen	2000-1550 av. J. C.	Deuxième vague d'habitat : 220 sites environ.
Bronze récent	1550-1150 av. J. C.	Crise de l'habitat : restent seulement 25 sites.
Fer I	1150-900 av. J. C.	Troisième vague d'habitat : 250 sites environ.
Fer II	900-586 av. J. C.	Développement de l'habitat : plus de 500 sites au VIIIe siècle av. J. C.

Nous savons aujourd'hui que la première occupation des hautes terres s'est déroulée au Bronze ancien, et qu'elle débuta environ deux mille ans avant l'avènement d'Israël, vers l'an 3500 av. J. C. À l'apogée de cette vague d'occupation, on comptait presque une centaine de cités et de villages légèrement plus peuplés dispersés le long de la crête centrale. Un peu plus d'un millénaire plus tard, vers l'an 2200 av. J. C., la plupart de ces sites furent abandonnés et les hautes terres redevinrent une zone inhabitée. Une deuxième vague d'occupation, plus dense que la précédente, s'effectua au Bronze moyen, peu après l'an 2000 av. J. C. Cette vague débuta avec l'établissement de petits hameaux dispersés, qui se transformèrent graduellement en un réseau complexe de quelque deux cents sites, allant du hameau à la ville, voire parfois à des centres régionaux fortifiés. On a estimé la population de cette deuxième vague d'occupation à quarante mille habitants. Les plus grosses places fortes de l'époque – Hébron, Jérusalem, Béthel, Silo et Sichem – allaient devenir des centres importants à l'époque israélite. Mais cette deuxième vague d'occupation était elle aussi destinée à disparaître, vers le XVIe siècle. Cette fois-ci, les hautes terres vont demeurer une zone frontalière, quasiment déserte, pendant quatre siècles.

Finalement, vers l'an 1200 av. J. C. (carte 8), commença la troisième vague d'occupation, celle des premiers Israélites. À l'instar des précédentes, elle débuta par la formation de petites communautés rurales, regroupant une population initiale d'un total d'environ quarante-cinq mille individus, répartis sur deux cent cinquante sites. Elle se développa graduellement en un système intégré de grandes cités, de bourgades de dimension moyenne et de petits villages. À l'apogée de cette période d'occupation, au VIIIe siècle av. J. C., à la suite de la fondation des royaumes d'Israël et de Juda, elle comprenait plus de cinq cents sites abritant une population d'environ cent soixante mille personnes.

L'exploitation optimale du potentiel agricole de la région avait permis une poussée démographique aussi surprenante. Les hautes terres offrent un terrain idéal pour la culture de l'olivier et de la vigne, laquelle, à l'époque, représentait le secteur le plus rentable de l'économie traditionnelle du Moyen-Orient. Durant les trois périodes d'occupation intensive de ces régions, les surplus de vin et d'huile d'olive étaient commercialisés dans la plaine, parfois même exportés au-delà des frontières de Canaan, en Égypte, en particulier. L'analyse de jarres de stockage datées du Bronze récent, découvertes en Égypte, a montré que l'argile avec lequel elles furent fabriquées provenait des hautes terres de Canaan. Par un phénomène extraordinaire, l'une d'entre elles contenait même des restes de grains de raisin.

Ainsi, les similitudes entre les modes d'occupation des trois principales vagues sont clairement établies. Dans de nombreux cas, les sites ont été occupés au cours des trois périodes. Qui plus est, les schémas d'occupation du territoire des trois vagues présentent certaines caractéristiques communes. Premièrement, la partie méridionale des hautes terres semble avoir été chaque fois moins peuplée que la partie septentrionale, ce qui est dû, comme nous allons le voir, à la différence prononcée de leur environnement. Deuxièmement, l'effet de croissance démographique débute pour chacune des vagues d'abord à l'orient pour s'étendre graduellement vers l'occident. Enfin, une culture matérielle similaire – poterie, architecture et organisation de l'espace – caractérise les trois vagues d'occupation, qui ont dû être provoquées par des conditions économiques et environnementales semblables.

Lors des périodes intermédiaires, entre les vagues d'occupation, lorsque les cités, les villes et la plupart des villages furent abandonnés, les hautes terres n'en furent pas désertifiées pour autant. Une source d'information inattendue en fournit la preuve ; elle ne découle ni des inscriptions ni des édifices mis au jour, mais de l'examen attentif des ossements d'animaux. Les ossements collectés sur les sites qui furent prospères aux périodes d'occupation intensive des hautes terres contiennent une large proportion d'os de bétail, preuve d'une importante activité agricole et de l'usage de la charrue. D'ailleurs, la proportion est la même que celle que nous constatons aujourd'hui dans les communautés villageoises traditionnelles du Moyen-Orient.

On constate une différence frappante dans les ossements collectés sur les rares sites qui continuèrent d'être occupés dans les périodes intermédiaires. La quantité de bétail est minimale, en contraste avec une proportion écrasante de chèvres et de moutons. Cette proportion se rapproche de la composition des troupeaux des Bédouins. Le bétail, lourd et lent à se mouvoir, est un fardeau pour des nomades, qui ne se consacrent que marginalement à l'agriculture saisonnière et qui passent le plus clair de l'année en quête de pâturages. Le bétail ne peut se mouvoir aussi vite ni couvrir la même distance que les chèvres et les moutons. Donc, en période d'occupation intensive des hautes terres, l'agriculture prenait le pas ; mais en période de crise, les populations reprenaient l'élevage des chèvres et des moutons.

Ce genre de fluctuation était-il fréquent ? Les peuples du Moyen-Orient ont toujours su opérer la transition rapide de l'activité fermière à l'élevage – ou abandonner le nomadisme au profit de l'agriculture sédentaire –, suivant les conditions politiques, économiques, voire climatiques. De nombreux peuples de la région étaient capables de varier leur mode de vie selon leur intérêt immédiat ; l'avenue qui menait de

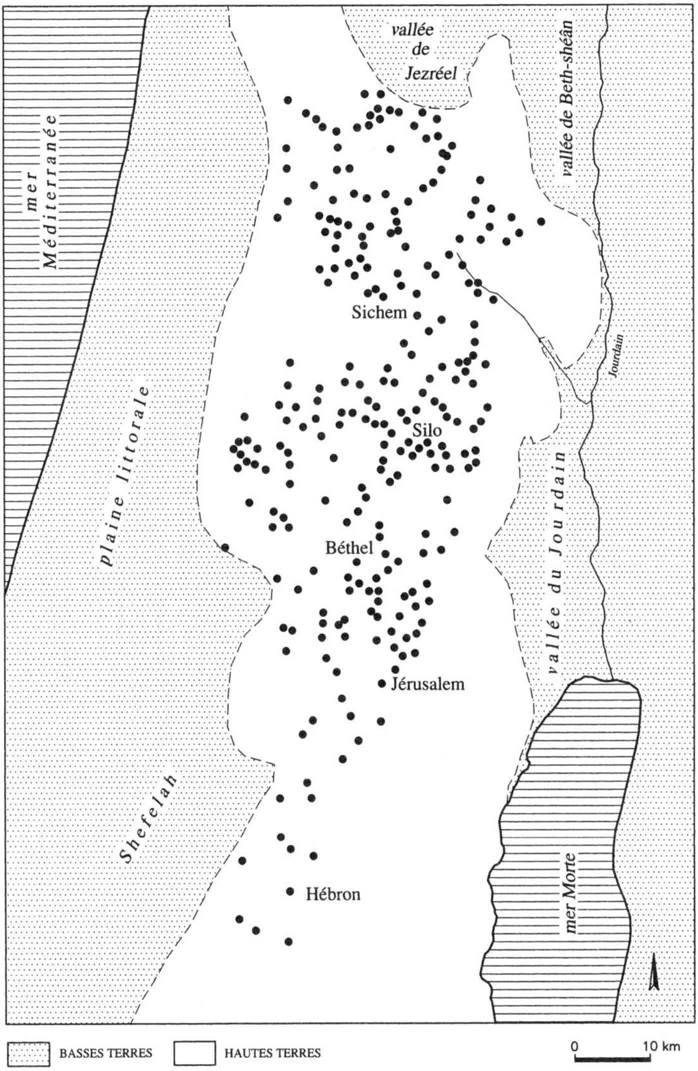

Carte 8.

la sédentarité au nomadisme pastoral était à double sens. Les études anthropologiques de l'histoire de l'habitat, entreprises en Jordanie, au sud-ouest de la Syrie et dans la vallée du moyen Euphrate au XIXe siècle et au début du XXe siècle le démontrent amplement. Les impôts de plus en plus écrasants, auxquels s'ajoutait la menace de la conscription dans l'armée ottomane, incitèrent beaucoup de familles villageoises à quitter leurs demeures situées dans les régions agricoles pour se fondre dans le désert. Ils s'y livraient alors à l'élevage, une activité qui, en dépit de son inconfort, leur permettait de rebondir rapidement.

Dès que la sécurité et les conditions économiques s'améliorent, le processus contraire se met en branle. Des communautés sédentaires se forment, que rejoignent d'anciens nomades, qui assument ainsi un rôle spécial dans une société dimorphe : un segment de cette société se spécialise dans l'agriculture, tandis que l'autre poursuit l'élevage traditionnel des chèvres et des moutons.

Ce schéma revêt une signification particulière quand on aborde la question des premiers Israélites. La raison en est que ces deux composantes de la société du Moyen-Orient – fermiers et pasteurs nomades – ont toujours maintenu une relation économique d'interdépendance, même quand des tensions, mineures, ont parfois opposé les deux groupes. Les nomades ont besoin du marché des villages sédentaires pour se procurer des céréales et d'autres produits agricoles ; quant aux fermiers, ils dépendent des nomades pour leur approvisionnement régulier en viande, produits laitiers et peaux. Cependant, les deux côtés ne sont pas vraiment égaux ; en effet, les villageois peuvent toujours compter sur leur production pour survivre, tandis que les nomades ne peuvent subsister uniquement sur le produit de leurs troupeaux. Les céréales leur sont indispensables pour compenser leur diète de viande et de lait, trop riche en graisses animales. Aussi longtemps qu'ils sont en mesure de commercer avec des villageois, les nomades peuvent se consacrer essentiellement à l'élevage. Mais dès qu'ils ne peuvent plus obtenir de céréales en échange de leur propre production, les nomades sont contraints de les faire pousser eux-mêmes.

C'est apparemment ce qui a provoqué la vague soudaine d'installation dans les hautes terres. Au Bronze récent, en particulier à Canaan, l'existence de larges populations de pasteurs nomades dans les hautes terres et en bordure des déserts n'était possible qu'aussi longtemps que les cités-États et les villages cananéens produisaient un surplus suffisant de céréales, destiné au commerce. Cette situation restera stable pendant les trois siècles d'administration égyptienne. Mais quand, au cours du XIIe siècle av. J. C., le système politique de Canaan s'effondra, les réseaux économiques cessèrent également de fonctionner. On peut raisonnablement en déduire que les villageois cananéens, réduits à une subsistance locale, n'étaient plus en mesure de produire davantage de céréales qu'ils n'en consommaient. C'est ainsi que les pasteurs des hautes terres et des bordures du désert durent s'adapter aux nouvelles conditions et cultiver leurs propres céréales. Bientôt, les nécessités agricoles leur interdirent de poursuivre leurs longues migrations saisonnières. Il fallut réduire les troupeaux. L'effort accru investi dans l'agriculture aboutit à une sédentarisation permanente.

Le processus que nous décrivons ici est à l'opposé de celui que décrit la Bible : l'émergence d'Israël fut le résultat, non la cause, de l'effondrement de la culture cananéenne. La plupart des Israélites ne venaient pas de l'extérieur de Canaan ; ils étaient indigènes. Il n'y a pas eu d'exode de masse en provenance de l'Égypte. Le pays de Canaan n'a pas été conquis par la violence. La plupart de ceux qui ont constitué le premier noyau d'Israël étaient des gens du cru, ceux-là mêmes qui peuplaient les hautes terres durant les âges du Bronze et du Fer. Les premiers Israélites étaient – comble de l'ironie – d'origine cananéenne !

EN QUOI L'ANCIEN ISRAËL ÉTAIT-IL UNIQUE ?

Dans les hautes terres plus fertiles situées à l'est du Jourdain, on constate les mêmes fluctuations de l'activité sédentaire, la même crise au Bronze récent, et exactement la même vague d'occupation au Fer I. Les explorations archéologiques entreprises en Jordanie démontrent que l'historique de l'habitat des territoires d'Ammon, de Moab et d'Édom ressemble à s'y méprendre à celui des débuts d'Israël. Notre description archéologique d'un village israélite typique du Fer I, situé dans les hautes terres à l'ouest du Jourdain, correspondrait à peu de chose près à la description d'un village moabite de la même époque. Tous ces peuples vivaient dans des villages de même type, habitaient des demeures assez semblables, employaient les mêmes poteries et partageaient un mode de vie quasi identique. Pourtant, la Bible, mais aussi d'autres documents historiques attestent que les villageois du Fer I qui vivaient sur la rive orientale du Jourdain ne sont pas devenus des Israélites. Ils ont donné naissance aux royaumes d'Ammon, de Moab et d'Édom. Qu'y avait-il de particulier dans les villages qui abritaient les peuplades qui formèrent l'ancien Israël ? Qu'est-ce qui les distinguait de leurs voisins ? Comment leur ethnicité et leur identité nationale se sont-elles forgées ?

Aujourd'hui, comme dans le passé, les peuples disposent de toutes sortes de moyens pour affirmer leur ethnicité. La langue, la religion, les coutumes vestimentaires, les rites funéraires, les tabous alimentaires complexes y participent. La culture matérielle élémentaire des bergers et des fermiers qui peuplaient les hautes terres – et qui devinrent les premiers Israélites – n'offre aucun indice révélateur sur leurs dialectes, leurs rites religieux, leur façon de se vêtir ou d'inhumer leurs morts. En revanche, on a découvert un détail fort intéressant concernant leurs habitudes alimentaires. Les tas d'ossements exhumés lors des fouilles des hameaux israélites dans ces régions diffèrent radicalement des ossements découverts ailleurs, sur un point très particulier : les os de porc n'y figurent pas. Les tas d'ossements des habitats antérieurs contenaient des os de porc, ainsi que ceux des habitats postérieurs à l'âge du Fer. Mais pendant toute la durée de l'âge du Fer – qui correspond à l'époque des monarchies israélites –, dans les hautes terres, le porc n'était ni cuit, ni consommé, ni élevé. En comparaison, les données en provenance des sites d'habitat du littoral philistin à la même époque – celle du Fer I – révèlent une présence importante d'os de porc parmi les ossements collectés. Tandis que les premiers Israélites ne mangeaient pas de porc, les Philistins, en revanche, en consommaient ; il en était de même des Ammonites et des Moabites établis à l'est du Jourdain, si l'on en croit les données rudimentaires dont nous disposons.

L'absence de consommation de porc ne s'explique pas seulement par des raisons environnementales ou économiques. Elle reste en fait le seul indice que nous possédions d'une identité précise, partagée par l'ensemble des villageois établis dans les hautes terres situées à l'ouest du Jourdain. Peut-être les proto-Israélites ont-ils cessé de manger du porc uniquement parce que les peuplades qui les environnaient – leurs adversaires – en consommaient, et qu'ils commençaient à se vouloir différents d'eux. Des pratiques culinaires ou des coutumes diététiques spécifiques sont deux des moyens qui permettent de dresser des frontières ethniques. Le monothéisme, ainsi que les traditions sur l'Exode et sur l'alliance n'ont fait leur apparition, semble-t-il, que bien plus tard. Donc, un demi-millénaire avant la composition des textes bibliques, qui présentent les détails des règlements diététiques, les Israélites avaient décidé – pour des raisons qui demeurent obscures – de ne plus manger de porc. Lorsque les juifs contemporains observent cette interdiction, ils ne font que perpétuer la plus ancienne pratique culturelle du peuple d'Israël attestée par l'archéologie.

LE LIVRE DES JUGES ET LE ROYAUME DE JUDA AU VIIe SIÈCLE AV. J. C.

Nous ne saurons jamais dans quelle mesure les histoires contées dans le livre des Juges perpétuent le souvenir authentique de héros locaux et de conflits villageois, dont la mémoire se serait conservée au cours des siècles sous la forme de ballades épiques et de légendes populaires. Cependant, l'exactitude historique du livre des Juges ne peut être évaluée en se fondant sur l'inclusion de récits héroïques des temps révolus. Le trait le plus frappant qui le caractérise est contenu dans le schéma littéraire d'ensemble, qui décrit l'histoire d'Israël dans la période qui suit la conquête comme un cycle récurrent de péchés, de punitions divines et de rédemption (Jg 2,11-19). Seul le dernier verset du dernier chapitre (Jg 21,25) laisse entrevoir un espoir de rupture du cycle, grâce à l'établissement de la monarchie.

Il est clair que l'interprétation théologique des histoires contenues dans le livre des Juges fut élaborée bien des siècles après les événements que l'ouvrage prétend décrire. Si le récit des conflits qui opposent les Israélites aux Philistins, aux Moabites, aux Médianites et aux Ammonites met en scène toutes sortes de lieux et de personnages, il illustre en permanence un thème unique : celui d'une relation houleuse entre Dieu et son peuple. YHWH est dépeint comme un dieu amer et colérique ; en effet, après avoir délivré les Israélites de l'esclavage égyptien et leur avoir donné la Terre promise en héritage éternel, YHWH découvre qu'il a affaire à un peuple d'impies et d'ingrats. Les Israélites ne cessent de le trahir en courant après les dieux étrangers. Pour les châtier, YHWH les livre aux coups de leurs ennemis, qui leur infligent de multiples outrages, ce qui contraint les Israélites à implorer l'aide de YHWH, lequel accepte leur repentir et, pour les sauver, désigne parmi eux un chef droit et juste, qui les conduira à triompher de leurs adversaires. Ce n'est pas de l'histoire, c'est de la théologie. L'alliance, la promesse, l'apostasie, le repentir et la rédemption forment un cycle dont la séquence se retrouve tout au long du livre des Juges. Le peuple de Juda, au VIIe siècle av. J. C., croyait probablement que cette même séquence s'appliquait à lui.

Les biblistes reconnaissent depuis longtemps que le livre des Juges fait partie de l'histoire deutéronomiste, laquelle exprime, de façon grandiose, les espoirs et les aspirations politiques du royaume de Juda, sous le règne de Josias, au VIIe siècle av. J. C. Les récits des premières colonisations israélites dans les hautes terres donnaient au peuple une leçon en rapport direct avec les affaires contemporaines. Tandis que Josias et ses supporters gardaient le regard fixé vers le Nord, caressant l'ambition d'unifier la terre d'Israël, ils réitéraient avec insistance le message que la conquête en elle-même n'avait de valeur que si elle s'accompagnait d'une soumission constante et exclusive à YHWH. Le mouvement deutéronomiste considérait les populations païennes, qui résidaient en terre d'Israël ou dans les royaumes voisins, comme un danger mortel. Le code légal du Deutéronome et les leçons tirées de l'histoire deutéronomiste exprimaient clairement la nécessité impérieuse dans laquelle se trouvait le peuple d'Israël de résister à la tentation de l'idolâtrie, s'il voulait éviter de subir de nouvelles épreuves.

Le chapitre d'ouverture du livre des Juges établit clairement la connexion entre le passé et le présent. De nombreux savants l'ont considéré comme un rajout ultérieur, mais le bibliste Baruch Halpern l'attribue à l'histoire deutéronomiste originelle. Ce chapitre nous raconte comment les tribus qui forment le cœur du royaume du Sud – Juda et Siméon – avaient rempli à la perfection leur mission sacrée : la conquête de toutes les cités cananéennes situées sur leur territoire. Le royaume de Juda était donc protégé contre le danger interne de l'idolâtrie. Mais il n'en était pas de même des tribus qui allaient plus tard former le royaume nordiste d'Israël. Toutes sont accusées d'avoir manqué à leur devoir, qui consistait à éliminer tous les Cananéens ; la liste des enclaves cananéennes qui se trouvaient encore à l'intérieur de leurs territoires tribaux est donnée en détail (Jg 1,21.27-35). Dans ces conditions, il n'y avait rien de surprenant à ce que le pieux Juda ait survécu, tandis qu'Israël l'apostat a été vaincu. La plupart des histoires du livre des Juges sont consacrées aux fautes commises par les tribus du Nord, et aux châtiments divers qui les frappent. Aucune de ces histoires n'accuse explicitement Juda d'idolâtrie.

Mais le livre des Juges propose une possibilité d'échapper au cycle infernal du péché et du châtiment divin. Il laisse entendre que ce cycle a déjà été brisé dans le passé. Il répète, comme un mantra, la phrase suivante : « En ce temps-là, il n'y avait pas de roi en Israël et chacun faisait ce qui lui semblait bon » (Jg 21,25). Ce leitmotiv servait à rappeler qu'après les Juges, un grand roi était venu, qui avait régné sur toutes les tribus d'Israël, et qui n'était autre que le pieux David, lequel avait passé une alliance éternelle avec Dieu. Ce roi avait banni l'influence des dieux étrangers du cœur et des pratiques quotidiennes des Israélites. Il avait établi sa capitale à Jérusalem. Il avait donné à l'Arche d'alliance un lieu de repos définitif. Un Dieu unique, honoré dans un Temple unique, situé dans une capitale unique, sous le règne d'un roi unique de la dynastie davidique, voilà où résidaient les clés du salut d'Israël. Or, ce qui était vrai sous le règne de David l'était tout autant sous le règne du nouveau David : le roi Josias. En éliminant la moindre trace de culte de ces dieux étrangers qui avaient induit Israël en tentation, Josias allait mettre un terme au cycle apparemment implacable de l'apostasie et du désastre ; il allait conduire Juda vers un nouvel âge d'or, riche d'espoir et de prospérité.

Seulement, nous le savons à présent, le portrait émouvant que nous brosse la Bible de ces juges israélites si vertueux – aussi saisissant soit-il – n'a pas grand-chose à voir avec ce qui s'est réellement passé dans les hautes terres de Canaan au début de l'âge du Fer. L'archéologie nous a révélé que la naissance d'Israël n'est pas tant due aux conceptions bibliques tardives sur le péché et la rédemption qu'aux transformations sociales complexes qui ont affecté les populations pastorales des hautes terres de Canaan.

5

Souvenirs d'un âge d'or ?

Après des siècles de combats et de pérégrinations, l'Israël biblique trouvait enfin dans le Temple et dans le palais royal de Jérusalem un fondement spirituel durable. Comme le conte le livre de Samuel, le sacre de David, fils de Jessé, comme roi de toutes les tribus d'Israël, scellait le processus initié par la promesse divine faite à Abraham bien des siècles auparavant. Le chaos de la période violente des Juges cédait la place à une ère de paix, où cette promesse allait se concrétiser, sous la protection bénigne d'un souverain droit et vertueux. Dans un premier temps, le privilège de monter sur le trône d'Israël avait échu au sombre et beau Saül, de la tribu de Benjamin. Mais ce sera finalement son successeur, David, qui jouera un rôle déterminant dans la protohistoire d'Israël. Innombrables sont les contes et les récits qui chantent le fabuleux David. Ils célèbrent sa victoire sur le terrifiant Goliath – le géant philistin qu'il abattit d'un simple galet lancé avec sa fronde –, son adoption à la cour royale due à son talent de harpiste, ses aventures picaresques de rebelle et de chef de bande, ses tumultueuses amours avec Bethsabée, sa téméraire conquête de Jérusalem, suivie de celle d'un vaste empire. On se souvient également de son fils, Salomon, comme du plus sage des rois et du plus prestigieux des bâtisseurs. Les histoires perpétuent ses brillants jugements, ses fabuleuses richesses, et la construction qu'il entreprit du splendide Temple de Jérusalem.

Pendant des siècles, dans le monde entier, tous les lecteurs de la Bible ont partagé une vision identique des règnes de David et de Salomon, comme d'une sorte d'âge d'or de l'histoire d'Israël.

Jusqu'à récemment, nombre de savants estimaient que la monarchie unifiée était la première période biblique que l'on pouvait considérer comme authentiquement historique. En comparaison avec les récits plutôt brumeux sur l'errance des patriarches, avec un Exode qui suivit une sortie d'Égypte par trop miraculeuse, avec les sanglants épisodes des livres de Josué et des Juges, l'histoire de David proposait une saga assez réaliste, pimentée de savoureuses manœuvres politiques et autres intrigues de palais. Même si les exploits qui marquent les débuts de David sont tissés de légendes, les savants ont, néanmoins, longtemps cru que l'histoire de sa montée au pouvoir s'accordait assez bien avec la réalité archéologique. L'habitat dispersé et initial des Israélites dans leurs villages de montagne avait lentement cédé la place à des formes plus centralisées d'organisation. Et la menace que les cités philistines du littoral faisaient peser pouvait fort bien avoir servi de catalyseur à la montée au pouvoir de la monarchie israélite. D'ailleurs, les archéologues avaient identifié des couches évidentes de destruction sur les sites des anciennes cités philistines et cananéennes, qui leur parurent comme autant de jalons sur la voie des vastes conquêtes entreprises par David. Quant aux portes et aux palais impressionnants mis au jour dans plusieurs sites majeurs d'Israël, ils constituaient des preuves éclatantes des activités de bâtisseur de Salomon.

Pourtant, nombre de piliers archéologiques, qui soutenaient l'édifice historique des règnes de David et de Salomon, ont été récemment quelque peu ébranlés. L'étendue réelle de l'« empire » davidique a fait l'objet de brûlantes controverses. Les fouilles entreprises à Jérusalem n'ont apporté aucune preuve de la grandeur de la cité à l'époque de David et de Salomon. Quant aux édifices monumentaux attribués jadis à Salomon, les rapporter à d'autres rois paraît aujourd'hui beaucoup plus raisonnable. Les implications d'un tel réexamen sont énormes. En effet, s'il n'y a pas eu de patriarches, ni d'Exode, ni de conquête de Canaan – ni de monarchie unifiée et prospère sous David et Salomon –, devons-nous en conclure que l'Israël biblique tel que nous le décrivent les cinq livres de Moïse, et les livres de Josué, des Juges et de Samuel, n'a jamais existé ?

UNE DYNASTIE ROYALE POUR ISRAËL

L'épopée biblique de la transformation d'Israël, entre la période des Juges et celle de la monarchie, débute par une crise militaire d'une exceptionnelle gravité. Comme le raconte le livre de Samuel (1 S 4–5), les armées philistines alliées mettent en déroute, sur le champ de bataille, les troupes confédérées des tribus israélites. Les Philistins s'emparent de l'Arche d'alliance et l'emportent comme trophée de guerre. Guidés par le prophète Samuel, prêtre du sanctuaire de Silo (situé à mi-chemin entre Jérusalem et Sichem), les Israélites finissent par recouvrer l'Arche, qui sera ramenée et installée au village de Qiryat-Yéarim, sis à l'ouest de Jérusalem. Mais l'époque des Juges est clairement révolue. La puissance militaire qui menace aujourd'hui le peuple d'Israël l'oblige à rassembler ses forces autour d'un commandement unique et permanent. Les anciens se réunissent chez Samuel, à Rama, au nord de Jérusalem, et le prient de choisir un roi pour Israël, « comme toutes les nations ». Samuel les met en garde contre les dangers de la royauté, dans l'un des passages les plus antimonarchiques de la Bible (1 S 8,10-18), mais Dieu lui ordonne de satisfaire la demande du peuple. Dieu lui révèle également son choix : le premier roi d'Israël sera Saül, fils de Qish, de la tribu de Benjamin. Saül est un beau jeune homme et un brave guerrier. Mais ses doutes et son mépris naïf des préceptes divins qui régissent le sacrifice, le partage du butin et d'autres commandements (1 S 15,10-26) provoqueront sa chute et son rejet. Ils le conduiront finalement au suicide, sur le mont Gelboé, où les Israélites sont, une fois de plus, mis en déroute.

Du temps que Saül régnait sur Israël, il ignorait que son successeur avait déjà été choisi. En effet, un beau jour, Dieu avait ordonné à Samuel de se rendre chez Jessé, à Bethléem, en lui disant (1 S 16,1) : « Je me suis choisi un roi parmi ses fils. » Ce sera au plus jeune, un beau pâtre aux cheveux roux nommé David, qu'il incombera d'apporter le salut à Israël. En premier lieu, David fait la démonstration éclatante de ses prouesses de guerrier. Les Philistins se sont de nouveau rassemblés pour combattre Israël. Les deux armées se font face dans la vallée du Térébinthe (Elah), dans la Shefelah. Les Philistins possèdent une arme secrète : un guerrier gigantesque, nommé Goliath, qui nargue le Dieu d'Israël et qui défie en combat singulier le champion israélite. La terreur gagne le cœur des hommes de Saül, mais le jeune et intrépide David, que son père a envoyé porter des provisions à ses trois frères aînés qui servent dans les rangs de l'armée de Saül, relève courageusement le défi. Il lance à Goliath : « Tu marches contre moi avec épée, lance et cimeterre, mais moi, je marche contre toi au nom de Yahvé ! » (1 S 17,45). Prenant un galet dans son sac de berger, David le tire avec sa fronde, atteint Goliath en plein front, qui s'effondre, tué sur le coup. Les Philistins se débandent. David, le nouveau héros d'Israël, se lie d'amitié avec Jonathan, fils de Saül, et épouse Mikal, la fille du roi. David est proclamé le plus grand héros d'Israël, plus grand même que le roi Saül. Les acclamations enthousiastes de ses admirateurs, « Saül a tué ses milliers, et David ses myriades » (1 S 18,7), provoquent la jalousie de Saül. Sous peu, David sera contraint de contester l'autorité de Saül et de revendiquer le trône d'Israël.

David échappe à la fureur assassine de Saül et devient le chef d'une bande de hors-la-loi et de mercenaires ; les miséreux, les pauvres gens criblés de dettes prennent refuge auprès de lui. David et sa bande maraudent sur les contreforts de la Shefelah, dans le désert et dans la zone frontière méridionale des collines judéennes, hors de portée du centre de pouvoir du royaume, situé au nord de Jérusalem. Au cours d'une bataille contre les Philistins, sur le mont Gelboé, au nord, les fils de Saül sont tués par l'ennemi et leur père se donne la mort. David s'empresse alors de gagner l'antique cité d'Hébron, où le peuple de Juda le proclame roi. Ainsi débutent le règne et la lignée du grand David, prémices de la glorieuse monarchie unifiée.

Dès que David et ses troupes eurent nettoyé les quelques poches de résistance des anciens supporters de Saül, les représentants de toutes les tribus se rassemblent à Hébron pour déclarer David roi de tout Israël. À l'issue de sept ans de règne à Hébron, David marche en direction du nord et s'empare de la place forte jébuséenne de Jérusalem – qu'aucune tribu n'avait jusqu'alors réclamée. Il en fait sa capitale. Il y installe l'Arche d'alliance qu'il a fait venir de Qiryat-Yéarim.

Alors, Dieu fait à David la promesse suivante, d'autant plus surprenante qu'elle est inconditionnelle (2 S 7,8-16) :

> Ainsi parle Yahvé Sabaot. C'est moi qui t'ai pris au pâturage, derrière les brebis, pour être chef de mon peuple Israël. J'ai été avec toi partout où tu allais ; j'ai supprimé devant toi tous tes ennemis. Je te donnerai un grand nom comme le nom des plus grands de la terre. Je fixerai un lieu à mon peuple Israël, je l'y planterai, il demeurera en cette place, il ne sera plus ballotté et les méchants ne continueront pas à l'opprimer comme auparavant, depuis le temps où j'instituais des juges sur mon peuple Israël ; je te débarrasserai de tous tes ennemis. Yahvé t'annonce qu'il te fera une maison. Et quand tes jours seront accomplis et que tu seras couché avec tes pères, je maintiendrai après toi le lignage issu de tes entrailles (et j'affermirai sa royauté. C'est lui qui construira une maison pour mon Nom) et j'affermirai pour toujours son trône royal. Je serai pour lui un père et il sera pour moi un fils : s'il commet le mal, je le châtierai avec une verge d'homme et par les coups que donnent les humains. Mais ma faveur ne lui sera pas retirée comme je l'ai retirée à Saül, que j'ai écarté de devant toi. Ta maison et ta royauté subsisteront à jamais devant moi, ton trône sera affermi à jamais.

David se lance dans une guerre éclair de libération et d'expansion. Une série de batailles victorieuses auront raison des Philistins ; il défait les Ammonites, les Moabites et les Édomites de Transjordanie ; ses campagnes s'achèvent par la soumission des Araméens, dans les régions lointaines du Nord. Après un retour triomphal à Jérusalem, David règne sur un vaste territoire, bien plus étendu que l'héritage attribué à l'origine aux tribus d'Israël. Mais David, même parvenu au faîte de sa gloire, ne connaîtra pas la paix. Des conflits familiaux éclatent – dont une rébellion de son fils, Absalom –, qui menacent gravement l'avenir de sa dynastie. Peu avant la mort de David, le grand prêtre Sadoq oint Salomon, qui sera le prochain roi d'Israël.

Salomon, à qui Dieu fait don « d'une sagesse et d'un discernement incommensurables », affermit la dynastie davidique et organise son empire, qui s'étend de l'Euphrate à la terre des Philistins et aux frontières de l'Égypte (1 R 4,24). Il enrichit sa formidable trésorerie grâce à un système ingénieux de taxations, de corvées exigées de la part de chaque tribu d'Israël, et de fructueuses relations commerciales avec les contrées exotiques du Sud. En hommage à sa célébrité et à sa sagesse, la légendaire et mystérieuse reine de Saba lui rend visite à Jérusalem avec une caravane chargée de fabuleux présents.

Le plus grand accomplissement de Salomon sera son activité de constructeur. À Jérusalem, il bâtit un Temple magnifique et richement décoré en l'honneur de YHWH, qu'il inaugure en grande pompe et auquel il joint un splendide palais. Il fortifie Jérusalem, ainsi que les centres régionaux d'Haçor, de Megiddo et de Gézér. Il entretient des écuries de quarante mille stalles pour abriter les chevaux destinés à ses quatorze mille chars et à ses douze mille cavaliers. Il conclut un marché avec Hiram, le roi de Tyr, qui lui expédie des cèdres du Liban pour la construction du Temple et qui sera son associé pour ses entreprises commerciales d'outre-mer. La Bible résume ainsi la réputation de Salomon : « Le roi Salomon surpassa en richesse et en sagesse tous les rois de la terre. Tous les rois de la terre voulaient être reçus par Salomon pour profiter de la sagesse que Dieu lui avait mise au cœur » (1 R 10,23-24).

DAVID ET SALOMON ONT-ILS EXISTÉ ?

Posée de façon aussi abrupte, cette question risque de paraître intentionnellement provocatrice. David et Salomon ont été élevés, au cours des siècles, au rang d'icônes religieuses auréolées d'un tel prestige – tant par le judaïsme que par le christianisme – que les déclarations récentes de certains biblistes radicaux, qui affirment que le roi David n'a pas davantage « de validité historique que le roi Arthur », ont été accueillies dans les cercles religieux et scientifiques avec un mépris hautain et scandalisé. Des historiens de la Bible comme Thomas Thompson et Niels Peter Lemche, de l'université de Copenhague, et Philip Davies, de l'université de Sheffield, que leurs détracteurs surnomment les « minimalistes bibliques », n'ont en effet pas hésité à déclarer que David et Salomon, la monarchie unifiée, en réalité l'entière description biblique de l'histoire d'Israël, n'étaient rien de plus que des montages idéologiques, habilement élaborés, effectués par les différents cercles sacerdotaux de Jérusalem, durant la période postexilique, voire hellénistique.

D'un point de vue purement littéraire et archéologique, certains arguments plaident en faveur des minimalistes. La lecture attentive de la description biblique du règne de Salomon démontre clairement qu'il s'agit de la peinture d'un passé idéalisé, d'une sorte d'âge d'or, nimbé de gloire. Le compte rendu de ses fabuleuses richesses (d'après 1 R 10,27, « l'argent était aussi commun à Jérusalem que les cailloux »), de son légendaire harem (qui, d'après 1 R 11,3, abritait

« sept cents épouses de rang princier et trois cents concubines »), abonde en détails trop excessifs pour être crédibles. En outre, en dépit de leurs prétendues richesses et pouvoirs, ni David ni Salomon ne figurent dans aucun texte égyptien ou mésopotamien. Enfin, Jérusalem ne contient pas le moindre vestige archéologique des célèbres constructions de Salomon. Les fouilles entreprises à Jérusalem, autour et sur la colline du Temple, au cours du XIXe siècle et au début du XXe siècle, n'ont pas permis d'identifier ne serait-ce qu'une trace du Temple de Salomon et de son palais. On a bien attribué à l'ère de la monarchie unifiée certaines couches et certaines structures découvertes sur des sites dans d'autres régions du pays mais, comme nous allons le voir, leur datation est loin d'être satisfaisante.

D'un autre côté, des arguments musclés ont été rassemblés à l'encontre de certaines objections avancées par les minimalistes. D'après de nombreux savants, les vestiges de la Jérusalem salomonique ne manqueraient que parce qu'ils auraient été complètement oblitérés par la masse énorme des constructions hérodiennes sur le mont du Temple au début de l'époque romaine. Quant à l'absence de mentions de David et de Salomon sur les inscriptions antiques externes à Israël, elle s'expliquerait par le fait que leurs règnes (entre 1005 et 930 av. J. C.) se seraient déroulés pendant une période de déclin des deux grands Empires égyptien et mésopotamien. Il ne serait donc pas surprenant qu'on ne trouve pas trace des noms de David et de Salomon dans les rares documents égyptiens et mésopotamiens, composés à leur époque.

Pourtant, au cours de l'été 1993, sur le site biblique de Tel Dan, au nord d'Israël, on a découvert un fragment d'objet destiné à changer à jamais la nature du débat. Il s'agit de l'inscription dite de la « maison de David ». Elle appartenait à un monument en basalte noir, mais on l'a retrouvée dans une couche plus tardive, brisée et réutilisée comme matériau de construction. Écrite en araméen, qui était la langue des royaumes de Syrie, elle fait le récit détaillé de l'invasion d'Israël par un roi araméen, dont le nom n'est pas spécifiquement mentionné sur les fragments retrouvés jusqu'ici. Mais nul ne conteste qu'il s'agit de l'assaut mené par Hazaël, roi de Damas, contre le royaume nordiste d'Israël, aux alentours de l'an 835 av. J. C. Cette guerre eut lieu à l'époque où Israël et Juda s'étaient scindés en deux royaumes différents. Elle se termina par la défaite sanglante de l'un comme de l'autre.

Le passage le plus important de l'inscription est celui dans lequel Hazaël décrit le sort qu'il a réservé à ses ennemis :

> [J'ai tué Jeho] ram, le fils de [Ahab] roi d'Israël, et [j'ai] tué [Ahaz] iahu, le fils de [Jehoram roi] de la Maison de David. Et j'ai changé [leurs villes en ruines et] leur terre en un [désert].

Cette inscription témoigne de la renommée incontestable dont jouissait encore la dynastie davidique au moins un siècle après le règne du fils de David, Salomon. Le fait que Juda (et peut-être aussi sa capitale, Jérusalem) soit mentionné en référence à sa maison royale prouve clairement que la réputation de David n'était pas une simple invention littéraire, imaginée à une époque nettement postérieure. Qui plus est, le bibliste français André Lemaire a récemment suggéré que la célèbre inscription de Mésha, qui régnait sur Moab au IXe siècle av. J. C., découverte en 1868 au nord-est de la mer Morte, contiendrait une référence du même type à la « maison de David ». De toute évidence, la maison de David était connue dans la région. Cela authentifie la description biblique d'un personnage portant le nom de David, qui aurait fondé la dynastie des souverains judéens ayant régné sur Jérusalem.

La question que nous devons nous poser à présent ne concerne donc plus la simple existence de David et de Salomon. Nous devons considérer si les preuves archéologiques confirment la description enthousiaste que nous fait la Bible des splendides victoires militaires de David et des gigantesques constructions entreprises par Salomon.

UN NOUVEAU REGARD SUR LE ROYAUME DE DAVID

Comme nous l'avons vu, la première phase d'habitat israélite dans les hautes terres de Canaan avait été un phénomène graduel et local. Des groupes de nomades de la région s'étaient petit à petit installés dans les hautes terres quasiment dépeuplées pour y fonder des communautés villageoises vivant en autarcie. Au fil du temps, en raison de la poussée démographique dans les hautes terres, de nouveaux villages occupèrent des régions inhabitées auparavant, en suivant une progression générale qui, partant des steppes et vallées orientales, se dirigeait vers l'occident, dans les régions plus élevées et plus escarpées des hautes terres. La culture de la vigne et de l'olivier commença alors, concernant en premier lieu les hautes terres du Nord. En raison de la diversité grandissante des emplacements et des produits cultivés par les villages qui peuplaient les collines, l'ancien système de l'autarcie ne pouvait perdurer. Les villageois qui se consacraient exclusivement à la vigne et à l'olivier devaient échanger leurs surplus de vin et d'huile d'olive contre des produits de première nécessité, comme les céréales. La spécialisation croissante suscita la formation de différentes classes : commerçants, administrateurs, soldats professionnels et rois.

TABLEAU 4

LES ROIS DE LA MONARCHIE UNIFIÉE

ROIS	DATES	TÉMOIGNAGES BIBLIQUES	DÉCOUVERTES ARCHÉOLOGIQUES
Saül	env. 1025-1005 av. J. C.	Premier roi, oint par le prophète Samuel.	Dans les hautes terres, le mode d'implantation du Fer I se poursuit.
David	env. 1005-970 av. J. C.	Conquiert Jérusalem qu'il prend pour capitale ; fonde un grand empire couvrant la plupart des territoires de la terre d'Israël.	Aucune preuve des conquêtes davidiques ni de son empire. Dans les vallées, la culture cananéenne se poursuit sans interruption. Dans les hautes terres, le mode d'implantation du Fer I se poursuit encore.
Salomon	env. 970-931 av. J. C.	Construit le Temple et le palais de Jérusalem ; également actif à Megiddo, à Haçor et à Gézér.	Aucune trace d'architecture monumentale ou de cité importante à Jérusalem. Aucune trace d'activité importante de construction à Megiddo, à Haçor ou à Gézér. Dans le Nord, la culture cananéenne se poursuit.

Un schéma identique d'occupation des hautes terres, suivie d'une stratification graduelle de la société s'est révélé aux archéologues qui, en Jordanie, explorent les anciennes terres d'Ammon et de Moab. Un processus assez uniforme de transformation sociale a dû affecter la plupart des régions de hautes terres du Levant, à partir du moment où elles se sont libérées du contrôle exercé soit par les grands empires de l'âge du Bronze, soit par les roitelets qui régnaient sur les cités-États des basses terres.

À une époque où le monde reprenait goût à la vie, à l'âge du Fer, on assista à l'émergence de nouveaux royaumes, lesquels, par crainte de leurs voisins, se démarquaient d'eux par des coutumes ethniques distinctives et par le culte de déités nationales. Pour autant, leur degré de spécialisation, d'organisation et d'identité de groupe ne peut se comparer à celui qui prélude à la formation des grands empires. Des conquêtes à grande échelle comme celles attribuées à David exigent d'importants moyens logistiques, militaires et humains. C'est pourquoi l'intérêt des savants s'est concentré sur les données archéologiques relatives à la population, la distribution géographique de l'habitat et les ressources économiques et organisationnelles de Juda, contrée sur laquelle régna David, afin de vérifier la validité historique de la description biblique.

Les explorations archéologiques récentes ont apporté de nouvelles données, cruciales, sur les caractéristiques particulières du pays de Juda, qui couvrait la partie méridionale des hautes terres, en direction du sud, en partant de Jérusalem jusqu'en bordure du Néguev. Juda constituait une unité environnementale homogène, au terrain rocailleux, très difficile d'accès, à la pluviosité faible et imprévisible. Le contraste entre Juda et les montagnes du Nord, dotées de larges vallées et de voies naturelles ouvrant sur les régions voisines, est frappant. Les barrières topographiques qui isolent Juda de tous côtés, sauf au nord, ont de tout temps marginalisé cette contrée sur le plan de l'agriculture et des contacts avec les régions limitrophes.

À l'est et au sud, Juda est bordé par les zones arides du désert de Judée et du Néguev. À l'ouest – en direction des contreforts fertiles et prospères de la Shefelah et de la plaine littorale –, la crête centrale s'affaisse brutalement. Le voyageur désireux d'aller d'Hébron vers l'ouest doit dévaler une pente abrupte et accidentée de plus de quatre cents mètres sur une distance d'à peine cinq kilomètres. Un peu plus au nord, à l'ouest de Jérusalem et de Bethléem, la pente, bien que plus modérée, est encore plus difficile à négocier car elle est composée de crêtes longues et étroites divisées par de profonds ravins. Aujourd'hui, le plateau central qui va de Jérusalem à Hébron, en passant par Bethléem, est sillonné de routes ; il est en outre abondamment cultivé. Mais des millénaires de labeurs intensifs ont été nécessaires pour défricher et débarrasser le terrain rocailleux, afin de permettre ces activités. À l'âge du Bronze et au début du Fer, toute la contrée était très rocailleuse, couverte de buissons épineux et de forêts denses et profondes, fort peu propices à une activité agricole. Au moment de la sédentarisation israélite, seule une infime quantité de villages permanents y subsistaient péniblement, car l'environnement de Juda se prêtait davantage à une activité pastorale.

Le processus d'occupation de Juda des XIIe-XIe siècles se poursuivit au cours du Xe siècle. Le nombre et la dimension des villages crûrent graduellement. Mais la nature de l'implantation ne changea guère. Au Nord, de riches vergers et des vignobles couvraient les contreforts occidentaux des hautes terres ; mais, pour ce qui concerne Juda, la nature ingrate du terrain ne permettait pas ces cultures. Si l'on se fonde sur l'étude archéologique, jusqu'à l'époque de David et de Salomon, et même au-delà, la population sédentaire de Juda était très minime ; le royaume était isolé, très marginalisé ; la contrée n'avait aucun centre urbain digne de ce nom ; elle manquait de la hiérarchie habituelle : hameaux, villages, villes.

EN QUÊTE DE JÉRUSALEM

L'image que l'on se fait de Jérusalem à l'époque de David, et davantage encore sous le règne de son fils, Salomon, relève, depuis des siècles, du mythe et de l'imaginaire romanesque. Pèlerins, croisés, visionnaires de tout acabit ont répandu des histoires fabuleuses sur la grandeur de la cité de David et du Temple de Salomon. La quête des vestiges du Temple fut donc naturellement le premier défi que releva l'archéologie biblique, au XIXe siècle. En raison de la nature du site, cette quête fut des plus ingrates et rarement fructueuse.

Peuplée en permanence, dotée d'un tissu urbain trop densifié, Jérusalem occupe un col situé sur le versant est de la ligne de partage des eaux des monts de Judée, à proximité du désert du même nom. Son cœur historique est formé par la vieille ville, ceinturée des murs ottomans. Le quartier chrétien, au nord-ouest de la vieille ville, s'étend autour du Saint-Sépulcre. Le quartier juif, au sud-est, domine le Mur des lamentations et le mont du Temple, qui occupe le coin sud-est de la ville ottomane. Au sud de la colline du Temple, à l'extérieur de l'enceinte de l'ancienne cité ottomane, s'allonge une crête, étroite et peu élevée, sur laquelle était jadis bâtie la cité de David – le vieux tertre qui recouvre la Jérusalem de l'âge du Bronze et du Fer ancien. Deux ravins la séparent des collines voisines. Celui de l'est, la vallée du Cédron, l'isole du village de Siloé. La principale source d'approvisionnement en eau de la Jérusalem biblique – la source du Gihon – s'écoule dans ce ravin.

Jérusalem a fait l'objet de fouilles répétées. Dans les années 1970 et 1980, la quête des vestiges du Bronze et du Fer fut particulièrement intensive. Elle fut entreprise sous la houlette de Yigal Shiloh, de l'université hébraïque de Jérusalem, qui s'est particulièrement concentré sur la cité de David, le centre urbain originel de Jérusalem. De façon très surprenante, comme le faisait remarquer l'archéologue David Ussishkin, de l'université de Tel-Aviv, l'exploration du terrain de la Jérusalem biblique n'a apporté aucune preuve significative d'occupation au Xe siècle av. J. C. Non seulement toute trace d'architecture monumentale y est absente, mais on n'y trouve même pas le moindre tesson. Ces vestiges, qui sur d'autres sites caractérisent si bien le Xe siècle, se font rares à Jérusalem. Certains savants affirment que les constructions monumentales ultérieures ont effacé toutes les traces de la cité plus ancienne. Pourtant, les fouilles de la cité de David ont mis au jour un nombre impressionnant de trouvailles qui datent du Bronze moyen et des siècles ultérieurs de l'âge du Fer – mais rien qui datât du Xe siècle av. J. C. La conclusion la plus optimiste que l'on puisse tirer de cette absence d'indices est que la superficie de la Jérusalem du Xe siècle était plutôt réduite, qu'elle devait se limiter aux dimensions habituelles d'un village de montagne typique.

Cette modeste évaluation correspond bien à l'habitat très maigre du reste de Juda au cours de la même période. Ce dernier se résumait à une vingtaine de villages, abritant quelques milliers d'habitants, dont une bonne partie étaient des pasteurs transhumants. En fait, il est des plus improbables que cette région de Juda, quasiment dépeuplée, avec une Jérusalem qui n'était encore qu'un village, ait pu devenir le centre d'un vaste empire s'étendant de la mer Rouge, au sud, à la Syrie, au nord. Où le plus charismatique des rois aurait-il pu recruter les soldats et réunir l'armement nécessaires pour conquérir et conserver sous sa coupe un territoire aussi étendu ? On ne trouve, à Juda, pas le moindre indice archéologique de la prospérité, de la main-d'œuvre et du niveau d'organisation qu'auraient requis le maintien et l'intendance – ne serait-ce que pour de brèves périodes – de grandes armées en campagne. En admettant que, nonobstant leur nombre réduit, les habitants de Juda se soient révélés capables de lancer de meurtrières opérations éclair contre les régions voisines, comment auraient-ils pu administrer le vaste empire du très ambitieux Salomon, le fils de David ?

QUELLE FUT L'ÉTENDUE DES CONQUÊTES DE DAVID ?

Pendant des décennies, les archéologues restaient persuadés que les preuves rassemblées lors des nombreuses fouilles entreprises à l'extérieur de Jérusalem venaient à l'appui de la description biblique d'une vaste monarchie unifiée. D'après la Bible, David aurait remporté ses victoires les plus éclatantes contre les cités philistines, dont la plupart ont fait l'objet de fouilles approfondies. Le premier livre de Samuel décrit en détail les affrontements opposant les Israélites aux Philistins : comment les armées philistines se sont emparées de l'Arche lors de la bataille d'Ében-ha-Ézer ; comment Saül et son fils Jonathan moururent pendant les guerres contre les Philistins ; sans oublier, bien entendu, comment le jeune David l'a emporté sur Goliath. Nombre de détails de ces histoires appartiennent clairement à la légende, mais les descriptions géographiques, en revanche, ne manquent pas de précision. Qui plus est, la prolifération graduelle de poteries philistines, aux décorations égéennes, sur les contreforts des hautes terres et jusque dans la vallée de Jezréel, au nord, est une preuve de l'expansion progressive de l'influence philistine à travers le pays. Alors, quand on découvrit des traces de destruction, vers l'an 1000 av. J. C., de cités des basses terres, elles semblèrent confirmer l'étendue des conquêtes de David.

L'un des meilleurs exemples de ce genre de raisonnement nous est fourni par Tel Qasile, un petit site de la banlieue nord de la moderne Tel-Aviv. L'archéologue et historien israélien Benjamin Mazar l'explora pour la première fois en 1948-1950. Il mit au jour une ville philistine prospère, ignorée par la Bible. Le dernier niveau, contenant de la poterie philistine, ainsi que d'autres objets caractéristiques de la culture philistine, porte des traces de destruction par le feu. La Bible ne mentionne aucune conquête de David dans cette région, mais cela n'a pas empêché Mazar de conclure, sans la moindre hésitation, que David avait rasé la place lors des guerres qu'il livrait contre les Philistins.

Un phénomène du même genre se reproduisait partout dans le pays : la moindre couche de cendre, le moindre éboulis de pierre, découverts sur les sites partant de la Philistie jusqu'à la vallée de Jezréel, et même au-delà, étaient attribués à la main de David, le grand destructeur. Partout où une cité, ayant appartenu à la culture philistine ou cananéenne, avait été emportée d'assaut, détruite, voire simplement remodelée, les conquêtes dévastatrices du roi David en étaient la cause.

Les Israélites habitant les monts du centre auraient-ils pu établir leur contrôle, non seulement sur de petites localités comme Tel Qasile, mais aussi sur des centres cananéens de l'importance de Gézér, Megiddo et Beth-Shéân ? Théoriquement oui. Il ne manque pas d'exemple, dans l'histoire, de populations rurales ayant exercé le pouvoir sur des grandes villes. Il arrivait parfois que des seigneurs de guerre des hautes terres ou des chefs de clans hors la loi, agitant à la fois le bâton de la violence et la carotte d'un parrainage protecteur, obtinssent le versement de rançons et un serment d'inféodation de la part de fermiers ou de commerçants des villes des basses terres. Mais, dans ces cas-là, il n'est jamais question de conquêtes militaires proprement dites, encore moins de l'établissement d'un empire bureaucratique, mais simplement d'un moyen subtil d'exercer l'autorité en contrepartie d'un gage de sécurité offert par un chef de clan à des communautés.

LES ÉCURIES, LES VILLES ET LES PORTES DU ROI SALOMON ?

Le débat ne tournait pas tant autour des conquêtes de David que de ce qui s'ensuivit. Salomon avait-il vraiment établi un règne glorieux sur le royaume conquis par David ? Même si, à Jérusalem, aucune trace du Temple et du palais de Salomon n'a pu être identifiée, les savants ne manquaient pas d'autres sites à explorer. La Bible (1 R 9,15) décrit les travaux de reconstruction entrepris par Salomon dans les cités nordistes de Megiddo, d'Haçor, de Gézér. Les fouilles de l'un de ces sites – Megiddo – entreprises par une expédition de l'Oriental Institute de l'université de Chicago, dans les années 1920 et 1930, ont révélé d'impressionnants vestiges de l'âge du Fer. Ils ont bien entendu été d'emblée attribués à Salomon.

Située sur un point stratégique, où la voie terrestre internationale, reliant l'Égypte, au sud, à la Mésopotamie et à l'Anatolie, au nord, descend des collines dans la plaine de Jezréel, Megiddo était l'une des cités les plus importantes de l'Israël biblique. Le livre des Rois (1 R 9,15, également citée à 4,12) la mentionne dans la liste des chefs-lieux de districts de l'État de Salomon. La ville exhumée par le niveau IV des fouilles – le dernier à être presque complètement révélé sur l'entière superficie du tertre – contient deux séries de larges édifices publics, composés de grandes salles rectangulaires reliées les unes aux autres sur la longueur par un mur mitoyen. Chacune de ces salles se divise en trois allées étroites, séparées les unes des autres par des cloisons basses faites d'une suite de piliers entre lesquels gisent des auges de pierre (ill. 6).

L'un des directeurs de l'expédition, P. L. O. Guy, identifia ces constructions aux écuries de Salomon. Il fondait son interprétation sur la description biblique des techniques salomoniques de construction utilisées à Jérusalem (1 R 7,12), sur la référence spécifique de l'activité de bâtisseur de Salomon à Megiddo (1 R 9,15), et sur la mention de cités salomoniques construites pour ses chars et ses cavaliers (1 R 9,19). Comme l'écrit Guy : « Si nous nous demandons qui, à Megiddo, peu de temps après la défaite des Philistins devant le roi David, construisit, avec l'aide de maçons étrangers qualifiés, une ville dotée de nombreuses écuries, je crois qu'il suffit de chercher la réponse dans la Bible... Quand on lit l'histoire de Salomon, que ce

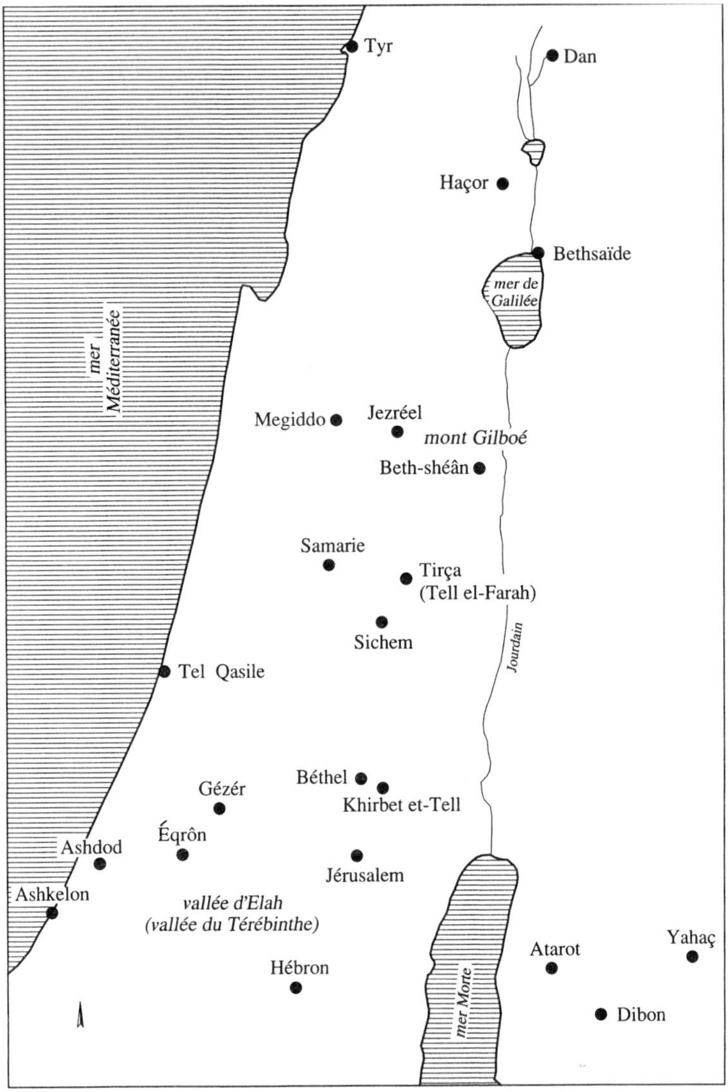

Carte 9. Principaux sites de la période monarchique.

soit dans les Rois ou dans les Chroniques, on est frappé par le nombre de fois où chars et chevaux sont mentionnés. »

Les preuves apparentes de la grandeur de l'empire salomonique ont davantage encore été mises en valeur par les fouilles entreprises à Haçor par Yigael Yadin. Yadin et son équipe y ont exhumé une porte

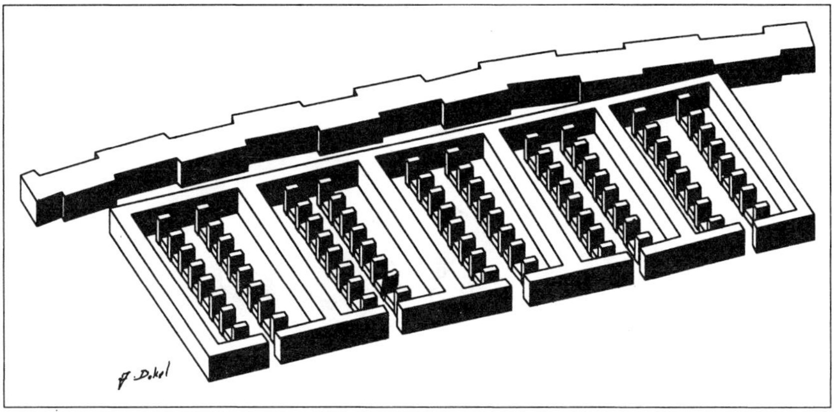

Ill. 6. Ensemble d'édifices à piliers de Megiddo, identifiés à des écuries.

monumentale datant de l'âge du Fer. Son plan est singulier : une tour suivie de trois salles flanque chaque côté de l'entrée – d'où le terme de « porte à triple tenaille » (ill. 7), inventé pour désigner ce type de construction. Yadin est extrêmement surpris et perplexe. Vingt ans plus tôt, l'équipe de l'Oriental Institute avait exhumé une porte du même type à Megiddo ! Ces portes, davantage encore que les écuries, ne seraient-elles pas la preuve inéluctable d'une présence salomonique à travers tout le pays ?

Yadin décide donc de « reprendre » – en bibliothèque, pas sur le terrain – la fouille de Gézér, la troisième cité dont la Bible mentionne la reconstruction par Salomon (1 R 9,15). L'archéologue britannique R. A. S. Macalister avait déjà exploré Gézér au début du XXe siècle. La lecture du rapport de fouilles laissé par Macalister plonge Yadin dans la stupéfaction. Sur le plan d'un édifice assimilé à un « fort maccabéen » par Macalister, qui l'a daté du IIe siècle av. J. C., Yadin reconnaît clairement les contours d'un des côtés du type de portes découvertes précédemment à Haçor et à Megiddo. Yadin affirme alors sans hésitation qu'un architecte officiel de Jérusalem a dessiné le plan des portes des cités salomoniques, lequel plan fut expédié aux villes de province pour y être appliqué.

Comme le résume Yadin : « L'histoire de l'archéologie n'offre pas d'autres exemples où un passage [de la Bible] nous aura aussi bien

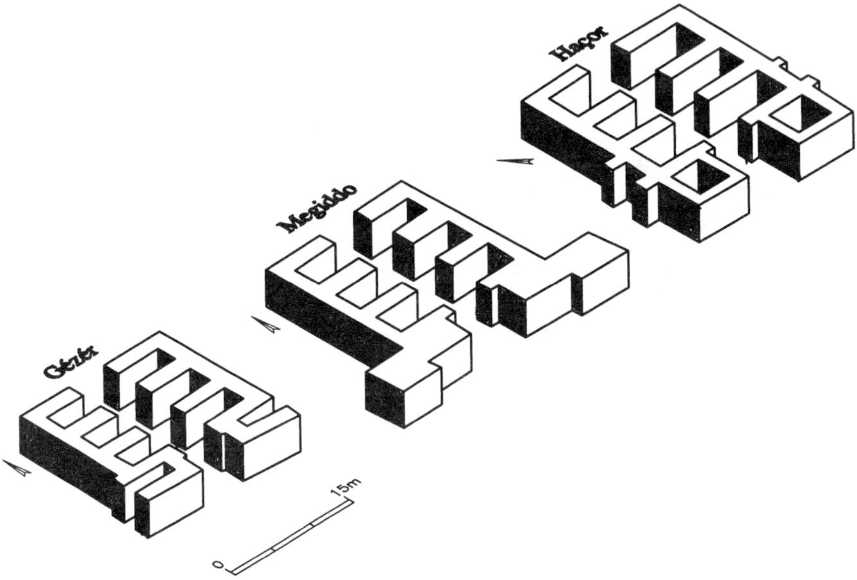

Ill. 7. Portes en triple tenaille de Megiddo, d'Haçor et de Gézér.

aidés à identifier et à dater les structures des *tells* les plus importants de la Terre sainte que 1 R 9,15... Notre décision d'attribuer cette couche [celle d'Haçor] à Salomon reposait essentiellement sur ce passage de 1 R, sur la stratigraphie et sur la poterie. Mais, en outre, la découverte sur le même niveau d'une porte à triple tenaille, connectée à un mur à casemates, identique en plan et en dimensions à celle de Megiddo, nous a confortés dans la certitude que notre identification de la cité de Salomon était la bonne. »

TROP BEAU POUR ÊTRE VRAI ?

Les trouvailles de Yadin en matière de vestiges datant de l'époque de Salomon n'en étaient qu'à leur commencement. Au début des années 1960, il se rend à Megiddo avec une petite équipe d'étudiants pour vérifier si les portes salomoniques sont identiques ; en effet, les portes de Gézér et d'Haçor sont connectées à une fortification à casemates creuses, alors que celle de Megiddo est reliée à un mur plein.

D'après Yadin, les fouilleurs de Megiddo avaient, par erreur, attribué un mur plein à la porte après avoir manqué un mur à casemates sous-jacent. Comme la porte avait été entièrement exhumée par l'équipe de l'université de Chicago, Yadin décide de fouiller à l'est de la porte, où l'équipe américaine avait repéré une série apparente d'écuries attribuées à Salomon.

Ce que Yadin découvre va révolutionner l'archéologie biblique pendant toute une génération. Sous les écuries, il retrouve les vestiges d'un très beau palais, mesurant quelque six cents mètres carrés, construit en larges blocs de pierre appareillée (ill. 12, p. 219). Il s'élève en bordure nord du tertre ; il est attenant à une série de salles que Yadin interprète comme le mur à casemates manquant, attaché d'après lui à la porte à triple tenaille. Un palais de même facture, construit, lui aussi, en belles pierres de taille, avait déjà été exhumé par l'équipe de l'Oriental Institute sur le côté sud du tertre ; lui aussi gisait sous la ville aux écuries. Le style architectural des deux bâtiments s'apparente à un type de palais de l'âge du Fer que l'on trouve communément dans le nord de la Syrie. Connu sous le nom de *bit hilani*, il consiste en une entrée monumentale, qui donne sur des rangées de petites pièces entourant une salle officielle de réception. Le style aurait convenu à un administrateur en poste à Megiddo, par exemple le gouverneur général Baana, fils d'Ahilud (1 R 4,12). L'élève de Yadin, David Ussishkin, attribue ces édifices à Salomon en démontrant que la description biblique du palais que Salomon s'était bâti à Jérusalem correspond parfaitement aux palais de Megiddo.

La conclusion s'impose : les deux palais et la porte représentent le Megiddo salomonique ; les écuries, en revanche, appartiennent à une cité plus récente, construite par le roi Achab, qui régna sur le royaume nordiste d'Israël au début du IXe siècle av. J. C. Cette dernière conclusion servira de clé de voûte à la théorie de Yadin ; en effet, une inscription assyrienne du IXe siècle décrit l'importance des régiments de chars du roi Achab d'Israël.

Aux yeux de Yadin et de beaucoup d'autres, jamais l'archéologie n'a collé plus étroitement à la Bible. La Bible décrit l'expansion territoriale du roi David ; or, nombre de cités cananéennes et philistines sur l'ensemble du pays ont été détruites par le feu. La Bible célèbre les activités de constructeur de Salomon à Haçor, à Megiddo et à Gézér ; or, la similitude de leurs portes prouve indubitablement que les trois cités ont été construites en même temps et sur le même plan. La Bible déclare que Salomon était un allié d'Hiram, le roi de Tyr, et qu'il fut un grand bâtisseur ; or, les magnifiques palais de Megiddo révèlent une influence nordiste dans leur architecture et ils représentent les plus beaux édifices de l'âge du Fer jamais découverts en Israël.

Pendant plusieurs années, les portes de Salomon ont symbolisé le soutien le plus impressionnant apporté par l'archéologie en faveur de la Bible. Cependant, certains problèmes fondamentaux de logique historique ont fini par saper l'importance qu'on leur prêtait. Nulle part ailleurs dans toute la région – depuis la Turquie orientale, au nord, à la Transjordanie, au sud, en passant par la Syrie occidentale –, on ne retrouvait des signes d'institutions royales aussi développées ou d'édifices aussi monumentaux au Xe siècle av. J. C. Comme nous l'avons vu, Juda, patrie de David et de Salomon, était passablement sous-développé à l'époque – et on n'y trouve aucune preuve de la prospérité d'un vaste empire. S'ajoute à cela un problème chronologique des plus troublants : les palais syriens *bit hilani* de l'âge du Fer – prototypes présumés des palais salomoniques de Megiddo – avaient fait leur première apparition en Syrie au début du IXe siècle, soit un bon demi-siècle « après » Salomon. Comment les architectes de Salomon auraient-ils pu copier un style architectural qui n'existait pas encore ? Enfin, comment expliquer le frappant contraste entre Megiddo et Jérusalem ? Comment un roi, capable de bâtir de somptueux palais en pierre appareillée dans une ville provinciale, peut-il décemment régner à partir d'un modeste village, isolé et sous-développé ? Nous savons à présent qu'une datation complètement erronée est responsable des prétendues preuves archéologiques de l'extension des conquêtes de David et de la grandeur du royaume de Salomon.

UN PROBLÈME DE DATATION

L'attribution des vestiges à la période de David et de Salomon – et aux rois qui leur ont succédé pendant un siècle – se fondait sur deux sortes de preuves : premièrement, la fin de la poterie philistine (vers

1000 av. J. C.), qui était associée aux conquêtes de David ; deuxièmement, les portes monumentales et les palais de Megiddo, d'Haçor et de Gézér, dont la construction était attribuée à Salomon. L'un et l'autre supports se sont récemment effondrés. (Voir appendice D.)

Tout d'abord, nous ne pouvons plus affirmer avec certitude que le style caractéristique des poteries philistines ne s'est pas poursuivi plus avant dans le Xe siècle – et donc bien après la mort de David –, ce qui les rendrait impropres à la datation (et encore plus à la vérification) de ses supposées conquêtes. Ensuite, les analyses maintes fois renouvelées des styles architecturaux et des formes de poteries du fameux niveau salomonique de Megiddo, d'Haçor et de Gézér indiquent qu'ils datent en réalité du début du IXe siècle, soit plusieurs décennies après la mort de Salomon !

Enfin, un troisième mode de vérification permet de trancher le débat : les techniques de plus en plus pointues de datation au carbone 14. Jusqu'à récemment, on ne pouvait employer la datation au radiocarbone pour les périodes relativement récentes, comme l'âge du Fer, en raison de la fourchette trop large de probabilités qui s'étendait souvent sur plus d'un siècle. Mais les progrès réalisés dans les techniques de datation au carbone 14 ont considérablement réduit cette marge d'approximation. Un grand nombre d'échantillons tirés des sites les plus importants liés au débat concernant le Xe siècle ont été testés de nouveau ; le résultat penche en faveur de la nouvelle chronologie.

Certaines contradictions des plus frappantes avec les interprétations en vigueur viennent, en particulier, du site de Megiddo. Quinze échantillons de bois ont été prélevés sur de larges poutres qui s'étaient effondrées dans le terrible incendie provoqué par les destructions attribuées à David. Comme certaines poutres pouvaient être du matériel de réemploi, en provenance de bâtiments plus anciens, seules les dates les plus récentes pouvaient témoigner de l'époque de construction de la structure. La date de la plupart des échantillons tombe en plein Xe siècle – bien après l'époque de David. Quant aux palais dits « de Salomon », bâtis deux couches au-dessus de celle de destruction, ils sont encore beaucoup plus récents.

Des tests sur des échantillons en provenance de couches parallèles de sites importants comme Dor, sur la côte méditerranéenne, ou Tel Hadar, sur le rivage de la mer de Galilée, ont confirmé cette datation.

Des examens sporadiques exécutés sur d'autres sites, moins renommés, comme Ein Hagit, proche de Megiddo, et Tel Kinneret, sur la côte nord de la mer de Galilée, la confirment également. Enfin, l'analyse d'une série d'échantillons appartenant à la couche de destruction de Tel Rehov, près de Beth-Shéân, un site contemporain à la cité prétendument salomonique de Megiddo, a donné une datation au milieu du IXe siècle – c'est-à-dire bien après sa date supposée de destruction par le pharaon Shéshonq Ier, en 926 av. J. C.

Pour résumer, l'archéologie avait antidaté d'un bon siècle les vestiges davidiques et salomoniques. Les découvertes qui avaient été datées de l'époque antérieure à David, soit à la fin du XIe siècle, appartenaient à la moitié du Xe siècle, et celles qui avaient été datées à l'époque de Salomon appartenaient au début du IXe siècle av. J. C. La datation rectifiée plaçait l'apparition de structures monumentales, de fortifications, et d'autres signes indicateurs du fonctionnement d'un État développé, précisément à la même époque où ils faisaient leur première apparition dans d'autres régions du Levant. La disparité entre les dates des palais *bit hilani* de Megiddo et celles de leurs cousins de Syrie avait disparu. On comprend enfin pourquoi Jérusalem et Juda sont si chiches en découvertes du Xe siècle av. J. C. La raison en est tout simplement que Juda, à l'époque, était encore une région reculée et sous-développée.

Il n'y a pas lieu de douter de l'existence historique de David et de Salomon. En revanche, il y a de fort bonnes raisons de remettre en question l'étendue et la splendeur de leur royaume. En l'absence d'un vaste empire, en l'absence de grands monuments, en l'absence d'une magnifique capitale, quelle pouvait être la nature du royaume de David ?

L'HÉRITAGE DE DAVID

À l'époque de David, la culture matérielle des hautes terres était, comme nous l'avons dit, très rustique. Le pays était largement rural – il n'a laissé aucune trace de documents, d'inscriptions, aucun signe de l'alphabétisation minimale qu'aurait nécessité le fonctionnement d'une monarchie digne de ce nom. Du point de vue démographique, son territoire était loin d'être homogène. On y trouve difficilement une trace de culture commune ou d'un État administrativement centralisé. La contrée qui s'étendait de Jérusalem en direction du nord présentait une certaine densité d'habitat ; en revanche, à partir de Jérusalem vers le sud – noyau du futur royaume de Juda –, l'habitat était très clairsemé. Jérusalem n'était tout au plus qu'un village typique des hautes terres. C'est tout ce que nous pouvons en dire.

Les calculs de population des phases ultérieures de l'occupation du territoire israélite s'appliquent aussi au Xe siècle av. J. C. Ils donnent une idée de l'ampleur des possibilités historiques. Sur un total d'environ quarante-cinq mille personnes qui vivaient dans la région montagneuse, au moins quatre-vingt-dix pour cent d'entre elles occupaient les villages du Nord. Cela laissait environ cinq mille habitants éparpillés entre Jérusalem, Hébron et une vingtaine de villages de Juda, sans compter quelques groupes épars de semi-nomades. Une société aussi réduite et isolée devait naturellement être encline à célébrer le souvenir d'un chef aussi exceptionnel que David, d'autant plus que ses descendants ont continué de régner à Jérusalem tout au long des quatre siècles suivants. En tout cas, au Xe siècle, ils ne gouvernaient aucun empire, à partir d'aucune cité palatiale, ni d'aucune capitale prestigieuse. Du point de vue archéologique, c'est tout ce que nous pouvons affirmer à propos de David et de Salomon, hormis qu'ils ont bel et bien existé – et que leur légende s'est conservée.

Néanmoins, la fascination éprouvée par les historiens deutéronomistes du VIIe siècle av. J. C. envers la mémoire de David et de Salomon – et, surtout, la vénération constante que les Judéens ont vouée à ces deux héros – reste la meilleure, sinon l'unique trace de l'existence d'une sorte d'État israélite unifié et centralisé. Le fait que le deutéronomiste utilise la monarchie unifiée comme instrument efficace de propagande politique prouve qu'à l'époque le souvenir des règnes de David et de Salomon sur une partie non négligeable des hautes terres du centre était encore vivace et largement répandu.

Bien entendu, au VIIe siècle av. J. C., les conditions de vie de Juda s'étaient considérablement améliorées. Jérusalem était devenue une cité de belle allure, dominée par le Temple dédié au Dieu d'Israël, l'unique sanctuaire national. Ses institutions monarchiques, son armée professionnelle et son administration avaient atteint un niveau égal, voire supérieur à celui des institutions royales des États voisins. Encore une fois, nous pouvons considérer les décors et les costumes du Juda du VIIe siècle comme la mise en scène idéale d'une inoubliable épopée biblique, celle d'un âge d'or mythique. La visite fastueuse à Jérusalem de la partenaire commerciale de Salomon, l'inoubliable reine de Saba (1 R 10,1-10), et le commerce de produits de luxe que le souverain entretenait avec les marchés lointains, tels que l'exotique Ophir, dans le Sud profond (1 R 9,28 et 10,11), reflètent indubitablement la participation active du Juda du VIIe siècle dans le lucratif commerce arabe. Il en est de même de la construction de Tamar, dans le désert (1 R 9,18), et de l'expédition commerciale vers des terres inconnues, en partance d'Éçyon-Gébèr, sur le golfe d'Aqaba (1 R 9,26) – deux sites qui ont été identifiés, sans risque d'erreur, et dont la première période d'occupation date de la monarchie tardive. Quant à la garde royale composée de Kerétiens et de Pelétiens (2 S 8,18), que les savants ont longtemps crue d'origine égéenne, elle doit être interprétée comme un bataillon de mercenaires grecs, l'élite combattante la plus aguerrie de l'époque, lesquels, au VIIe siècle av. J. C., s'enrôlaient volontiers dans les rangs des armées égyptiennes, et sans doute aussi judéennes.

Durant la monarchie tardive, une théologie complexe fut élaborée, dans le royaume de Juda et à Jérusalem, pour sanctifier la connexion entre l'héritier de David et le destin de tout le peuple d'Israël. D'après l'histoire deutéronomiste, le pieux David est celui qui a mis fin au cycle infernal de l'idolâtrie (par le peuple d'Israël) et du châtiment divin (par YHWH). Sa dévotion, sa fidélité et sa droiture ont gagné à David l'aide de YHWH, qui lui a permis d'achever la tâche entreprise par Josué : la conquête du reste de la Terre promise et l'établissement d'un glorieux empire, s'étendant sur l'ensemble du territoire promis à Abraham. L'objectif des auteurs est d'exprimer des aspirations théologiques, et non de brosser d'authentiques portraits historiques. L'histoire deutéronomiste sert de pilier central à une puissante vision, propre au VIIe siècle, d'une renaissance nationale qui ambitionne de réunir un peuple dispersé et peu enclin à guerroyer, de prouver aux Israélites qu'ils ont déjà vécu l'expérience d'une histoire mouvementée sous l'intervention directe de Dieu. À l'instar du récit des patriarches, des sagas de l'Exode et de la conquête, l'épopée de la glorieuse monarchie unifiée était une brillante composition, tissée à partir de légendes, de chansons de geste des temps anciens, en vue de présenter un ensemble prophétique cohérent, propre à convaincre le peuple d'Israël du VIIe siècle av. J. C.

À l'époque où le récit biblique fut composé pour la première fois, aux yeux du peuple de Juda, un nouveau David venait de monter sur le trône, qui était déterminé à restaurer la gloire de ses lointains ancêtres. Il s'agissait de Josias, décrit comme le plus fervent des rois judéens. Josias fit la démonstration de sa capacité à faire remonter le cours de l'histoire jusqu'à l'époque de la légendaire monarchie unifiée. En purifiant Juda de l'abomination de l'idolâtrie – initiée par Salomon, avec son harem de femmes étrangères (1 R 11,1-8) –, Josias annulait les transgressions qui avaient entraîné la chute de l'« empire » davidique. Le deutéronomiste voulait communiquer un message d'autant plus puissant qu'il était simple : il nous est encore possible de recouvrer notre gloire passée.

C'est ainsi que Josias entreprit de fonder une monarchie unifiée qui devait permettre de réunir Juda aux territoires de l'ancien royaume du Nord, grâce à la création d'institutions royales, à la conquête militaire et à une dévotion absolue envers Jérusalem, thèmes qui occupent une place centrale dans le récit biblique consacré à David. Josias, qui siégeait sur le trône de David, à Jérusalem, était donc l'unique héritier légitime de l'empire de David, c'est-à-dire de l'ensemble des territoires conquis par David. Il entendait donc reconquérir les territoires du royaume nordiste défunt, dont la création résultait des péchés de Salomon. Le passage du livre des Rois (1 R 4,25), qui dit que « Juda et Israël habitèrent en sécurité chacun sous sa vigne et sous son figuier, depuis Dan jusqu'à Beersheba, pendant toute la vie de Salomon », résume ces aspirations d'expansion territoriale, cette nostalgie d'une époque de paix et de prospérité, d'un passé mythique où un roi régnait à Jérusalem sur les territoires de Juda et d'Israël réunis.

Nous venons de le voir, la réalité historique du royaume de David et de Salomon diffère considérablement de l'histoire qui nous est contée. Elle s'intègre dans la grande transformation démographique d'où allaient émerger les royaumes d'Israël et de Juda – en une séquence historique qui n'a rien à voir avec celle que nous décrit la Bible. Jusqu'ici, nous avons examiné la version biblique de l'histoire de la formation d'Israël, composée au VIIe siècle av. J. C., et nous avons donné des aperçus de la réalité archéologique sous-jacente. Il est temps, à présent, de conter une autre histoire. Dans les prochains chapitres, nous présenterons les grandes lignes de l'émergence, de la chute et de la renaissance d'un Israël très différent.

Deuxième partie

L'émergence et la chute de l'ancien Israël

6

Un seul État, une seule nation, un seul peuple ?

(env. 930-720 av. J. C.)

Le cours de l'histoire d'Israël – comme la présente, solennellement, le livre des Rois – progresse, avec une tragique inéluctabilité, de l'unité vers le schisme puis du schisme vers la catastrophe nationale. Au lendemain des règnes glorieux de David et de Salomon, sous lesquels Jérusalem gouvernait un Israël unifié qui baignait dans une prospérité et une puissance sans précédent, les tribus des hautes terres du Nord et de la Galilée – en révolte contre les impôts écrasants que leur réclame le fils de Salomon, Roboam – font sécession. Suivent deux cents ans de division et de haine fratricides, qui opposent le royaume indépendant d'Israël, au nord, à celui de Juda, au sud, prêts à se sauter mutuellement à la gorge à la moindre occasion. C'est l'histoire d'une division tragique, marquée, au nord, par la violence et l'idolâtrie. D'après la Bible, de nouveaux centres de culte y sont fondés, qui concurrencent le Temple de Jérusalem. De nouvelles dynasties nordistes, qui rivalisent avec la maison de David, s'emparent, l'une après l'autre, du pouvoir par la violence. Leurs méfaits vaudront aux populations du Nord le châtiment ultime : la destruction de leur État et l'exil des dix tribus septentrionales.

Cette vision des événements sert de fondement à la théologie de la Bible – et à l'espérance biblique d'une réunion éventuelle de Juda et d'Israël sous l'autorité centrale de la dynastie davidique.

Mais elle ne représente pas une version exacte de la réalité historique. Comme nous l'avons vu, aucune preuve archéologique ne plaide en faveur de l'existence historique d'une grande monarchie unifiée, centrée autour de Jérusalem, gouvernant l'ensemble de la terre d'Israël. Au contraire, les données révèlent une évolution démographique complexe des hautes terres, dans laquelle une conscience ethnique commune n'émergea que très graduellement.

C'est ici que nous butons sur ce qui est, peut-être, la contradiction la plus perturbante entre les découvertes archéologiques et la Bible. S'il n'y a pas eu d'Exode, ni de conquête, ni de monarchie unifiée, que devons-nous penser de l'aspiration biblique à l'unification ? Que signifie cette relation, longue et conflictuelle, entre Juda et Israël, pendant presque deux siècles ? Nous avons de bonnes raisons de croire que deux entités distinctes ont *toujours* divisé les hautes terres, que la partie méridionale fut *toujours* plus pauvre, moins peuplée, plus rustique et moins influente – jusqu'au jour où elle atteignit à son tour une prospérité soudaine et spectaculaire, *après* la chute du royaume nordiste d'Israël.

L'HISTOIRE DES DOUZE TRIBUS ET DES DEUX ROYAUMES

La Bible nous dépeint immanquablement les tribus du Nord comme étant composées de ratés pusillanimes désespérément enclins au péché. Le livre des Juges, qui relate le combat mené par certaines tribus contre l'idolâtrie ambiante, est particulièrement clair sur ce point. Des descendants des douze fils de Jacob, seules les tribus de Juda et de Siméon parviennent à conquérir toutes les enclaves cananéennes présentes sur la terre que Dieu leur a donnée en héritage. Il s'ensuit que, dans le Sud, il ne reste plus un seul Cananéen vivant – et, surtout, plus une seule Cananéenne à épouser, donc aucun risque d'en subir l'influence. Chez les tribus du Nord, c'est une tout autre histoire. Benjamin, Manassé, Éphraïm, Zabulon, Asher, Nephtali et Dan manquent à leur devoir, qui consistait à exterminer tous les Cananéens. En conséquence, ils subiront l'épreuve d'une tentation perpétuelle.

Le texte ne nie pas que les tribus du Nord sont plus nombreuses et qu'elles occupent un plus vaste territoire ; ce n'est pas un hasard s'il est écrit que le premier roi d'Israël, Saül, de la tribu de Benjamin, règne sur les territoires du Nord, dans les hautes terres. Malheureusement, ce même Saül viole les lois du culte ; la défaite de ses forces par les Philistins le pousse au suicide ; Dieu retire sa bénédiction au chef nordiste, qu'il avait pourtant oint ; désemparés, les anciens des tribus du Nord se tournent alors vers David, le champion de Juda, et le proclament roi sur tout Israël. Malgré leur nombre et leur prospérité, les tribus du Nord, si l'on en croit le premier livre des Rois, sont pratiquement traitées comme des peuples colonisés par le fils de David, Salomon. Ce dernier construit de grands centres d'administration et d'entrepôt dans leurs villes de Gézér, Megiddo et Haçor ; les tribus du Nord doivent payer des taxes écrasantes, accomplir les pénibles corvées que leur imposent les agents de Salomon. Quelques Nordistes – dont Jéroboam, fils de Nebat, de la tribu d'Éphraïm – occupent un rang important à la cour de Jérusalem, mais Juda n'en est pas moins dépeint comme le pouvoir dominant, dont les tribus du Nord doivent subir l'autorité.

À la mort de Salomon, au moment de l'accession au trône de son fils Roboam, les Nordistes supplient ce dernier de bien vouloir alléger leur fardeau. Mais l'arrogant Roboam, dédaignant l'avis modéré de ses conseillers les plus sages, réplique aux envoyés du Nord ces paroles devenues célèbres : « Mon père a rendu pesant votre joug, moi j'ajouterai encore à votre joug ; mon père vous a châtiés avec des lanières, moi je vous châtierai avec des fouets à pointes de fer » (1 R 12,14). L'étendard de la révolte est déployé et les Nordistes se rallient en masse à l'appel pour la sécession : « Quand les Israélites virent que le roi ne les écoutait pas, ils lui répliquèrent : "Quelle part avons-nous sur David ? Nous n'avons pas d'héritage sur le fils de Jessé. À tes tentes, Israël ! Et maintenant, pourvois à ta maison, David." Et Israël s'en fut à ses tentes » (1 R 12,16). Les Nordistes dissidents lapident le chef de corvée de Roboam. Ce dernier, terrorisé, se réfugie aussi vite que son char le lui permet à Jérusalem.

Les Nordistes se rassemblent pour se choisir un monarque ; ils jettent leur dévolu sur Jéroboam, le fils de Nebat, qui avait servi à la cour de Salomon. La monarchie unifiée de David et Salomon est démantelée. Deux royaumes indépendants se forment : d'un côté, Juda, gouverné à Jérusalem par la dynastie de David, avec son territoire réduit à la partie méridionale de la région montagneuse du centre ; de l'autre, Israël, qui contrôle les vastes territoires du nord. La première capitale du royaume du Nord est établie à Tirça, située au nord-est de Sichem. Le nouveau roi nordiste, Jéroboam Ier, décide de construire des sanctuaires qui rivaliseront avec le Temple de Jérusalem ; il fait couler deux veaux d'or, qu'il placera dans des sanctuaires aux extrémités nord et sud du royaume, à Béthel et à Dan.

Commence alors une période turbulente et fatidique de l'histoire biblique d'Israël. Après la solidarité familiale de la période patriarcale, après la solidarité spirituelle de l'Exode, après l'unité politique de la monarchie unifiée, le peuple d'Israël se retrouve écartelé entre deux pouvoirs.

UNE VISION ERRONÉE DE L'ÉVOLUTION

Les archéologues et les historiens ont, pour la plupart, pris pour argent comptant le récit biblique, qui décrit l'émergence, puis la désintégration de la monarchie unifiée. Pour eux, l'unité ethnique et la singularité du peuple d'Israël en tant qu'entité allaient de soi. La plupart des historiens de la Bible croyaient en une séquence historique, qui (sans l'éventuelle construction du mythe biblique et l'hyperbole héroïque) s'était déroulée à peu près comme suit : à l'issue d'une conquête brutale ou d'une infiltration pacifique, les Israélites occupent les hautes terres dépeuplées. Au début, ils établissent un mode égalitaire de société. Des héros charismatiques les protègent de leurs ennemis. Plus tard, la menace philistine se révélant plus périlleuse que les dangers locaux, ils optent pour la monarchie, organisent une puissante armée et finissent par fonder un grand empire, sous l'autorité centrale de David et de Salomon. C'est l'histoire d'une évolution politique continue qui, partant du stade tribal, aboutit à la formation d'un État centralisé, dont le processus évolutif était parvenu à maturité sous Salomon, au Xe siècle av. J. C.

La rupture de la monarchie unifiée était donc considérée comme l'épilogue malheureux d'une histoire qui avait atteint son apogée. Elle n'était due qu'à la tyrannie arrogante et mal avisée du fils de Salomon, Roboam, qui avait détruit la grandeur et l'étendue de l'empire de son père. Dans un premier temps, les découvertes archéologiques semblèrent confirmer cette vision d'unité précédant une chute de la monarchie. Les savants étaient persuadés que les vestiges des vastes cités « salomoniques », avec leurs portes et leurs palais, apportaient la preuve indubitable qu'au Xe siècle av. J. C. le royaume de Juda était parvenu au stade d'État complètement constitué, que Jérusalem contrôlait les régions du Nord avec une poigne de fer. Dans les années 1980, même si l'interprétation de la période initiale de l'histoire israélite s'était quelque peu nuancée, la monarchie unifiée de David et de Salomon ainsi que sa rupture brutale étaient considérées comme des faits historiques avérés.

Pour retracer l'histoire ultérieure des deux États jumeaux de Juda et d'Israël, les savants se contentaient de suivre à la lettre le récit biblique, la plupart d'entre eux estimant que les deux États successeurs partageaient un niveau quasiment identique d'organisation et de complexité politiques. Puisque Juda et Israël avaient l'un et l'autre hérité de la monarchie puissamment étatisée et centralisée de Salomon, les deux royaumes devaient être régis, l'un et l'autre, par des institutions administratives pleinement développées telles que des tribunaux, une administration fiscale et une force militaire. Il s'ensuit que les savants étaient persuadés que les deux royaumes se faisaient concurrence, se combattaient, s'entraidaient parfois, suivant l'évolution des circonstances politiques de la région, mais toujours sur un pied d'égalité. Bien entendu, certaines différences régionales apparaissaient ici et là. Mais la plupart des savants concluaient que la suite de l'histoire des royaumes israélites était caractérisée par une augmentation de la population, des activités intensives de construction et un état de guerre permanent – sans développement social particulièrement notable.

Après avoir été largement accepté, ce tableau apparaît, aujourd'hui, de plus en plus inadéquat.

LE NORD ET LE SUD À TRAVERS LES MILLÉNAIRES

L'exploration archéologique intensive de la région centrale des hautes terres, dans les années 1980, ouvrit de nouvelles perspectives permettant de mieux comprendre le caractère et l'origine des deux États,

Juda et Israël. Ces nouvelles perspectives s'éloignent considérablement du récit biblique. Ces études ont démontré que l'émergence des Israélites dans les hautes terres de Canaan ne s'est pas produite comme un événement unique, mais qu'elle s'inscrit dans une série d'oscillations démographiques que l'on peut faire remonter à des millénaires.

Lors de chacune des deux vagues précédentes d'occupation – au Bronze ancien (3500-2200 av. J. C.) et au Bronze moyen (2000-1550 av. J. C.) –, la population indigène des collines avait transité du pastoralisme à l'agriculture saisonnière, puis aux villages permanents, enfin, à l'économie complexe des hautes terres, selon un schéma quasi analogue à celui qui caractérisa le processus d'occupation israélite de l'âge du Fer I (1150-900 av. J. C.). Mais, ce qui était encore plus surprenant, les résultats des explorations (et les fragments d'informations historiques) démontraient que, lors de chaque période d'occupation des hautes terres, les signes récurrents de la présence de « deux » sociétés bien distinctes – celle du Nord et celle du Sud – apparaissaient, et qu'elles occupaient les mêmes zones, à quelques détails près, qui représenteront plus tard les royaumes de Juda et d'Israël.

Une carte des sites du Bronze ancien, par exemple, montre clairement deux systèmes régionaux d'habitat bien distincts, partagés par une ligne qui passerait à égale distance entre Sichem et Jérusalem, laquelle définira plus tard la frontière entre Israël et Juda. À l'image du futur royaume d'Israël, le mode d'habitat nordiste était dense ; il possédait une hiérarchie complexe de grands, de moyens et de petits sites, qui dépendaient essentiellement d'une agriculture sédentaire. Au Sud, à l'image du futur royaume de Juda, l'habitat était pauvre, les sites avaient des dimensions réduites et peu variées. Un nombre relativement élevé de sites archéologiques du Sud ne présentaient que des tessons éparpillés, sans constructions permanentes, ce qui suggère qu'une partie importante de la population devait encore mener une existence pastorale.

Les régions du Nord et du Sud étaient dominées chacune par un centre unique, qui focalisait les fonctions politiques et économiques régionales – voire, également, les pratiques religieuses. Dans le Sud, au Bronze ancien, un site nommé aujourd'hui Khirbet et-Tell (la biblique Aï), situé au nord-est de Jérusalem, remplissait cette fonction. Il recouvrait une superficie d'une douzaine d'hectares, ce qui représentait un cinquième de la totalité de la surface construite de la région méridionale des monts centraux. Ses impressionnantes fortifications et son temple monumental soulignent la domination qu'il exerçait sur cette région essentiellement rurale et pastorale. La région nord devait posséder plusieurs centres, mais l'un d'entre eux semble avoir dominé les autres : celui de Tell el-Farah, situé près d'une source abondante ; il protégeait la voie principale qui descendait vers la vallée du Jourdain et devait contrôler les riches terres agricoles de la région. Ce n'est pas une coïncidence – comme nous allons le voir – si cette ville, connue plus tard sous son nom biblique de Tirça, devint la première capitale du royaume nordiste d'Israël.

On retrouve exactement les mêmes caractéristiques pour la vague d'occupation des hautes terres au Bronze moyen. Dans le Sud, les sites occupés en permanence sont rares ; la plupart d'entre eux sont minuscules ; la présence de cimetières isolés, situés à l'écart des sites sédentaires, témoigne d'une présence de nombreux groupes pastoraux. Dans le Nord, la population est beaucoup plus dense et le nombre de fermiers dépasse celui des pasteurs semi-nomades. Jérusalem, aussi puissamment fortifiée que l'était Aï au Bronze ancien, est devenue le nouveau centre urbain méridional, avec, comme centre secondaire, Hébron, également fortifié. Sichem est à présent le centre principal du Nord. Les fouilles entreprises sur le site de Tell Balatah, dans la périphérie orientale de la cité, ont révélé d'imposantes fortifications et un temple massif.

Outre ces indications archéologiques sur la division entre le Nord et le Sud, l'Égypte nous fournit un certain nombre de preuves textuelles, dont celle des textes dits « d'exécration » : inscriptions magiques gravées sur des fragments de poterie ou des statuettes de prisonniers de guerre, que l'on brisait ensuite pour les enterrer cérémonieusement afin d'attirer le mauvais sort sur les ennemis de l'Égypte, comme les poupées vaudoues couvertes de graffitis injurieux. Ces textes nous donnent un aperçu de la géographie politique du Canaan de l'époque, en particulier celle des contrées et des peuples que les Égyptiens craignaient le plus. Ces textes mentionnent un grand nombre de cités du littoral ou des basses terres, mais seulement deux centres des hautes terres : Sichem et (d'après la plupart des experts) Jérusalem.

Une autre référence égyptienne aux hautes terres complète le tableau. Il s'agit d'une inscription qui célèbre les exploits d'un général égyptien nommé Khou-Sébek, lequel, au XIXe siècle av. J. C., mena une expédition punitive contre les hautes terres de Canaan. L'inscription mentionne la « terre », plutôt que la « cité », de Sichem, et donne au mot Sichem la même signification que *Retenou*, l'un des termes égyptiens qui désignent l'ensemble de la terre de Canaan. Cela semble indiquer que, dès le début du IIe millénaire av. J. C., Sichem – l'un des centres les plus importants du royaume d'Israël – jouait déjà un rôle central au sein d'une entité territoriale importante.

Nous manquons d'informations textuelles sur les territoires méridionaux au Bronze moyen, mais nous en avons d'abondantes sur leur étendue à la période suivante du Bronze récent. Les lettres de Tell el-Amarna, qui datent du XIVe siècle av. J. C., confirment la partition de la région centrale en deux cités-États, Sichem et Jérusalem. Certaines de ces lettres citent les noms des dirigeants de ces cités – un souverain nommé Abdi-Héba régnait sur Jérusalem et un autre nommé Labayou régnait sur Sichem –, chacun d'eux contrôlant un territoire d'environ 2 400 kilomètres carrés, les plus importants de la contrée à cette époque. En effet, les vallées et la plaine littorale cananéennes se divisaient alors en de nombreuses et minuscules cités-États, qui contrôlaient, chacune, un territoire réduit et fortement peuplé. Dans les hautes terres, les unités politiques étaient certes plus étendues, mais leurs populations étaient bien plus modestes.

Sichem et Jérusalem, Israël et Juda, ont toujours été des unités territoriales séparées et concurrentes. Cette rivalité trouve son explication dans la géographie des deux régions : l'environnement de la région nord et celui de la région sud différaient du tout au tout.

LES HAUTES TERRES : UN MÊME SOL, DEUX UNIVERS ?

À première vue, les hautes terres qui s'élèvent entre les vallées de Jezréel et de Beersheba paraissent former un ensemble géographique homogène. Mais leurs détails topographiques et environnementaux présentent des disparités importantes. Le Nord et le Sud possèdent des écosystèmes distincts qui diffèrent dans presque tous les aspects : la topographie, les formations rocheuses, le climat, la couverture végétale, le potentiel de ressources économiques. Juda est toujours resté la région la plus écartée, isolée par des barrières topographiques et climatiques. Par contraste, la partie septentrionale des hautes terres consistait en un patchwork de vallées fertiles, nichées entre des collines aux pentes douces. Certaines de ces vallées abritaient assez de terres cultivables pour nourrir les habitants de plusieurs villages. La région était donc relativement prospère, avec ses vallées de l'intérieur et les terres orientales, situées à la frontière du désert, propres à l'agriculture céréalière, tandis que les versants étaient couverts de vignes et d'oliviers. Aujourd'hui, aux yeux d'un touriste, la région paraîtrait plus escarpée que le Sud ; en réalité, la communication et le transport des produits agricoles y étaient infiniment plus aisés. Les pentes occidentales y sont beaucoup plus douces ; elles facilitent, plutôt qu'elles ne l'entravent, le passage vers les cités de la plaine littorale. En bordure nord de cette région, s'étend la vaste étendue de la vallée de Jezréel, une aire agricole très prospère, qui servait également de voie principale pour le commerce et la communication entre l'Égypte et la Mésopotamie. À l'est, la steppe n'y est pas aussi aride et désolée qu'au sud, et elle autorise la libre circulation des personnes et des biens entre la crête centrale, la vallée du Jourdain et les hautes terres de Transjordanie, à l'est.

N'importe quelle unité territoriale fondée dans les hautes terres du Nord jouissait naturellement d'un potentiel économique infiniment supérieur à son équivalente du Sud. Même si le processus de base d'occupation des hautes terres restait semblable – passage de l'élevage, associé à une activité agricole saisonnière d'appoint, à l'agriculture spécialisée –, le Nord jouissait de ressources supérieures et d'un climat plus clément. Aux premiers stades de chacune des vagues d'occupation, quand le plus gros de la population des hautes terres restait concentré sur les bordures orientales de la steppe et des vallées, une économie équilibrée et essentiellement autarcique était maintenue : chaque communauté villageoise parvenait à couvrir ses besoins en céréales, en viande et en produits laitiers. Mais, dès que la pression démographique ou l'attraction exercée par les possibilités d'essor économique imposaient une expansion en direction de la frange occidentale de la région, les Nordistes bénéficiaient d'un avantage certain. Ils

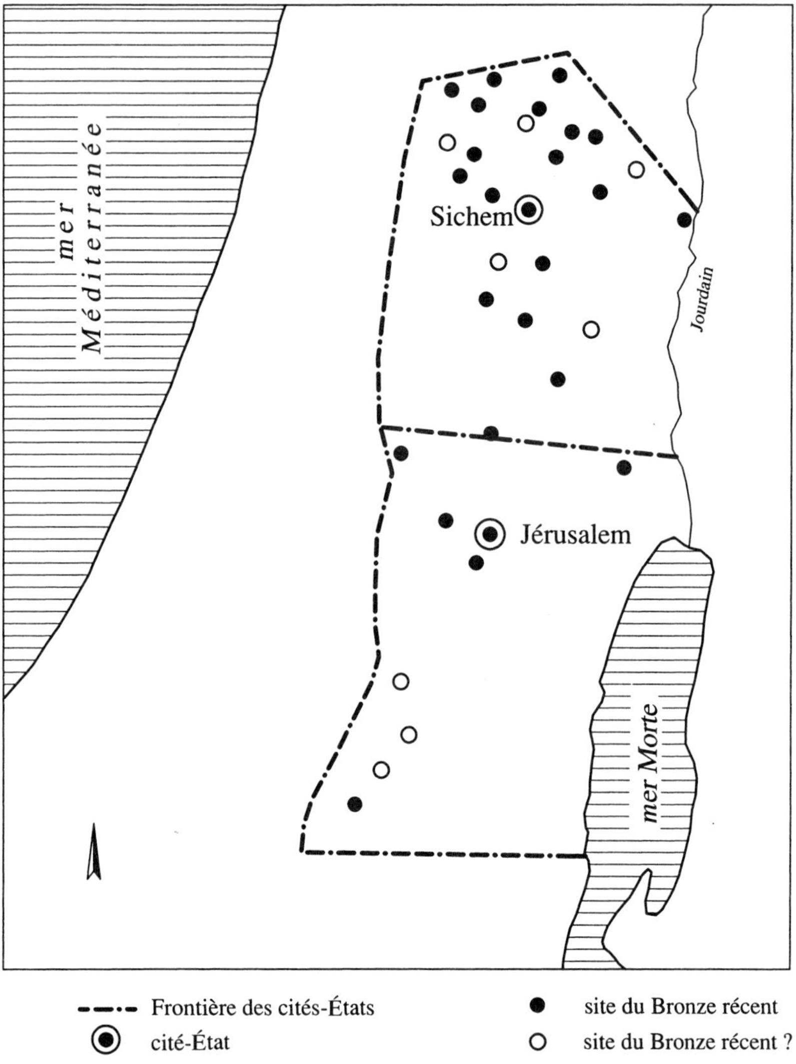

Carte 10. Les deux régions des hautes terres au XIVe siècle av. J. C. (période amarnienne).

pouvaient développer une économie plus spécialisée et sophistiquée car, moins escarpées, les pentes occidentales de la région nord étaient également moins rocailleuses que celles du Sud – et mieux adaptées à la culture de l'olive et de la vigne sur de petites parcelles de terrain découpées en terrasses sur le flanc des collines. La culture spécialisée de l'olive et du raisin encourageait le développement de la technique nécessaire à la transformation efficace de ces produits en huile et en vin. Elle entraînait aussi la création d'une économie marchande, avec ses moyens de transport et de commerce, permettant aux producteurs de vin et d'huile d'olive d'obtenir, en échange de leur production, céréales, viande et produits laitiers nécessaires à leur subsistance.

Il en résultait une complexité accrue des sociétés des hautes terres du Nord, qui entraîna la création d'un système qui s'apparentait à un État. L'exportation commerciale de leurs produits en direction, d'une part, des populations des plaines et, d'autre part, des marchés des grandes cités égyptiennes et des ports de la côte phénicienne encourageait cette tendance. Donc, d'emblée, dès le début de l'âge du Fer, les hautes terres du Nord étaient destinées à devenir plus riches et plus peuplées que celles du Sud.

LA FORMATION DE L'ÉTAT DANS L'UNIVERS BIBLIQUE

L'évolution des hautes terres de Canaan vers deux entités politiques distinctes obéissait donc à un développement naturel. L'archéologie n'apporte pas la moindre preuve que cette division Nord-Sud soit issue d'une unité politique antérieure – encore moins d'une unité centrée dans le Sud. Aux Xe et IXe siècles av. J. C., Juda, encore pauvrement peuplé, ne comptait qu'un nombre très limité de petits villages, pas plus d'une vingtaine. La structure clanique distinctive de Juda et les découvertes archéologiques qui y ont été faites permettent de déduire que le segment pastoral de la population y était encore important. Et il n'existe toujours pas de preuve archéologique – malgré les descriptions bibliques de son exceptionnelle grandeur – que Jérusalem, à l'époque de David, de Salomon et de Roboam, fût rien de plus qu'un modeste village de montagne. À la même époque, la moitié nord des hautes terres – correspondant aux territoires qui d'après la Bible se seraient séparés de la monarchie unifiée – était densément occupée, sur des douzaines de sites géographiquement répartis de façon équilibrée, incluant de larges centres régionaux, des villages de dimensions diverses et des hameaux. Pour parler simplement, Juda était encore économiquement marginal et « attardé » tandis qu'Israël prospérait.

En fait, Israël s'approchait déjà du stade de formation d'un État pleinement constitué plusieurs décennies avant la fin présumée de la monarchie unifiée, aux alentours de l'an 900 av. J. C. Par « formation d'un État pleinement constitué », nous entendons un territoire gouverné par une organisation bureaucratique, qui se concrétise, en termes de stratification sociale, par la distribution de produits de luxe, par de grands projets de constructions, par des activités économiques prospères, par des échanges commerciaux avec les régions voisines et un mode d'habitat totalement intégré et développé.

Au début du IXe siècle av. J. C., le royaume d'Israël possédait déjà des centres administratifs régionaux. Ceux-ci étaient fortifiés, dotés de palais à l'architecture élaborée, bâtis en pierre appareillée et décorés de chapiteaux de pierre. Les meilleurs exemples se trouvent à Megiddo, à Jezréel et à Samarie. Dans le Sud, ce type d'appareillage et de chapiteaux en pierre n'apparaît qu'à partir du VIIe siècle av. J. C. De dimensions réduites et de qualité médiocre, ils témoignent d'une influence étrangère moindre. Entre les capitales, du point de vue de l'étendue et du développement, le contraste est saisissant. Samarie, capitale du royaume du Nord, était déjà un grand centre administratif, doté d'un palais, dès le IXe siècle av. J. C., alors que Jérusalem ne fut vraiment urbanisée qu'à partir de la fin du VIIIe siècle av. J. C.

En outre, la production d'huile d'olive à l'échelle industrielle se développa en Israël dès le IXe siècle av. J. C., alors qu'à Juda, elle ne passa du stade domestique à celui d'industrie étatisée qu'au VIIe siècle av. J. C. Enfin, nous devons tenir compte de l'historique de l'occupation des sols dans les hautes terres, où le Nord a été occupé beaucoup plus tôt et était infiniment plus peuplé que Juda. Pour résumer, on peut affirmer sans risque d'erreur que le royaume nordiste d'Israël a émergé comme un État pleinement constitué dès le début du IXe siècle av. J. C. – à une époque où la société et l'économie de Juda en étaient encore aux tout premiers pas. Les archives historiques le confirment. Dans le prochain chapitre, nous allons voir comment le royaume du Nord apparaît soudain sur la scène du Proche-Orient antique comme un pouvoir régional d'importance dans la coalition qui combattit le roi assyrien Salmanasar III à la bataille de Qarqar, en l'an 853 av. J. C.

Bien entendu, ces deux États de l'âge du Fer – Israël et Juda – avaient beaucoup de points communs. L'un et l'autre vénéraient

YHWH (entre autres déités). Leurs peuples partageaient nombre de légendes, de héros et de contes, qui célébraient le passé lointain. Leurs langues, ou leurs dialectes hébraïques étaient proches, et, à dater du VIIIe siècle av. J. C., ils se servirent du même alphabet. Cependant, en dépit de ces similitudes, leur composition démographique, leur potentiel économique, leur culture matérielle et leur mode de relation avec leurs voisins différaient du tout au tout. Pour parler simplement, Israël et Juda ne vivaient pas la même histoire et développaient des cultures matérielles distinctes. D'une certaine manière, Juda faisait figure d'arrière-pays rupestre d'Israël.

LES DÉBUTS D'ISRAËL

Si, au cours des millénaires d'histoire humaine de Canaan, les hautes terres du Nord ont toujours été plus riches que celles du Sud, elles étaient loin de jouir du même niveau de prospérité et d'urbanisation que les cités cananéennes des vallées et des plaines littorales. Le développement initial des hautes terres était principalement dû, comme nous l'avons dit, à la série de destructions catastrophiques que les cités-États cananéennes ont subies vers la fin du Bronze récent. Quel que fût l'agent qui les avait provoquées – Peuples de la Mer, rivalités entre villes, révoltes sociales –, l'économie des basses terres s'en trouva considérablement affectée.

Passé le choc initial, les Cananéens des basses terres recommencèrent à prospérer. Au XIe siècle av. J. C., les Philistins, qui avaient colonisé le littoral méridional, consolidèrent la puissance de leurs cités. Les Phéniciens, qui avaient pris la relève des Cananéens du littoral, occupèrent les ports maritimes du Nord. Dans les vallées septentrionales, alors que des sites importants comme Megiddo avaient été détruits au cours du XIIe siècle av. J. C., dans la campagne environnante, la vie avait repris son cours. Après quelques décennies d'abandon, les sites importants furent réoccupés, apparemment par une population identique – celle des Cananéens venus des basses terres. Certains centres cananéens parmi les plus importants parvinrent à se rétablir et leur prospérité se poursuivit jusque très tard dans le Xe siècle av. J. C.

Megiddo offre un parfait exemple de ce processus. Quelques décennies après la destruction de la cité du Bronze récent et de son beau palais, l'occupation du site reprit sur une échelle modeste. Après quelque temps, les signes d'une croissance de l'habitat et de la population apparaissent, au point de transformer Megiddo en une cité relativement prospère (niveau VI A), possédant l'essentiel des caractéristiques de sa culture cananéenne antérieure. Les styles de poterie s'apparentent à ceux du XIIe siècle av. J. C. ; le plan de la ville ressemble à celui de la Megiddo du Bronze récent ; et, ce qui est le plus important, le temple cananéen est toujours en service. Les fouilles entreprises sur les autres sites importants des vallées et de la plaine littorale du Nord, comme Dor (sur la côte, à l'ouest de Megiddo) et Tel Rehov (au sud de la mer de Galilée), dévoilent partout le même tableau : la continuation de l'univers politique cananéen des cités-États, formées de villes et de centres importants dominant une campagne prospère.

Mais cette nouvelle ère de prospérité de Canaan n'était pas destinée à durer. Les cités nordiques seront bientôt réduites en cendres. La dévastation est telle qu'elles ne s'en relèveront pas. Canaan poussa alors son dernier soupir. Que s'était-il passé ?

L'Égypte, qui venait de traverser une longue période de déclin et de retrait de la scène internationale, était de nouveau en mesure d'exercer le pouvoir sur les territoires du Nord. Vers la fin du Xe siècle av. J. C., le pharaon Shéshonq Ier, fondateur de la XXIIe dynastie, part en campagne contre le Nord. La Bible mentionne cette invasion égyptienne, à partir d'une perspective judéenne, dans un passage qui contient la première corrélation entre les archives historiques extérieures et le texte biblique : « La cinquième année du roi Roboam, le roi d'Égypte, Shéshonq Ier, marcha contre Jérusalem. Il se fit livrer les trésors du Temple de Yahvé et ceux du palais royal, absolument tout, jusqu'à tous les boucliers d'or qu'avait faits Salomon » (1 R 14,25-26). Pourtant, nous savons aujourd'hui que Jérusalem était loin de représenter une cible particulièrement alléchante. Une inscription triomphale commandée par Shéshonq Ier pour les murailles du grand temple de Karnak, en haute Égypte, énumère environ cent cinquante villes et villages dévastés dans l'opération. Ils étaient situés au sud, dans la région montagneuse du centre du pays, ainsi que dans la vallée de Jezréel et le long de la plaine littorale.

Les splendides cités de Rehov, de Beth-Shéân, de Tanak et de Megiddo, appartiennent à la liste des villes ciblées par les forces égyptiennes. Par ailleurs, un fragment d'une stèle de victoire portant le nom de Shéshonq fut retrouvé à Megiddo – dans la décharge des fouilles précédentes, ce qui, malheureusement, empêche toute datation précise. Les couches épaisses associées à des incendies suivis d'effondrements, fouillées dans cette cité et dans bien d'autres sites importants de la région, attestent éloquemment de la disparition brutale et définitive du système politique cananéen vers la fin du Xe siècle av. J. C. Et Shéshonq Ier, qui faisait camrpagne dans la région en 926 av. J. C., apparaît comme l'initiateur de cette vague de destructions[1]. La liste de Karnak et les résultats des fouilles récentes suggèrent que Shéshonq Ier s'en prit également au réseau en cours de développement des premiers villages israélites des hautes terres.

Mais la campagne de Shéshonq Ier n'offrit pas à l'Égypte un contrôle durable sur Canaan. Une fois la poussière retombée, les résultats de son assaut contre les hautes terres paraissent superficiels (le seul effet apparent en est l'abandon de quelques villages au nord de Jérusalem). Par contre, le coup porté contre les cités cananéennes de la vallée de Jezréel fut fatal, et les implications, considérables. En effet, la destruction des derniers vestiges des cités-États cananéennes laissa le champ libre aux populations des hautes terres du Nord, en plein essor économique et démographique. Elle permit au royaume du Nord d'étendre son emprise sur les vallées et les plaines avoisinantes, à la fin du Xe siècle ou, plus probablement, au début du IXe siècle av. J. C.

Loin dans le Sud, dans les hautes terres méridionales – les quelques villages regroupés autour de Jérusalem –, perdurait l'ancien mode d'habitat dispersé et pastoral. Contrairement à ce que conte la Bible à propos du vaste empire de David et de Salomon, lesqucls auraicnt conquis et administré tout le pays, depuis Dan, la ville la plus septentrionale, jusqu'à Beersheba, la ville la plus méridionale, le Sud ne possédera pas d'État digne de ce nom avant deux bons siècles.

1. Cette explication soulève bien des questions : pourquoi le souverain égyptien aurait-il ravagé les cités de la vallée de Jezréel s'il voulait maintenir son contrôle sur Canaan ? Et pourquoi aurait-il érigé une très artistique et raffinée stèle de victoire dans les ruines d'une cité entièrement dévastée, comme l'était Megiddo ? Il est donc permis d'attribuer la destruction des cités cananéennes à un autre candidat : le royaume nordiste d'Israël, à ses débuts.

QUATRE PROPHÉTIES

Pourquoi la Bible nous présente-t-elle une histoire de schisme et de sécession entre Israël et Juda en contradiction aussi flagrante avec les données historiques ? Si les rythmes de vie ancestraux dans les hautes terres de Canaan menaient inéluctablement à la création de deux cultures régionales distinctives et si, dès le début, par nature, Israël et Juda ne se sont jamais ressemblés, pourquoi la Bible nous les dépeint-elle, de façon aussi systématique que convaincante, comme deux États jumeaux ?

La réponse se trouve dans quatre prophéties qui furent habilement introduites dans le récit sur l'effondrement de la monarchie unifiée et l'établissement du royaume indépendant d'Israël. Ces oracles – présentés comme une confidence directe de Dieu à certains prophètes – reflètent la tentative opérée par une génération ultérieure de Judéens d'interpréter et d'expliquer les aléas de l'histoire.

Le peuple de Juda était persuadé que Dieu avait promis à David que sa dynastie, basée à Jérusalem, allait durer éternellement. Or, pendant des siècles, Juda avait vécu sous la coupe d'Israël, dont les rois faisaient très peu de cas de Jérusalem. Que s'était-il passé ? Le récit biblique en attribue l'entière responsabilité à l'infidélité religieuse d'un souverain de Juda. Et il atteste que la division d'Israël en deux royaumes rivaux n'était qu'une punition temporaire infligée en raison des fautes commises par un membre éminent de la dynastie davidique bénie par le Ciel.

La première prophétie dénonce brutalement les transgressions du fils de David, Salomon, tenu pour responsable de la fracture de l'unité d'Israël. Certes, Salomon est dépeint comme l'un des plus grands rois de tous les temps, sage et prospère, régnant de l'Euphrate aux frontières de l'Égypte, mais il n'en est pas moins un impie, qui a introduit des femmes étrangères dans son harem. Or, YHWH a formellement interdit aux Israélites ce genre de liaison, de crainte que les mariages mixtes avec des femmes idolâtres ne les entraînent à vénérer d'autres dieux. C'est précisément la faute mentionnée par la Bible (1 R 11,4-8) :

> Quand Salomon fut vieux, ses femmes détournèrent son cœur vers d'autres dieux et son cœur ne fut plus tout entier à Yahvé son Dieu comme avait été celui de son père David. Salomon suivit Astarté, la divinité des Sidoniens, et Milkom, l'abomination des Ammonites. Il fit ce qui déplaît à Yahvé et il ne lui

obéit pas parfaitement comme son père David. C'est alors que Salomon construisit un sanctuaire à Kemosh, l'abomination de Moab, sur la montagne à l'orient de Jérusalem et à Milkom, l'abomination des Ammonites. Il en fit autant pour toutes les femmes étrangères, qui offraient de l'encens et des sacrifices à leurs dieux.

Le châtiment guette inéluctablement l'héritier davidique qui n'obéit pas « comme son père David ». YHWH déclare à Salomon (1 R 11, 11-13) :

Parce que tu t'es comporté ainsi et que tu n'as pas observé mon alliance et les prescriptions que je t'avais faites, je vais sûrement t'arracher le royaume et le donner à l'un de tes serviteurs. Seulement je ne ferai pas cela durant ta vie, en considération de ton père David ; c'est de la main de ton fils que je l'arracherai. Encore ne lui arracherai-je pas tout le royaume : je laisserai une tribu à ton fils, en considération de mon serviteur David et de Jérusalem que j'ai choisie.

Ainsi, par la faute de Salomon, la promesse originelle faite à David est compromise, sans être annulée pour autant.

La deuxième prophétie concerne le « serviteur » de Salomon, destiné à régner à la place de David. Il s'agit de Jéroboam, fils de Nebat, un Éphraïmite, qui servit dans l'administration de Salomon comme officier chargé de la réquisition des hommes de corvée parmi les tribus nordistes. Un jour, en sortant de Jérusalem, il rencontre le prophète Ahiyya, de Silo, qui déchire son manteau en douze morceaux, dont dix qu'il donne à Jéroboam. La prédiction d'Ahiyya est aussi sombre que fatidique (1 R 11,31-39) :

Prends pour toi dix morceaux, car ainsi parle Yahvé, Dieu d'Israël : voici que je vais arracher le royaume de la main de Salomon et je te donnerai les dix tribus. Il aura une tribu, en considération de mon serviteur David et de Jérusalem, la ville que j'ai élue de toutes les tribus d'Israël. C'est qu'il m'a délaissé, qu'il s'est prosterné devant Astarté, la déesse des Sidoniens, Kemosh, le dieu de Moab, Milkom, le dieu des Ammonites, et qu'il n'a pas suivi mes voies, en faisant ce qui est juste à mes yeux, ni mes lois et mes ordonnances, comme son père David. Mais ce n'est pas de sa main que je prendrai le royaume, car je l'ai établi prince pour tout le temps de sa vie, en considération de mon serviteur David, que j'ai élu et qui a observé mes commandements et mes lois ; c'est de la main de son fils que j'enlèverai le royaume et je te le donnerai, c'est-à-dire les dix tribus. Pourtant je laisserai à son fils une tribu, pour que mon serviteur David ait toujours une lampe devant moi à Jérusalem, la ville que j'ai choisie pour y placer mon Nom. Pour toi, je te prendrai pour que tu règnes sur tout ce que tu voudras et tu seras roi sur Israël. Si

> tu obéis à tout ce que je t'ordonnerai, si tu suis mes voies et fais ce qui est juste à mes yeux, en observant mes lois et mes commandements comme a fait mon serviteur David, alors je serai avec toi et je te construirai une maison stable comme j'ai construit pour David. Je te donnerai Israël et j'humilierai la descendance de David à cause de cela ; cependant pas pour toujours.

Contrairement à la promesse faite à David, celle-ci est conditionnelle : YHWH laissera Jéroboam gouverner son État aussi longtemps que ce dernier fera ce qui est juste aux yeux de Dieu. Or, Jéroboam désobéit (1 R 12,25-30) :

> Jéroboam fortifia Sichem dans la montagne d'Éphraïm et y séjourna. Puis il sortit de là et fortifia Penuel. Jéroboam se dit en lui-même : « Comme sont les choses, le royaume va retourner à la maison de David. Si ce peuple continue à monter au Temple de Yahvé à Jérusalem pour offrir des sacrifices, le cœur du peuple reviendra à son seigneur, Roboam, roi de Juda, et on me tuera. » Après avoir délibéré, il fit deux veaux d'or et dit au peuple : « Assez longtemps vous êtes montés à Jérusalem ! Israël, voici ton Dieu qui t'a fait monter du pays d'Égypte. » Il dressa l'un à Béthel, et le peuple alla en procession devant l'autre jusqu'à Dan.

Le nouveau roi, Jéroboam Ier, reçoit à son tour la vision terrifiante de son destin. Alors qu'il se prépare à officier au sanctuaire du Veau d'or de Béthel, lors d'une fête automnale, destinée sans doute à divertir l'attention des pèlerins des célébrations concurrentes de Jérusalem, se présente à lui un personnage prophétique, que la Bible se contente de nous présenter comme un « homme de Dieu » (1 R 13,1-2) :

> Sur ordre de Yahvé, un homme de Dieu arriva de Juda à Béthel, au moment où Jéroboam se tenait près de l'autel pour offrir le sacrifice, et, par ordre de Yahvé, il lança contre l'autel cette proclamation : « Autel ! autel ! ainsi parle Yahvé : voici qu'il naîtra à la maison de David un fils nommé Josias, il immolera sur toi les prêtres des hauts lieux qui ont offert sur toi des sacrifices et il brûlera sur toi des ossements humains. »

Voilà une prédiction des plus surprenantes, dans la mesure où l'« homme de Dieu » en question révèle le nom du roi de Juda qui, trois siècles plus tard, va démolir ce même sanctuaire, tuer ses prêtres et souiller l'autel avec leurs restes humains. On croirait lire une histoire de l'esclavage, prétendument écrite dans l'Amérique coloniale du XVIIe siècle, mais dont un passage prédirait la naissance de Martin Luther King. Ce n'est pas tout. La prédiction impressionne fortement Jéroboam ; peu après, son fils Abiyya tombe malade. La femme de Jéroboam Ier se rend en hâte à l'ancien lieu de culte de Silo pour s'entretenir avec le prophète Ahiyya – celui-là même qui avait prédit que Jéroboam Ier allait bientôt régner sur les dix tribus du Nord. Loin d'apaiser l'inquiétude de la mère, Ahiyya lui fait une autre prédiction, la quatrième, qui est également l'une des plus terrifiantes de la Bible (1 R 14,7-16) :

> Va dire à Jéroboam : « Ainsi parle Yahvé, Dieu d'Israël : je t'ai tiré du milieu du peuple et t'ai établi comme chef sur mon peuple Israël, j'ai arraché le royaume à la maison de David et je te l'ai donné. Mais tu n'as pas été comme mon serviteur David qui a observé mes commandements et qui m'a suivi de tout son cœur, ne faisant que ce qui me plaît ; tu as agi plus mal que tous tes prédécesseurs, tu es allé fabriquer d'autres dieux, des idoles fondues, pour mon irritation, et tu m'as jeté derrière ton dos. C'est pourquoi je vais faire venir le malheur sur la maison de Jéroboam, j'exterminerai tous les mâles de la famille de Jéroboam, liés ou libres en Israël, je balayerai la maison de Jéroboam comme on balaye complètement l'ordure. Ceux de la famille de Jéroboam qui mourront dans la ville seront mangés par les chiens, et ceux qui mourront dans la campagne seront mangés par les oiseaux du ciel, car Yahvé a parlé. Pour toi, lève-toi et va chez toi : au moment où tes pieds entreront dans la ville, l'enfant mourra. Tout Israël fera son deuil et on l'ensevelira. En effet, ce sera le seul de la famille de Jéroboam qui sera mis dans un sépulcre, car en lui seul se sera trouvé quelque chose d'agréable à Yahvé, Dieu d'Israël, dans la maison de Jéroboam. Yahvé établira un roi sur Israël qui exterminera la maison de Jéroboam. Yahvé fera vaciller Israël comme dans l'eau vacille le roseau, il arrachera Israël de ce bon pays qu'il a donné à ses pères et le dispersera de l'autre côté du Fleuve, parce qu'ils ont fait leurs pieux sacrés pour l'irritation de Yahvé. Il abandonnera Israël à cause des péchés que Jéroboam a commis et qu'il a fait commettre à Israël. »

La précision même de la prédiction précédente, énoncée par l'« homme de Dieu », trahit clairement l'époque à laquelle elle fut composée. Le roi davidique Josias, celui qui conquit et détruisit l'autel de Béthel, a vécu à la fin du VIIe siècle av. J. C. Pourquoi avoir introduit dans un récit qui se déroule à la fin du Xe siècle av. J. C. un personnage qui appartient à un futur aussi distant ? Pourquoi cette description précise de ce que va accomplir, beaucoup plus tard, un roi vertueux dénommé Josias ? La réponse est la même que celle que nous proposions comme explication aux histoires des patriarches, de l'Exode et de la conquête de Canaan, qui toutes débordent d'allusions au VIIe siècle av. J. C. Le fait demeure indéniable : les deux livres des Rois sont beaucoup plus proches de l'argumentation religieuse exaltée – écrite au VIIe siècle av. J. C. – que de l'œuvre historique.

À l'époque, il ne restait plus qu'un vague souvenir du royaume d'Israël défunt, avec ses cités en ruine et la majorité de ses habitants déportés aux quatre coins de l'Empire assyrien. Quant à Juda, qui prospérait et nourrissait des ambitions territoriales, il se considérait comme l'unique héritier légitime de la totalité des territoires d'Israël. L'idéologie et la théologie des historiens de la monarchie tardive s'appuyaient sur un certain nombre de piliers, dont le plus solide était l'idée que le culte israélite devait rester centralisé au Temple de Jérusalem. Le centre cultuel nordiste concurrent, situé à Béthel, à courte distance de Jérusalem, était certainement considéré comme une menace, bien avant la destruction du royaume du Nord. Or, il était encore en activité au début du VIIe siècle av. J. C. Sans doute attirait-il encore une partie de la population de l'ex-royaume du Nord, composé surtout d'Israélites ayant échappé à l'exil. Béthel représentait donc une concurrence redoutable aux ambitions politiques, territoriales et théologiques de Juda, au temps du roi Josias. Ce qui explique pourquoi le caractère inéluctable de la chute d'Israël – et du triomphe de Josias – devint un thème central du récit biblique.

UN RÉCIT DES PLUS ÉDIFIANTS

Ce sont les raisons pour lesquelles, à travers le déroulement de l'histoire du royaume du Nord, l'historien deutéronomiste transmet au lecteur un double message, plutôt contradictoire. D'un côté, il dépeint Juda et Israël comme des États jumeaux ; de l'autre, il les décrit comme férocement antagonistes. Josias ambitionne de s'étendre au Nord et de s'approprier les territoires des hautes terres qui appartenaient jadis au royaume nordiste. La Bible, à l'appui de son ambition, répète donc à satiété que le royaume du Nord était établi sur les territoires de la mythique monarchie unifiée, jadis gouvernée à partir de Jérusalem ; qu'il était un État jumeau ; que sa population était composée d'Israélites qui auraient dû accomplir leurs dévotions à Jérusalem ; que les Israélites qui y vivaient encore devaient se tourner vers Jérusalem ; et, enfin, que Josias, l'héritier du trône davidique et de la promesse éternelle faite par YHWH à David, était également le seul héritier légitime des territoires de l'Israël vaincu. Les auteurs de la Bible se devaient d'ôter toute légitimité aux cultes nordistes – principalement celui du sanctuaire de Béthel – et de montrer que les traditions religieuses du royaume du Nord étaient impies, qu'elles devaient être éradiquées et remplacées par un culte centralisé au Temple de Jérusalem.

C'est la performance accomplie par l'histoire deutéronomiste. À la fin du second livre de Samuel, le très pieux David établit un grand empire. Au début du premier livre des Rois, son fils Salomon monte sur le trône et continue à prospérer. Mais la richesse et la prospérité ne sont pas tout. Au contraire, elles mènent droit à l'idolâtrie. La faute de Salomon entraîne la fin de l'âge d'or. YHWH choisit Jéroboam pour diriger le royaume dissident du Nord, espérant trouver en lui un nouveau David. Mais la faute de Jéroboam Ier se révèle pire encore que celle de Salomon ; le royaume du Nord ne saisit pas la chance historique qui lui était offerte. Le déclin, puis la destruction marquent la fin de l'histoire du Nord.

Sous Josias, cependant, le moment tant attendu est venu pour Juda d'atteindre à la grandeur. Mais pour que revive l'âge d'or, le nouveau David doit racheter les fautes de Salomon et de Jéroboam Ier. Le chemin de la gloire passe nécessairement par l'épuration religieuse d'Israël et par la destruction du sanctuaire de Béthel. C'est à cette condition que se fera la réunification de tout Israël – celle du peuple et celle du territoire – autour du Temple de YHWH et du trône de David, à Jérusalem.

Notons que le récit biblique ne considère pas la partition de la monarchie unifiée de David et de Salomon comme un fait définitif, mais comme une infortune provisoire. Une fin heureuse de l'histoire n'est pas exclue. Pour peu que le peuple se décide à modifier son mode de vie et à mener de nouveau une existence pieuse, en méprisant les idoles étrangères et leurs séductions, YHWH le débarrassera de tous ses ennemis, et lui accordera le repos et le bonheur éternels au sein de la Terre promise.

7

Israël, le premier royaume tombé dans l'oubli

(884-842 av. J. C.)

Violence, idolâtrie, cupidité caractérisent le portrait peu édifiant du royaume nordiste d'Israël que nous brossent les deux livres des Rois. Après Jéroboam Ier, les méchants de l'histoire seront les souverains de la dynastie d'Omri, ce général israélite qui accéda au trône du Nord. Ses successeurs deviendront tellement influents qu'ils réussiront à placer l'une de leurs princesses sur le trône de Juda. La Bible accuse le couple le plus célèbre de cette dynastie – le roi Achab et Jézabel, son épouse, une princesse phénicienne mal famée – de s'être vautré sans la moindre retenue dans la fange des fautes les plus abominables : introduction, sur la terre d'Israël, du culte des dieux étrangers, assassinat de prêtres et de prophètes fidèles à YHWH, injuste confiscation de la propriété de leurs sujets, violation, dans une arrogante impunité, des traditions les plus sacrées d'Israël.

Les Omrides comptent parmi les dynasties les plus honnies de l'histoire biblique. Cependant, les évidences archéologiques permettent de considérer leur règne dans une perspective sensiblement différente. Si les auteurs et les éditeurs de la Bible avaient été des historiens au sens moderne du terme, peut-être auraient-ils décrit Achab comme un puissant souverain, le premier à avoir permis au royaume d'Israël d'accéder à une place éminente sur la scène internationale ; peut-être auraient-ils présenté son mariage avec la fille du roi phénicien Ittobaal comme un choix d'une grande finesse diplomatique ;

peut-être auraient-ils décrit en termes élogieux les magnifiques cités construites par les Omrides comme centres administratifs de leur royaume en pleine expansion ; peut-être auraient-ils précisé qu'Omri, suivi par son fils Achab, avait organisé l'une des plus puissantes armées de la région, ce qui leur avait permis de conquérir de larges portions de territoire dans les régions nord et en Transjordanie. Peut-être aussi auraient-ils mentionné le fait qu'Omri et Achab ne s'étaient pas particulièrement distingués par leur piété, et qu'il leur était même arrivé d'agir de façon arbitraire et brutale. Mais une telle critique pourrait s'appliquer à presque tous les monarques du Proche-Orient ancien.

En fait, comme État, Israël jouissait de richesses naturelles et de relations commerciales si étendues qu'il n'avait rien à envier, en termes de prospérité, aux royaumes voisins. Comme nous l'avons noté au chapitre précédent, Israël possédait le niveau d'organisation requis pour entreprendre des projets de constructions monumentales, pour maintenir une bureaucratie et une armée professionnelles, et pour développer une hiérarchie complexe de cités, de villes et de villages – ce qui en faisait le premier royaume israélite digne de ce nom. Ses caractéristiques, ses ambitions et ses succès différaient tant de ceux du royaume de Juda qu'ils furent sciemment occultés par la condamnation sans nuance de la Bible, qui soutenait les prétentions hégémoniques de la dynastie davidique du Sud, en avilissant et en déformant tout ce qu'avait accompli la dynastie nordiste des Omrides.

L'ASCENSION ET LA CHUTE DES OMRIDES

Le livre des Rois ne propose qu'une description succincte des premières décennies mouvementées du royaume indépendant d'Israël. À l'issue des vingt-deux années de règne de Jéroboam Ier, son fils, Nadab, qui lui avait succédé, est renversé par un coup d'État militaire au cours duquel tous les membres de la maison de Jéroboam sont massacrés – ce qui accomplit la prédiction du prophète Ahiyya. Basha, le nouveau roi, probablement un ex-officier de l'armée, fait aussitôt montre d'ardeur belliqueuse en déclarant la guerre au royaume de Juda et en marchant avec ses troupes contre Jérusalem.

Mais l'invasion de son propre royaume par le roi de Damas, Ben-Hadad, le contraint à relâcher la pression sur le royaume du Sud.

Peu après la mort de Basha, son fils, Éla, est déposé par un nouveau coup d'État, au cours duquel ce sera au tour de la maison de Basha d'être annihilée (1 R 16,8-11). Mais le règne du chef rebelle, Zimri, un commandant de chars, ne durera que sept jours. En effet, le peuple d'Israël se soulève et proclame Omri commandant en chef des armées, roi d'Israël. Le siège de Tirça et le suicide de Zimri, l'usurpateur, dans l'incendie du palais royal, accordent l'avantage à Omri et lui permettent de fonder une dynastie qui sera destinée à régner sur le royaume du Nord pendant les quarante ans qui suivront.

Durant les douze années de son règne, Omri se construit une nouvelle capitale à Samarie et consolide les fondements de sa dynastie. Son fils Achab montera sur le trône et régnera sur Israël pendant vingt-deux ans. La Bible jugera le roi Achab plus durement encore que les autres monarques du Nord ; elle dénoncera ses liaisons étroites avec l'étranger ; elle l'accusera d'idolâtrie ; elle insistera particulièrement sur les crimes de sa célèbre épouse, Jézabel, qui l'induit à l'apostasie (1 R 16,30-33) :

> Achab fils d'Omri fit ce qui déplaît à Yahvé et fut pire que tous ses devanciers. La moindre chose fut qu'il imita les péchés de Jéroboam fils de Nebat : il prit pour femme Jézabel, fille d'Ittobaal, roi des Sidoniens, et se mit à servir Baal et à se prosterner devant lui ; il lui dressa un autel dans le temple de Baal qu'il construisit à Samarie. Achab installa aussi le pieu sacré et fit encore d'autres offenses, irritant Yahvé, Dieu d'Israël, plus que tous les rois d'Israël ses prédécesseurs.

Non contente de soutenir le clergé païen de Samarie et de convier à sa table royale « quatre cent cinquante prophètes de Baal et quatre cents prophètes d'Achéra », Jézabel ordonne que tous les prophètes de YHWH présents dans le royaume d'Israël soient tués.

Le récit biblique abonde en détails sur les fautes et les crimes commis par les Omrides – sans oublier les querelles innombrables qui les opposeront à Élie et à Élisée, les deux célèbres prophètes de YHWH qui parcourent le royaume du Nord. Élie défie Achab et lui ordonne de rassembler tous les prophètes de Baal et d'Achéra qui « mangent à la table de Jézabel » sur le mont Carmel pour une compétition de pouvoir sacré. À cet endroit, devant « tout le peuple », chaque adversaire construit un autel à son dieu pour y sacrifier un taureau, en implorant leur déité respective de consumer l'offrande par le feu. Alors que Baal ne répond pas aux implorations de ses partisans, YHWH envoie immédiatement une puissante flamme du ciel qui consume l'offrande d'Élie. Stupéfaits, les spectateurs tombent la face contre terre, en s'écriant : « C'est Yahvé qui est Dieu ! » Ils se jettent alors sur les prophètes de Baal qu'ils égorgent près du torrent de Qishôn.

Élie s'enfuit dans le désert pour échapper à la fureur de Jézabel. Atteignant les hauteurs désolées de l'Horeb, la montagne de Dieu, il y reçoit l'oracle divin. S'adressant directement à Élie, YHWH lui prédit la fin de la maison d'Omri. YHWH ordonne à Élie d'oindre Hazaël comme roi d'Aram-Damas, rival acharné du royaume du Nord. Il lui ordonne également d'oindre Jéhu, le chef de l'armée d'Achab, comme roi d'Israël. Il lui ordonne enfin de nommer, à sa place, Élisée comme prophète. Ces trois commandements, d'après YHWH, suffiront à punir la maison d'Omri de ses crimes, car « celui qui échappera à l'épée d'Hazaël, Jéhu le fera mourir, et celui qui échappera à l'épée de Jéhu, Élisée le fera mourir » (1 R 19,17).

Pourtant, YHWH accordera une deuxième chance au royaume du Nord, en secourant Israël lors de l'invasion du pays par Ben-Hadad, le roi d'Aram-Damas, qui assiège Samarie. Il accordera à Israël une troisième chance, lorsque, l'année suivante, il donnera à Achab la victoire sur Ben-Hadad, dans une bataille près de la mer de Galilée. Malheureusement, Achab se montrera indigne de l'aide divine. En effet, il épargne la vie de son ennemi en échange de bénéfices temporels : la récupération des cités qui avaient appartenu au royaume d'Israël et le droit d'établir « des bazars à Damas ». Un prophète informe Achab qu'il paiera de sa vie pour n'avoir pas obéi au commandement de YHWH de supprimer Ben-Hadad.

La Bible raconte alors une histoire destinée à démontrer le comportement immoral du couple royal à l'égard de son propre peuple – un péché de plus que les époux devront payer de leur vie. Un homme du nom de Nabot possède une vigne à proximité du palais d'Achab, à Jezréel ; ce vignoble contrarie les plans d'agrandissement d'Achab. Désireux de l'acquérir, le roi offre à Nabot deux solutions de paiement : soit il lui échange sa vigne contre une meilleure, soit il le paye en argent. Nabot, qui ne veut pas se séparer de son héritage familial, refuse tout net. Jézabel répand la rumeur que Nabot a blasphémé : le peuple lapide Nabot, sous le regard réjoui de la reine. À peine Achab prend-il possession du vignoble que le prophète Élie fait de nouveau son apparition. Sa prédiction est terrifiante (1 R 21,19-24) :

> Ainsi parle Yahvé : « Tu as assassiné, et de plus tu usurpes !... À l'endroit même où les chiens ont lapé le sang de Nabot, les chiens laperont ton sang à toi aussi... Voici que je vais faire venir sur toi le malheur : je balayerai ta race, j'exterminerai les mâles de la famille d'Achab, liés ou libres en Israël. Je traiterai ta maison comme celle de Jéroboam fils de Nebat et celle de Basha fils d'Ahiyya, car tu as provoqué ma colère et fait pécher Israël. » Contre Jézabel aussi Yahvé a prononcé une parole : « Les chiens dévoreront Jézabel dans le champ de Yizréel (Jezréel). Celui de la famille d'Achab qui mourra dans la ville, les chiens le mangeront, et celui qui mourra dans la campagne, les oiseaux du ciel le mangeront. »

C'est l'époque où les royaumes d'Israël et de Juda ont conclu une alliance : Josaphat, le roi de Juda, a joint ses forces à celles d'Achab pour combattre Aram-Damas à Ramot de Galaad, sur la rive opposée du Jourdain. Dans le combat, une flèche atteint Achab, qui meurt sur le champ de bataille. On rapporte sa dépouille à Samarie pour l'inhumer. Du sang a coulé au fond de son char de bataille. Au moment où le char est lavé, les chiens lapent le sang, accomplissant ainsi la sombre prédiction d'Élie.

Ochozias, le fils d'Achab, monte sur le trône. Lui aussi déplaît à YHWH. Blessé en tombant « du balcon de sa maison à Samarie », il envoie des messagers pour consulter Baal Zébud, le dieu de la cité philistine d'Éqrôn, sur ses chances de guérison. Élie lui reproche d'avoir fait appel à une idole étrangère plutôt qu'à YHWH et lui annonce sa mort imminente.

Finalement, Joram, le frère d'Ochozias, le quatrième et dernier roi de la dynastie omride, monte sur le trône. Mésha, le roi de Moab, vassal de longue date d'Israël, se rebelle. Joram part en campagne contre Moab. Il est secondé par Josaphat, le roi de Juda, et un roi anonyme d'Édom. Élisée, le prophète, leur prédit la victoire uniquement parce que Josaphat, le bon roi de Juda, combat de leur côté. Les Moabites sont donc vaincus et leurs cités détruites par la triple alliance israélo-judéo-édomite.

Mais l'anéantissement prédit des Omrides est imminent. La venue d'Hazaël sur le trône de Damas entame le déclin des succès politiques et militaires de la dynastie. Hazaël défait l'armée d'Israël à Ramot de Galaad, à l'est du Jourdain. Le roi d'Israël, Joram, est sévèrement blessé sur le champ de bataille. Élie envoie l'un des fils des prophètes de YHWH oindre Jéhu, le commandant de l'armée, comme roi d'Israël, afin que ce dernier frappe la maison d'Achab. C'est ce qu'il fera. En revenant à son palais de Jezréel pour soigner sa blessure, en compagnie d'Ochozias, roi de Juda, Joram rencontre Jéhu (la rencontre a lieu symboliquement dans le vignoble de Nabot), qui le tue d'une flèche en plein cœur. Ochozias tente d'échapper mais, blessé à son tour, il se réfugie dans la cité voisine de Megiddo, où il décède.

La liquidation totale de la famille d'Achab approche inexorablement. Jéhu pénètre alors dans le palais royal de Jezréel, où il ordonne que Jézabel soit défenestrée. Les serviteurs chargés de ramasser son cadavre pour l'enterrer ne retrouveront que le crâne, les pieds et les mains – les chiens errants ayant dévoré le reste, selon la prédiction d'Élie. Au même moment, les fils d'Achab vivant à Samarie – au nombre de soixante-dix – sont massacrés jusqu'au dernier ; leurs têtes, mises dans des paniers, sont envoyées à Jéhu, à Jezréel, qui ordonne qu'on les entasse à l'entrée de la porte de la cité pour que la foule les contemple. Jéhu se rend à Samarie pour y supprimer les derniers représentants de la maison d'Achab. Ainsi disparaît la dynastie omride. La terrible prédiction d'Élie est accomplie à la lettre.

FRONTIÈRES LOINTAINES ET PUISSANCE MILITAIRE

La tragédie qui frappe les Omrides est un classique de la littérature, riche en personnages hauts en couleur et en scènes dramatiques. Une famille royale paye de sa disparition sanglante les crimes qu'elle a commis contre son propre peuple. Le souvenir du règne d'Achab et de Jézabel est resté vivace pendant des siècles, puisque l'histoire deutéronomiste – compilée plus de deux siècles après leur mort – leur accorde une telle importance. Cependant, le récit biblique est tellement truffé d'anachronismes et d'incohérences, si visiblement influencé par la théologie chère aux auteurs du VIIe siècle av. J. C., qu'il tient davantage du roman historique que de la chronique précise et fiable. Parmi les aberrations, il faut noter la prétendue invasion de

Samarie par le roi de Damas, Ben-Hadad, qui eut lieu après le règne d'Achab. La mention d'une alliance entre Israël et un roi édomite anonyme compte aussi parmi les anachronismes : le premier monarque d'Édom régna un bon siècle après la disparition des Omrides. En fait, si l'on supprime tous les anachronismes, et les histoires de menaces et de prédictions accomplies, il ne reste, du compte rendu biblique, quasiment aucun matériau vérifiable, hormis la succession des rois israélites, certains de leurs projets de construction les plus célèbres et l'aire générale de leurs activités militaires.

Fort heureusement – pour la première fois dans l'histoire d'Israël –, nous possédons un certain nombre de sources historiques extérieures à la Bible, qui permettent de voir les Omrides sous une perspective différente : comme de puissants chefs militaires de l'un des États les plus forts du Proche-Orient. La clé de cette nouvelle compréhension se trouve dans la soudaine apparition d'inscriptions monumentales qui se réfèrent directement au royaume d'Israël. La première mention du royaume du Nord sous la dynastie omride n'est pas accidentelle. La progression de l'Empire assyrien, à partir du centre de la Mésopotamie en direction de l'ouest – avec sa bureaucratie développée et sa coutume de consigner les actions de ses dirigeants dans des déclarations publiques –, influençait profondément la culture des États en cours de formation comme Israël, Aram et Moab. À dater du IXe siècle av. J. C., les archives assyriennes et celles des pouvoirs de moindre importance du Proche-Orient nous livrent des témoignages de première main sur les personnalités et les événements décrits dans le texte biblique.

Sous David et Salomon, l'organisation politique de la région n'avait pas atteint un stade de développement caractérisé par une bureaucratie étendue et des inscriptions monumentales. Un siècle plus tard, sous le règne de la dynastie omride, les développements économiques internes et les pressions politiques externes avaient provoqué l'émergence, dans le Levant, de plusieurs États nationaux et territoriaux, complètement constitués. Par là, rappelons-le, l'anthropologie entend un territoire gouverné par une organisation bureaucratique complexe, apte à mettre sur pied des projets importants de construction, de maintenir une armée permanente, de développer des relations commerciales suivies avec les régions voisines ; capable également de conserver des comptes rendus de ses activités dans des archives et sur des inscriptions monumentales placées à la vue du public. À partir du IXe siècle av. J. C., les événements politiques majeurs étaient enregistrés sur des inscriptions monumentales, composées selon la perspective de chaque roi. Ces inscriptions jouent un rôle crucial pour déterminer les dates précises des événements et des personnages mentionnés dans la Bible. Et, pour celui qui connaît la version biblique, elles brossent un portrait inattendu de l'étendue et du pouvoir du royaume d'Israël.

L'une de ces inscriptions les plus importantes est la stèle de Mésha, découverte en 1868, sur le tertre du village de Dhiban, en Jordanie du Sud, à l'est de la mer Morte – le site est celui de la Dibôn biblique, capitale de Moab. Cette inscription monumentale fut endommagée en raison d'une rivalité qui opposa les explorateurs européens aux Bédouins locaux, mais les fragments qui ont survécu ont pu être rassemblés. Le texte reconstitué représente le document extra-biblique le plus long jamais découvert dans le Levant. Il est écrit en moabite, dialecte cananéen très proche de l'hébreu. Il célèbre les succès remportés par le roi Mésha, qui conquit les territoires nord de Moab et établit sa capitale à Dibôn. La découverte de cette inscription suscita beaucoup d'enthousiasme au XIXe siècle car le chapitre 3 du livre 2 des Rois mentionne Mésha comme un vassal rebelle du royaume nordiste d'Israël.

Pour la première fois, nous étions en présence d'une version différente de l'histoire, qui était en même temps la première description jamais découverte des souverains de la dynastie omride. Les événements décrits dans l'inscription se sont déroulés au IXe siècle av. J. C., lorsque, d'après le fragment de texte, « Omri [était] roi d'Israël, et il opprima Moab pendant de nombreux jours… Et son fils lui succéda, et lui aussi déclara : “Je vais humilier Moab.” Ainsi a-t-il parlé, sous mon règne… Et Omri a pris possession de la terre de Medeba. Et il y habita pendant son règne, et la totalité des règnes de ses fils : pendant quarante ans. »

L'inscription poursuit en racontant comment Mésha, en rébellion contre Israël, élargit graduellement son territoire en détruisant les principales places fortes d'Israël situées à l'est du Jourdain, tout en fortifiant et en embellissant sa propre capitale. Mésha ne cache pas le mépris qu'il éprouve pour Omri et son fils Achab ; mais son inscription triomphale nous apprend que le royaume d'Israël s'étendait beaucoup plus loin en direction de l'est et du sud qu'auparavant, à l'époque où il se bornait aux hautes terres de la région centrale.

De même, l'inscription de la « maison de David », découverte en 1993 dans la cité biblique de Dan, mentionne les conflits entre Israël et Aram-Damas. Les fragments découverts jusqu'ici ne révèlent pas le nom du monarque qui l'a érigée, mais nous pouvons déduire du contexte général qu'il s'agit du puissant Hazaël, roi d'Aram. La Bible en parle à plusieurs reprises, notamment comme instrument choisi par Dieu pour humilier la maison d'Omri. D'après l'inscription, Hazaël aurait capturé la cité de Dan et y aurait érigé une stèle triomphale aux alentours de l'an 835. L'inscription rapporte les paroles du victorieux Hazaël, furieux parce que « le roi d'I[s]raël a pénétré auparavant sur la terre de mon père ». Puisque l'inscription mentionne le nom du fils et successeur d'Achab, Joram, l'implication est claire : sous les Omrides, le royaume d'Israël s'étendait des portes de Damas jusqu'aux territoires méridionaux de Moab, outre les hautes terres et les vallées centrales d'Israël. Israël régnait donc sur une population assez considérable de non-Israélites.

La dynastie des Omrides, apprenons-nous également, possédait une puissante armée. Le récit biblique insiste sur ses échecs militaires successifs – sans jamais mentionner de menace en provenance de l'Assyrie –, mais c'est l'Assyrie elle-même qui nous donne certaines preuves tangibles de l'étendue du pouvoir des Omrides. Salmanasar III, l'un des plus grands souverains assyriens, qui régna de 858 à 824 av. J. C., nous offre ce qui est sans doute le compliment le plus clair – bien qu'involontaire – sur le pouvoir de la dynastie israélite. En l'an 853, Salmanasar III prend la tête d'une puissante armée d'invasion qui marche vers l'occident dans l'intention d'intimider, voire de conquérir les États plus petits de Syrie, de Phénicie et d'Israël. Une coalition antiassyrienne attend son armée près de Qarqar, sur le fleuve Oronte, en Syrie occidentale. Dans un texte d'une importance considérable, connu sous le nom de « Monolith Inscription » (« inscription monolithique »), découvert dans les années 1840 par l'explorateur anglais Austen Henry Layard, sur le site de l'antique Namrud, Salmanasar III se vante d'avoir remporté une éclatante victoire. Le monument en pierre noire, rempli de caractères cunéiformes, énumère fièrement les forces rassemblées contre Salmanasar : « Les

1 200 chars, 1 200 cavaliers et 20 000 guerriers du roi Adadezer, de Damas ; les 700 chars, 700 cavaliers et 10 000 guerriers du roi Irhuleni, d'Hamath ; les 2 000 chars et 10 000 guerriers du roi Achab, l'Israélite ; les 500 guerriers de Que ; les 1 000 guerriers de Musri ; les 10 chars et 10 000 guerriers d'Irqanata… »

Non seulement c'est la première fois que l'on mentionne un roi d'Israël dans un texte non biblique, mais la description de l'armement « lourd » (les 2 000 chars) d'Achab en fait le membre le plus puissant de la coalition antiassyrienne. Le grand Salmanasar III a beau chanter victoire, l'issue tangible de la confrontation pèse plus lourd que sa vantardise royale : Salmanasar III est contraint de regagner l'Assyrie en toute hâte ; au moins pendant quelque temps, les visées assyriennes en direction de l'occident sont contenues.

Ainsi, trois inscriptions antiques (dont, comble de l'ironie, les auteurs ne sont autres que les trois ennemis les plus féroces d'Israël) nous livrent une information complémentaire au récit biblique. La Bible nous parle bien d'une armée araméenne qui assiège Samarie, mais Omri et ses successeurs étaient en réalité de puissants souverains, capables d'agrandir leur territoire et d'entretenir une des armées les plus puissantes de la région. Ils jouaient un rôle important en politique internationale (à une époque où le royaume de Juda est ignoré par l'inscription de Salmanasar) et s'efforçaient de préserver leur indépendance par rapport à leurs rivaux régionaux et de se protéger de la menace constante de l'Empire assyrien.

PALAIS, ÉCURIES ET CITÉS-ENTREPÔTS

L'archéologie prouve également que les qualités de bâtisseurs et d'administrateurs des Omrides dépassaient largement celles de tous les autres monarques qui aient jamais régné sur Israël et sur Juda. Dans une certaine mesure, leur règne coïncide avec le premier âge d'or des souverains israélites. Pourtant, la Bible nous livre une description des plus succinctes du royaume des Omrides. Hormis la mention de palais somptueux à Samarie et à Jezréel, on n'y trouve aucune référence à la dimension, à l'importance et à l'opulence de leur royaume. Au début du XXe siècle, l'archéologie apporta une contribu-

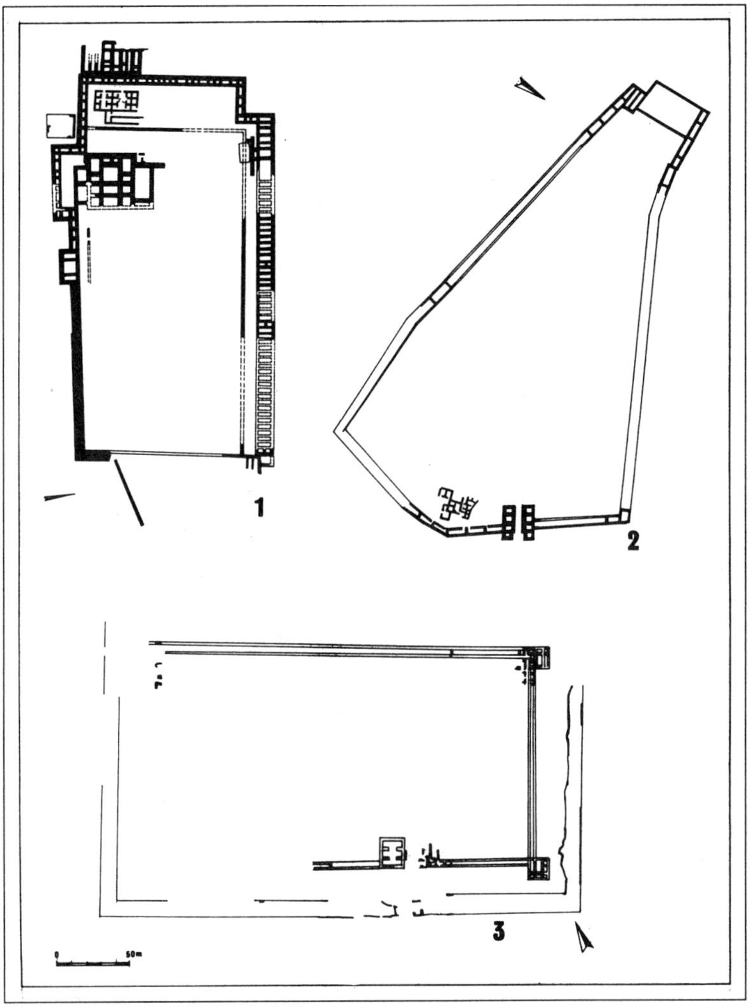

Ill. 8. Plan de trois sites omrides : Samarie (1), Haçor (2) et Jezréel (3). Les trois plans sont à la même échelle. (*Les plans 1 et 2 sont dus au professeur Zeev Herzog, de l'université de Tel-Aviv.*)

tion significative, grâce aux fouilles d'envergure qui se poursuivaient sur le site de la capitale d'Omri, Samarie. Il ne fait aucun doute que Samarie fut construite par Omri, d'autant plus que des sources assyriennes ultérieures appellent le royaume du Nord « la maison d'Omri », ce qui tend à prouver que c'était bien lui qui en avait fondé la capitale. Le site, fouillé dans un premier temps en 1908-1910 par une expédition de l'université d'Harvard, fit l'objet d'explorations plus approfondies, dans les années 1930, par une équipe américaine, britannique et judéo-palestinienne. Ces fouilles ont révélé davantage encore la splendeur des Omrides.

Le site de Samarie demeure, aujourd'hui encore, impressionnant. Situé au milieu de collines onduleuses plantées d'oliviers et d'amandiers, il surplombe une riche région agricole. La découverte de quelques tessons, de murets et d'installations taillées dans le roc indique que le site était occupé avant la venue d'Omri ; il devait déjà y avoir un petit village, ou une ferme israélite, aux XIe et Xe siècles av. J. C. Peut-être s'agit-il du patrimoine de Shémer, que le livre 1 des Rois (1 R 16,24) désigne comme le propriétaire initial. Toujours est-il qu'avec l'arrivée d'Omri et de sa cour (env. 800 av. J. C.), la ferme fut rasée et un opulent palais, avec les bâtiments auxiliaires pour les serviteurs et le personnel de la cour, s'éleva sur le sommet de la colline.

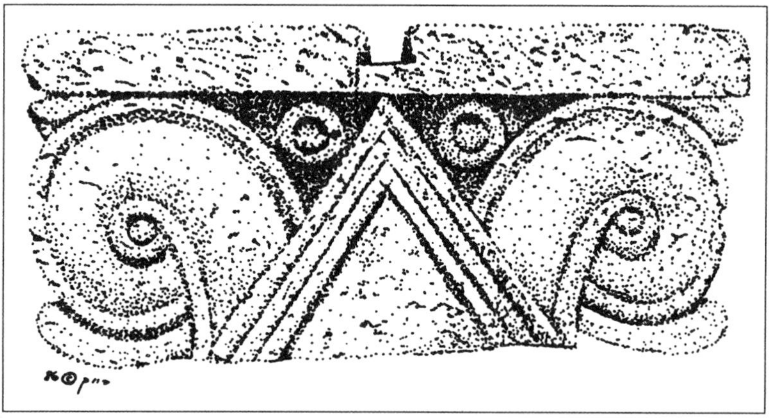

Ill. 9. Chapiteau proto-éolique.
Avec la permission de l'Israel Exploration Society.

Samarie fut probablement conçue dès le départ comme la capitale personnelle des Omrides. Elle représente l'expression architecturale la plus grandiose des règnes d'Omri et d'Achab (ill. 8 [1]). L'étroitesse du sommet de la colline n'en faisait pourtant pas l'endroit idéal pour l'établissement d'une vaste enceinte royale. Pour résoudre ce problème, les bâtisseurs entreprirent de gigantesques travaux de terrassement – une innovation des plus audacieuses dans l'Israël de l'âge du Fer –, afin de créer, au sommet de la colline, une immense plate-forme artificielle. Une énorme muraille à casemates fut élevée tout autour de la colline, ceinturant le sommet et la partie supérieure des pentes d'un vaste enclos rectangulaire. Quand ce mur de soutènement fut achevé, les équipes de manœuvres comblèrent l'intérieur avec des milliers de tonnes de terre rapportée du voisinage.

L'échelle du projet était énorme. Le remblai de terre à l'intérieur du mur de soutien atteint parfois une hauteur de sept mètres. C'est sans doute pour cette raison que le mur d'enceinte supportant le complexe palatial fut construit en casemates, lesquelles, remplies également de terre, soulageaient la pression énorme du remblai. Une acropole royale de près de trois hectares fut ainsi créée. Cet amas gigantesque de pierres et de terre est comparable, en audace et en extravagance (mais peut-être pas en dimension), aux travaux accomplis par Hérode le Grand, un millier d'années plus tard, sur le mont du Temple, à Jérusalem.

Un splendide palais, d'une dimension exceptionnelle, comparable aux palais contemporains du nord de la Syrie, dominait l'un des côtés de la plate-forme artificielle. Les excavations de ce palais, bien que partielles, suffisent à en révéler le plan : le bâtiment central à lui seul couvrait une surface de 2 500 m^2. Avec son mur d'enceinte entièrement construit de belles pierres parfaitement taillées, il reste de loin le plus bel édifice, et le plus vaste, datant de l'âge du Fer, jamais découvert en Israël. La décoration architecturale est exceptionnellement belle. Des chapiteaux proto-éoliques (appelés ainsi en raison de leur ressemblance avec le style grec du même nom qui apparut plus tard) furent découverts parmi les décombres accumulés des siècles ultérieurs (ill. 9). Ces chapiteaux ornaient probablement une porte monumentale, qui devait donner sur l'acropole, à moins qu'ils n'aient fait partie de l'entrée même du palais principal. Il ne reste pas grand chose du mobilier, à part des ivoires finement sculptés, aux motifs syro-phéniciens ou égyptiens, datant sans doute du VIIIe siècle av. J. C. Ces ivoires, qui devaient embellir les meubles du palais, expliquent peut-être pourquoi la Bible (1 R 22,39) nomme ce palais « la maison d'ivoire », attribuée à Achab.

Plusieurs édifices administratifs entouraient le palais, mais la plus grande partie de l'esplanade était ouverte. Les humbles demeures des habitants devaient s'agglutiner sur les pentes que dominait l'acropole. Aux yeux des visiteurs, des commerçants et des émissaires officiels qui arrivaient à Samarie, l'impression laissée par la cité royale des Omrides devait être puissante. Cet acropole et cet énorme palais, si artistiquement décoré, devaient témoigner d'une richesse, d'un pouvoir et d'un prestige considérables.

Samarie ne fait que marquer le début de la découverte de la grandeur des Omrides. Vint ensuite Megiddo. Vers le milieu des années 1920, l'équipe de l'université de Chicago exhuma un palais de l'âge du Fer construit en très belles pierres appareillées. Clarence S. Fisher, le premier directeur des fouilles de Megiddo entreprises par l'Oriental Institute, avait travaillé auparavant à Samarie ; la ressemblance entre les styles architecturaux des deux palais le frappa d'emblée. Il fut confirmé dans son observation par John Crowfoot, le chef de l'expédition de Samarie, qui trouvait que la similitude des techniques de construction et des plans d'ensemble à Samarie et à Megiddo indiquait que l'un et l'autre site avaient été bâtis sous le patronage des Omrides. Malheureusement, leur parenté architecturale ne fut pas étudiée avant de nombreuses décennies. La gloire de Salomon fascinait plus les membres de l'équipe de l'université de Chicago que ne le faisaient les méchants Omrides. Négligeant les ressemblances de style de construction rencontrées à Samarie et à Megiddo, ils datèrent les complexes à piliers (vraisemblablement des écuries) de la couche suivante de l'époque de la monarchie unifiée. Au début des années 1960, quand Yigael Yadin, de l'Université hébraïque de Jérusalem, entreprit ses fouilles à Megiddo, il data les palais – l'un exhumé dans les années 1920 et l'autre exhumé par ses soins – de l'époque de Salomon et relia les couches suivantes, contenant les écuries et d'autres structures, à l'ère des Omrides.

La cité devait être impressionnante (ill. 10). De massives fortifications la protégeaient et, d'après Yadin, de grandes portes à double tenaille (construites directement au-dessus des portes « salomoniques » antérieures) en commandaient l'entrée. L'intérieur de la cité était surtout marqué par les deux séries de bâtiments à piliers identifiés depuis longtemps comme des écuries. Cependant, Yadin n'établit

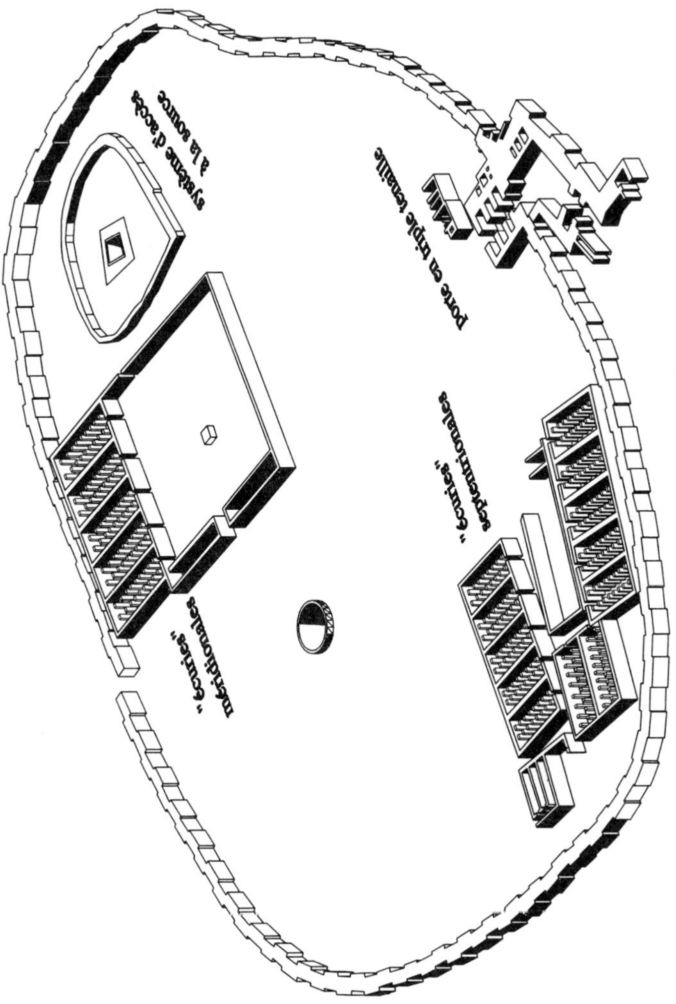

Ill. 10. Megiddo au VIIIe siècle av. J. C. La porte en triple tenaille (attribuée par Yadin au niveau salomonique) appartient probablement à ce niveau.
(Avec l'autorisation du professeur David Ussishkin, de l'université de Tel-Aviv.)

pas la connexion avec les descriptions bibliques de la puissante charrerie de Salomon, mais avec celle d'Achab, mentionnée dans l'inscription de Salmanasar. Néanmoins, comme nous allons le voir, Yadin n'a pas identifié correctement la cité d'Achab ; ces écuries appartiennent probablement à un souverain israélite encore plus tardif.

L'exploration archéologique de la cité d'Haçor, entreprise par Yadin dans les années 1950 et 1960, a apporté des preuves supplémentaires de la splendeur des Omrides. Haçor aussi était ceinturée de puissants remparts. Au centre de la cité, Yadin a mis au jour un édifice à piliers, d'une facture semblable aux écuries de Megiddo, divisé en trois travées par deux rangées de piliers de pierre. Mais, cette structure n'ayant pas de mangeoires pour nourrir les bêtes, elle fut assimilée à un entrepôt royal. Une imposante citadelle, au bout de l'extrémité étroite de la partie orientale du tertre, entourée d'un mur d'enceinte, a été également identifiée.

Un autre site majeur, en relation avec les Omrides, est la cité de Dan, située à l'extrémité nord du pays, près des sources du Jourdain. Nous avons déjà mentionné la stèle érigée à Dan par Hazaël, le roi d'Aram-Damas, qui accuse les Omrides d'avoir dépossédé les Araméens de ce fief. Les fouilles de Dan, entreprises sous la direction d'Abraham Biran, du Hebrew Union College, ont exhumé d'importantes fortifications appartenant à l'âge du Fer, une gigantesque porte et un sanctuaire doté d'un haut lieu. Ce vaste podium, mesurant environ vingt mètres de côté, construit en belles pierres appareillées, ainsi que les autres structures monumentales de la cité ont été datés de l'époque des Omrides.

Pourtant, la prouesse d'ingénierie la plus remarquable que l'on peut mettre à l'actif des Omrides, ce sont les énormes tunnels percés dans la roche, menant à une source située sous les cités d'Haçor et de Megiddo. Ces souterrains permettaient aux habitants de s'approvisionner en permanence en eau potable, même en période de siège. Dans le Proche-Orient antique, l'avantage était considérable. En effet, si la plupart des villes importantes étaient protégées par des fortifications qui leur permettaient de repousser l'assaut ou le siège de l'ennemi le plus déterminé, rares étaient celles qui bénéficiaient d'une source à l'intérieur même de leurs murailles. Certes, l'eau de pluie pouvait être collectée dans les citernes ; mais cela se révélait insuffisant en cas de siège prolongé pendant la sécheresse de l'été – en particulier si un afflux de réfugiés était venu grossir la population de la cité.

La plupart des cités antiques étant situées près de sources, le défi consistait donc à s'en assurer l'accès. Ce délicat problème fut habilement résolu grâce aux tunnels d'Haçor et de Megiddo. À Haçor, un puits de grand diamètre fut percé à travers les débris des cités antérieures, puis dans le roc. Sa profondeur, d'une trentaine de mètres, nécessita la construction d'un parement intérieur de pierre pour prévenir les éboulements. Des paliers successifs menaient jusqu'au fond, où un tunnel de vingt-cinq mètres de long descendait en pente douce jusqu'à un bassin alimenté par une source. On imagine facilement les porteurs d'eau, en file indienne, qui descendaient les marches, empruntaient le tunnel pour aller remplir leurs jarres au fond de cette caverne artificielle, et qui remontaient à la surface pour alimenter les assiégés en eau fraîche.

Le système d'alimentation en eau potable de Megiddo (ill. 11) consistait en un puits plus simple, de vingt-cinq mètres de profondeur, creusé à travers les débris des villes antérieures, puis à travers le roc. Il menait à un tunnel horizontal, de soixante-dix mètres de long, dont la largeur et la hauteur permettaient à plusieurs personnes de circuler en même temps. Le tunnel conduisait à une grotte où coulait une source située en bordure du tertre. Un mur bloquait et camouflait l'ouverture extérieure de la grotte. Yadin a daté les deux systèmes d'adduction d'eau de Megiddo et d'Haçor de l'époque des Omrides. Il établit un lien entre l'habileté des Israélites pour creuser des systèmes

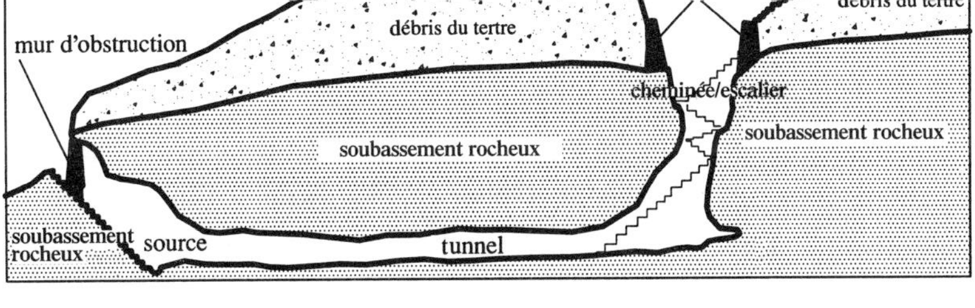

Ill. 11. Coupe du tunnel conduisant à la source de Megiddo.

de ce type et la stèle de Mésha, sur laquelle le roi moabite explique que des prisonniers de guerre israélites l'ont aidé à creuser un réservoir d'eau potable dans sa propre capitale. Il est évident que la construction d'installations aussi monumentales exige un énorme investissement et une organisation administrative efficace, sans parler d'un haut niveau de compétence technique. D'un point de vue purement fonctionnel, les ingénieurs de l'âge du Fer auraient peut-être obtenu un résultat identique avec un investissement moindre en creusant simplement un puits jusqu'à la nappe phréatique située sous le tertre. Mais la vision impressionnante de ces grandes installations hydrauliques devait ajouter au prestige de l'autorité royale qui les avait entreprises.

UN TOURNANT OUBLIÉ DANS L'HISTOIRE ISRAÉLITE

Quand bien même les archéologues, du début jusqu'à la moitié du XXe siècle, attribuaient nombre de magnifiques projets architecturaux aux Omrides, la période de leur règne sur Israël n'était jamais apparue comme un moment particulièrement formateur dans l'histoire biblique. Haute en couleur, certes ; mouvementée, à n'en point douter. D'ailleurs, en termes purement historiques, la Bible semblait l'introduire de façon suffisamment détaillée et précise, sans compter les informations additionnelles fournies par les textes assyriens, moabites et araméens. Tant d'énigmes historiques restaient à résoudre par des fouilles et autres recherches : le processus précis de l'installation israélite ; la cristallisation politique de la monarchie, sous David et Salomon ; voire les raisons cachées des conquêtes assyrienne et babylonienne sur la terre d'Israël. On avait tendance à considérer l'archéologie omride comme un à-côté de l'agenda principal de l'archéologie biblique ; on lui accordait bien moins d'attention qu'à la période salomonique.

Toutefois, il y avait quelque chose d'intrinsèquement faux dans cette corrélation initiale entre l'histoire biblique et les découvertes archéologiques. Les nouvelles questions qui surgirent à propos de la nature, de l'étendue, voire de l'existence historique du vaste royaume de Salomon – et de la nouvelle datation des couches archéologiques –

affectèrent, par la même occasion, la compréhension scientifique des Omrides. En effet, si Salomon n'était pas l'auteur des portes et des palais « salomoniques », qui les avait construits ? Les Omrides devinrent les candidats les plus évidents. Les premiers modèles architecturaux des palais exhumés à Megiddo (initialement attribués à Salomon) provenaient du nord de la Syrie – origine supposée de ce type de palais – et dataient du IXe siècle av. J. C., un bon siècle après Salomon ! Or, cette période était précisément celle des Omrides.

L'indice le plus probant qui permit de redater les portes et les palais dits « salomoniques » fut découvert sur le site biblique de Jezréel, situé à environ seize kilomètres à l'est de Megiddo, au cœur de la vallée du même nom. Le site occupe un beau sommet ; il jouissait d'un climat doux en hiver, d'un vent frais en été ; il offrait aux regards un splendide panorama sur toute la vallée de Jezréel et les collines avoisinantes, sur Megiddo à l'ouest, sur la Galilée au nord, sur Beth-Shéân et Galaad, à l'est. Jezréel est célèbre surtout en raison du récit biblique de la vigne de Nabot, et des plans d'élargissement du palais d'Achab et de Jézabel ; c'est aussi la scène de l'extermination finale et sanglante de la dynastie omride. Dans les années 1990, David Ussishkin, de l'université de Tel-Aviv, et John Woodhead, de la British School of Archaeology de Jérusalem, ont fouillé le site. Ils ont exhumé une vaste enceinte royale, semblable à celle de Samarie (ill. 8 [3], p. 209). Cette esplanade impressionnante ne fut occupée que pendant une brève période, au IXe siècle av. J. C. – uniquement, semble-t-il, sous le règne des Omrides ; elle fut détruite peu après sa construction, peut-être en raison de la chute des Omrides et des invasions du nord d'Israël par les armées d'Aram-Damas, qui en résultèrent.

À Jezréel, comme à Samarie, on avait monté, autour de la colline originelle, un énorme mur à casemates, à l'image d'un coffrage que l'on aurait rempli de milliers de tonnes de terre rapportée. Il résultait de ces travaux gigantesques de terrassement une vaste esplanade, sur laquelle furent bâtis les édifices intérieurs de l'enceinte royale. À Jezréel, les archéologues découvrirent d'autres éléments, inconnus auparavant, qui caractérisaient le style architectural des Omrides. Le mur était soutenu à l'extérieur par un glacis de terre qui l'empêchait de s'effondrer. Un élément défensif supplémentaire entourait l'enceinte : une énorme douve, creusée dans le roc, d'au moins huit mètres de large et de plus de cinq mètres de profondeur. L'entrée de l'enceinte royale des Omrides consistait en une porte monumentale, probablement en triple tenaille.

Comme la chronologie de Jezréel se réduisait à une brève occupation au IXe siècle av. J. C., le site offre un cas unique où les styles particuliers de poterie découverts à l'intérieur peuvent servir d'indicateur sûr pour les périodes omrides des autres sites. Il est révélateur de constater que les styles de poterie découverts sur l'enceinte royale de Jezréel sont presque identiques à ceux qui ont été découverts sur la couche correspondant aux palais « salomoniques » de Megiddo. Il devenait de plus en plus évident, aussi bien du point de vue de l'architecture que de la céramique, que les Omrides – et non pas Salomon – étaient les auteurs des bâtiments en pierre de taille de Megiddo, ainsi que des enceintes royales de Jezréel et de Samarie.

L'hypothèse que les Omrides, et non pas Salomon, avaient fondé la première monarchie pleinement constituée d'Israël sembla d'autant plus convaincante que l'on se mit à jeter un regard neuf sur les preuves accumulées dans les autres cités importantes du royaume d'Israël. À Haçor, sur l'acropole, l'enceinte triangulaire – cernée par un mur à casemates et fermée par une porte à triple tenaille – avait été confondue par Yadin avec la cité fondée par Salomon au Xe siècle av. J. C. La nouvelle datation de la poterie sur la base des découvertes de Jezréel plaçait ce niveau de la ville au début du IXe siècle av. J. C. En outre, la ressemblance est frappante avec les enceintes des palais de Samarie et de Jezréel (ill. 8 [2], p. 209). La topographie du site imposait une forme triangulaire à Haçor, mais sa construction imposa d'énormes travaux de terrassement pour mettre à niveau la porte et l'espace extérieur, à l'est. Une douve impressionnante, d'une largeur estimée à cinquante mètres et d'une profondeur de plus de dix mètres, fut creusée à l'extérieur du mur à casemates. La similitude avec Jezréel et Samarie est évidente. Ainsi, cette cité, longtemps attribuée à Salomon, est probablement omride.

Une fine analyse des vestiges de Megiddo et de Gézér permet d'évaluer l'ampleur des projets architecturaux omrides. Bien que Megiddo ne possède pas de mur à casemates, les deux magnifiques palais édifiés sur le sommet du tertre rappellent par leur spécifique appareillage en pierre de taille les techniques de construction utilisées

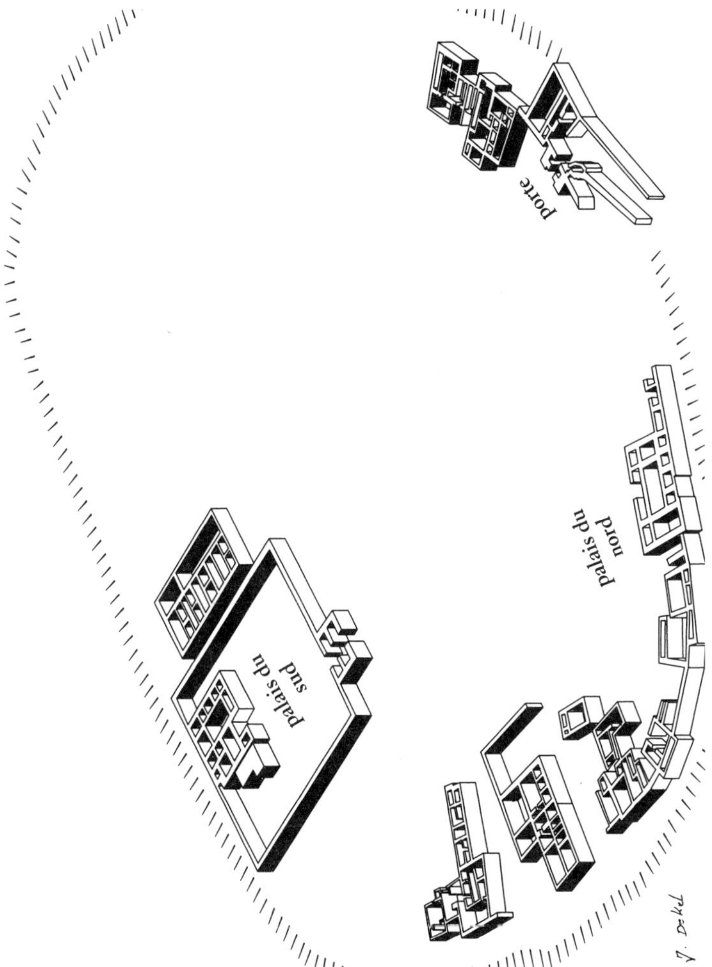

Ill. 12. La cité omride de Megiddo.

à Samarie (ill. 12). La ressemblance est particulièrement frappante dans le cas du palais le plus méridional. Construit à l'extrémité d'une vaste cour, dans le style des palais syriens de type *bit hilani*, il s'étend sur plus de 660 mètres carrés. Deux chapiteaux proto-éoliques de taille remarquable, comme ceux trouvés à Samarie, ont été découverts près de l'entrée monumentale de l'enceinte royale ; ils peuvent avoir décoré cette entrée. Norma Franklin, membre de l'équipe de fouilles de Megiddo, a observé une similitude supplémentaire : le palais méridional de Megiddo et le palais de Samarie sont les seuls édifices de l'âge du Fer en Israël à avoir le même type de marques de maçon. Un second palais, situé à l'extrémité nord du tell, est actuellement en cours de fouilles par la nouvelle mission archéologique de Megiddo. Il est, lui aussi, bâti sur le plan des palais nord-syriens.

Les découvertes de Gézér sont peut-être les plus fragmentaires de toutes celles qui ont été faites dans les cités prétendument salomoniques, mais elles suffisent à montrer des similitudes avec les autres sites omrides. Une porte à triple tenaille, bâtie en belle maçonnerie, avec des montants en pierre appareillée, connectée à un mur lui aussi à casemates, fut découverte à l'extrémité sud du site. La construction de la porte et du mur à casemates nécessita le nivellement d'une terrasse à flanc de coteau et l'importation d'une quantité importante de terre de remblai. En outre, des pans de murs indiquent qu'un grand édifice, peut-être en pierres de taille, avait été construit sur le côté nord-ouest du tertre. Des chapiteaux proto-éoliques, découverts sur le site au début du XXe siècle, le décoraient peut-être.

Ces cinq sites offrent un aperçu de l'architecture royale de l'âge d'or de l'Israël omride. Ajoutées aux esplanades artificielles, de dimensions et de format variés, les enceintes royales semblent avoir été relativement vides, du moins à Samarie, à Jezréel et à Haçor, hormis l'espace occupé par les bâtiments administratifs et les palais. Un appareillage de belles pierres et des chapiteaux proto-éoliques constituaient l'essentiel de l'élément décoratif de ces sites. Les entrées principales de l'enceinte royale étaient sans doute protégées par des portes à triple tenaille et, dans certains cas, un fossé et un glacis entouraient l'acropole[1].

1. La datation des systèmes hydrauliques vient d'être remise en question ; peut-être appartiennent-ils à une période ultérieure du royaume d'Israël. Mais leur absence ne diminue en rien la grandeur du réseau de cités royales, qui apparemment avaient été planifiées de façon centralisée et bâties au cours du IXe siècle av. J. C.

Du point de vue archéologique et historique, la nouvelle datation de ces cités dites « salomoniques » à la période des Omrides a des implications considérables. L'unique preuve archéologique qu'il y eût jamais une monarchie unifiée régnant à partir de Jérusalem s'envole en fumée ; cela sous-entend que, politiquement, David et Salomon ne furent guère que des chefs de clan dont le pouvoir administratif, local, s'étendait uniquement sur la région montagneuse qu'ils contrôlaient. Plus important encore, cela prouve qu'en dépit de l'insistance biblique sur le caractère unique d'Israël, le royaume qui émergea dans le Nord au début du IXe siècle av. J. C. était d'un type tout à fait répandu dans le Proche-Orient de l'époque.

UN MONUMENT OUBLIÉ DU RÈGNE DES OMRIDES ?

Nous pouvons désormais chercher de nouveaux exemples de cités omrides, bien au-delà des frontières traditionnelles des tribus d'Israël. La stèle de Mésha rapporte qu'Omri avait construit en Moab deux cités fortifiées, Atarot et Jahaz, sur la frontière sud de ses possessions de Transjordanie (Carte 9, p. 164). Elles sont l'une et l'autre mentionnées dans des listes de lieux géographiques de la Bible. On identifie Atarot avec le site de Khirbet Atarus, dont les fouilles n'ont pas encore été entreprises, localisé au sud-ouest de la ville jordanienne moderne de Madaba. Jahaz est plus difficile à situer. D'après les rares mentions que fait la Bible de cette localité, elle aurait été située en bordure du désert, près de l'Arnon, ce canyon sinueux qui traverse Moab, depuis le désert oriental jusqu'à l'embouchure de la mer Morte. Les Omrides semblent avoir étendu leur pouvoir sur cette région. Sur la rive nord de l'Arnon, se trouve une ruine isolée de l'âge du Fer, nommée Khirbet el-Mudayna, qui possède toutes les caractéristiques que nous avons mentionnées comme étant typiques de l'architecture omride.

Le site, fouillé actuellement par Michèle Daviau, de l'université canadienne Wilfrid Laurier, comporte une vaste forteresse qui occupe le sommet d'une colline de forme allongée. Un mur à casemates ceinture une aire de presque un hectare et demi, dont l'entrée est gardée par une porte à triple tenaille. Le système de défense comprend un glacis de terre et un fossé. À l'intérieur de l'enceinte, se trouvent les vestiges d'un édifice monumental, ainsi qu'un effondrement de pierres de taille. Les photographies aériennes du site indiquent que le complexe reposait sur un podium artificiel. Le pionnier de l'exploration de la Jordanie, Nelson Glueck, qui visita le site en 1930, fut tellement impressionné par son aspect et ses dimensions qu'il le compara à l'immense et célèbre colline fortifiée de l'âge du Fer de Maiden Castle, en Angleterre.

Cette ruine isolée serait-elle l'antique Jahaz, cet avant-poste que mentionne la stèle de Mésha ? Les architectes-ingénieurs omrides auraient-ils employé les techniques caractéristiques de leurs grands projets de construction à l'ouest du Jourdain pour ériger cette forteresse isolée ? Est-il possible que, à l'instar de Samarie et de Jezréel, ils aient utilisé de complexes opérations de terrassement et d'énormes murs de soutènement pour transformer un minuscule hameau occupant le sommet d'une colline en une impressionnante place forte ? Qui sait si la puissance des Omrides – et encore plus l'étendue de leur influence culturelle – n'étaient pas infiniment supérieures à celles qu'on leur prête habituellement[2] ?

LE POUVOIR DE LA DIVERSITÉ

D'où venaient un pouvoir et une prospérité capables d'établir et de maintenir un royaume aussi parfaitement élaboré ? À quel développement particulier de la région nord doit-on attribuer l'émergence d'un tel État ? Nous avons déjà mentionné comment les ressources limitées et la population clairsemée de Juda n'auraient pas permis à David de conquérir un aussi vaste territoire, ni à son fils Salomon de l'administrer. Mais, comme nous l'avons également mentionné, dans les montagnes du Nord, les ressources étaient supérieures et la population plus nombreuse. La destruction des centres cananéens des plaines, survenue peut-être lors du raid du pharaon Shéshonk Ier, vers la fin du Xe siècle

2. Un spécimen (C 14) de l'aire de la porte a été daté de la fin du IXe siècle av. J. C. (communication personnelle de l'archéologue Michèle Daviau). La fourchette d'une telle datation n'exclut pas une construction datant de la moitié du IXe siècle av. J. C. Cependant, nous n'écartons pas la possibilité que les caractéristiques « omrides » du site puissent correspondre à une version moabite d'un type de construction répandu dans le royaume du Nord.

av. J. C., permettait à n'importe quel chef de clan régnant déjà sur les hautes terres d'étendre son pouvoir et son contrôle sur les vallées fertiles du Nord. Ce scénario correspond bien à ce que nous révèlent les vestiges archéologiques laissés par les Omrides. S'étendant de leur domaine originel des hautes terres jusqu'au cœur des anciens territoires cananéens de Megiddo, d'Haçor et de Gézér, mais aussi vers la Transjordanie et la Syrie du Sud, les Omrides accomplissaient les rêves centenaires des souverains des hautes terres : établir un État territorial, large et diversifié, contrôlant les riches terres agricoles et les voies très actives empruntées par le commerce international. Cet État constituait aussi, nécessairement, une société multiethnique.

Le royaume israélite du Nord joignit les hautes terres de Samarie aux vallées nordistes, intégrant ainsi dans un même État plusieurs écosystèmes différents et une population hétérogène. Les hautes terres de Samarie – territoire central et siège de la capitale – étaient habitées par des communautés villageoises qui devaient se sentir, culturellement et religieusement, israélites. Dans les plaines du Nord – les vallées du Jourdain et de Jezréel –, la population rurale se composait surtout de villages de fermiers sédentaires qui avaient été pendant des siècles liés aux cités-États cananéennes. Plus au nord, les villages étaient plus proches de la culture araméenne de Syrie ou de celle des Phéniciens du littoral.

Qui plus est, la population cananéenne, nombreuse et active, devait absolument être intégrée à la machine administrative d'un tel État. Bien avant les découvertes archéologiques récentes, le mélange démographique singulier des populations du royaume du Nord, en particulier la relation entre Israélites et Cananéens, n'avaient pas échappé à l'attention des biblistes. En se fondant sur le récit biblique des troubles religieux qui affectaient le royaume omride, le savant allemand Albrecht Alt suggérait que les Omrides avaient développé un système duel d'administration à partir de deux capitales : Samarie, qui aurait servi de centre à la population cananéenne, et Jezréel, qui aurait représenté la capitale des Israélites du Nord. Les découvertes archéologiques et historiques récentes indiquent précisément le contraire : la population israélite était plutôt regroupée dans les collines autour de Samarie, alors que Jezréel, nichée dans une vallée fertile, occupait le centre d'une région où survivait à l'évidence la culture cananéenne. D'ailleurs, la stabilité remarquable des systèmes d'occupation du territoire et la grande continuité du plan des villages de la vallée de Jezréel, prouvent indubitablement que les Omrides s'étaient bien gardés de bousculer le modèle rural cananéen des basses terres du Nord.

Pour les Omrides, la nécessité de réussir cette intégration politique était d'autant plus pressante que des États concurrents émergeaient en même temps dans les régions voisines de Damas, de Phénicie et de Moab, qui, toutes, pouvaient revendiquer des liens culturels étroits avec certains groupes de populations frontalières d'Israël. Le début du IXe siècle av. J. C. était par conséquent le moment où il importait de définir les frontières nationales et territoriales. C'est pourquoi, la construction, par les Omrides, de puissantes fortifications, abritant parfois des palais, au cœur d'Israël, dans la vallée de Jezréel, sur la frontière avec Aram-Damas, et même au-delà, devait répondre à des nécessités administratives aussi bien qu'à un besoin de propagande royale. Pour le bibliste britannique Hugh Williamson, elles représentaient une démonstration visuelle du pouvoir et du prestige de l'État omride, destinée à impressionner, à forcer l'admiration, voire à intimider les populations massées des deux côtés des nouvelles frontières.

Des nombreuses ressources dont disposaient les Omrides, l'hétérogénéité de la population était peut-être la plus importante, que ce soit pour l'agriculture, les travaux publics ou la guerre. Il est difficile d'évaluer de façon précise la population du royaume d'Israël au IXe siècle av. J. C., mais l'exploration sur une large échelle entreprise dans l'ensemble de la région indique qu'au VIIIe siècle av. J. C. – soit un siècle après la disparition des Omrides – la population du royaume du Nord devait atteindre environ 350 000 habitants. À cette époque, Israël était sans doute l'État le plus peuplé du Levant, avec un nombre beaucoup plus important d'habitants que Juda, Moab ou Ammon. Le royaume d'Aram-Damas, en Syrie du Sud, était le seul capable de rivaliser avec lui. D'ailleurs, comme nous allons le voir en détail dans le prochain chapitre, Israël et Aram étaient engagés dans une féroce compétition pour l'hégémonie régionale.

D'autres développements positifs, extérieurs à la région, contribuaient à la bonne fortune du royaume des Omrides. Son ascension coïncidait avec le renouveau du commerce de la Méditerranée orientale ; les cités portuaires de la Grèce, de Chypre et du littoral de la Phénicie étaient de nouveau engagées dans le commerce maritime. L'influence artistique phénicienne sur la culture israélite, la soudaine apparition de grandes quantités de vases de style cypro-phénicien dans les cités du royaume d'Israël, et – ce n'est pas une coïncidence – le témoignage biblique sur le mariage d'Achab avec une princesse phénicienne, tout cela semble indiquer qu'Israël participait activement au renouveau de cette économie, en tant que fournisseur de produits agricoles de qualité, exerçant le contrôle sur l'une des voies terrestres les plus cruciales pour le commerce du Levant.

C'est ainsi que la notion omride d'un État regroupant de larges territoires des hautes terres et des plaines ne faisait que raviver les idées, les pratiques et la culture matérielle de Canaan à l'âge du Bronze, plusieurs siècles avant l'avènement d'Israël. En fait, de par leur conception et leur fonction, les grandes citadelles des Omrides reproduisaient le schéma des grandes cités-États cananéennes du Bronze récent, qui régnaient sur un ensemble disparate de peuples et de territoires. Dans sa forme comme dans sa fonction, le plan de la Megiddo du IXe siècle av. J. C. différait peu du plan de la Megiddo du Bronze récent. La plus grande partie du tertre était occupée par les édifices publics et une grande esplanade ouverte, ne laissant qu'une surface très limitée aux logements du personnel. Comme dans la Megiddo cananéenne, la population urbaine se composait essentiellement de l'élite régnante, qui contrôlait les campagnes de l'arrière-pays. Une continuité culturelle du même ordre se manifeste de façon subtile dans la cité voisine de Tanak, où un socle cultuel magnifiquement décoré, daté du IXe siècle av. J. C., comporte des motifs élaborés qui s'inspirent de la tradition cananéenne du Bronze récent.

C'est pourquoi il est bien difficile d'affirmer, d'un point de vue strictement archéologique, que, pris dans sa globalité, le royaume d'Israël ait jamais été particulièrement « israélite », si l'on accorde à ce terme le sens ethnique, culturel ou religieux que les auteurs tardifs de la Bible lui ont donné. L'« israélite » du royaume du Nord fut, à bien des égards, une conception de la monarchie judéenne ultérieure.

LES COUPABLES PARFAITS ?

Une idée fixe obsédait l'auteur du livre des Rois : il fallait à tout prix démontrer que les Omrides étaient des souverains malfaisants, frappés par un châtiment divin que leur comportement arrogant et coupable leur avait amplement mérité. Bien entendu, pour ce faire, il dut recourir aux récits sur les Omrides que les légendes et les traditions antérieures avaient préservés, en insistant particulièrement sur le côté négatif de la dynastie. Il minimise donc leur puissance militaire par la mention du siège araméen de Samarie, qui appartient pourtant à une époque ultérieure ; il accuse Achab de faiblesse, sous prétexte qu'au moment de la victoire, celui-ci refuse de se plier à l'injonction divine qui lui ordonnait de supprimer le roi ennemi. L'auteur biblique établit un lien direct de cause à effet entre la munificence des palais de Samarie et de Jezréel, et l'idolâtrie et l'injustice sociale. Il associe l'image de la puissance impressionnante des régiments de chars israélites, rangés en ordre de bataille, avec la fin horrible qui frappa la famille des Omrides. Son intention était d'ôter toute légitimité aux Omrides, en démontrant que, dans sa totalité, l'histoire du royaume du Nord portait la marque indélébile du péché, génératrice de misère et de destruction. Plus le passé d'Israël avait été prospère, plus la Bible couvre ses rois de mépris et d'abjection.

En réalité, sous les Omrides, Israël avait atteint un niveau remarquable de puissance militaire, accompli d'incontestables exploits architecturaux et (autant que l'on puisse en juger) établi une administration d'une grande complexité. Omri et ses successeurs se sont attiré la haine de la Bible *précisément* en raison de leur force, *précisément* parce qu'ils étaient parvenus à transformer le royaume du Nord en un pouvoir régional d'envergure, qui faisait de l'ombre à ce pauvre royaume de Juda au sud, marginal et rural. De songer que des souverains israélites, qui avaient osé frayer avec les nations, épouser des étrangères, et se construire des sanctuaires et des palais de style cananéen, étaient parvenus à la prospérité était à la fois insupportable et impensable.

En outre, du point de vue de la monarchie tardive judéenne, l'internationalisme et l'ouverture d'esprit des Omrides étaient gravement fautifs. Tout compromis avec les modes de vie des peuples voisins représentait, selon l'idéologie deutéronomiste du VIIe siècle av. J. C., une violation directe des commandements divins. Mais la leçon de l'expérience n'était pas pour autant perdue. Au moment où s'effectuait la compilation du livre des Rois, l'histoire avait déjà rendu son verdict : les Omrides avaient été renversés et plus rien n'existait du royaume nordiste d'Israël. Pourtant, aujourd'hui, les preuves archéologiques et les sources extérieures permettent de constater avec quelle habileté le portrait saisissant, qui a couvert Omri, Achab et Jézabel de mépris et de ridicule pendant des siècles, est parvenu à masquer le caractère authentique du premier et véritable royaume d'Israël.

8

À l'ombre de l'empire

(842-720 av. J. C.)

Un sentiment de sombre prémonition plane sur l'histoire du royaume d'Israël à mesure que le récit biblique progresse vers son tragique aboutissement. Un destin inéluctable, fait de souffrance, de dépossession et d'exil, guette le peuple de ce royaume dissident, pour le punir de son impiété. Incapables de rester fidèles au Temple de Jérusalem et à la dévotion exclusive à YHWH, les Israélites du Nord – à commencer par ses monarques impies – provoquent une série de catastrophes qui aboutiront à leur destruction. Des prophètes, voués à la cause de YHWH, sont bien venus admonester Israël, le rappeler à son devoir, exiger un retour à la droiture et à la justice, mais leurs appels ne furent pas entendus. Les invasions des armées étrangères et la dévastation du royaume d'Israël faisaient partie intégrante du plan divin.

La Bible offre une interprétation purement théologique du sort du royaume nordiste. En contraste, l'archéologie ouvre une perspective différente sur les événements survenus durant le siècle qui suivit la chute des Omrides. Alors que Juda était toujours aussi pauvre et isolé, les richesses naturelles et la population relativement nombreuse du royaume d'Israël en faisaient une proie alléchante pour l'Assyrie, qui menait une politique régionale de plus en plus complexe. La prospérité et le pouvoir des Omrides lui attiraient les jalousies et provoquaient des rivalités militaires entre voisins – et par conséquent l'avidité ambitieuse du grand Empire assyrien. Les richesses d'Israël suscitaient également des tensions sociales à l'intérieur du royaume, avec leur lot de condamnations prophétiques. Nous le savons aujourd'hui, l'infortune d'Israël et sa destruction suivie de l'exil du gros de sa population doivent être attribuées à une raison très simple : la réussite de ce royaume indépendant, qui vivait à l'ombre d'un puissant empire, était par trop éclatante.

DÉLOYAUTÉ, MISÉRICORDE DIVINE, ET CHUTE FINALE D'ISRAËL

Les deux livres des Rois montrent comment les sombres prédictions lancées par Élie contre la maison d'Omri se sont accomplies à la lettre. Mais le récit biblique poursuit en expliquant que l'extermination de la famille royale ne mit pas un terme aux pratiques idolâtres d'Israël. Après la chute des Omrides, le nouveau roi, Jéhu, fils de Nimshi (qui régna de 842 à 814 av. J. C.), ne traita pas Jérusalem avec plus de respect que Jéroboam Ier, Omri et Achab. Jéhu eut beau massacrer la totalité des prophètes, des prêtres et des adorateurs de Baal à Samarie, transformer son temple en latrines publiques (2 R 10,18-28), d'après la Bible, le monarque « ne se détourna pas des péchés de Jéroboam fils de Nebat, où il avait entraîné Israël, les veaux d'or de Béthel et de Dan » (2 R 10,29). Autrement dit, bien qu'il ait éliminé le culte de Baal, Jéhu n'avait pas aboli les centres nordistes de culte dont la rivalité défiait la suprématie religieuse de Jérusalem. Et aucun de ses successeurs sur le trône d'Israël ne les abolit davantage.

Le châtiment ne tardera pas à tomber, comme l'avait prédit le prophète Élie. Cette fois-ci, l'agent destructeur sera Hazaël, le roi d'Aram-Damas, qui défait Israël en Transjordanie et dans les plaines littorales de la Méditerranée, qu'il ravagera en une seule campagne (2 R 10,32-33 ; 12,17-18 ; 13,3.7.22). Commence alors une période de déclin pour le royaume du Nord. Pendant toute la durée des règnes de Jéhu et de son fils Joachaz, Israël subit une constante pression d'Aram-Damas. L'armée d'Israël est mise en déroute et le royaume se retrouve amputé de certains de ses territoires. Mais un répit va bientôt être accordé au peuple d'Israël, car « Yahvé leur fit grâce et les prit en pitié. Il se tourna vers eux à cause de l'alliance qu'il avait conclue avec Abraham, Isaac et Jacob ; il ne voulut pas les anéantir et ne les rejeta pas loin de sa face » (2 R 13,23).

Ainsi, le roi israélite suivant, Joas, qui bénéficie temporairement de la faveur divine, reprend les cités que le royaume avait perdues (2 R 13,25). Dès ce moment, la fortune semble sourire de nouveau à Israël – en dépit d'un raid punitif de Joas contre Juda – avec la montée du fils de Joas sur le trône. Là encore, la compassion divine se manifeste, car le fils de Joas, Jéroboam II – nommé d'après le pire des souverains impies du Nord –, régnera paisiblement sur la Samarie pendant les quarante et un ans qui suivront (788-747 av. J. C.). Ce roi ne se départ pas pour autant des péchés du Jéroboam précédent et conserve les sanctuaires idolâtres du Nord, en dépit des protestations véhémentes des prophètes Amos et Osée. Pourtant, nous dit la Bible, Jéroboam II

> recouvra le territoire d'Israël, depuis l'entrée d'Hamat jusqu'à la mer de la Araba, selon ce que Yahvé, Dieu d'Israël, avait dit par le ministère de son serviteur Jonas fils d'Amittaï, qui était de Gat-Hépher. Car Yahvé avait vu la très amère détresse d'Israël, plus de liés ni de libres et personne pour secourir Israël. Yahvé n'avait pas décidé d'effacer le nom d'Israël de dessous le ciel et il le sauva par les mains de Jéroboam fils de Joas (2 R 14,25-27).

Mais cette période de bénédiction divine est de courte durée. Comme le rappelle le livre des Rois (2 R 10,30), Dieu avait promis à Jéhu que quatre générations de descendants seulement allaient lui succéder. C'est ainsi que le fils de Jéroboam II, Zacharie, est assassiné après six mois de règne. Israël se retrouve de nouveau dans la tourmente, déchiré par des luttes intestines et menacé par des pressions extérieures. Le meurtrier, Shallum, est abattu par plus brutal que lui, un certain Menahem, fils de Gadi, qui règne sur Samarie pendant dix ans (747-737 av. J. C.). C'est alors que Dieu se choisit un nouvel intermédiaire pour châtier le royaume nordiste, entraînant une série d'événements qui conduiront à sa disparition définitive. Il s'agit du puissant Empire assyrien, qui envoie son armée exiger d'Israël un tribut écrasant, contraignant Menahem à lever un impôt sur tous les notables d'Israël de cinquante sicles d'argent par tête (2 R 15,19-20).

La pression interne et externe se fait de plus en plus écrasante. Le fils et successeur de Menahem, Peqahya, est assassiné par un officier de l'armée, Péqah, fils de Remalyahu. D'autre part, les Assyriens se satisfont de moins en moins du versement d'un tribut. Ils convoitent les terres fertiles d'Israël : « Au temps de Péqah, roi d'Israël, Téglat-Phalasar, roi d'Assyrie, vint s'emparer d'Iyyôn, d'Abel-Bet-Maaka, de Yanoah, de Qédesh, d'Haçor, de Galaad, de la Galilée, de tout le pays de Nephtali, et il déporta les habitants en Assyrie » (2 R 15,29). La Galilée et les vallées du Nord sont conquises (732 av. J. C.), leurs habitants, déportés. La promesse divine, faite à Israël au moment de la conquête de Canaan, d'une jouissance permanente, et en toute sécurité de la terre donnée en héritage, est réduite à néant. Le royaume d'Israël vient de perdre ses terres les plus fertiles et se retrouve réduit à la portion congrue des hautes terres qui entourent Samarie, la capitale. Comme si ce désastre ne suffisait pas, à son tour, l'usurpateur Péqah est assassiné. C'est le quatrième roi d'Israël qui se fait tuer en à peine quinze ans. Osée, l'assassin et le successeur de Péqah, sera le dernier à régner sur le royaume d'Israël.

Le nœud coulant assyrien se resserre avec la montée au pouvoir de Salmanasar V, un nouveau roi très agressif. Osée affiche extérieurement une loyauté indéfectible et offre à Salmanasar V un tribut, tout en fomentant un complot secret avec le roi égyptien pour préparer une révolte ouverte. Salmanasar V apprend ce qui se trame, il s'empare de la personne d'Osée, et envahit ce qui reste du royaume d'Israël. Au terme d'un siège de trois ans, Samarie est capturée, en 720 av. J. C. Salmanasar V « déporta les Israélites en Assyrie. Il les établit à Halah et sur le Habor, fleuve de Gozân, et dans les villes de Mèdes » (2 R 17,6).

L'histoire ne se termine pas avec la conquête et la déportation. Après avoir exilé les Israélites en Mésopotamie, les Assyriens introduisent de nouveaux colons en Israël : « Le roi d'Assyrie fit venir des gens de Babylone, de Kuta, d'Avva, d'Hamat et de Sepharvayim et les établit dans les villes de la Samarie à la place des Israélites ; ils prirent possession de la Samarie et demeurèrent dans ses villes » (2 R 17,24). Voilà les dix tribus nordistes d'Israël dispersées parmi les nations lointaines. Il ne reste plus que le royaume de Juda, avec son Temple et sa dynastie davidique, pour observer fidèlement les commandements de Dieu et racheter la terre d'Israël.

PLAN RAPPROCHÉ SUR L'HISTOIRE TARDIVE D'ISRAËL

Les archéologues parlent souvent de longues périodes sans changement notable – mais c'est uniquement parce que la nature de leurs découvertes ne leur permet pas d'identifier les divisions chronologiques. Après tout, quelle société humaine pourrait rester immuable pendant deux cents ans ? Pourtant, c'est ainsi que l'archéologie voyait le royaume du Nord ; depuis 1920, les archéologues ont exhumé certains des sites les plus importants du royaume d'Israël sans noter de changement significatif, à part sa destruction finale. Comme pour l'étude des Omrides, les archéologues faisaient peu de cas de l'ère post-omride dans le royaume du Nord, considérée sans intérêt majeur du point de vue de l'archéologie. Faisant inconsciemment écho à la version théologique de la Bible, les archéologues l'interprétaient comme une sorte de continuité plutôt monotone suivie de l'inéluctable perdition. Ils accordaient peu d'attention aux dynamiques internes du royaume et à son histoire économique (si l'on excepte quelques spéculations autour des reçus d'une unique perception de récoltes à Samarie). Comme nous allons le voir, ce sont pourtant des domaines de recherches essentiels si nous voulons dépasser l'interprétation biblique exclusivement théologique de l'histoire d'Israël, liant la disparition du royaume au châtiment de ses fautes. En réalité, les cent vingt ans qui suivirent la chute des Omrides furent, dans l'histoire de l'Israël nordiste, une ère de grandes transformations sociales, de succès, suivis de désastres économiques, et d'une adaptation constante pour arriver à survivre en dépit de la menace exercée par l'empire voisin.

L'une des raisons majeures de cette incompréhension doit être attribuée au système conventionnel de datation, d'après lequel l'histoire tout entière du royaume du Nord – de son ascension à sa chute – était considérée comme une même entité chronologique. Un grand nombre de centres importants de la vallée de Jezréel et de la côte méditerranéenne voisine, comme Megiddo, Yoqneam et Dor ne contenaient, pensait-on, qu'un seul niveau, qui couvrait toute l'histoire du royaume d'Israël, depuis Jéroboam Ier – en fait depuis la campagne de Shéshonq Ier, en 926 av. J. C. – jusqu'à la prise de Samarie, en 722 av. J. C. Et cela, en dépit des preuves de transformations majeures et de défaites militaires qui avaient marqué cette longue période – parmi lesquelles il faut inclure l'invasion d'Israël par le roi Hazaël d'Aram-Damas, mentionnée dans la Bible et sur la stèle de Dan, gravée par les scribes mêmes d'Hazaël.

Quelque chose ne tournait décidément pas rond dans l'interprétation de l'archéologie conventionnelle : comment Hazaël pouvait-il capturer Dan et mettre à feu et à sang les territoires du royaume du Nord sans laisser derrière lui de trace perceptible de destruction ?

TABLEAU 5

ROIS ASSYRIENS IMPLIQUÉS DANS L'HISTOIRE D'ISRAËL ET DE JUDA*

Salmanasar III	859-824 av. J. C.
Adadnirari III	811-783 av. J. C.
Téglat-Phalasar III	745-727 av. J. C.
Salmanasar V	727-722 av. J. C.
Sargon II	722-705 av. J. C.
Sennachérib	705-681 av. J. C.
Asarhaddon	681-669 av. J. C.
Assurbanipal	669-627 av. J. C.

*D'après Cogan et Tadmor, *II Kings*, p. 218 et 219.

ARAM EN ISRAËL

L'incursion d'Hazaël dans le territoire anciennement contrôlé par Israël fut clairement dévastatrice ; elle contribua à affaiblir le pouvoir du royaume nordiste. Sur la célèbre stèle de Moab, le roi Mésha se vante d'avoir récupéré les territoires moabites occupés par Israël et d'avoir réussi à pénétrer dans les territoires israélites du Nord. D'après la Bible (2 R 10,32-33), la région de Transjordanie contrôlée par les Israélites au nord de Moab fut reprise par Hazaël. Cependant, la preuve la plus frappante de l'offensive d'Hazaël reste l'inscription de Tel Dan. Alors que le récit biblique de la chute des

Omrides attribue le massacre de la famille royale dans le palais de Jezréel à la révolte de Jéhu – Joram, roi en titre d'Israël, est tué par une flèche de Jéhu –, le texte reconstitué de l'inscription de Dan attribue clairement la mort de Joram à une victoire araméenne. Hazaël se vante de la façon suivante : « [J'ai tué Jo]ram fils d'[Achab] roi d'Israël, et [j'ai] tué [Ahas]yahu fils de [Joram ro]i de la maison de David. Et j'ai réduit [leur ville en ruine et changé] leur terre en [désolation]. »

Alors, qui est le coupable, Hazaël ou Jéhu ? Il est bien difficile de le savoir avec certitude. Le texte biblique relie la pression imposée par Hazaël et le coup d'État de Jéhu. Hazaël a peut-être considéré Jéhu comme son instrument, à moins que le souvenir des deux événements ne se soit confondu pendant les deux siècles qui se sont écoulés avant la première compilation de l'histoire deutéronomiste. L'offensive à grande échelle du chef syrien a certainement joué un rôle majeur dans le déclin d'Israël. Hazaël visait surtout le contrôle de la région frontalière, fertile et stratégique, qui séparait les deux royaumes ; apparemment, il ne se contenta pas de récupérer les terres dont les Omrides s'étaient emparés auparavant, il dévasta également une partie des régions agricoles parmi les plus fertiles d'Israël et il coupa leurs voies commerciales.

La Bible ne mentionne pas de conquête, sérieuse et durable, par un pouvoir étranger, des régions situées à l'ouest du Jourdain, entre la conquête de Canaan par Josué et la conquête assyrienne. Les frontières bibliques de la terre d'Israël telles que les définit le livre de Josué semblent parées d'une aura d'inviolabilité sacrée. Hormis la petite région octroyée par Salomon au roi de Tyr en geste de gratitude pour son aide dans la construction du Temple, la Bible décrit une occupation israélite continue, bien que mouvementée, de toute la terre d'Israël, qui se serait poursuivie jusqu'à la conquête assyrienne. Or, un réexamen des découvertes archéologiques à l'aide des récentes techniques de datation, beaucoup plus précises, indique une période de quelques décennies, entre 835 et 800 av. J. C., durant laquelle le royaume d'Aram-Damas contrôlait la haute vallée du Jourdain et quelques régions importantes du nord-est d'Israël – non sans avoir dévasté au préalable les principaux centres administratifs israélites situés dans la riche vallée de Jezréel.

Une nouvelle preuve de ce fait vient d'émerger des fouilles du palais omride de Jezréel, dont l'occupation, au IXe siècle av. J. C., fut assez brève puisqu'il fut détruit peu après sa construction. Vers la fin de l'âge du Fer, Jezréel fut très modestement réoccupée, mais le site ne regagna jamais son importance précédente. Nous avons de bonnes raisons d'associer la destruction de Jezréel avec soit la rébellion de Jéhu, soit l'invasion d'Hazaël, qui se sont déroulées peu après le milieu du IXe siècle av. J. C.

En raison de la brève période d'occupation de Jezréel, les formes de poteries trouvées dans la couche de destruction représentent d'excellents spécimens des styles en usage à la moitié du IXe siècle av. J. C. On les retrouve dans les couches équivalentes des palais prétendument « salomoniques » de Megiddo, ainsi que dans les couches parallèles de la plupart des sites du Nord. Ceux parmi nos lecteurs que nos explications précédentes n'auront pas convaincus que les Omrides aient pu construire ces cités « salomoniques » doivent envisager à présent l'éventualité (en plus de la poterie, des similitudes architecturales et de la datation au carbone 14), voire la probabilité que la destruction brutale de ces sites – longtemps attribuée au raid du pharaon Shéshonq Ier, à la fin du Xe siècle av. J. C. – ait eu lieu en réalité vers l'an 835 av. J. C., à l'époque d'Hazaël.

À travers les étendues fertiles des riches vallées du Nord, les cités furent réduites en cendres : Tel Rehov, Beth-Shéân, Tanak, Megiddo. En se fondant sur cette nouvelle donnée, le bibliste israélien Nadav Naaman parvient à la conclusion que ces couches de destruction témoignent d'une dévastation du royaume du Nord par Hazaël tellement radicale que certains de ces sites ne s'en sont jamais relevés. La pression militaire de Damas sur Israël atteint son point culminant lors du siège de la capitale, Samarie, entrepris sans doute par Bar-Hadad III (que la Bible nomme Ben-Hadad), fils d'Hazaël. Les deux sièges de Samarie, que la Bible situe sous les règnes d'Achab et de Joram, appartiennent probablement à cette période.

Ainsi, l'archéologie a fait une découverte que la Bible néglige de mentionner : le cœur même de la terre d'Israël a été occupé pendant une période prolongée. Les archéologues précédents ne semblent pas avoir noté l'événement. À Haçor, la période qui s'étend des Omrides à la destruction d'Israël a été divisée par Yigael Yadin en quatre couches, dont il n'a rattaché aucune à l'invasion d'Hazaël. À Dan, cité dont Hazaël s'était pourtant emparé – et dans laquelle il a pris soin d'ériger une stèle triomphale pour célébrer la récupération de ce territoire –, la datation conventionnelle n'a identifié aucune couche de destruction datant du milieu du IXe siècle av. J. C., et encore moins de la période araméenne d'occupation. Pourtant, ici aussi, la nouvelle datation permet d'identifier une couche de destruction qui correspond à la conquête d'Hazaël, célébrée par la fameuse stèle de Dan.

Cependant, les villes des vallées de Jezréel et de Beth-Shéân, dévastées par Hazaël, étaient trop éloignées du centre de son pouvoir pour qu'il pût y étendre son contrôle. Apparemment, il s'est contenté de les ravager et de les abandonner, provoquant la désertion de nombreux sites et le déclin de toute la région pendant plusieurs décennies. Certains centres ne s'en sont jamais relevés : par exemple, ni Jezréel ni Tanak n'ont recouvré leur ancien prestige. L'analyse de la poterie de Megiddo indique que cette cité, qui joua un rôle essentiel dans l'administration israélite du Nord, resta désertée pendant un demi-siècle.

Le royaume israélite perdit le contrôle effectif de certaines de ses terres agricoles les plus fertiles et, ce qui est pire, son rival prit pied de façon quasi permanente sur les points stratégiques d'Haçor et de Dan dans le nord-est. Ces lieux, situés plus près de Damas que de Samarie, se trouvaient en des territoires considérés par Hazaël comme araméens. Citons une fois de plus l'inscription d'Hazaël quand il décrit la situation dont il hérita à la mort de son prédécesseur : « Et mon père abdiqua, et retourna à ses [ancêtres]. Et le roi d'I[s]raël avait auparavant pénétré dans la terre de mon père. » Il est inconcevable qu'après avoir conquis la haute vallée du Jourdain, Hazaël ait érigé une stèle triomphale à Dan pour s'en retourner ensuite chez lui comme si de rien n'était. Il est évident qu'ici aussi, ses victoires sur le champ de bataille se sont traduites par une domination territoriale prolongée.

Par conséquent, il est vraisemblable que la nouvelle cité construite à Haçor aussitôt après la conquête d'Hazaël ait été en réalité un maillon important d'une chaîne de cités et de forteresses araméennes qui gardaient la frontière sud-est d'Aram-Damas contre Israël. La ville, construite au-dessus de la couche de destruction, recouvrait la totalité de l'ancienne acropole de l'âge du Bronze ; de nouveaux remparts, plus massifs, la ceinturaient. Un palais-citadelle dominait son extrémité ouest, construit semble-t-il au-dessus des débris de l'ancienne citadelle omride. Il n'est pas impossible que le magnifique système hydraulique creusé dans le roc appartienne à cette phase historique de la ville.

À Dan, la célèbre stèle fut probablement érigée dans la nouvelle cité reconstruite par Hazaël. La cité de Dan de la fin du IXe siècle av. J. C. est caractérisée par un formidable rempart de pierre, semblable à celui qui fut exhumé à Haçor, ouvert par une porte exceptionnellement élaborée. Cette porte possède un élément particulier, que l'on ne retrouve dans aucun des territoires israélites ou judéens de l'époque : les vestiges d'un baldaquin, sorte de plate-forme élevée, découverts à l'extérieur de la tour de droite quand on pénètre dans la cité, et deux bases rondes en pierre, ornées de motifs syriens. La stèle commémorative elle-même, qui sans doute détaillait la reconstruction entreprise par Hazaël dans la ville, devait être érigée soit devant la porte de la cité soit sur le haut lieu cultuel, construit en pierre appareillée et dédié vraisemblablement à Hadad, le dieu d'Aram.

Une autre citadelle impressionnante, bâtie à la même époque – et qui correspond peut-être, elle aussi, à l'occupation du nord d'Israël par Hazaël –, appartient à un site nommé et-Tell, sur le rivage nord de la mer de Galilée. Les archéologues l'ont provisoirement identifié à la Bethsaïde de l'époque romaine. Au IXe siècle av. J. C., une épaisse muraille de pierre entourait le site, semblable à celles de Dan et d'Haçor. Une énorme porte, qui ressemble également à celle exhumée à Dan, gardait le lieu. Devant la porte, les membres de l'équipe de fouille firent une trouvaille extraordinaire, qui trahit clairement l'identité ethnique des habitants, ou plutôt, pour être plus précis, leur identité culturelle et politique. Il s'agit d'une stèle de basalte qui fut exhumée près de la tour de droite quand on pénètre dans la cité. Elle porte l'effigie d'une déité cornue, typiquement araméenne. Son emplacement devant la porte suggère que, peut-être, une stèle du même type avait été érigée devant la porte de Dan, sous le baldaquin décoré.

Ainsi, tout semble indiquer que l'invasion d'Israël par Hazaël, au milieu du IXe siècle av. J. C., fut suivie d'une occupation prolongée et de l'édification d'au moins trois forteresses – Dan, Haçor et Bethsaïde – qui affichent les mêmes caractéristiques, dont certaines sont typiquement araméennes. Et il existe des raisons supplémentaires de croire que la population de cette partie du royaume israélite était, au moins partiellement, peut-être essentiellement, araméenne. Dans cette région, sur presque tous les sites importants du Fer II, les ostraca découverts lors des fouilles sont composés en araméen.

LE RETOUR EN FORCE DE L'ASSYRIE

L'occupation syrienne d'Israël fut de courte durée. Les sources assyriennes indiquent qu'Hazaël fut capable de pénétrer vers l'ouest et le sud du royaume d'Israël parce que, pendant quelques décennies, les souverains assyriens étaient occupés à réprimer des désordres survenus dans d'autres parties de l'empire. La montée sur le trône d'un nouveau et puissant monarque assyrien, Adadnirari III, en 811 av. J. C., altéra dramatiquement la relation entre Aram et Israël. Adadnirari III, renouvelant la pression militaire sur l'ouest, mit le siège devant Damas, devenu le pouvoir régional le plus fort. Certes, Damas était de taille à humilier Israël, mais elle ne faisait pas le poids face aux armées de la superpuissance mésopotamienne de l'époque. Bar-Hadad III, fils d'Hazaël, se soumit donc et versa un tribut important à l'Assyrie. Ces événements mirent fin à l'hégémonie d'Aram-Damas et à la pression militaire sur Israël.

À la lumière de ce fait, nous commençons à comprendre l'impact énorme exercé par l'impérialisme assyrien sur le cours des événements survenus dans le royaume d'Israël. L'essentiel de ce que la Bible attribue au poids de l'impiété ou à l'ambition des rois d'Israël résulte en réalité des aléas de la politique internationale. Les livres des Rois dépeignent injustement Achab comme un tyran idolâtre, alors que l'inscription du monolithe de Salmanasar III prouve qu'il fut l'un des plus énergiques opposants à la domination assyrienne – envoyant de puissants régiments de chars au-devant des Assyriens à Qarqar. Et alors que la Bible nous présente le rebelle Jéhu comme l'instrument choisi par Dieu pour éradiquer l'idolâtrie en Israël, le fameux « obélisque noir » de Salmanasar III le montre en train de se prosterner de tout son long aux pieds du grand souverain assyrien. Salmanasar III note également : « Le tribut de Jéhu, fils d'Omri ; j'ai reçu de sa main de l'argent, de l'or, un bol-saplu en or, un vase doré à fond pointu, des gobelets en or, des seaux en or, de l'étain. Un sceptre royal. » Jéhu est dit « fils d'Omri » – l'ironie du sort le fait devenir le fils de la famille qu'il a assassinée – parce qu'il gouverne un royaume vassal dont la capitale fut fondée par Omri.

La renaissance d'Israël sous le règne du petit-fils de Jéhu, Joas (2 R 13,22-25), était due davantage à l'humiliation infligée à Damas par les Assyriens qu'à une indulgence quelconque de Dieu. La fin de l'hégémonie d'Aram-Damas donna au royaume d'Israël – qui avait juré obédience à l'Assyrie dès le règne de Salmanasar III – une splendide occasion de se faire reconnaître comme le vassal favori de l'Assyrie. Sous l'autorité du roi Joas, le royaume du Nord recouvra rapidement les territoires qu'il avait cédés à Damas (2 R 13,25). L'extension d'Israël semble s'être poursuivie sous Jéroboam II (2 R 14,25.28), qui repoussa les frontières d'Israël à l'intérieur des anciens territoires d'Aram. Les données archéologiques confirment que le règne du fils de Joas, Jéroboam II, le plus long dans l'histoire du royaume du Nord, fut marqué par une période de prospérité sans précédent pour Israël.

LES FRUITS D'UN NOUVEL ORDRE MONDIAL

Le souvenir de cette nouvelle phase de prospérité, qui débuta aux environs de l'an 800 av. J. C., s'est transmis, semble-t-il, à la postérité comme celui d'un âge d'or pour le royaume nordiste – même dans la mémoire du peuple de Juda. Ce fait obligea l'auteur des livres des Rois à justifier la bonne fortune surprenante dont jouissaient ces nordistes impies. Il invoqua donc une soudaine compassion du Dieu d'Israël (2 R 14,26-27). Plus vraisemblablement, la raison en était l'agression assyrienne contre Damas et la participation enthousiaste d'Israël dans la croissance économique mondiale promue par l'Assyrie. À Dan, la stèle triomphale d'Hazaël fut apparemment brisée en morceaux et ses fragments réutilisés dans une construction ultérieure (dans les débris de laquelle les archéologues la découvriront quelque deux mille huit cents ans plus tard) par les maçons israélites qui y bâtirent une nouvelle cité. À Bethsaïde, la stèle sur laquelle une déité araméenne était représentée fut retournée et fixée intentionnellement à l'envers. Vers la même époque, Haçor fut reprise, détruite et entièrement reconstruite ; ce n'est peut-être pas une coïncidence si des inscriptions hébraïques apparaissent pour la première fois à Haçor lors de cette phase de reconstruction.

Les développements de l'agriculture et la croissance démographique impressionnante du royaume du Nord attestent avec éloquence de la robustesse de l'économie israélite durant le règne de Jéroboam II. Depuis des millénaires, les hautes terres autour de Samarie constituaient la meilleure région du pays pour la culture de la vigne et de l'olivier. Des explorations intensives menées dans les collines au sud de Samarie ont révélé une augmentation sans précédent de la production d'huile d'olive à l'âge du Fer. Au VIIIe siècle av. J. C., apparaissent pour la première fois des hameaux construits sur des éperons rocheux, au cœur des oliveraies à haut rendement, dont les habitants étaient apparemment spécialisés dans ce secteur agricole (ill. 13). Quantité de pressoirs à huile et autres installations de transformation ont été creusés dans le roc, autour de ces villages, dont certains paraissent avoir appartenu au domaine royal ou, en tout cas, avoir été construits spécifiquement pour ce type de production. Le marché potentiel ne manquait pas : l'huile d'olive produite dans les hautes terres d'Israël pouvait être exportée avec profit en Assyrie, ou expédiée par voie maritime en Égypte ; en effet, l'Assyrie comme l'Égypte ne possédaient pas de régions où poussait l'olivier. Cette activité est d'ailleurs démontrée par les célèbres ostraca de Samarie – une riche collection de soixante-trois tessons de poterie avec inscriptions en hébreu, datant du règne de Jéroboam II – qui notent les cargaisons d'huile et de vin arrivées à Samarie en provenance des villages alentour.

En même temps, l'arrière-pays agricole devenait de plus en plus peuplé. Profitant de la croissance économique, libérée de la menace d'attaques militaires, la population du royaume du Nord croissait considérablement. Les explorations de terrain entreprises sur une grande

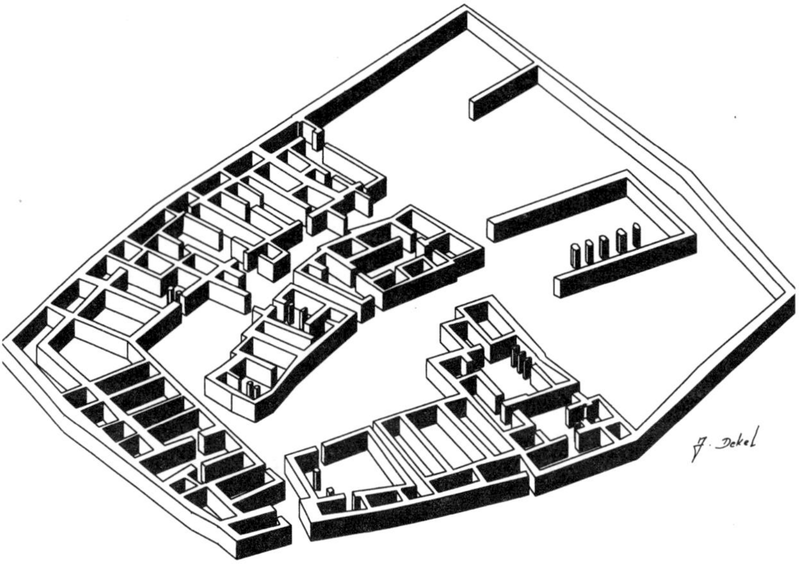

Ill. 13. Plan d'un site de production d'huile situé dans les hautes terres au nord-ouest de Jérusalem. (*D'après un plan paru dans* Atiquot.)

échelle au cours des dernières décennies mettent en lumière une croissance démographique considérable entre le Xe et le VIIIe siècle av. J. C. À la fin du VIIIe siècle av. J. C., le royaume du Nord – les hautes terres de Samarie aussi bien que les vallées septentrionales – était la région la plus peuplée de tout le Levant[1].

Les chiffres sont bien entendu approximatifs, mais on estime à environ 350 000 habitants la population du royaume du Nord au VIIIe siècle av. J. C., en incluant les territoires de Transjordanie. En utilisant la même méthode, les savants estiment qu'à l'âge du Bronze la population de la totalité du territoire de la Palestine occidentale n'atteignait pas 250 000 habitants. Cette croissance démographique est particulièrement impressionnante si l'on considère que la population des hautes terres au début de l'âge du Fer

1. Cette assertion se fonde sur un calcul approximatif établi à partir d'un ensemble de données archéologiques et ethnographiques. Pour chiffrer les populations anciennes, on a multiplié la surface construite de tous les sites d'habitat du VIIIe siècle av. J. C. (déterminés par la présence de poteries typiques de cette période) par un coefficient de densité, calculé d'après la densité moyenne de population observée dans les sociétés traditionnelles et prémodernes du XIXe siècle et du début du XXe siècle.

ne dépassait pas 45 000 habitants. Même au VIIIe siècle av. J. C., la population du royaume de Juda ne comptait que quelque 100 000 âmes. La population des États transjordaniens de Moab et d'Ammon pris ensemble faisait tout juste le tiers de celle du royaume d'Israël.

Ces chiffres comparatifs expliquent le pouvoir économique et militaire du royaume du Nord. Ils donnent aussi une idée des ressources humaines d'Israël, qui permettaient à la fois une solide organisation militaire et une impressionnante activité de travaux publics. Il apparaît que Joas, ou plus probablement Jéroboam II, entreprit d'importants chantiers de construction, non seulement à Megiddo (le vaste système d'alimentation en eau et les deux gigantesques écuries), mais aussi dans la cité d'Haçor, transformée en forteresse chargée de veiller sur les territoires repris aux Araméens, et la cité de Gézér, devenue un avant-poste stratégique chargé de garder la frontière avec Juda et la Philistie. Un mur d'enceinte et une porte destinés à protéger Gézér datent peut-être de cette époque.

La grandeur du royaume d'Israël « renaissant » éclate aux yeux. Ce n'est pas un hasard si Jéroboam II fut le premier monarque israélite à posséder un sceau royal. On a retrouvé cet objet, d'une taille et d'une beauté exceptionnelles, à Megiddo, au début du XXe siècle. Il représente un lion majestueux qui rugit, avec une inscription en hébreu : « Ceci appartient à Shema le serviteur [c'est-à-dire le représentant officiel] de Jéroboam. » Le lion du sceau est typique du VIIIe siècle av. J. C. et ne peut être attribué au Jéroboam précédent, fondateur du royaume du Nord presque deux siècles auparavant. La prospérité, l'étendue des relations internationales et les grands chantiers de construction qui ont marqué le règne de Jéroboam II sont peut-être restés vivants dans les souvenirs des Israélites et des Judéens comme le modèle d'une glorieuse monarchie. Rappelons-nous le fameux passage du livre 1 des Rois (1 R 9,15), qui décrit les grands chantiers entrepris par Salomon à Haçor, à Megiddo et à Gézér. Il n'est pas interdit de penser que l'auteur judéen, qui composa le récit un bon siècle plus tard, ait, dans un bel élan de romantisme et de patriotisme, attribué les ruines majestueuses des grands bâtiments construits par Jéroboam Ier à l'âge d'or de Salomon.

L'ÉNIGME DES ÉCURIES DE MEGIDDO

Le cheval était, semble-t-il, l'un des produits les plus recherchés et les plus précieux du royaume du Nord. Des indices assez probants sur l'importance de l'élevage et le dressage des chevaux en Israël pourraient provenir de la cité de Megiddo, telle qu'elle fut reconstruite sous le règne de Jéroboam II (ill. 10, p. 213).

Le détail le plus surprenant de la dernière cité israélite de Megiddo reste ces deux immenses séries de constructions à piliers dont les chercheurs de l'université de Chicago, dans les années 1920, estimèrent qu'il devait s'agir des écuries construites par Salomon ; plus tard, après les avoir datées à nouveau, Yadin les attribua au roi Achab, qui était parvenu à rassembler un impressionnant régiment de chars contre les Assyriens à la bataille de Qarqar. Dans un cas comme dans l'autre, les défenseurs de la théorie des écuries affirmaient que les chevaux étaient parqués dans les travées longues et étroites des bâtiments, attachés aux piliers de pierre et nourris dans les mangeoires placées entre les piliers. La rangée centrale, dont le sol était recouvert d'un enduit de plâtre, devait servir d'aire de service, où les palefreniers pouvaient soigner les bêtes et leur distribuer la nourriture. Les archéologues voyaient dans la grande cour située devant les écuries du sud un terrain d'entraînement et d'exercices.

Le seul problème que pose cette théorie fort séduisante est le suivant : ces bâtiments ne contenaient aucun objet relatif aux chevaux, à la charrerie, ou à la cavalerie. De plus, les travées latérales des structures identiques exhumées sur d'autres sites étant remplies de vases en céramique, de nombreux savants en conclurent que tous ces bâtiments divisés en trois dans la longueur servaient d'entrepôts. Certains en ont déduit que les mangeoires de Megiddo servaient à nourrir les bêtes des caravanes, des ânes probablement, qui amenaient les produits remisés dans les entrepôts. D'autres savants émirent l'hypothèse que les bâtiments à piliers de Megiddo et d'autres lieux dans la région servaient de baraquements militaires ou même de bazars publics.

Dans les fouilles actuelles à Megiddo, nous tentons de résoudre le problème par l'analyse systématique de la terre constituant les sols des édifices à piliers – afin d'y déceler des traces de nourriture ou d'excréments d'animaux. Pour l'instant, les résultats ont été négatifs. Cependant, la poursuite des fouilles a clarifié un point important : nous ne devons pas espérer y trouver des objets relatifs à l'élevage équin dans la mesure où, à la suite de l'occupation assyrienne de la cité, ces bâtiments furent soigneusement nettoyés et partiellement réutilisés. Plus tard, au moment de leur abandon, ils furent détruits. Leurs murs furent intentionnellement abattus.

La réévaluation de la datation des strates (couches d'occupation) de Megiddo et la remise en question de l'histoire archéologique du royaume du Nord nous permettent aujourd'hui d'écarter les théories antérieures et de déclarer en toute confiance que les structures qui s'apparentent à des écuries appartiennent au règne de Jéroboam II. Achab, bien qu'il entretînt un puissant régiment de chars, construisit les grands palais de Megiddo qui *précèdent* le niveau des « écuries » (même si certains savants estiment que cette cité aussi, qui n'est que partiellement exhumée, possède des écuries). Mais le fait d'attribuer les « écuries » à Jéroboam II ne résout en rien le problème de leur fonction. Y aurait-il d'autres indices qui souligneraient l'importance des chevaux dans le royaume d'Israël – et qui permettraient de comprendre le rôle militaire joué par Israël dans la société impériale assyrienne ?

Une donnée cruciale vient des sources assyriennes, qui révèlent que les régiments de chars du royaume d'Israël étaient encore célèbres bien après que le roi Achab avait combattu Salmanasar III avec deux mille chars à la bataille de Qarqar, en Syrie, en 853 av. J. C. L'assyriologue Stéphanie Dalley a découvert dans les archives assyriennes les preuves convaincantes que certains États vassaux de l'empire étaient spécialisés dans l'élevage et l'exportation de chevaux utilisés pour les chars de combat et la cavalerie. Nous savons que la spécialisation de sa production économique assurait la prospérité de l'Israël de Jéroboam II. Ce que nous voyons à Megiddo serait-il le vestige du centre d'élevage et de dressage des chevaux du célèbre régiment de chars du royaume d'Israël ? Au temps de Jéroboam II, Israël élevait-il des chevaux non seulement pour ses propres besoins, mais aussi pour les unités de chars de l'Empire assyrien ? Un indice de réponse nous vient d'un autre État vassal de l'Assyrie : le royaume d'Urartu, en Anatolie orientale, dont la cavalerie était réputée la meilleure du monde. Une mention explicite dans les sources assyriennes nous apprend que les chevaux y étaient élevés en vue de l'exportation. Fait remarquable, sur des sites d'Urartu datant du Fer II, des bâtiments ont été exhumés dont la ressemblance avec les « écuries » de Megiddo est frappante.

Mais l'association la plus pertinente entre les Israélites et l'usage militaire du cheval nous vient de la période qui suit immédiatement la conquête du royaume du Nord par l'Assyrie – où une compagnie de chars israélite fut incorporée dans l'armée assyrienne. Les recherches de Stéphanie Dalley sur les tablettes assyriennes baptisées « listes de chevaux » ont donné quantité d'informations sur les administrateurs, les officiers et les unités de l'armée assyrienne, sous le règne de Sargon II. D'après ces archives, alors que les soldats des autres troupes d'élite des régions conquises étaient incorporés dans l'armée syrienne sur une base individuelle, la compagnie israélite de chars était la seule unité étrangère à qui il fut permis de conserver son identité nationale. Comme l'écrit lui-même le roi assyrien Sargon II : « Avec deux cents de leurs chars, j'ai formé un bataillon pour mon armée royale. »

Apparemment, l'habileté des combattants de chars israélites était telle qu'elle leur conférait un statut spécial. Parmi de nombreux détails des « listes de chevaux », on retrouve le nom d'un commandant israélite appelé Shema, qui devait appartenir au bataillon de chars ; il occupait un rang élevé dans l'armée assyrienne et faisait partie de l'entourage du roi.

DES VOIX S'ÉLÈVENT POUR PROTESTER

La prospérité et la suprématie atteintes par le royaume d'Israël sous le règne de Jéroboam II furent une source considérable d'enrichissement pour l'aristocratie israélite. Bien que le caractère des fouilles de Samarie au début du XXe siècle empêche de faire l'analyse détaillée des constructions et des rénovations entreprises dans la capitale royale du début du VIIIe siècle av. J. C., deux séries d'artefacts offrent au moins un aperçu de l'opulence de la classe dirigeante d'Israël à l'époque. On a retrouvé plus de deux cents plaques d'ivoire ciselé de motifs phéniciens et égyptiens, datant du VIIIe siècle av. J. C., qui ornaient vraisemblablement les murs du palais ou le luxueux mobilier de l'aristocratie israélite. Ils témoignent des richesses et des goûts cosmopolites des monarques israélites et des membres de la noblesse. Les célèbres ostraca de Samarie, qui sont des bons de livraison d'huile et de vin en provenance des campagnes, représentent un système complexe de comptes et de crédits, grâce auquel les produits de l'arrière-pays étaient revendiqués par de grands propriétaires terriens ou par des percepteurs d'impôts qui supervisaient la collecte des récoltes.

C'est à l'apogée de la prospérité du royaume du Nord, sous le règne de Jéroboam II, que nous pouvons trouver enfin la totalité des critères qui constituent un État : l'alphabétisation généralisée, l'administration, la spécialisation de la production économique et la maintenance d'une armée professionnelle. C'est aussi de cette époque que datent les premières protestations prophétiques. Les oracles des prophètes Amos et Osée, qui comptent parmi les premiers écrits prophétiques conservés, contiennent des passages qui décrivent l'apogée du règne de Jéroboam II. Leurs dénonciations enflammées de l'aristocratie corrompue et impie du Nord attestent de l'opulence de l'époque et constituent l'expression première des idées qui allaient exercer une si profonde influence sur la cristallisation de l'idéologie deutéronomique.

Amos nous est présenté comme un berger issu du village judéen de Téqoa. On ignore quel était son statut social et quelles raisons l'avaient poussé à venir prêcher dans le royaume d'Israël. Quoi qu'il en soit, les oracles qu'on lui attribue expriment une condamnation virulente du train de vie somptueux que menait l'aristocratie israélite au VIIIe siècle av. J. C. (Am 6,4-6) :

> Couchés sur des lits d'ivoire,
> vautrés sur leurs divans,
> ils mangent les agneaux du troupeau
> et les veaux pris à l'étable.
> Ils braillent au son de la harpe,
> comme David, ils inventent des instruments de musique ;
> ils boivent le vin dans de larges coupes,
> ils se frottent des meilleures huiles…

Amos poursuit dans cette veine, condamnant ceux qui ont bâti des « maisons en pierres de taille » (5,11). Quant à son contemporain, le prophète Osée, il s'élève contre ceux qui multiplient « mensonge et fausseté », ou qui concluent des « alliances avec Assur », ou exportent « de l'huile à l'Égypte » (Os 12,1). Ces allusions, entre autres, lancées par les deux prophètes soulignent les relations économiques et la culture matérielle, si abondamment illustrées par l'archéologie, du royaume d'Israël.

Outre cette condamnation du riche et du puissant, Amos et Osée expriment une dénonciation acerbe des injustices sociales, de l'idolâtrie et des tensions domestiques que provoquent le commerce international et la dépendance envers l'Assyrie. D'après Osée, « Assur ne nous sauvera pas, nous ne monterons plus sur des chevaux, et nous ne dirons plus "Notre Dieu !" à l'œuvre de nos mains » (Os 14,4). De son côté, Amos condamne la cruauté de ceux qui font semblant d'obéir aux règles religieuses tout en amassant les richesses à leur profit en exploitant le miséreux (Am 8,4-6) :

> Écoutez ceci, vous qui écrasez le pauvre et voudriez faire disparaître les humbles du pays, vous qui dites : « Quand donc sera passée la néomie [nouvelle lune] pour que nous vendions du grain, et le sabbat, que nous écoulions le froment ? Nous diminuerons la mesure, nous augmenterons le sicle, nous fausserons les balances pour tromper. Nous achèterons les faibles à prix d'argent et le pauvre pour une paire de sandales ; et nous vendrons les déchets du froment.

Ces condamnations prophétiques, précieusement conservées par les disciples d'Amos et d'Osée, ont pris une dimension nouvelle après la chute du royaume d'Israël. Leurs critiques des riches et leur révulsion devant l'influence des modes de vie étrangers sur le peuple d'Israël présageaient du mouvement spirituel et social qui allait marquer d'un sceau indélébile la fabrication du texte biblique.

ISRAËL À L'AGONIE

La mort de Jéroboam II, en 747 av. J. C., va révéler le vide intrinsèque de la société israélite – en dépit de sa prospérité et de ses réalisations martiales et architecturales. Des factions s'élèvent, sans doute parmi les administrateurs régionaux, les officiers de l'armée et divers groupes d'intérêts. Les rois se succèdent, la plupart du temps de façon sanglante. L'équilibre délicat entre l'indépendance économique et l'alliance, voire la soumission politique à l'Assyrie, se dégrade peu à peu. Nous devons nous contenter du récit proposé par le second livre des Rois, confirmé parfois par les archives assyriennes, comme unique documentation sur la chute d'Israël.

Cette série de violentes confrontations dynastiques qui secouent Samarie ne pouvait survenir au pire moment. En effet, de profonds changements se préparent en Mésopotamie. En 745 av. J. C. – précisément après l'assassinat de deux rois de Samarie –, l'ambitieux gouverneur de la grande cité assyrienne de Kalah, dans la vallée du Tigre, se révolte contre ses suzerains et entreprend de transformer l'Assyrie en un État brutal et prédateur.

Ce nouveau souverain, Téglat-Phalasar III (connu parfois dans la Bible sous son nom babylonien de Pûlu ou Pul), refonde entièrement l'Empire assyrien, notamment en relation avec ses anciens vassaux, qu'il décide de contrôler plus étroitement. En 738 av. J. C., il se dirige vers l'ouest, avec son armée, pour une menaçante campagne au cours de laquelle il impose aux anciens feudataires semi-indépendants des exigences économiques sans précédent. Ce n'est que le début. Sous l'ère impérialiste inaugurée par Téglat-Phalasar III, la vassalité des États se transforme très vite en servitude et en annexion, ponctuées par la déportation et le relogement des populations locales au gré des besoins et fantaisies des autorités assyriennes.

À Samarie, capitale israélite, la mort du roi Menahem en 737 av. J. C., suivie de l'assassinat presque immédiat de son fils et successeur par un officier de l'armée nommé Péqah, fils de Remalyahu, marquent un tournant fatal dans la politique étrangère du royaume d'Israël. Nous manquons de données sur les motivations politiques et personnelles de Péqah, mais toujours est-il qu'il met brutalement fin à la vassalité obséquieuse d'Israël envers l'Assyrie. Peut-être en raison d'une réaction désespérée au changement de politique assyrienne ou de son incapacité à répondre aux demandes de l'Assyrie, Péqah se joint à une coalition de différents pouvoirs locaux – incluant le roi Rezin, de Damas, et quelques cités philistines – dans une tentative désespérée pour recouvrer l'indépendance.

Il s'ensuit une série dramatique de mauvais calculs dont le résultat sera la fin de l'indépendance d'Israël – et l'impossibilité pour les États du Levant d'agir librement aussi longtemps que survivra l'Empire assyrien. Péqah et Rezin espéraient rassembler contre l'Assyrie un front de résistance, vaste et déterminé, réunissant tous les États de la région. La coalition manque à se matérialiser et Téglat-Phalasar III réagit avec furie. Il prend Damas, exécute Rezin, envahit la côte méditerranéenne, ravage toutes les cités potentiellement rebelles et s'assure que les insurgés ne peuvent recevoir aucune assistance en provenance de l'Égypte. Puis, Téglat-Phalasar III se tourne vers le royaume d'Israël et fond, de toute sa force, sur sa proie. Il conquiert pratiquement tout son territoire, détruit ses villes principales et déporte une partie de sa population. Israël est anéanti.

À la mort de Téglat-Phalasar III, en 727 av. J. C., la plus grande partie du territoire du royaume du Nord se trouve annexée par l'Empire assyrien. Trois circonscriptions administratives le divisent : Dor (pour la côte nord), Megiddo (pour la vallée de Jezréel et la Galilée) et Galaad (pour les hautes terres transjordaniennes). Un bas-relief datant de Téglat-Phalasar III et représentant le siège d'une ville nommée Gaazru – probablement Gézér – prouve que la plaine littorale du sud d'Israël n'a pas échappé au sort des provinces du Nord. Tout ce qui reste du royaume nordiste se résume à quelques collines entourant la capitale, Samarie. Dans une monumentale inscription, Téglat-Phalasar III se vante : « La terre de Bit-Humria [la maison d'Omri], toutes ses cités, je les ai rasées jusqu'au sol dans mes campagnes précédentes… J'ai pillé ses troupeaux, épargnant seulement Samarie l'isolée. »

L'ASSYRIANISATION DU NORD

Les conquêtes territoriales ne rassasiaient pas l'appétit de domination du nouvel Empire assyrien de Téglat-Phalasar III. Les Assyriens considéraient les terres, les animaux, les ressources et les peuples conquis comme des objets – des biens meubles – dont ils pouvaient disposer à leur gré, selon les intérêts de leur État. C'est pourquoi ils se lancèrent dans une politique de déportation et de repopulation à grande échelle. Cette politique visait en priorité à assurer la continuité du développement impérial. Du point de vue militaire, la prise et le déplacement des villages traditionnels terrorisaient et démoralisaient la population, dont la dispersion interdisait l'organisation de toute résistance future. Du point de vue économique, la conscription massive dans l'armée impériale renouvelait les effectifs et introduisait de nouvelles techniques de combat dans un cadre où les nouvelles recrues pouvaient être surveillées. L'installation forcée des artisans au cœur de l'arrière-pays assyrien rehaussait le niveau des ressources humaines en ouvriers qualifiés, placés à la disposition de l'économie assyrienne. Enfin, l'installation systématique de nouveaux colons dans des territoires vierges, ou récemment conquis, était le meilleur moyen d'élargir le domaine agricole de l'empire.

Téglat-Phalasar III mit aussitôt ces processus en branle dans les régions du royaume d'Israël que ses armées avaient conquises. D'après ses annales, le nombre de personnes qu'il déporta se serait élevé à 13 500. Ce ne doit pas être une exagération – comme le prouve une étude archéologique en basse Galilée, qui révèle un dépeuplement d'envergure. Il semblerait effectivement que les autorités aient déporté vers l'Assyrie une portion substantielle de la population rurale de ces régions.

Les résultats désastreux de l'assaut initial mené par Téglat-Phalasar III peuvent se constater sur de nombreux sites. À Haçor, spécialement mentionnée par la Bible en relation avec cette campagne (2 R 15,29), la dernière cité israélite fut détruite et réduite en cendres. Les explorations archéologiques prouvent que les fortifications de la cité furent vainement renforcées à la hâte pendant les quelques jours qui précédèrent l'assaut final. Les signes de destructions massives se constatent également à Dan et à Beth-Shéân. Par contre, à Megiddo, les intentions des Assyriens étaient différentes, puisqu'ils voulaient en faire un centre administratif régional. Les quartiers d'habitation furent incendiés ; les bâtiments effondrés et brûlés, ainsi que la vaisselle brisée témoignent des dernières heures de la cité israélite. Mais les édifices à piliers – les célèbres écuries de Megiddo – furent épargnés et probablement réutilisés après quelque temps. Les Assyriens voulaient reconstruire le site pour leur propre usage, or les belles pierres de taille des écuries se révélaient un excellent matériau de construction.

Megiddo offre un bon exemple des premières phases de l'occupation assyrienne. Après la destruction partielle de la dernière cité israélite, une courte période d'abandon fut suivie d'une période de reconstruction de grande ampleur. Les Assyriens transformèrent Megiddo en une capitale provinciale, gouvernant les anciens territoires des vallées du Nord et des collines de Galilée. Quelques décennies plus tard, les documents officiels mentionnent Megiddo comme siège du gouverneur. Le centre administratif de la nouvelle cité, rebâtie sur un plan totalement neuf, se trouve près de la porte, où s'élèvent deux palais de style typiquement assyrien. Le plan du reste de la cité correspond à un réseau géométrique de ruelles parallèles, se coupant à angles droits, orientées est-ouest et nord-sud, formant des quartiers d'habitation de plan rectangulaire – un type d'urbanisme totalement inconnu jusqu'ici dans le Levant. À en juger par ces transformations radicales, il est possible qu'une population nouvelle, déportée d'autres régions conquises de l'Empire assyrien, y ait été logée.

LA FIN DU ROYAUME

Réduit à la portion congrue des environs immédiats de Samarie, le royaume croupion d'Israël n'était plus désormais qu'une miette pour l'État assyrien en pleine ascension. Pourtant, Osée, l'assassin de Péqah et le dernier roi d'Israël, après s'être empressé de verser tribut à l'Assyrie, s'empressa également de fomenter un complot des plus risqués. Profitant de la brève période de flottement entre la mort de Téglat-Phalasar III et l'accession au trône de Salmanasar V, Osée envoya des messages secrets à l'un des chefs régionaux du delta égyptien, en espérant que l'Égypte viendrait participer à une révolte antiassyrienne. Jouant le tout pour le tout, Osée cessa d'emblée de payer tribut au nouveau roi assyrien.

Ce qui s'ensuivit ne surprendra personne. Salmanasar V lança une campagne de liquidation. Il s'empara des alentours de Samarie et mit le siège devant cette ville. Le siège fut long. Il se termina par la prise de la ville et par la déportation d'une partie de sa population, qui fut dispersée dans des domaines de la lointaine Assyrie. Un débat fait rage entre les savants pour déterminer si Salmanasar V vécut assez longtemps pour être témoin du dernier assaut contre Samarie ou si l'on doit attribuer le coup de grâce à son successeur, Sargon II, qui prit le pouvoir en 722 av. J. C. De toute manière, ce sont les chroniques de Sargon II qui content la version assyrienne des événements :

TABLEAU 6

ROIS ISRAÉLITES DE JÉHU À OSÉE

ROIS	DATES	TÉMOIGNAGES BIBLIQUES	ARCHIVES ASSYRIENNES	DÉCOUVERTES ARCHÉOLOGIQUES
Jéhu	842-814 av. J. C.	Fomente un coup d'État contre les Omrides et élimine leur famille ; détruit le sanctuaire de Baal à Samarie ; affronte Aram-Damas ; prophète Élisée.	Verse un tribut à Salmanasar III.	Haçor et le Nord aux mains d'Aram-Damas ; Megiddo abandonnée ?
Joachaz	817-800*	Aram vainc Israël et assiège Samarie ; prophète Élisée.		
Joas	800-784	Défait les Araméens ; Israël se rétablit ; attaque Jérusalem.	Verse un tribut à Adadnirari III.	Haçor de nouveau aux mains des Israélites ?
Jéroboam II	788-747*	Défait Damas ; élargit les frontières du royaume du Nord jusqu'à leur limite extrême ; prophéties d'Osée et d'Amos.		Prospérité sans précédent du royaume du Nord ; activités de construction sur une grande échelle à Haçor, Gézér et Megiddo (écuries et système d'accès à la source) ; ostraca et ivoires de Samarie ; un sceau portant son nom découvert à Megiddo.
Zacharie	747	Règne six mois ; tué dans un coup d'État.		
Shallum	747	Règne un mois ; tué dans un coup d'État.		

ROIS	DATES	TÉMOIGNAGES BIBLIQUES	ARCHIVES ASSYRIENNES	DÉCOUVERTES ARCHÉOLOGIQUES
Menahem	747-737	Verse un tribut au roi d'Assyrie.	Verse un tribut à Téglat-Phalasar III.	
Peqahya	737-735	Tué dans un coup d'État.		
Peqah	735-732	S'allie à Damas pour combattre Achaz de Juda ; Téglat-Phalasar III conquiert la Galilée et la vallée de Jezréel.	Déposé par Téglat-Phalasar III, qui conquiert la Galilée.	Destruction des cités israélites du Nord.
Osée	732-724	Dernier roi d'Israël ; Salmanasar V, roi d'Assyrie, assiège et prend Samarie ; déportation des Israélites en Assyrie.	Intronisé par Téglat-Phalasar III, à qui il verse un tribut.	

* Incluant les corégences.

> Les habitants de Samarie, qui tombèrent d'accord et qui complotèrent avec un roi ennemi parce qu'ils ne voulaient plus supporter le joug de la servitude et verser le tribut à Assur et qui me livrèrent bataille, je les ai combattus avec le pouvoir des grands dieux, mes Seigneurs. Comme butin, j'ai dénombré 27 280 personnes, ensemble avec leurs chars et leurs dieux, dans lesquels ils avaient placé leur confiance. Avec 200 de leurs chars, j'ai formé un bataillon pour mon armée royale. J'ai déporté les autres au milieu de l'Assyrie. J'ai repeuplé Samarie davantage qu'auparavant. J'y ai installé des populations de pays conquis par mes soins. J'ai nommé un commissaire comme gouverneur pour les administrer. Et je les ai comptés parmi les Assyriens.

Le compte rendu de Sargon II nous indique le nombre de déportés de Samarie – on ne sait trop s'il se réfère à la population de la capitale et de ses environs, ou au nombre total des déportés du royaume au cours des années précédentes. La Bible mentionne certaines destinations : « Halah, sur le Habor, fleuve de Gozân, et dans les villes des

Mèdes » (2 R 17,6). Mais le sort final de la plupart – les dix tribus d'Israël – demeure à ce jour inconnu. Au début, les déportés ont certainement tenté de préserver leur identité en conservant leurs coutumes religieuses et en donnant des noms israélites à leurs enfants. Mais ils furent très vite assyrianisés et intégrés dans l'empire.

Tout était fini.

Deux siècles mouvementés venaient de s'achever en catastrophe. Le fier royaume du Nord, avec le gros de sa population, était perdu pour l'histoire.

DÉPORTÉS ET SURVIVANTS

Comme précédemment, quand elles repeuplaient d'importants centres nordistes comme Megiddo avec des sujets bien soumis, les autorités assyriennes importèrent de nouveaux groupes de colons au cœur des hautes terres israélites pour qu'ils prennent la place des autochtones déportés : « Le roi d'Assyrie fit venir des gens de Babylone, de Kuta, d'Avva, d'Hamat et de Sepharvayim et les établit dans les villes de la Samarie à la place des Israélites ; ils prirent possession de la Samarie et demeurèrent dans ses villes » (2 R 17,24). Certains indices historiques et archéologiques permettent de croire que ces nouveaux colons, déportés des contrées rebelles du sud de la Mésopotamie, ont été installés non seulement en Samarie mais également dans les régions stratégiques autour de Béthel – le vieux centre de culte israélite –, sur la frontière nord du royaume encore indépendant de Juda. L'historien biblique en témoigne quand il inclut Avvim parmi les villes judéennes du VIIe siècle av. J. C. de la région de Béthel (Jos 18,23). Ce nom se rattache probablement à Avva, qui est mentionnée comme l'une des villes d'origine des déportés. Un texte araméen mentionne des déportés qui furent installés à Béthel même. En outre, on a retrouvé, à Gézér et dans les environs, un certain nombre de textes cunéiformes du VIIe siècle av. J. C. contenant des noms babyloniens ; ils fournissent la preuve tangible de la présence de déportés dans la région sud-ouest du royaume vaincu, à proximité de la frontière de Juda. Enfin, Adam Zertal, de l'université d'Haïfa, estime qu'un type spécial de poterie ornée de signes d'apparence cunéiforme, que l'on trouve sur certains sites des hautes terres de Samarie, est peut-être lié à ces groupes de nouveaux arrivants.

Mais l'échange de population fut loin d'être intégral. Le nombre total donné par les sources assyriennes pour les deux déportations – celle de Galilée, par Téglat-Phalasar III, et de Samarie, par Sargon II – est de 40 000 personnes, soit à peu près un cinquième de la population totale de la partie du royaume du Nord située à l'ouest du Jourdain au VIIIe siècle av. J. C. Apparemment, Téglat-Phalasar III n'aurait déporté que les villageois fauteurs de troubles des collines de Galilée et les populations des centres importants comme Megiddo ; quant à Sargon II, il s'en serait pris à l'aristocratie de Samarie, et peut-être aux soldats et aux artisans, dont l'habileté pouvait se révéler utile en Assyrie. En fait, la plupart des Israélites survivants demeurèrent sur place. Dans les collines qui entourent Samarie, destinées à devenir le cœur de la nouvelle province assyrienne de Samerina, la déportation semble avoir été minime. Les Assyriens avaient de bonnes raisons économiques de ne pas dépeupler cette riche région, productrice d'huile d'olive. Dans les vallées du Nord, les Assyriens détruisirent les centres administratifs israélites, mais laissèrent la population rurale (de tradition essentiellement cananéenne, phénicienne et araméenne) en paix – pourvu qu'elle se montrât docile et qu'elle contribuât au tribut exigé par l'Assyrie. En dépit de leur brutalité, les conquérants assyriens savaient que la destruction et la déportation massive des populations rurales d'Israël auraient compromis la production agricole de leur nouvelle province ; ils préféraient, chaque fois que possible, opter pour la stabilité et la continuité.

D'ailleurs, les études et les fouilles menées dans la vallée de Jezréel confirment une continuité démographique surprenante. La moitié des sites ruraux proches de Samarie restèrent occupés en permanence dans les siècles suivants. Cette situation démographique est peut-être même évoquée dans la Bible : quelques années après la destruction du royaume du Nord, le roi judéen Ézéchias célébra la Pâque à Jérusalem : « Ézéchias envoya des messagers à tout Israël et Juda, et écrivit même des lettres à Éphraïm et à Manassé, pour que l'on vienne au Temple de Yahvé à Jérusalem célébrer une Pâque pour Yahvé » (2 Ch 30,1). Éphraïm et Manassé représentent les hautes terres de Samarie, au nord de Juda. L'historicité des Chroniques est peut-être discutable, mais le livre de Jérémie (Jr 41,5) rapporte également que, cent cinquante ans après la chute du royaume du Nord, des Israélites de Sichem, de Silo et de Samarie se sont présentés avec des offrandes destinées au Temple de Jérusalem.

La présence d'un nombre important d'Israélites qui résidaient encore dans les collines de Samarie, y compris dans la région méridionale de Béthel, mélangés à la nouvelle population importée par les Assyriens, jouera un rôle majeur dans la politique étrangère de Juda et dans le développement de l'idéologie biblique au VIIe siècle av. J. C.

LA DURE LEÇON DU ROYAUME D'ISRAËL

Nous ne saurons jamais quel est le degré de véracité des documents, textes ou archives utilisés par les auteurs bibliques pour compiler leur version de l'histoire du royaume d'Israël. Ils ne cherchaient pas à proposer une histoire objective du royaume du Nord, mais plutôt à donner une « explication théologique » à une histoire déjà connue, du moins dans ses grandes lignes. Quels qu'aient été les jugements portés par la mémoire populaire sur les rois d'Israël, les auteurs bibliques les jettent tous dans le même panier ; ils portent contre chacun d'eux un jugement négatif. Les règnes de la plupart ne méritent que la mention suivante : tel ou tel roi « fit ce qui déplaît à Yahvé, il ne se détourna pas des péchés de Jéroboam Ier, fils de Nebat ». Certains d'entre eux – comme Jéroboam Ier et les Omrides – sont condamnés plus durement que les autres, mais même ceux qui comptent parmi les plus pieux des rois nordistes sont considérés comme des pécheurs impénitents : Joram, fils d'Achab, crédité pour avoir renversé le *massebah*, un monument dédié à Baal, et Jéhu, glorifié pour avoir éradiqué son culte, sont néanmoins condamnés l'un et l'autre pour avoir suivi les traces de « Jéroboam fils de Nebat ». Même Osée, le dernier roi d'Israël, qui tenta d'arracher son pays des griffes de fer de l'Assyrie, est jugé avec à peine plus d'indulgence : « Il fit ce qui déplaît à Yahvé, non pas pourtant comme les rois d'Israël ses prédécesseurs » (2 R 17,2). Donc, à partir des fautes de Jéroboam Ier, la Bible nous conte l'histoire d'une catastrophe annoncée.

Les périodes de prospérité qui bénirent le royaume d'Israël, et dont le souvenir s'est probablement perpétué pendant des siècles dans les vestiges monumentaux encore visibles dans les cités du Nord, devaient poser un sérieux problème théologique aux observateurs judéens qui, bien plus tard, compilèrent les livres des Rois. Si le royaume du Nord était tellement sacrilège, pourquoi YHWH ne l'avait-il pas anéanti pendant le règne de Jéroboam Ier, ou immédiatement après son règne, en tout cas sous sa dynastie ? Ou bien sous les Omrides, ces adorateurs de Baal ? S'ils étaient de tels mécréants, pourquoi YHWH leur avait-il permis de prospérer ? Les historiens deutéronomistes trouvèrent une façon élégante de rationaliser les deux siècles d'existence du royaume d'Israël en expliquant que sa fin était sans cesse repoussée parce que YHWH trouvait parfois quelques mérites, même dans les monarques impies du royaume du Nord. Témoin de « l'affliction d'Israël », YHWH ne pouvait résister à la tentation de le sauver en diverses occasions de terribles calamités.

Les membres officiels du clergé israélite des sanctuaires nordistes de Dan et de Béthel devaient posséder d'autres versions, concurrentes et aussi élaborées, qui expliquaient à leur manière les hauts et les bas du royaume du Nord. Il y avait certainement des prophètes nordistes – « qui prophétisaient faussement », comme le dirait la Bible –, qui étaient proches des institutions royales de Samarie. Ce genre de matériau ne pouvait évidemment faire partie de la Bible, du moins dans la version que nous connaissons aujourd'hui. Si Israël avait survécu, une histoire parallèle, divergente et différente nous serait parvenue. Mais la destruction de Samarie par les Assyriens et le démantèlement des institutions royales imposèrent le silence à toute forme d'histoire concurrente. Même si un certain nombre de prêtres et de prophètes du Nord se joignirent au flot des réfugiés qui trouvèrent un abri dans les cités et les villes de Juda, l'histoire biblique ne sera composée que par les vainqueurs – ou du moins les survivants – et façonnée exclusivement selon les croyances deutéronomistes tardives des Judéens.

Du point de vue de Juda, au VIIe siècle av. J. C., après la terrible destruction qui avait frappé le royaume du Nord, la morale de l'histoire est très claire. L'oraison funèbre d'Israël, qui suit la description de la chute de Samarie, la résume avec éloquence. Pour le deutéronomiste, l'apogée de l'histoire du royaume du Nord n'est ni dans les règnes d'Achab et de Jéroboam II, ni dans la tragédie finale, mais dans le résumé des fautes d'Israël et leur corollaire : le châtiment de Dieu. Ce point culminant théologique est introduit au milieu de la tragédie, entre les deux calamités – immédiatement après la description de la prise de Samarie, suivie de la déportation des Israélites, et avant la mention du repeuplement d'Israël par des colons étrangers (2 R 17,7-23) :

> Cela arriva parce que les Israélites avaient péché contre Yahvé leur Dieu, qui les avait fait monter du pays d'Égypte, les soustrayant à l'emprise de Pharaon, roi d'Égypte. Ils adorèrent d'autres dieux. Ils suivirent les coutumes des nations que Yahvé avait chassées devant eux. Les Israélites proférèrent des paroles inconvenantes contre Yahvé leur Dieu, ils se construisirent des hauts lieux partout où ils habitaient, depuis les tours de garde jusqu'aux villes fortes. Ils se dressèrent des stèles et des pieux sacrés sur toute colline élevée et sous tout arbre verdoyant. Ils sacrifièrent sur tous les hauts lieux à la manière des nations que Yahvé avait expulsées devant eux [...].
> À la poursuite de la Vanité, ils sont devenus vanité, à l'imitation des nations d'alentour, bien que Yahvé leur eût commandé de ne pas faire comme elles. Ils rejetèrent tous les commandements de Yahvé leur Dieu, et se firent des idoles fondues, les deux veaux, ils se firent un pieu sacré, ils se prosternèrent devant toute l'armée du ciel et rendirent un culte à Baal. Ils firent passer leurs fils et leurs filles par le feu, ils pratiquèrent la divination et la sorcellerie, ils se vendirent pour faire le mal au regard de Yahvé, provoquant sa colère. Alors Yahvé fut profondément irrité contre Israël et l'écarta de devant sa face. Il ne resta que la seule tribu de Juda [...].
> Il avait, en effet, détaché Israël de la maison de David, et Israël avait détourné Israël de Yahvé et l'avait entraîné dans un grand péché. Les Israélites imitèrent le péché que Jéroboam avait commis, ils ne s'en détournèrent pas, tant qu'enfin Yahvé écarta Israël de sa face, comme il l'avait annoncé par le ministère de ses serviteurs, les prophètes ; il déporta les Israélites loin de leur pays, en Assyrie, où ils sont encore aujourd'hui.

Bien entendu, aujourd'hui, les découvertes archéologiques et les études de l'écologie locale démontrent que cette fin était inévitable. Si Israël fut détruit et si Juda survécut, c'est parce que, pour les ambitions impérialistes assyriennes, Israël, avec l'abondance de ses ressources naturelles et le dynamisme de sa population, constituait une proie infiniment plus attractive que le pauvre et inaccessible Juda. Cependant, pour le lecteur judéen, durant les sombres années qui suivirent la conquête d'Israël, face à la menace de l'empire et aux difficultés des relations avec les puissances étrangères, cette version biblique de l'histoire d'Israël donnait un aperçu, comme un avertissement de ce qui pouvait *lui* arriver. L'ancien et autrefois puissant royaume d'Israël, en dépit de ses terres fertiles et de l'ingéniosité de son peuple, avait perdu son héritage. Dorénavant, la survie du royaume de Juda va permettre à ce dernier de jouer le rôle de frère cadet, le favori du divin – comme Isaac, Jacob et leur ancêtre royal David –, avide de s'arroger le droit que l'aîné avait perdu, pour le rachat de la terre et du peuple d'Israël.

Troisième partie

Juda et la création de l'histoire biblique

9

La transformation de Juda

(env. 930-705 av. J. C.)

Seule l'identification de l'époque et du lieu où fut initialement composée la grande saga historique de la Bible permet d'en comprendre la passion et le pouvoir. Notre récit aborde un tournant crucial de l'histoire littéraire et religieuse de l'humanité. En effet, c'est précisément la chute d'Israël qui va permettre à Juda de se transformer en un État complètement constitué, doté d'un clergé professionnel et de scribes instruits, seuls capables d'entreprendre une telle tâche.

Le royaume de Juda se retrouva soudain seul, cerné par un monde non israélite. Le royaume ressentit alors le besoin impérieux de posséder un document écrit qui le définît et le motivât. Ce texte, c'est le noyau historique de la Bible, compilé à Jérusalem au cours du VIIe siècle av. J. C. Juda ayant été le berceau de l'Écriture sacrée de l'ancien Israël, il n'est guère surprenant que le texte biblique mette un tel accent sur le statut particulier accordé à Juda dès les prémices de l'histoire d'Israël.

Comme le conte la Genèse, c'est à Hébron, première capitale judéenne, que les vénérables patriarches et matriarches ont été inhumés dans la grotte de Makpéla. De tous les fils de Jacob, c'est à Juda qu'il incomba de régner sur les autres tribus d'Israël (Gn 49,8). La fidélité des Judéens à l'égard des commandements de Dieu n'avait pas sa pareille parmi les guerriers israélites ; lors de l'invasion de Canaan, ils furent les seuls à éradiquer toute présence cananéenne idolâtre dans leur héritage tribal. C'est à Bethléem, un village judéen, que naquit

David, le plus grand roi et chef militaire de l'ancien Israël à faire son apparition sur la scène de l'histoire biblique. Ses exploits héroïques et sa relation intime avec Dieu devinrent des thèmes littéraires majeurs. C'est d'ailleurs la prise de Jérusalem par David qui sera le dernier acte de la conquête de Canaan. Jérusalem, transformée en cité royale, abrita le Temple, devint la capitale politique de la dynastie davidique et le lieu sacré par excellence du peuple d'Israël, pour l'éternité.

Cependant, nonobstant la prépondérance accordée à Juda dans la Bible, l'archéologie n'a rien découvert qui accrédite l'affirmation qu'avant le VIIIe siècle av. J. C., cette région des hautes terres, rupestre et écartée, bordée à l'est et au sud par des steppes arides, ait joui d'une importance particulière. Comme nous l'avons vu, sa population était très clairsemée ; ses villes – Jérusalem comprise – étaient de dimension réduite, et peu nombreuses. L'initiative de déclarer la guerre appartenait à Israël, pas à Juda. La diplomatie et le commerce avec des pays lointains étaient l'apanage d'Israël, non de Juda. S'il éclatait un conflit entre les deux royaumes, Juda était habituellement sur la défensive, contraint de faire appel à ses voisins pour venir à sa rescousse. Rien n'indique que Juda ait été plus qu'un acteur marginal de la politique régionale avant la fin du VIIIe siècle av. J. C. Dans un moment de candeur, l'historien biblique cite une fable dans laquelle il réduit Juda au rang de « chardon du Liban », en comparaison d'Israël qui, lui, est le « cèdre du Liban » (2 R 14,9). Sur la scène internationale, Juda semble n'avoir été qu'un royaume écarté et insignifiant. Comme le précise, par manière de dérision, le grand conquérant assyrien Sargon II, Juda « est situé très loin ».

Mais, vers la fin du VIIIe siècle av. J. C., il se passe quelque chose d'extraordinaire. Une suite de changements décisifs, dont la chute d'Israël, transforme soudain le paysage politique et religieux. La population de Juda grossit considérablement. Pour la première fois de son histoire, sa capitale, devenue un centre religieux national, se transforme en une métropole débordante d'animation. Une activité commerciale intense lui ouvre des relations avec les nations voisines. Enfin, et surtout, un important mouvement de réforme religieuse se met en branle – centré sur le culte exclusif de YHWH dans le Temple de Jérusalem –, qui sera à l'origine d'une conception totalement nouvelle et révolutionnaire du Dieu d'Israël. Une analyse des développements historiques et sociaux des IXe et VIIIe siècles av. J. C. dans le Proche-Orient expliquera certains de ces changements. L'archéologie du royaume de Juda dans sa phase tardive livrera des indices encore plus probants.

BONS ET MAUVAIS ROIS

Il n'y a aucune raison de douter de l'exactitude relative de la liste biblique des rois davidiques qui ont régné sur Jérusalem pendant les deux siècles qui ont suivi David et Salomon. Les deux livres des Rois tissent les histoires respectives du Sud et du Nord en une unique et composite histoire nationale ; ils se réfèrent fréquemment à des chroniques royales, aujourd'hui disparues, intitulées « le livre des Annales des rois de Juda » et « le livre des Annales des rois d'Israël ». Les dates d'accession au trône des rois de Juda sont mises en relation avec celles des rois d'Israël – à l'image de ce passage typique (1 R 15,9), qui déclare : « La vingtième année de Jéroboam, roi d'Israël, Asa devint roi de Juda. » Ce système de dates croisées, qui peuvent être vérifiées grâce à des références extérieures aux souverains israélites ou judéens individuels, s'est révélé assez fiable et cohérent – si l'on excepte quelques corrections chronologiques mineures à apporter sur certains règnes et quelques corégences à rajouter (tableau 2, p. 32-33).

Nous apprenons donc que onze rois (tous, à l'exception d'un seul, héritiers de David) ont régné sur Jérusalem entre la fin du Xe siècle et le milieu du VIIIe siècle av. J. C. Le compte rendu de chaque règne est des plus succincts. On n'y trouve certes pas de portrait aussi noirci que celui du roi nordiste Jéroboam ou ceux de la dynastie idolâtre des Omrides. Mais cela ne veut pas dire que la théologie ne joue aucun rôle dans la description biblique de l'histoire de Juda. La vengeance de Dieu y était tout aussi prompte et implacable. Sous le règne de rois impies, lorsque l'idolâtrie sévissait à Jérusalem, le châtiment ne tardait pas à tomber : Juda subissait des revers militaires. En revanche, lorsque des rois justes gouvernaient Juda et que le peuple restait fidèle au Dieu d'Israël, le royaume prospérait et son territoire s'agrandissait. Contrairement au royaume du Nord, décrit en termes négatifs tout au long du texte biblique, Juda est présenté comme globalement bon.

En nombre, les bons rois égalent les mauvais, mais leur règne n'est pas de même durée. Les bons rois dominent la plus grande partie de l'histoire du royaume du Sud.

Ainsi, dès le règne de Roboam, fils et successeur de Salomon, Juda « fit ce qui déplaît à Yahvé ». À l'instar des nations voisines, dont il imite les pratiques, le peuple se construit des « hauts lieux » et fait ses dévotions « sur toute colline élevée » (1 R 14,22-24). Le châtiment ne tarde pas à venir. Durant la cinquième année du règne de Roboam (926 av. J. C.), le pharaon Shéshonq Ier investit Jérusalem et prélève un lourd tribut sur le trésor du Temple et le palais des rois davidiques (1 R 14,25-26). Le fils de Roboam, Abiyyam, ne retient pas la leçon, car « il imita les péchés que son père avait commis avant lui et son cœur ne fut pas tout entier à Yahvé son Dieu » (1 R 15,3). Les malheurs de Juda se poursuivent, ponctués de conflits intermittents avec les armées du royaume d'Israël.

La situation s'améliore sous le roi Asa, dont le règne, qui durera quarante et un ans, débute vers la fin du Xe siècle av. J. C. Asa, nous dit-on, « fit ce qui est juste aux yeux de Yahvé, comme son ancêtre David » (1 R 15,11). En récompense, Jérusalem est protégée contre l'assaut mené par Basha, le roi d'Israël. Asa ayant appelé à son secours le roi d'Aram-Damas, celui-ci attaque la frontière nord d'Israël, ce qui contraint Basha à retirer les troupes qui assiègent Jérusalem.

Le roi suivant, Josaphat (premier monarque hébreu à porter un nom composé à partir de l'appellation divine de YHWH : *Yeho* + *shaphat* = « YHWH a jugé »), sera lui aussi bien noté, car il marche dans les pas de son dévot de père, Asa. Son règne sur Jérusalem durera vingt-cinq ans, pendant la première moitié du IXe siècle av. J. C. Il fait la paix avec le royaume d'Israël, avec lequel il formera même plusieurs alliances pour mener des offensives victorieuses contre Aram et contre Moab.

Le royaume de Juda traversera des hauts et des bas durant les siècles suivants. Le point le plus bas sera atteint quand Joram, fils de Josaphat, contracte une alliance matrimoniale avec la famille impie d'Achab et Jézabel. Évidemment, le désastre s'ensuit : Édom (un vassal de longue date de Juda) se révolte et Juda perd les riches territoires agricoles de la Shefelah occidentale. Bien pires seront les répercussions sanglantes de la chute des Omrides, qui secoueront le palais royal de Jérusalem. Ochozias – fils de Joram et de la princesse omride Athalie – est tué pendant le coup d'État de Jéhu. De retour à Jérusalem, apprenant le sort que Jéhu avait fait subir à son fils et à sa famille, Athalie ordonne la mise à mort de tous les descendants de la maison de David et s'empare du trône. Yehoyada, grand prêtre du Temple, patiente pendant six ans. Au moment propice, il annonce publiquement qu'un héritier de David a été sauvé du massacre ordonné par Athalie. Il produit alors Joas, le fils rescapé du roi Ochozias. Joas est désigné comme roi davidique légitime et Athalie est tuée. Avec elle se termine la période d'influence du royaume du Nord sur celui du Sud, durant laquelle le culte de Baal avait été introduit à Jérusalem (2 R 11,18).

Joas, dont le règne sur Jérusalem dura quarante ans, « fit ce qui est agréable à Yahvé, pendant toute sa vie » (2 R 12,2). Son action la plus importante fut la rénovation du Temple. Durant son règne, Hazaël, le roi d'Aram-Damas, menace Jérusalem. Le souverain judéen lui octroie un lourd tribut en échange de la levée du siège devant la cité (2 R 12,18-19). Le sort de la capitale du Sud est très enviable comparé aux ravages commis par Hazaël dans le royaume du Nord.

L'alternance de bons et de mauvais rois – certains sont bien sûr un savant mélange des deux – se poursuit. Amasias, un roi à la vertu plutôt modérée, qui « fit ce qui est agréable à Yahvé, non pas pourtant comme son ancêtre David » (2 R 14,3), mène une guerre victorieuse contre Édom ; mais il est défait et capturé par les armées du royaume d'Israël, qui envahissent le territoire de Juda et jettent à bas les remparts de Jérusalem. L'histoire se poursuit avec le règne du vertueux Ozias, qui élargira les frontières vers le sud, puis celui de son fils Yotam.

L'affaire se corse avec la mort de Yotam et le couronnement d'Achaz (743-727 av. J. C.). La Bible juge ce malheureux Achaz avec une sévérité inhabituelle : le reproche qui lui est fait dépasse de loin l'accusation d'apostasie (2 R 16,2-4) :

> Il ne fit pas ce qui est agréable à Yahvé son Dieu, comme avait fait David son ancêtre. Il imita la conduite des rois d'Israël, et même il fit passer son fils par le feu, selon les coutumes abominables des nations que Yahvé avait chassées devant les Israélites. Il offrit des sacrifices et de l'encens sur les hauts lieux, sur les collines et sous tout arbre verdoyant.

Un désastre s'ensuit. Les turbulents Édomites s'emparent d'Eilat ; Raçôn, le puissant roi de Damas, avec son allié Péqah, roi d'Israël, déclarent la guerre à Juda ; leurs armées coalisées assiègent Jérusalem. Le dos au mur, Achaz implore l'aide du roi d'Assyrie, Téglat-Phalasar III, en lui offrant des présents en provenance du Temple : « Le roi d'Assyrie l'exauça, il monta contre Damas et s'en empara ; il déporta les habitants à Qir et il fit mourir Raçôn » (2 R 16,9). Juda vient donc d'être temporairement protégé grâce au stratagème astucieux d'un roi impie, qui a mendié l'intervention du puissant Empire assyrien.

Le moment est mûr pour qu'un changement religieux de grande envergure se produise. Le cycle perpétuel de l'apostasie, de la punition et du repentir va enfin être brisé. Ézéchias, fils d'Achaz, qui régnera à Jérusalem pendant vingt-neuf ans, entreprend une profonde réforme religieuse dans le but de restaurer la pureté et la fidélité à YHWH, oubliées depuis les jours du roi David. Les hauts lieux – ou autels de plein air – étaient l'une des manifestations les plus populaires du culte pratiqué dans les campagnes de Juda ; même les plus vertueux des rois n'avaient pas osé s'en prendre à eux. La Bible répète comme un mantra l'évocation des actes de *tous* les bons rois, affirmant que « les hauts lieux ne disparurent pas » ; le peuple de Juda persistait à offrir des sacrifices et à brûler de l'encens sur les hauts lieux. Ézéchias sera le premier à oser s'en prendre à eux ainsi qu'à tout ce qui s'apparente à une vénération idolâtre (2 R 18,3-7) :

> Il fit ce qui est agréable à Yahvé, imitant tout ce qu'avait fait David, son ancêtre. C'est lui qui supprima les hauts lieux, brisa les stèles, coupa les pieux sacrés et mit en pièces le serpent d'airain que Moïse avait fabriqué. Jusqu'à ce temps-là, en effet, les Israélites lui offraient des sacrifices ; on l'appelait Nehushtân. C'est en Yahvé, Dieu d'Israël, qu'il mit sa confiance. Après lui, aucun roi de Juda ne lui fut comparable ; et pas plus avant lui. Il resta attaché à Yahvé, sans jamais se détourner de lui, et il observa les commandements que Yahvé avait prescrits à Moïse. Aussi Yahvé fut-il avec lui et il réussit dans toutes ses entreprises.

La fresque historique peinte par la Bible est dénuée d'ambiguïté : autrefois, le royaume était remarquablement vertueux ; par la suite, il a perdu la foi. Seule l'accession au trône d'Ézéchias est en mesure de restaurer à Juda sa sainteté perdue.

Pourtant, l'archéologie fait apparaître une situation sensiblement différente – dans laquelle l'âge d'or de la fidélité tribale et davidique envers YHWH, loin d'avoir constitué une réalité historique, aurait été en fait un idéal religieux tardif. Au lieu d'une restauration, les matériaux archéologiques suggèrent qu'une monarchie centralisée et une religion nationalisée, orientée exclusivement vers Jérusalem, ont pris des siècles avant de se cristalliser ; l'idée en était encore totalement neuve à l'avènement d'Ézéchias. L'idolâtrie du peuple de Juda ne s'écartait nullement d'un prétendu monothéisme antérieur. C'était en réalité la pratique cultuelle du peuple de Juda depuis des siècles.

LA FACE CACHÉE DE L'ANTIQUE JUDA

Jusqu'à récemment, presque tous les archéologues bibliques prenaient la description des États jumeaux de Juda et d'Israël pour argent comptant. Ils se représentaient Juda comme un État pleinement constitué dès le règne de Salomon et faisaient de leur mieux pour produire les preuves archéologiques des entreprises monumentales et de l'efficacité administrative des premiers rois judéens. Or, comme nous l'avons vu, les preuves archéologiques de la monarchie unifiée ne sont qu'un vœu pieux. Il en est de même avec les monuments attribués aux successeurs de Salomon. L'identification de forteresses prétendument construites par le fils de Salomon, Roboam, à travers Juda (2 Ch 11,5-12), et le lien établi entre les fortifications massives du site de Tell en-Nasbeh, au nord de Jérusalem, et les travaux de protection entrepris par le roi judéen Asa, autour de la cité biblique de Miçpa (1 R 15,22), se sont révélés l'une et l'autre erronés. À l'instar des portes et palais dits « salomoniques », ces constructions ont été entreprises presque deux siècles après la mort de ces deux souverains.

Malgré l'effort de parallélisme tenté par la Bible, qui date les règnes des rois de Juda en fonction de ceux des rois d'Israël, l'archéologie montre que, pour ce qui est du pouvoir et des capacités administratives, les premiers rois de Juda étaient loin d'égaler ceux d'Israël. Hormis l'exception possible de la cité de Lakish, sur les contreforts de la Shefelah, on ne voit, en Juda, aucune trace de centre politico-administratif régional équivalent à Gézér, à Megiddo ou à Haçor. L'architecture et les plans d'urbanisme de Juda étaient des plus rudimentaires. Les techniques de construction monumentale – comme la maçonnerie en pierre appareillée et les chapiteaux proto-éoliques typiques du style élaboré des Omrides dans le royaume du Nord – ne sont apparues dans le Sud qu'à partir du VIIe siècle av. J. C. En admettant que les structures royales de la maison de David, à Jérusalem (prétendument oblitérées par les constructions ultérieures), aient atteint une certaine dimension, voire une certaine grandeur, on ne retrouve pas la moindre trace de construction monumentale dans les rares cités et villages dispersés dans les collines méridionales.

Malgré la tenace affirmation d'une cour salomonique cultivant les belles-lettres, l'histoire et la philosophie religieuse, nous ne possédons aucun signe d'alphabétisation étendue dans le territoire de Juda à l'époque de la monarchie divisée. On n'a trouvé à Juda aucune trace d'une prétendue activité littéraire au Xe siècle av. J. C. En fait, les inscriptions monumentales et les sceaux individuels – preuves indiscutables d'un État constitué – n'apparaissent à Juda que deux cents ans après Salomon, à la fin du VIIIe siècle av. J. C. Quant aux ostraca et aux objets en pierre portant une unité de poids – preuves supplémentaires de conservation d'archives et de lois commerciales établies –, ils n'apparaissent qu'au VIIe siècle av. J. C. Avant cette période tardive, on ne trouve également aucune trace de fabrication en masse de poteries dans des ateliers centralisés ou de production industrielle d'huile d'olive destinée à l'exportation. Les calculs approximatifs des deux populations montrent eux aussi à quel point Juda et Israël étaient loin d'être égaux. Comme nous l'avons mentionné, les explorations de terrain indiquent que jusqu'au VIIIe siècle av. J. C. la population des hautes terres de Juda ne représentait que le dixième de celle des hautes terres du royaume nordiste d'Israël.

Ces découvertes établissent clairement que le Juda de l'âge du Fer n'a pas connu un âge d'or précoce. David, Salomon et les membres suivants de la dynastie davidique régnèrent sur une région rupestre, isolée, marginalisée, qui ne présentait aucun signe apparent de richesse ni d'administration centralisée. Autrement dit, la région n'a nullement sombré dans la déchéance et l'infortune après avoir connu une exceptionnelle ère de prospérité. Au contraire, son développement s'est opéré laborieusement, graduellement, sur plusieurs siècles. Quant à la Jérusalem de David et de Salomon, elle n'était que l'un des nombreux centres de culte établis à travers le pays ; elle n'était en tout cas pas *le* centre spirituel de l'ensemble du peuple d'Israël.

Jusqu'ici, nous n'avons introduit que des données négatives pour présenter ce que Juda n'était pas. Il nous reste à brosser le tableau de Jérusalem et de ses environs à l'époque de David, de Salomon et de leurs proches successeurs. Cette description ne provient pas de la Bible, mais de Tell el-Amarna, les archives égyptiennes du Bronze tardif.

TABLEAU 7

ROIS DE JUDA DE ROBOAM À ACHAZ

ROIS	DATES	ÉVALUATION BIBLIQUE	TÉMOIGNAGES BIBLIQUES	PREUVES EXTRA-BIBLIQUES
Roboam	931-914 av. J. C.	mauvais	Premier roi de Juda ; fortifie des cités.	Campagne de Shéshonq Ier.
Abiyyam	914-911 av. J. C.	mauvais	Combat Jéroboam d'Israël.	
Asa	911-870 av. J. C.	bon	Débarrasse Juda des cultes étrangers ; combat Basha d'Israël avec l'aide du roi de Damas ; élève deux forts sur la frontière nord de Juda.	
Josaphat	870-846 av. J. C.*	bon	Combat les Araméens avec Achab et Moab avec Joram d'Israël ; marie son fils avec une princesse omride.	
Joram	851-843 av. J. C.*	mauvais	Édom se révolte contre Juda.	Mentionné sur l'inscription de Tel Dan ?
Ochozias	843-842 av. J. C.	mauvais	Descendant des Omrides ; tué dans le coup d'État de Jéhu.	Mentionné sur l'inscription de Tel Dan ?

ROIS	DATES	ÉVALUATION BIBLIQUE	TÉMOIGNAGES BIBLIQUES	PREUVES EXTRA-BIBLIQUES
Athalie	842-836 av. J. C.	mauvais	Massacre un grand nombre de gens de la maison de David ; tuée dans un coup d'État.	
Joas	836-798 av. J. C.	bon	Répare le Temple ; sauve Jérusalem d'Hazaël ; tué dans un coup d'État.	
Amasias	798-769 av. J. C.	bon	Défait Édom ; attaqué par Joas d'Israël.	
Ozias/ Azarias	785-733 av. J. C.*	bon	Lépreux, confiné dans sa chambre ; prophète Isaïe.	Deux sceaux portent son nom.
Yotam	759-743 av. J. C.*	bon	Menacé par les rois d'Israël et d'Aram ; prophète Isaïe.	
Achaz	743-727 av. J. C.	mauvais	Attaqué par les rois d'Israël et d'Aram ; appelle Téglat-Phalasar III à la rescousse ; prophète Isaïe.	Verse un tribut à Téglat-Phalasar III ; début de l'ère de prospérité dans la région des collines judéennes.

*Ces dates tiennent compte des corégences.

LA LOINTAINE CITÉ-ÉTAT PERCHÉE SUR SA MONTAGNE

Parmi les quelque 350 tablettes cunéiformes, datant du XIVe siècle av. J. C., découvertes dans l'ancienne capitale d'Akhenaton, la moderne Tell el-Amarna, qui constituent la correspondance entre le pharaon égyptien, les souverains des États asiatiques et les petits potentats de Canaan, un groupe de six tablettes offre un aperçu unique sur le gouvernement royal et les perspectives économiques dans les hautes terres du Sud, à l'endroit précis où, plus tard, allait apparaître le royaume de Juda. Écrites par Abdi-Héba, roi de Urushalim (nom que portait la Jérusalem du Bronze récent), les lettres révèlent les caractéristiques de son royaume : une contrée des hautes terres, à l'habitat clairsemé, vaguement gouvernée à partir de la citadelle royale de Jérusalem.

Comme nous le savons aujourd'hui grâce aux explorations de terrain et à l'observation des cycles répétés d'occupation sur des millénaires, la particularité sociale de Juda était déterminée dans une large mesure par sa position géographique isolée, sa pluviométrie capricieuse et son terrain escarpé. À l'encontre des régions montagneuses du Nord, avec leurs larges vallées et leurs voies naturelles de communication, Juda fut toujours pauvre, sur le plan agricole, et isolé des grandes voies commerciales ; le royaume n'offrait à ses dirigeants que peu de moyens de s'enrichir. Son économie tournait autour de la production autarcique des fermiers individuels ou de groupes de bergers.

C'est la peinture qui émerge de la correspondance d'Abdi-Héba. Celui-ci contrôlait les hautes terres à partir de Béthel, dans le nord, jusqu'à Hébron, dans le sud : une contrée totalisant environ 2 500 kilomètres carrés, engagée dans un conflit permanent avec les dirigeants de la région de Sichemplus au nord, et de la Shefelah. Son domaine était pauvrement peuplé, avec seulement huit hameaux repérés jusqu'à ce jour. La population sédentaire du territoire d'Abdi-Héba, y compris les habitants de Jérusalem, ne devait pas dépasser les 1 500 âmes ; c'était la région de Canaan la moins peuplée. Mais de nombreux groupes pastoraux parcouraient cette zone frontalière écartée ; leur nombre devait dépasser celui de la population des villages sédentaires. Nous pouvons supposer que, dans les parties les plus reculées du territoire d'Abdi-Héba, l'autorité devait être détenue soit par les hors-la-loi connus sous le nom d'Apirou, soit par les Shosou, au mode de vie proche de celui des Bédouins, soit par des clans indépendants.

La capitale d'Abdi-Héba, Urushalim, était une petite place forte de montagne, située sur la corniche sud-est de l'antique Jérusalem qui deviendra plus tard la cité de David. Aucun vestige de construction ou de fortification monumentale datant du XIVe siècle av. J. C. n'y a été décelé ;

comme le suggère l'historien Nadav Naaman, la capitale d'Abdi-Héba n'était qu'un modeste hameau abritant l'élite qui contrôlait les quelques villages agricoles des environs et la population pastorale.

Nous ignorons quel fut le sort de la dynastie d'Abdi-Héba ; les éléments archéologiques manquent, qui permettraient de comprendre les changements qui ont affecté Jérusalem pendant la transition entre le Bronze récent et le Fer ancien. Mais, si l'on en juge par l'environnement général, l'évolution de l'habitat et l'économie régionale, aucun changement d'importance ne semble être intervenu au cours des siècles suivants. Quelques villages épars, dont le nombre avait dû augmenter légèrement, occupaient le plateau central ; des groupes pastoraux poursuivaient leur errance, avec leurs troupeaux, au gré des saisons ; et une petite élite dirigeante devait régner sur ce petit monde à partir de Jérusalem. Du personnage historique de David, nous ne pouvons rien dire de précis. On ne peut toutefois s'empêcher de noter l'étrange similitude entre ces Apirou de mauvais aloi, dont les bandes menaçaient Abdi-Héba, et les récits bibliques d'un hors-la-loi nommé David, qui, avec ses hommes, parcourait les montagnes d'Hébron et le désert de Judée. Que David ait ou non conquis Jérusalem – dans un audacieux raid rappelant le style des Apirou décrit par les livres de Samuel –, il n'en demeure pas moins que la dynastie qu'il y établit ne changea guère les formes du pouvoir dans les hautes terres méridionales.

Tout cela prouve que la domination exercée par les institutions de Jérusalem – Temple et palais – sur les populations rurales de Juda était loin d'avoir la dimension suggérée par les textes bibliques. La caractéristique la plus évidente de Juda durant les premiers siècles de l'âge du Fer ne fut pas dans les innovations soudaines, politiques ou religieuses, mais bien plutôt dans la continuité avec le passé. S'il y a un domaine qui le prouve clairement, c'est bien celui des pratiques religieuses, qui semble avoir tout particulièrement obsédé les historiens ultérieurs du royaume.

LA RELIGION TRADITIONNELLE DE JUDA

Les livres des Rois sont très diserts dans leur description de l'apostasie qui fit pleuvoir tant d'infortunes sur le royaume de Juda. Le compte rendu du règne de Roboam en fait le détail (1 R 14,22-24) :

> Il fit ce qui déplaît à Yahvé : il irrita sa jalousie plus que n'avaient fait ses pères avec tous les péchés qu'ils avaient commis, eux qui s'étaient construit des hauts lieux, avaient dressé des stèles et des pieux sacrés sur toute colline élevée et sous tout arbre verdoyant. Même il y eut des prostitués sacrés dans le pays. Il imita toutes les ignominies des nations que Yahvé avait chassées devant les Israélites.

Quelque deux siècles plus tard, sous le règne d'Achaz, la nature des péchés ne paraît pas avoir sensiblement varié. Ce roi est décrit comme un apostat notoire, qui marche dans les pas des rois d'Israël, allant jusqu'à brûler son fils en offrande (2 R 16,2-4).

Les biblistes ont démontré qu'il ne s'agissait nullement de cas isolés de pratiques païennes, mais de rituels complexes accomplis en vue de se concilier les faveurs des puissances célestes pour la fertilité de la terre et le bien-être du peuple. Dans leur forme extérieure, ils ressemblaient aux pratiques employées par les peuples voisins pour honorer leurs divinités et s'attirer leurs faveurs. En effet, les découvertes archéologiques, faites à travers tout le pays de Juda, de figurines en terre cuite, d'encensoirs, de vases à libations et de présentoirs d'offrandes indiquent que la pratique de la religion était extrêmement variée, très décentralisée, et qu'elle ne se limitait pas au culte exclusif du seul YHWH dans le Temple de Jérusalem.

En effet, dans Juda, avec sa bureaucratie et ses institutions nationales embryonnaires, les rituels religieux se déroulaient dans deux aires distinctes – lesquelles, parfois, étaient unies, d'autres fois entraient en conflit. La première était le Temple de Jérusalem, dont nous possédons d'abondantes descriptions bibliques, rédigées à diverses époques, mais dont il ne reste pratiquement aucune trace archéologique, le site ayant été occulté par des constructions ultérieures. Les autres foyers de la pratique religieuse étaient dispersés à travers les clans épars dans le pays. Là, un réseau complexe de liens parentaux régissait toutes les phases de l'existence, y compris la religion. Les rituels propitiatoires pour la fertilité de la terre et la bénédiction des ancêtres donnaient aux gens du peuple un espoir de bonheur et de prospérité pour leurs proches ; ils sanctifiaient leurs possessions villageoises, leurs champs et leurs pâturages.

Le bibliste Baruch Halpern et l'archéologue Lawrence Stager ont comparé les descriptions bibliques de la structure clanique avec les vestiges d'implantations de l'âge du Fer dans les régions montagneuses ; ils ont identifié un schéma architectural particulier d'enclos abritant des familles élargies, dont les habitants devaient probablement accomplir des rites qui différaient parfois sensiblement de ceux qui étaient en usage dans le Temple de Jérusalem. Les coutumes et les traditions locales répétaient avec insistance que les Judéens avaient reçu en héritage, de leur Dieu et de leurs ancêtres, leurs demeures, leurs terres, et même leurs tombes. Des sacrifices étaient offerts, tantôt sur des sanctuaires domestiques situés dans l'enclos, tantôt sur des tombes familiales, tantôt sur des autels en plein air répandus dans les campagnes. Ces lieux de culte étaient rarement perturbés, même par les rois les plus zélés et agressifs. C'est pourquoi il ne faut pas s'étonner de voir la Bible se lamenter en permanence que « les hauts lieux ne disparurent pas ».

L'existence de hauts lieux et d'autres formes de vénération ancestrale des dieux domestiques ne résultait pas – contrairement à ce que laissent entendre les livres des Rois – d'une sorte d'apostasie par rapport à une foi antérieure plus épurée. Ils faisaient partie des traditions immémoriales des habitants des collines de Juda, qui vouaient un culte à YHWH, mais aussi à une pléthore de dieux et de déesses bien connus, ou empruntés aux peuples voisins. Pour résumer, YHWH était vénéré de bien des façons – il était même parfois dépeint entouré d'une cour céleste : d'après le témoignage indirect (et terriblement hostile) des livres des Rois, dans les campagnes, les prêtres brûlaient régulièrement de l'encens sur les hauts lieux en l'honneur du soleil, de la lune et des étoiles.

Comme ces « hauts lieux » étaient probablement des espaces ouverts, ou des sommets naturels de collines, on n'en a pas encore identifié de trace archéologique évidente. Aussi, la meilleure preuve archéologique de la popularité de ce type de culte à travers le royaume réside dans la découverte de centaines de figurines de déesses nues de la fertilité, dans tous les sites appartenant à la monarchie tardive de Juda. Les inscriptions, datant du début du VIIIe siècle av. J. C., trouvées sur le site de Kuntillet Ajrud, dans le nord-est du Sinaï – un site qui présente un certain nombre de liens culturels avec le royaume du Nord –, sont encore plus significatives. Elles font apparemment référence à la déesse Asherah comme étant l'épouse de YHWH. Pour le cas où l'on serait tenté de croire qu'il faut attribuer ce mariage de YHWH à quelque hallucination coupable des Nordistes impies, une formule très proche, qui mentionne « YHWH et son Asherah », apparaît sur une inscription datant de la monarchie tardive, qui fut découverte dans la Shefelah de Juda.

Ce culte ancestral ne se limitait pas aux districts ruraux. Nous possédons une ample moisson d'informations archéologiques et bibliques qui prouvent que le culte syncrétiste de YHWH florissait dans la ville même de Jérusalem à la même époque. Les véhémentes condamnations des différents prophètes judéens indiquent clairement que YHWH était adoré à Jérusalem « en compagnie » d'autres déités, comme Baal, Asherah, les entités célestes, voire parfois les déités nationales des contrées voisines. Les critiques formulées par la Bible à l'encontre de Salomon (qui devaient refléter la réalité de Juda sous la monarchie tardive) nous apprennent qu'un culte y était rendu à Milkom, le dieu d'Ammon, à Kemosh, le dieu de Moab, et à Astarté, la déesse des Sidoniens (1 R 11,5 ; 2 R 23, 13). Jérémie se lamente que le nombre de déités vénérées dans Juda égalait celui de ses villes et que, dans Jérusalem, le nombre des autels consacrés à Baal égalait celui des rues de la capitale (Jr 11,13). En outre, les objets de culte dédiés à Baal, à Asherah et aux entités célestes étaient installés à demeure dans le Temple même de YHWH, à Jérusalem. Le chapitre 8 du livre d'Ézéchiel décrit en détail les « abominations » qui se pratiquaient dans le Temple de Jérusalem, y compris la vénération du dieu mésopotamien, Tammuz.

Par conséquent, les terribles fautes commises par Achaz et les autres rois impies de Juda n'avaient rien d'exceptionnel. Ces souverains ne faisaient que permettre le libre exercice des traditions rurales. Eux-mêmes et la plupart de leurs sujets exprimaient leur dévotion à YHWH à l'aide de rites accomplis devant un nombre incalculable de tombes, de sanctuaires et de hauts lieux, dispersés à travers le royaume, lesquels s'accompagnaient le cas échéant d'une dévotion secondaire rendue à d'autres dieux.

UNE CROISSANCE SOUDAINE

Tout au long des deux siècles que dura l'ère de la monarchie divisée, Juda demeura dans l'ombre. Son potentiel économique limité, son isolement géographique et le conservatisme ancré dans ses traditions claniques le rendaient moins attrayant aux yeux des Assyriens que le plus vaste et plus prospère royaume d'Israël. Mais avec la montée au pouvoir du roi assyrien, Téglat-Phalasar III (745-727 av. J. C.), et la décision d'Achaz de devenir son vassal, Juda entamait une partie d'échecs aux enjeux énormes. À partir de l'an 720 av. J. C., après la conquête de Samarie et la chute d'Israël, Juda était environné de provinces et de vassaux assyriens. Cette situation nouvelle était lourde d'implications. De siège d'une dynastie locale insignifiante, la citadelle royale de Jérusalem se transforma, en une seule génération, en centre nerveux, religieux et politique d'un pouvoir régional – en raison à la fois de développements internes majeurs et de milliers de réfugiés en provenance du royaume vaincu d'Israël.

C'est ici que l'archéologie a joué un rôle inestimable en permettant d'évaluer la rapidité et l'ampleur de la soudaine expansion de Jérusalem. Comme l'a suggéré le premier l'archéologue israélien Magen Broshi, les fouilles entreprises au cours des dernières décennies ont révélé que, soudain, vers la fin du VIIIe siècle av. J. C., Jérusalem connut une explosion démographique sans précédent : sa zone résidentielle déborde de l'ancienne corniche étroite – la cité de David – pour couvrir la totalité de la colline occidentale (carte 11). Un mur de défense impressionnant est construit pour protéger les nouveaux faubourgs. En quelques décennies – certainement en l'espace d'une seule génération –, de modeste bourgade des hautes terres d'une superficie d'environ 6 hectares, Jérusalem devint une zone urbanisée d'environ 75 hectares, abritant une dense agglomération de maisons, d'ateliers et d'édifices publics. En termes démographiques, la population de la cité a dû être multipliée par quinze, passant d'un millier à quinze mille habitants.

L'exploration archéologique de l'arrière-pays agricole de Jérusalem révèle un schéma aussi considérable de croissance démographique. Soudain, de nombreuses fermes s'installent dans les environs immédiats de la cité ; les districts campagnards du sud de la capitale, restés jusque-là relativement dépeuplés, abondent en installations paysannes, de tailles diverses. De vieux villages assoupis s'agrandissent et deviennent, pour la première fois, de vraies villes. Dans la Shefelah, aussi, le grand bond en avant se produisit au cours du VIIIe siècle av. J. C., marqué par une croissance prodigieuse du nombre et de la

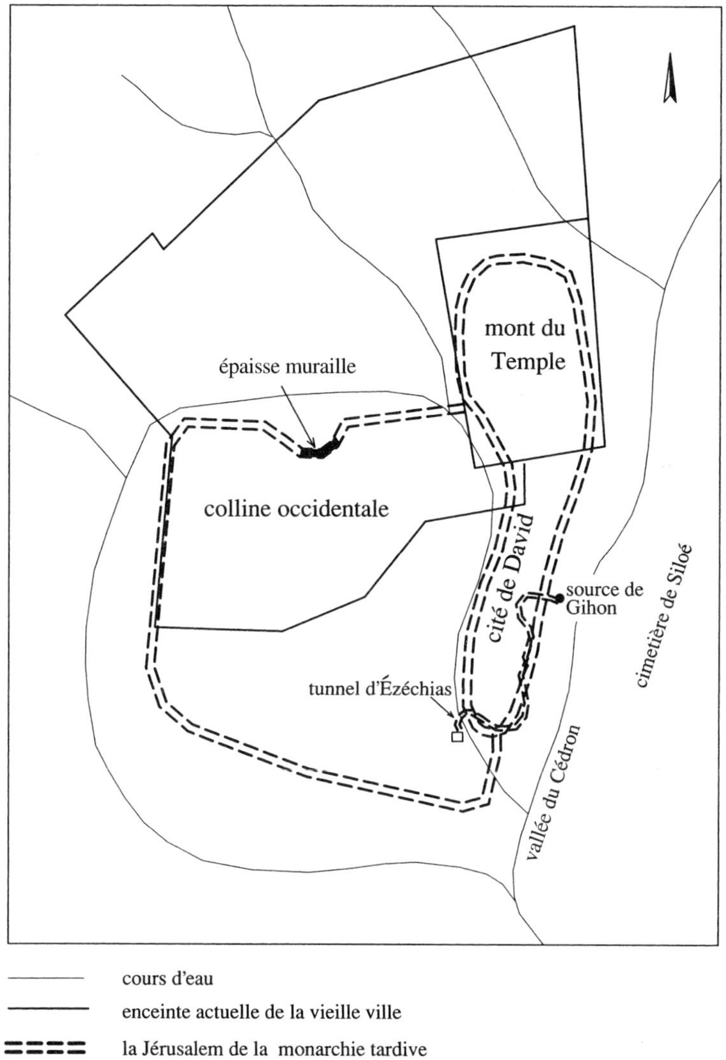

Carte 11. Expansion de Jérusalem en direction de l'ouest à partir de la « cité de David ».

dimension des sites. Lakish – la cité la plus importante de la région – en offre un parfait exemple. Jusqu'au VIIIe siècle av. J. C., la ville est tout ce qu'il y a de plus modeste ; elle se transforme soudain en un centre administratif majeur, protégé derrière une muraille formidable. De la même manière, dans la vallée de Beersheba, tout au sud, un grand nombre de villes nouvelles sont fondées, vers la fin du VIIIe siècle av. J. C. L'expansion fut réellement prodigieuse. À la fin du VIIIe siècle av. J. C., Juda comptait environ trois cents agglomérations de dimensions variées, depuis la métropole de Jérusalem jusqu'aux plus humbles des fermes, là où, peu de temps auparavant, ne se trouvaient que quelques villages et de modestes bourgades. La population, qui stagnait depuis longtemps autour de quelques dizaines de milliers d'âmes, comptait maintenant 120 000 habitants.

Dans le sillage des campagnes assyriennes dans le Nord, Juda vécut non seulement une soudaine croissance démographique, mais aussi une véritable révolution sociale. En un mot, le petit royaume devint un État pleinement constitué. Les caractéristiques archéologiques de la formation d'un État parvenu à maturité apparaissent dans le royaume du Sud à partir de la fin du VIIIe siècle av. J. C. : inscriptions monumentales, sceaux et impressions de sceaux, ostraca pour l'administration royale ; utilisation sporadique de maçonnerie en pierre appareillée et de chapiteaux de pierre dans les édifices publics ; production en masse de poteries et d'autres articles dans les ateliers centralisés, ainsi que leur distribution à travers le pays. Il faut également noter l'apparition de villes de dimension moyenne, qui font office de centres administratifs régionaux, et le développement de la production industrielle d'huile d'olive et de vin, dont la fabrication est passée du stade local et artisanal, à usage purement domestique, à celui d'industrie d'État.

De nouvelles coutumes d'inhumation – qui concernent surtout, mais pas uniquement, Jérusalem – indiquent qu'une élite nationale avait commencé à émerger à l'époque. Au VIIIe siècle av. J. C., certains habitants de la capitale se firent creuser, dans les parois rocheuses qui entouraient la cité, des tombeaux richement décorés. Certains étaient extrêmement raffinés, avec des plafonds aigus en forme de gâble et ornés d'éléments décoratifs tels que corniches et pyramides habilement sculptées dans le roc. Ces tombes devaient être à l'usage de nobles et de personnalités officielles, comme l'indique l'inscription fragmentaire de l'une d'entre elles, située dans le village de Siloé, à Jérusalem (à l'est de la cité de David), et dédiée à un certain « [...] yahu responsable de la Maison ». Il pourrait s'agir de la tombe de Shebna (dont le nom, associé au nom divin, devint peut-être « Shebnayahu »), l'intendant royal condamné par Isaïe (Is 22,15-16) pour avoir eu l'arrogance de se creuser une tombe dans le roc. Des tombes semblables, découvertes dans la Shefelah, témoignent d'une soudaine accumulation de richesses et de l'apparition d'une hiérarchisation de la société, aussi bien à Jérusalem que dans la province, au cours du VIIIe siècle av. J. C.

Mais d'où venaient ces richesses ? Sur quoi s'appuyait cette évolution vers la formation d'un État ? Il n'y a qu'une réponse possible : c'est que Juda s'était mis soudain à coopérer avec – voire à s'immerger dans – l'économie de l'Empire assyrien. Bien que le roi Achaz de Juda ait commencé à collaborer avec l'Assyrie avant même la chute de Samarie, les changements les plus perceptibles se produisirent indubitablement après la chute d'Israël. L'augmentation soudaine du nombre de localités loin dans le sud, dans la vallée de Beersheba, suggère que le royaume de Juda prit une part active dans l'intensification du commerce arabe à la fin du VIIIe siècle av. J. C., sous l'égide de l'Assyrie. Il est probable que de nouveaux marchés se sont ouverts aux produits judéens, stimulant ainsi la production intensive d'huile d'olive et de vin. En conséquence, Juda vivait une véritable révolution économique, passant du système traditionnel fondé sur le village et le clan, à l'agriculture commerciale et à l'industrialisation dirigées par un État centralisé. Une certaine prospérité commença à se faire sentir, surtout à Jérusalem, où se décidait la politique diplomatique et économique du royaume et où étaient contrôlées les institutions de la nation.

LA NAISSANCE D'UNE NOUVELLE RELIGION NATIONALE

En même temps que cette extraordinaire transformation sociale, vers la fin du VIIIe siècle av. J. C., se développa une lutte religieuse intense dont la conséquence directe fut l'émergence de la Bible telle que nous la connaissons. Avant la cristallisation du royaume de Juda en un État pleinement organisé, les idées religieuses étaient variées et dispersées. Comme nous l'avons dit, outre le culte royal rendu dans le Temple de Jérusalem, on dénombrait, dans les campagnes, un nombre incalculable de cultes de fertilité, de cultes des ancêtres, sans oublier mille et une manières de vénérer YHWH et les autres dieux. Pour autant qu'on puisse l'affirmer à partir des découvertes archéologiques dans le royaume du Nord, une telle diversité existait en Israël. Mis à part les prêches enflammés de personnages comme Élie et Élisée, le puritanisme antiomride de Jéhu, le langage incendiaire des prophètes Amos et Osée, le gouvernement du royaume d'Israël ne tenta jamais, de façon systématique et prolongée, d'imposer le culte du seul YHWH.

Mais, après la chute de Samarie, en même temps que s'effectuait la centralisation de plus en plus effective du royaume de Juda, une attitude nouvelle, plus intransigeante, commença à se manifester à l'égard de la pratique et des lois religieuses. L'influence – démographique, économique et politique – de Jérusalem s'amplifiait ; elle allait de pair avec un nouvel agenda politique et territorial : l'unification de tout Israël. Une détermination nouvelle, de plus en plus forte, s'empara du milieu sacerdotal et prophétique : définir et imposer les modes appropriés de culte pour tout le peuple de Juda, mais aussi et surtout pour tous les Israélites qui vivaient dans le Nord, sous la férule de l'Assyrie. La radicalité du changement d'attitude dans la hiérarchie religieuse a encouragé un certain nombre de biblistes comme Baruch Halpern à avancer qu'en quelques décennies à peine, entre la fin du VIIIe et le début du VIIe siècle av. J. C., naquit la tradition monothéiste de la civilisation judéo-chrétienne.

C'est une affirmation audacieuse – d'oser préciser la date de naissance de la conscience religieuse moderne, d'autant plus audacieuse que son texte fondateur, la Bible, fait remonter à plusieurs siècles auparavant la naissance du monothéisme. Mais, dans ce cas également, la Bible nous propose une interprétation rétrospective des événements, et non une description exacte du passé. En effet, les développements sociaux que connut Juda durant les décennies qui ont suivi la chute de Samarie ouvrent une nouvelle perspective sur la manière dont les récits traditionnels sur l'errance des patriarches et la délivrance du joug de la servitude égyptienne servirent idéalement la cause de l'innovation religieuse – l'idée monothéiste émergente – dans le nouvel État judéen récemment cristallisé.

À un moment donné, vers la fin du VIIIe siècle av. J. C., une école de pensée vit le jour, qui se mit à proclamer haut et fort que les cultes des campagnes étaient impies, et que seul YHWH devait être honoré. Nous ignorons d'où provenait cette idée. Elle est présente dans le cycle des histoires d'Élie et d'Élisée (couchées par écrit bien après la chute des Omrides), mais on la trouve surtout dans les œuvres des prophètes Amos et Osée, qui officiaient dans le Nord au VIIIe siècle av. J. C. C'est pourquoi quelques savants en attribuent l'origine à un mouvement dissident, apparu dans les derniers jours du royaume du Nord, et groupant des prêtres et des prophètes consternés par l'idolâtrie et les injustices sociales de la période assyrienne. Après la destruction du royaume d'Israël, ils se seraient réfugiés dans le Sud pour y répandre leurs idées. D'autres savants songent plutôt à des groupes, en relation avec le Temple de Jérusalem, désireux d'exercer un contrôle religieux et économique sur les campagnes de plus en plus développées. Les deux facteurs se sont peut-être combinés dans l'atmosphère tendue d'une Jérusalem surpeuplée, aux lendemains de la chute de Samarie, quand réfugiés du Nord, et prêtres et officiels judéens se mirent à œuvrer en commun.

Quelles qu'en aient été les origines, ce nouveau mouvement religieux (surnommé par l'historien iconoclaste Morton Smith le « mouvement-du-YHWH-unique ») engagea un conflit acharné et continu contre les partisans des coutumes et des rites religieux plus anciens et traditionnels de Juda. Il est difficile d'évaluer leur pouvoir à l'intérieur du royaume. Initialement, ils paraissent n'avoir représenté qu'une infime minorité, mais ce sont eux qui, plus tard, ont produit et influencé le plus gros de l'historiographie biblique qui a survécu. Le moment était favorable : le développement de l'administration encourageait l'alphabétisation. Pour la première fois, les documents écrits se mirent à avoir plus de poids que les épopées ou les ballades transmises oralement.

Il devient clair, à présent, que les passages des livres des Rois qui jugent de la piété ou de l'impiété des rois de Juda reflètent l'idéologie du « mouvement-du-YHWH-unique ». Si les partisans des modes traditionnels de cultes syncrétistes l'avaient emporté, nous aurions hérité d'une Écriture radicalement différente – ou de rien du tout. Car il était dans les intentions du « mouvement-du-YHWH-unique » de créer une orthodoxie incontestée du culte, et une seule et unique histoire nationale, centrée sur Jérusalem. Et ses partisans réussirent brillamment à tisser la trame de ce qui allait devenir les lois du Deutéronome et l'histoire deutéronomiste[1].

Les biblistes ont coutume de souligner l'aspect strictement religieux de la lutte entre factions à Jérusalem, mais, indubitablement, celle-ci impliquait aussi des opinions déterminées sur la politique intérieure et étrangère. Dans l'Antiquité, comme aujourd'hui, la sphère du religieux restait inséparable de celle de l'économie, de la politique et de la culture. Les idées des groupes « YHWH-unique » incluaient un aspect territorial dans leurs revendications : la « restauration » de la dynastie davidique sur l'ensemble d'Israël, y compris les territoires du royaume du Nord vaincu, où, comme nous l'avons vu, un grand nombre d'Israélites ont continué de vivre après la chute de Samarie. Menée à terme, cette quête devait réaliser l'unification de tout Israël sous un roi unique régnant à Jérusalem, la destruction des centres de culte du Nord et la centralisation du culte israélite à Jérusalem.

On voit maintenant pourquoi l'idolâtrie provoquait la fureur des auteurs bibliques. Elle était le symbole d'un état chaotique et hétérogène de la société ; les chefs de clans des régions écartées inventaient leurs propres systèmes d'économie, de politique et de relations sociales, hors de portée du contrôle et de l'administration de la cour de Jérusalem. Cette indépendance des campagnes, bien que chère au cœur des peuples de Juda, se trouva condamnée comme une « régression » à la barbarie de la période préisraélite. Ainsi, par une ironie du sort, quelque chose qui était typiquement judéen fut étiqueté comme une hérésie cananéenne. Dans le champ de la controverse religieuse, ce qui était ancien fut soudain considéré comme étranger et ce qui était nouveau fit figure de vérité. Et, dans ce qu'il faut bien appeler un extraordinaire jaillissement de théologie rétrospective, la nouveauté – la centralisation du royaume de Juda et l'exclusivité du culte de YHWH à Jérusalem – fut réinterprétée, dans l'histoire d'Israël, comme une réalité antique dont il n'aurait jamais fallu dévier.

---

1. Il nous semble important d'insister sur le fait que, même si certaines notions fondamentales qui caractérisent le Deutéronome ont peut-être été formulées vers la fin du VIIIe siècle av. J. C., elles ne sont cependant arrivées à maturité qu'à la fin du VIIe siècle av. J. C., au moment où les textes du Deutéronome et l'histoire deutéronomiste ont été compilés dans la forme que nous leur connaissons.

LES RÉFORMES DU ROI ÉZÉCHIAS ONT-ELLES EU LIEU ?

Il est difficile de déterminer à partir de quand cette nouvelle et exclusive théologie eut un impact pratique sur la conduite des affaires de Juda ; quelques réformes qui allaient dans le sens du culte de « YHWH-unique » sont mentionnées dans les livres des Rois dès le règne du roi Asa, au début du IXe siècle av. J. C. Mais leur fiabilité historique est contestable. Une chose est claire : l'accession au trône de Juda du roi Ézéchias, vers la fin du VIIIe siècle av. J. C., marquera les auteurs des livres des Rois comme un événement sans précédent et d'une portée considérable.

D'après le second livre des Rois (2 R 18,3-7), les réformes d'Ézéchias visaient à l'établissement du culte exclusif de YHWH dans le seul lieu légitime réservé à cet usage : le Temple de Jérusalem. Mais il est difficile de discerner les traces des réformes religieuses d'Ézéchias dans les fouilles archéologiques. Les rares indices découverts, en particulier sur deux sites sudistes – Arad et Beersheba – sont controversés[2]. Baruch Halpern propose une explication. D'après lui, Ézéchias aurait interdit les cultes dans les campagnes, mais n'aurait pas fermé les temples officiels des centres administratifs régionaux du royaume. Cependant, il est indubitable qu'un changement radical s'est opéré à travers tout Juda sous le règne du roi Ézéchias. Juda était maintenant le centre du peuple d'Israël. Jérusalem était le centre du culte de YHWH. Et les membres de la dynastie davidique étaient les seuls représentants légitimes et les seuls agents de l'autorité de

2. Le fouilleur des deux sites, l'archéologue israélien Yohanan Aharoni, a découvert à Arad un petit temple, dont il estima la date de construction au IXe siècle av. J. C. D'après lui, son autel – voire le temple lui-même – aurait été démoli vers la fin du VIIIe siècle av. J. C. Aharoni attribue cette démolition aux réformes d'Ézéchias. Mais, d'après d'autres savants, Aharoni aurait mal daté le temple d'Arad, lequel, affirment-ils, aurait été construit seulement au VIIe siècle av. J. C., bien après le règne d'Ézéchias. À Beersheba, on a retrouvé quelques blocs de pierre joliment sculptés appartenant à un grand autel sacrificiel ; certains avaient été démontés et réutilisés dans des entrepôts à la fin du VIIIe siècle av. J. C., d'autres avaient été employés pour combler les remparts de terre qui fortifiaient la cité. Aharoni suggère que l'autel aurait appartenu à un temple de la cité et qu'il aurait été démonté au cours des réformes d'Ézéchias. Pour compliquer le problème, notons que le célèbre bas-relief assyrien de la conquête de Lakish, par Sennachérib, en 701 av. J. C., jette un sérieux doute sur le succès de la politique de centralisation religieuse d'Ézéchias. Le bas-relief montre en effet les troupes assyriennes en train de piller des objets de culte dans la cité vaincue, ce qui tend à prouver qu'un lieu de culte s'était maintenu sur place alors que le règne d'Ézéchias était déjà bien entamé.

YHWH sur terre. À un moment particulièrement crucial, le cours imprévisible de l'histoire avait élevé Juda à un statut privilégié.

Les événements les plus dramatiques n'étaient pourtant pas encore survenus. En 705 av. J. C., décéda le vénérable roi d'Assyrie, Sargon II. Sennachérib, son fils encore inexpérimenté, hérita du trône. Des troubles éclatèrent, à l'est de l'empire. La façade d'invincibilité de l'Assyrie menaçait de s'effondrer. Il est probable qu'un grand nombre de gens, à Jérusalem, se mirent soudain à penser que, décidément, YHWH avait – au moment qui s'y prêtait le mieux – miraculeusement préparé Juda à accomplir son destin historique.

10

Entre guerre et survie

(705-639 av. J. C.)

Jamais décision plus fatidique n'avait été prise dans le royaume de Juda que celle du roi Ézéchias de se révolter contre l'Empire assyrien. Arracher son indépendance au brutal potentat de la région – lequel, à peine deux décennies auparavant, avait violemment démantelé le royaume d'Israël – exigeait des préparatifs économiques et militaires de grande envergure que seuls un pouvoir politique et une organisation étatique aboutis pouvaient prévoir et planifier. Il fallait également obtenir l'assurance religieuse que, malgré l'impressionnante puissance militaire de l'Empire assyrien, YHWH allait accorder la victoire à Juda. D'après la Bible, les infortunes du royaume d'Israël étaient dues aux pratiques idolâtres de son peuple. Par conséquent, une purification du culte de YHWH était le seul moyen d'assurer cette victoire de Juda et de protéger son peuple de la destruction et de l'exil, qui avaient frappé la population impie du Nord.

En 705 av. J. C., après la mort de Sargon II, les capacités de contrôle de l'Empire assyrien sur ses territoires éloignés semblent s'amoindrir. Juda en profite pour fomenter une coalition antiassyrienne, soutenue par l'Égypte (2 R 18,21 ; 19,9), et lever l'étendard de la révolte. Les effets en seront inattendus et d'une grande portée. Quatre ans plus tard, en 701 av. J. C., le nouveau roi assyrien, Sennachérib, marche sur Juda à la tête d'une gigantesque armée. Les livres des Rois font bonne contenance devant le résultat : Ézéchias n'est-il pas le grand héros, le roi idéal, comparable seulement à David qui suivit les traces de Moïse et purifia Juda des transgressions du passé ? Grâce à sa piété, les Assyriens se retirent de Juda sans avoir pu conquérir Jérusalem. Mais, ainsi que nous le verrons, le récit est incomplet, tout comme le sera le compte rendu biblique des cinquante-cinq ans de règne de Manassé, le fils d'Ézéchias. Contrairement à leur portrait du roi idéal Ézéchias, les livres des Rois nous dépeignent Manassé en apostat intégral, qui profite de son règne interminable pour rétablir les abominations d'antan.

Si nous ne dépendions que du matériau biblique pour nous en faire une idée, nous n'aurions aucune raison de mettre en doute les portraits sans nuance, en noir et blanc, de la prétendue droiture d'Ézéchias et de la supposée scélératesse de Manassé. Mais des documents assyriens contemporains et l'archéologie moderne prouvent que l'interprétation théologique que fait la Bible de la rébellion de Juda contre l'Assyrie masque une réalité historique sensiblement différente.

UN GRAND MIRACLE ET SA TRAHISON

Le second livre des Rois nous présente l'histoire du pari dangereux risqué par Ézéchias comme une tragédie en un acte : une poignée de personnages y déclament des tirades convenues sur des thèmes théologiques des plus conventionnels. Ce genre de monologue voué à l'édification du lecteur est typique de l'histoire deutéronomiste. L'emploi de la rhétorique religieuse y apparaît clairement : le récit biblique vise essentiellement à démontrer que le seul pouvoir des armes ou le déséquilibre des forces en présence n'a aucun effet sur l'issue d'une guerre. Cachée derrière ces apparences, la force de YHWH conduit les armées et mène les batailles pour récompenser ceux qui le vénèrent farouchement et exclusivement – et pour châtier ceux qui ne le font pas.

Après avoir fait l'éloge du comportement religieux d'Ézéchias, le second livre des Rois introduit une brève digression, ou plutôt une redite, sur la chute du royaume du Nord et la déportation de son peuple, consécutives à ses erreurs. L'objectif est de rappeler au lecteur le contraste frappant entre le sort de l'Israël impie et celui du vertueux

Juda. À situations identiques, résultats contraires : les gens d'Israël se révoltent, Salmanasar V assiège Samarie, le royaume du Nord est détruit et sa population, déportée ; en raison de leurs péchés, YHWH ne les a pas soutenus. À son tour, Juda se révolte, Sennachérib assiège Jérusalem, mais, Ézéchias étant un bon roi, Jérusalem est délivrée et l'armée de Sennachérib, détruite. La morale de l'histoire est claire, quand bien même les forces terrifiantes des Assyriens ont envahi le royaume et conquis la totalité des forteresses du pays. Quoi qu'il en soit, le pouvoir de YHWH est la seule planche de salut.

Les généraux assyriens qui assiègent Jérusalem défient les défenseurs perplexes qui se tiennent sur les remparts de la ville, les narguent et tentent de leur briser le moral en contestant la sagacité d'Ézéchias et en ridiculisant leur foi (2 R 18,28-35) :

> Écoutez la parole du grand roi, le roi d'Assyrie ! Ainsi parle le roi : qu'Ézéchias ne vous abuse pas, car il ne pourra pas vous délivrer de ma main. Qu'Ézéchias n'entretienne pas votre confiance en Yahvé en disant : « Sûrement Yahvé nous délivrera, cette ville ne tombera pas entre les mains du roi d'Assyrie. » N'écoutez pas Ézéchias, car ainsi parle le roi d'Assyrie : Faites la paix avec moi, rendez-vous à moi et chacun de vous mangera le fruit de sa vigne et de son figuier, chacun boira l'eau de sa citerne, jusqu'à ce que je vienne et que je vous emmène vers un pays comme le vôtre, un pays de froment et de moût, un pays de pain et de vignobles, un pays d'huile et de miel, pour que vous viviez et ne mouriez pas. Mais n'écoutez pas Ézéchias, car il vous abuse en disant : « Yahvé nous délivrera ! » Les dieux des nations ont-ils vraiment délivré chacun leur pays des mains du roi d'Assyrie ? Où sont les dieux d'Hamat et d'Arpad, où sont les dieux de Sepharvayim, d'Héna et d'Ivva, où sont les dieux du pays de Samarie ? Ont-ils délivré Samarie de ma main ? Parmi tous les dieux des pays, lesquels ont délivré leur pays de ma main, pour que Yahvé délivre Jérusalem ?

Ézéchias s'effondre, mais le prophète Isaïe le rassure par un oracle divin (2 R 19,6-7.32-34) :

> Ainsi parle Yahvé. N'aie pas peur des paroles que tu as entendues, des blasphèmes que les valets du roi d'Assyrie ont lancés contre moi. Voici que je vais mettre en lui un esprit et, sur une nouvelle qu'il entendra, il retournera dans son pays et, dans son pays, je le ferai tomber sous l'épée… Voici donc ce que dit Yahvé sur le roi d'Assyrie : Il n'entrera pas dans cette ville, il n'y lancera pas de flèche, il ne tendra pas de bouclier contre elle, il n'y entassera pas de

> remblai. Par la route qui l'amena, il s'en retournera… Je protégerai cette ville et la sauverai à cause de moi et de mon serviteur David.

En effet, une délivrance miraculeuse intervient la nuit suivante (2 R 19,35-37) :

> Cette même nuit, l'Ange de Yahvé sortit et frappa dans le camp assyrien cent quatre-vingt-cinq mille hommes. Le matin, au réveil, ce n'étaient plus que des cadavres. Sennachérib roi d'Assyrie leva le camp et partit. Il s'en retourna et resta à Ninive. Un jour qu'il était prosterné dans le temple de Nisrok, son dieu, ses fils Adrammélek et Saréçer le frappèrent avec l'épée et se sauvèrent au pays d'Ararat. Asarhadon, son fils, devint roi à sa place.

C'est ainsi que l'indépendance de Juda – et sa foi brûlante envers le pouvoir protecteur de YHWH contre tous les ennemis – fut miraculeusement préservée.

Mais, peu après, l'histoire se gâte avec l'accession du fils d'Ézéchias, Manassé, au trône de David. Alors que le pouvoir de YHWH aurait dû éclater aux yeux du peuple de Juda, le nouveau roi Manassé lui fait faire un demi-tour théologique radical (2 R 21,2-6) :

> Il fit ce qui déplaît à Yahvé, imitant les abominations des nations que Yahvé avait chassées devant les Israélites. Il rebâtit les hauts lieux qu'avait détruits Ézéchias, son père, il éleva des autels à Baal et fabriqua un pieu sacré, comme avait fait Achab, roi d'Israël, il se prosterna devant toute l'armée du ciel et lui rendit un culte. Il construisit des autels dans le Temple de Yahvé, au sujet duquel Yahvé avait dit : « C'est à Jérusalem que je placerai mon Nom. » Il construisit des autels à toute l'armée du ciel dans les deux cours du Temple de Yahvé. Il fit passer son fils par le feu. Il pratiqua les incantations et la divination, installa des nécromants et des devins, il multiplia les actions que Yahvé regarde comme mauvaises, provoquant ainsi sa colère.

En dépit de la croyance qu'une Jérusalem sanctifiée représente maintenant – et a implicitement toujours représenté – le siège de YHWH sur terre, et que sa pureté garantit le bien-être du peuple d'Israël, Manassé, est-il dit, égare ses sujets, « au point qu'ils agirent plus mal que les nations que Yahvé avait exterminées devant les Israélites » (2 R 21,9).

Que s'est-il passé ? Qu'est-ce qui a provoqué un tel retournement de situation ? Ézéchias fut-il réellement aussi vertueux qu'on le dit, et Manassé, aussi mauvais ?

PRÉPARATIFS EN VUE DE LANCER UN DÉFI À L'EMPIRE

Le second livre des Rois ne s'étend guère sur la rébellion d'Ézéchias ; il se contente d'expliquer qu'Ézéchias « se révolta contre le roi d'Assyrie et ne lui fut plus soumis » (2 R 18,7). Les livres des Chroniques, composés plusieurs siècles plus tard et considérés généralement comme une source historique moins fiable que les livres des Rois, ne nous en donnent pas moins des informations beaucoup plus détaillées quant aux préparatifs entrepris par Ézéchias durant les mois et les semaines qui ont précédé l'attaque assyrienne. Dans ce cas précis, comme nous le verrons, l'archéologie semble confirmer que les Chroniques ont préservé des informations historiques fiables, omises par les livres des Rois. Outre la construction, à travers tout le royaume, d'entrepôts pour le blé, le vin et l'huile, d'étables pour le bétail et de parcs pour les troupeaux (2 Ch 32,27-29), Ézéchias accomplit des efforts prodigieux pour assurer à Jérusalem une alimentation constante en eau potable en cas de siège (2 Ch 32,2-8) :

> Ézéchias, observant que Sennachérib, en arrivant, se proposait d'attaquer Jérusalem, décida avec ses officiers et ses preux d'obstruer les eaux des sources qui se trouvaient à l'extérieur de la ville. Ceux-ci lui prêtèrent leur concours et beaucoup de gens se groupèrent pour obstruer toutes les sources ainsi que les cours d'eau qui coulaient dans les terres : « Pourquoi, disaient-ils, les rois d'Assyrie trouveraient-ils à leur arrivée des eaux abondantes ? » Ézéchias se fortifia : il fit maçonner toutes les brèches de la muraille qu'il surmonta de tours et pourvut d'un second mur à l'extérieur, répara le Millo de la Cité de David, et fabriqua quantité d'armes de jet et de boucliers. Puis il mit des généraux à la tête du peuple, les réunit près de lui sur la place de la porte de la cité et les encouragea en ces termes : « Soyez fermes et tenez bon ; ne craignez pas, ne tremblez pas devant le roi d'Assur et devant toute la foule qui l'accompagne, car Ce qui est avec nous est plus puissant que ce qui est avec lui. Avec lui, il n'y a qu'un bras de chair, mais avec nous il y a Yahvé, notre Dieu, qui nous secourt et combat nos combats. » Le peuple fut réconforté par les paroles d'Ézéchias, roi de Juda.

Alors que nous n'avons que de maigres indices, controversés de surcroît, relatifs aux réformes religieuses entreprises par Ézéchias à travers le royaume, nous disposons en revanche de traces abondantes de ses préparatifs, mais également des résultats catastrophiques de sa révolte contre l'Assyrie. Jérusalem se trouvait naturellement au centre des opérations. Les travaux de protection sont plus particulièrement visibles dans les fouilles du quartier juif de Jérusalem, où un rempart d'une épaisseur de près de sept mètres avait été monté pour protéger les faubourgs récemment construits sur la colline occidentale. Ce mur défensif semble avoir été bâti pour répondre à une situation d'urgence nationale : la colline occidentale était déjà surpeuplée ; aussi fut-il nécessaire de raser les demeures situées sur la ligne de fortification prévue. D'ailleurs, la Bible semble mentionner la construction de cette muraille, car le prophète Isaïe reproche au roi d'avoir « démoli les maisons pour fortifier le rempart » (Is 22,10).

Un autre projet important consista à assurer l'alimentation en eau de la cité en cas de siège. La seule source constante de Jérusalem – le Gihon – coulait dans la vallée du Cédron, à l'extérieur des murailles de la cité (carte 11, p. 279). Jérusalem était depuis longtemps confrontée à ce problème ; plusieurs efforts de creusement d'un tunnel, pour accéder à la source à partir de l'intérieur des remparts, avaient été tentés par le passé. Ézéchias choisit une solution plus audacieuse ; au lieu de permettre l'accès à la source, il décida de mener l'eau à l'intérieur. Nous possédons d'ailleurs une description précieuse de cet extraordinaire projet d'ingénierie dans le texte gravé sur le mur même du tunnel. Découverte pour la première fois vers la fin du XIXe siècle, près de la sortie sud du tunnel, cette exceptionnelle inscription décrit en hébreu comment un long tunnel souterrain fut percé dans le soubassement rocheux pour emmener l'eau du Gihon jusqu'à une citerne protégée, creusée à l'intérieur des remparts de la ville.

Le tunnel mesure 512 m de long, il est assez large et haut pour permettre à une personne adulte de marcher à l'intérieur ; la différence de niveau entre la source et la citerne atteint une trentaine de centimètres. Ce texte, connu sous le nom d'« inscription de Siloé », commémore le travail accompli, au moment où il est sur le point de se terminer. Il décrit le percement du tunnel par deux équipes de sapeurs qui creusaient l'une vers l'autre à partir des deux extrémités du tunnel :

> [...] quand le tunnel fut percé. Et voici comment on fit la percée. Tandis que les pics [travaillaient] encore, l'un vers l'autre, et qu'il restait encore trois coudées à creuser, [on entendit] la voix d'un homme criant à l'autre qu'il y avait un chevauchement dans le roc sur la droite [et sur la gauche]. Au jour de la percée, les sapeurs frappèrent l'un vers l'autre, pic contre pic. Et les eaux jaillirent d'une

coulée dans la citerne, sur 1 200 coudées[1], et de 100 coudées était l'épaisseur du rocher sur la tête des sapeurs.

On se demande encore comment les deux équipes de sapeurs parvinrent à se rencontrer en dépit du fait que le tunnel était courbe. Cet exploit est sans doute dû à la combinaison d'une grande habileté technique et d'une connaissance intime de la géologie de la colline. Cette prouesse n'a pas échappé à l'attention des historiens bibliques ; elle représente l'un des rares exemples où un projet précis entrepris par un roi hébreu a pu être identifié archéologiquement en toute certitude : « Le reste de l'histoire d'Ézéchias, tous ses exploits, et comment il a construit la piscine et le canal pour amener l'eau dans la ville, cela n'est-il pas écrit au livre des Annales des rois de Juda ? » (2 R 20,20).

À l'extérieur de Jérusalem, Ézéchias fit plein usage des institutions de l'État pour s'assurer que tout le royaume fût fin prêt pour l'effort de guerre (carte 12, p. 295). La cité de Lakish, dans la Shefelah, fut ceinturée de puissantes fortifications, faites d'un parement de pierres jusqu'à mi-pente du tertre et surmontées d'une énorme muraille à casemates en briques. Un gigantesque bastion en saillie protégeait une porte à triple tenaille ; une esplanade surélevée à l'intérieur des murs devait supporter la résidence palatiale du général commandant la place. Outre ces grands travaux, un ensemble de bâtiments, semblables aux écuries de Megiddo, fut construit près du palais pour servir d'étables ou d'entrepôts. Une large entrée de puits, creusée dans le rocher, représente peut-être la partie supérieure d'un système d'alimentation en eau. Certains de ces éléments datent peut-être d'une époque antérieure à Ézéchias, mais ils furent renforcés sous son règne pour affronter l'armée de Sennachérib.

Jamais auparavant un roi judéen n'avait mis autant d'énergie, de compétence et de ressources dans les préparatifs d'une guerre[2]. Les découvertes archéologiques suggèrent que l'organisation de l'approvisionnement dans le royaume fut, pour la première fois, centralisée. La meilleure preuve en est un type bien connu de grosses jarres, que l'on retrouve dans tout le territoire du royaume d'Ézéchias ; elles faisaient

1. Une coudée équivaut à peu près à 45 cm.

2. Si la longue liste des forteresses construites par Roboam (2 Ch 11,5-12) possède quelque fondement historique, elles pourraient alors dater de l'époque d'Ézéchias, comme le pensent certains historiens, et témoigner des préparatifs entrepris dans les autres centres du pays.

visiblement l'objet d'une production de masse, étant de forme et de dimensions identiques. Leur trait caractéristique consiste en une marque de sceau imprimée dans l'argile encore humide de leurs anses avant la cuisson au four. L'emblème représente soit un disque solaire ailé soit un scarabée, que l'on pense avoir été un insigne royal judéen, accompagné d'une inscription hébraïque *lmlk* (« propriété du roi »). Cette référence royale se combine avec le nom d'une des quatre villes suivantes : Hébron, Sukkot, Ziph, ainsi qu'un lieu non identifié désigné par les lettres *MMST*. D'autres sources mentionnent les trois premières ; le dernier site à l'appellation énigmatique devait représenter soit l'un des titres de Jérusalem soit une ville judéenne non encore identifiée.

Les savants ont proposé plusieurs explications relatives à l'emploi de ces jarres : elles contenaient les produits des domaines royaux ; elles servaient de récipients officiels pour la collecte des impôts et la distribution des vivres ; les sceaux étaient les marques d'identification des ateliers de poterie où ces jarres royales et officielles étaient manufacturées. Quoi qu'il en soit, elles faisaient partie intégrante de l'organisation de Juda en vue de la rébellion contre l'Assyrie.

Nous ignorons quelle a pu être l'étendue géographique des préparatifs de révolte d'Ézéchias. Le second livre des Chroniques nous informe qu'il avait envoyé des émissaires à Éphraïm et à Manassé, c'est-à-dire aux hautes terres du royaume du Nord vaincu, pour appeler les Israélites à se joindre à lui pour célébrer la Pâque, ensemble à Jérusalem (2 Ch 30,1.10.18). Ce compte rendu n'a rien d'historique ; il exprime le point de vue d'un auteur anonyme du Ve ou du IVe siècle av. J. C., qui dépeint Ézéchias à l'image d'un second Salomon, unifiant l'ensemble d'Israël autour du Temple de Jérusalem. Mais l'intérêt manifesté par Ézéchias envers les territoires du royaume d'Israël disparu n'est peut-être pas pure invention ; en effet, Juda pouvait désormais prétendre exercer son autorité sur toute la terre d'Israël, quand bien même le chemin fût long à parcourir entre la prétention et le but à atteindre. Pour ce qui concerne Ézéchias, sa révolte contre l'Assyrie se révéla être une décision désastreuse. Bien que néophyte, Sennachérib, à la tête de l'énorme force d'invasion assyrienne, démontra amplement ses talents de stratège. Le roi Ézéchias de Juda n'était tout simplement pas à la hauteur.

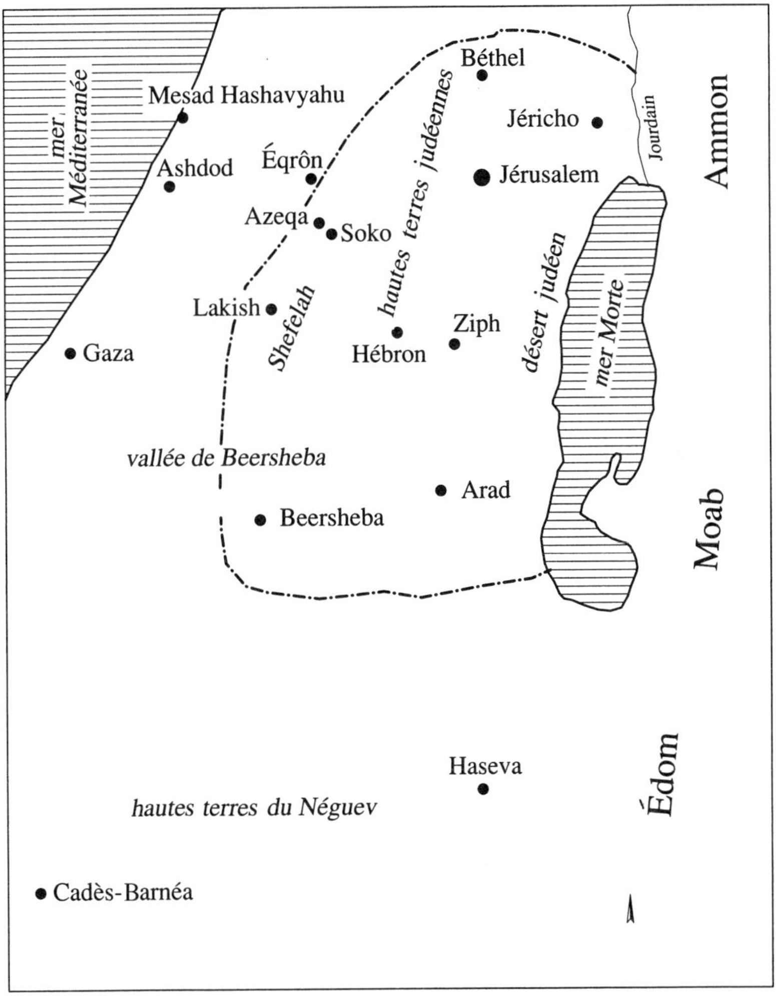

Carte 12. Principaux sites de Juda sous la monarchie tardive.
La ligne brisée indique les limites du fief du royaume
vers la fin du VIIe siècle av. J. C., au temps du roi Josias.

LA VENGEANCE DE SENNACHÉRIB

Contrastant avec le récit biblique sur la délivrance miraculeuse de Jérusalem, les archives assyriennes contemporaines de l'événement brossent un tableau sensiblement différent du résultat de la révolte d'Ézéchias. Le compte rendu assyrien sur l'étendue de la dévastation opérée par Sennachérib dans la campagne judéenne est présenté avec une froide concision :

> Quant à Ézéchias, le Judéen, qui refusa de m'obéir, j'ai mis le siège devant 46 de ses cités fortifiées, de ses forteresses et d'une multitude de villages des environs, et je les ai conquis à l'aide de rampes de terre fortement damées et de béliers, apportés ainsi contre les murailles, ensemble avec des assauts de fantassins, armés de mines, de culasses et d'outils de sapeur. Je me suis emparé d'un butin de 200 150 de leurs gens, jeunes et vieux, mâles et femelles, chevaux, mulets, ânes, chameaux, petit et grand bétail en quantité innombrable. Lui-même, je l'ai gardé prisonnier à Jérusalem, sa résidence royale, comme un oiseau en cage. Je l'ai ceinturé d'ouvrages de terre pour pouvoir attaquer tous ceux qui sortaient des portes de sa cité. Après les avoir pillées, ses villes, je les ai données à Mitinti, le roi d'Ashdod, à Padi, le roi d'Éqrôn, et à Sillibel, le roi de Gaza. Ainsi ai-je rétréci son pays, mais j'ai augmenté son tribut.

Le nombre de captifs est peut-être exagéré, mais les informations combinées en provenance des archives assyriennes et des fouilles archéologiques en territoire de Juda confirment l'intensité de la campagne systématique de sièges et de pillages, qui débuta dans les régions agricoles les plus prospères des contreforts de la Shefelah pour progresser ensuite vers les hautes terres de la capitale. Les traces de la dévastation des cités judéennes se retrouvent dans presque tous les tertres de l'arrière-pays judéen. Les vestiges correspondent parfaitement à la description des textes assyriens, par exemple à la conquête de l'importante cité judéenne d'Azéqa, « située sur une corniche montagneuse, comme d'innombrables dagues de fer pointées haut dans le ciel ». Elle fut emportée d'assaut, pillée, puis dévastée.

Il ne s'agissait nullement d'une violence aveugle, destinée à terroriser les Judéens. Ce fut une campagne systématique de destruction économique, en vue de priver le royaume rebelle de ses ressources. La cité de Lakish, située dans la région agricole la plus fertile de Juda, était le centre régional majeur représentant l'autorité royale judéenne. Après Jérusalem, c'était la ville la plus importante du royaume. Le texte biblique (2 R 18,14.17 ; 19,8) fait une allusion au rôle central qu'elle joua lors des événements qui eurent lieu en l'an 701 av. J. C. L'attaque menée par Sennachérib visait à son entière destruction. Une illustration très réaliste et extraordinairement détaillée du siège assyrien de la ville est préservée sur un grand bas-relief, qui décorait jadis le palais de Sennachérib à Ninive, au nord de l'Irak (ill. 14). Ce bas-relief, d'une vingtaine de mètres de long et d'environ trois mètres de haut, fut découvert dans les années 1840 par l'explorateur britannique Austen Henry Layard, qui l'expédia à Londres, où il est exposé au British Museum. Son emplacement d'origine (il recouvrait le mur d'une des chambres du palais de Sennachérib) témoigne de l'importance de l'événement qu'il représente. Une brève inscription révèle son sujet : « Sennachérib, roi de tous, souverain d'Assyrie, est assis sur son trône tandis que le butin de la cité de Lakish défile sous ses yeux. »

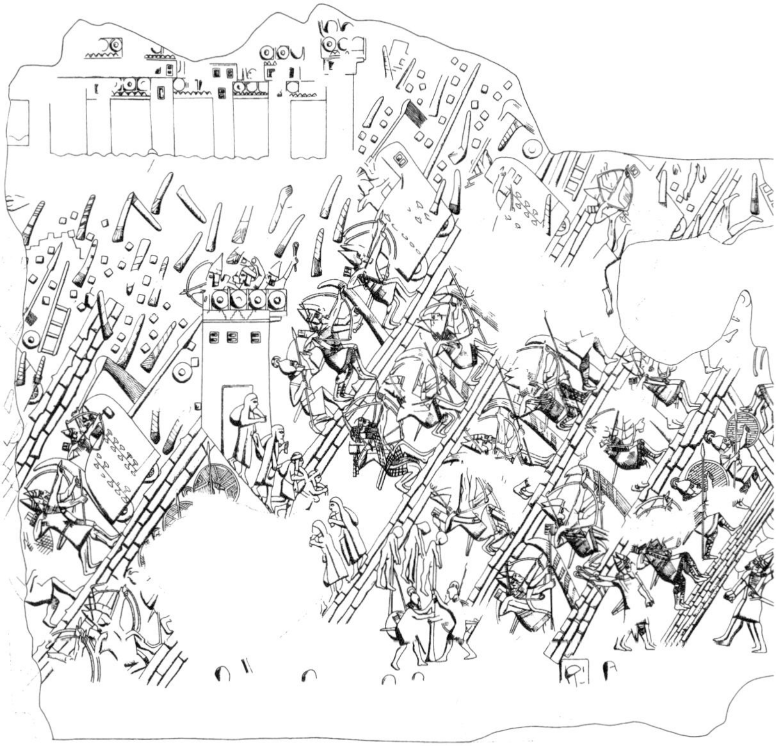

Ill 14. Relief assyrien du palais de Sennachérib, à Ninive.
Les troupes assyriennes prennent d'assaut la cité de Lakish.
(Relevé par Judith Dekel. Reproduit avec la permission du professeur David Ussishkin, de l'université de Tel-Aviv.)

L'impressionnant bas-relief de Lakish présente les événements tels qu'ils se sont déroulés. Lakish apparaît comme une cité puissamment fortifiée. Une bataille fait rage près des murailles. Les Assyriens ont construit une rampe de siège, sur laquelle ils dirigent leurs béliers blindés en direction des fortifications. Les défenseurs de Lakish s'efforcent, en un combat désespéré, d'interdire l'approche des béliers. Ils lancent des torches pour incendier les machines de guerre ; de leur côté, les Assyriens arrosent les béliers. Les archers assyriens, protégés derrière les béliers, font pleuvoir un déluge de flèches sur le rempart tandis que les défenseurs judéens leur répliquent. Mais, malgré les préparatifs de défense de la cité, la résistance héroïque des défenseurs est vaine. Certains d'entre eux, captifs, sont menés hors de la ville, d'autres sont empalés sur des pieux. Le butin, qui comprend les vases consacrés au rituel religieux, est emporté. Pendant ce temps, Sennachérib est assis, majestueux et impavide, devant sa tente royale, proche du camp assyrien. Le jeune vainqueur contemple le spectacle du défilé des prisonniers et de tout le butin qui a été pillé dans les maisons et les bâtiments publics de la communauté rebelle.

Certains savants ont remis en question l'exactitude des détails de ce bas-relief ; d'après eux, il s'agirait d'un outil de propagande impériale, pas de la description fidèle de ce qui s'est réellement déroulé à Lakish. Mais il ne fait aucun doute que le bas-relief représente très précisément la cité de Lakish et le siège de 701 av. J. C. Non seulement, il dépeint avec une grande précision la topographie et la végétation, mais il permet même d'en déduire la position exacte qu'occupait l'artiste qui prit le croquis pour le bas-relief. En outre, les fouilles archéologiques de Lakish ont révélé les détails de l'emplacement de la porte, de la nature des fortifications et des opérations du siège qui confirment l'exactitude du bas-relief.

Les fouilles britanniques de Lakish dans les années 1930 et la nouvelle campagne de fouilles entreprise dans les années 1970 par David Ussishkin pour le compte de l'université de Tel-Aviv ont mis au jour des témoignages indépendants et impressionnants des dernières heures de cette grande forteresse judéenne. La rampe de siège assyrienne, représentée sur le bas-relief, a été identifiée et exhumée. Elle constitue l'unique exemple, qui nous soit parvenu en l'état, de ce type de structure, sur tout le territoire de l'Empire assyrien. Les assaillants l'avaient bien entendu élevée sur le côté le plus vulnérable du tertre, où elle était connectée à une corniche sur laquelle elle s'appuyait ; ailleurs, la pente, trop raide, n'aurait pas permis la construction d'une rampe et le déplacement des béliers de siège.

Les découvertes archéologiques à l'intérieur de la cité témoignent des activités désespérées des défenseurs. Ces malheureux érigèrent une énorme contre-rampe, en face de la rampe assyrienne, mais leur tentative pour interdire aux Assyriens de faire une brèche dans le mur n'aboutit pas. La ville fut entièrement incendiée. D'autres découvertes témoignent de la férocité de la bataille. Des centaines de pointes de flèches furent retrouvées aux pieds de remparts. Près du lieu présumé de l'assaut final, on a exhumé de grosses pierres perforées, dont certaines avaient encore des restes de cordage brûlé dans les trous. Les défenseurs les avaient apparemment projetées du haut des remparts pour détruire les engins de siège. Un charnier d'environ 1 500 personnes – hommes, femmes et enfants – fut mis au jour dans les grottes des pentes occidentales du tertre ; parmi les ossements, on trouve aussi des débris de poteries datant de la fin du VIIIe siècle av. J. C.

UNE AUTRE PERSPECTIVE BIBLIQUE

Le second livre des Rois insiste sur le pouvoir protecteur de YHWH sur Jérusalem et ne mentionne que laconiquement la capture de « toutes les villes fortes de Juda » (2 R 18,13). Mais d'autres textes bibliques dévoilent l'horreur que représenta la campagne assyrienne pour ces infortunés Judéens, victimes du saccage systématique de la province, entreprise par Sennachérib. Ces passages, totalement absents de l'histoire deutéronomiste, se trouvent dans les œuvres prophétiques. Deux témoins contemporains des événements – les prophètes Isaïe et Michée – expriment la terreur et le désespoir qui paralysèrent Juda face à la progression assyrienne. Isaïe, qui habitait Jérusalem au moment du siège, décrit une campagne militaire qui frappa la région nord de Jérusalem (Is 10,28-32). Quant à Michée, natif d'une bourgade de la Shefelah, proche de Lakish, il exprime avec talent l'état d'hébétude et de choc des survivants, privés d'abris, qui mettent leur infortune sur le compte de leur propre idolâtrie (Mi 1,10-13) :

> À Gat, ne le publiez pas, [...] ne versez pas vos pleurs ! À Bet-Léaphra, roulez-vous dans la poussière ! Sonne du cor, toi qui demeures à Shaphir ! Elle n'est pas sortie de sa cité, celle qui demeure à Çaanân ! Bet-ha-Éçel est arrachée de ses fondations, de la base de son assise ! Pourrait-elle espérer le bonheur, celle qui demeure à Marôt ? Car le malheur est descendu de chez Yahvé à la porte de Jérusalem. Attelle au char le coursier, toi qui demeures à Lakish ! (Ce fut le début du péché pour la fille de Sion, car c'est en toi que l'on trouve les forfaits d'Israël.)

Les explorations archéologiques ont démontré l'ampleur des dévastations subies par la Shefelah ; en fait, la région ne s'est jamais vraiment remise de la campagne de Sennachérib. Même dans les décennies qui suivirent le redressement partiel de Juda, la Shefelah restait dépeuplée. Le nombre de sites d'habitat et leur étendue – base des estimations d'ordre démographique – étaient réduits au tiers de ce qu'ils étaient à la fin du VIIIe siècle av. J. C. Certaines cités majeures furent reconstruites, mais un grand nombre de bourgades, de villages et de fermes restèrent en ruine. Ce détail est particulièrement significatif si on garde en mémoire le fait qu'au VIIIe siècle av. J. C., avant l'assaut des Assyriens, la population de la Shefelah comptait environ 50 000 âmes, ce qui représentait presque la moitié de l'entière population du royaume.

La seule foi en YHWH ne suffit pas à sauver le territoire d'Ézéchias de la colère vengeresse des Assyriens. De larges portions de Juda furent dévastées et les meilleures terres agricoles de la Shefelah furent données par les vainqueurs aux cités-États de Philistie. Juda vit son territoire dramatiquement amputé ; Ézéchias dut verser un lourd tribut à l'Assyrie, et un grand nombre de Judéens furent déportés en Assyrie. Seules Jérusalem et les collines du sud de la capitale furent épargnées. En dépit des belles paroles de la Bible sur la piété d'Ézéchias et l'intervention salvatrice de YHWH, la victoire appartenait à l'Assyrie. Sennachérib avait atteint son objectif : briser la résistance de Juda et lui imposer le joug de la soumission. Ézéchias avait hérité d'un royaume prospère ; Sennachérib le détruisit.

RECOLLER LES MORCEAUX

Témoins des conséquences désastreuses de la révolte contre l'Assyrie, beaucoup de Judéens durent considérer la folle initiative d'Ézéchias, de purification religieuse et de confrontation avec l'Assyrie, comme une tragique erreur. Le clergé rural dut même affirmer qu'en réalité la destruction blasphématoire, ordonnée par Ézéchias, des hauts lieux vénérés, l'interdiction de rendre un culte à Asherah, aux étoiles, à la lune et aux autres déités, au même titre qu'à YHWH, avaient entraîné cette catastrophe. Comme nous ne possédons que la littérature des partisans du « mouvement-du-YHWH-unique », nous ignorons quels étaient les arguments de leurs adversaires. Ce que nous savons, en revanche, c'est que, en 698 av. J. C., trois ans après l'invasion de Sennachérib, quand Ézéchias décéda et que son fils de douze ans, Manassé, monta sur le trône, le pluralisme religieux dans le pays de Juda – au territoire considérablement amputé – fut restauré. Le second livre des Rois en dénonce le fait d'un ton outragé. Aux yeux de l'historien deutéronomiste, bien pire qu'un simple apostat, Manassé représentait le monarque le plus impie que le royaume de Juda eût jamais connu (2 R 21,3-7). Le livre des Rois ira jusqu'à lui attribuer la responsabilité de la « future » destruction de Jérusalem (2 R 21,11-15).

Cette volte-face dans la politique religieuse officielle ne se fondait pas uniquement sur des considérations théologiques. La survie du royaume incombait à Manassé et à ses conseillers, qui étaient déterminés à redresser Juda. Cette mesure passait par la restauration d'un minimum d'autonomie économique aux provinces, qui restaient la source potentielle la plus abondante de richesses. Le renouveau des campagnes dévastées ne pouvait s'opérer qu'avec la collaboration des anciens des villages, des chefs traditionnels des réseaux claniques – qui ne pouvait être obtenue qu'en leur accordant la permission de vénérer les hauts lieux, c'est-à-dire de rendre de nouveau un culte à Baal, à Asherah et à l'armée des cieux.

Même si les circonstances lui imposaient de se comporter en vassal bien soumis, Manassé devina fort correctement que l'Assyrie ne verrait pas obligatoirement d'un mauvais œil la convalescence économique de Juda. Un Juda prospère resterait loyal à l'empire et lui servirait de zone tampon efficace contre l'Égypte, qui demeurait l'ennemi par excellence de l'Assyrie, dans le sud. Il n'est pas impossible même que les Assyriens aient accordé à Juda le statut de vassal le plus favorisé : en effet, un document du VIIe siècle av. J. C., qui fait la liste du tribut versé au roi assyrien par les États méridionaux du Levant, prouve que celui de Juda était considérablement moindre que celui payé par les vassaux assyriens plus démunis comme Ammon ou Moab.

Manassé semble avoir justifié la confiance que lui témoignaient ses suzerains assyriens. Un document qui date du règne d'Asarhadon, le successeur de Sennachérib sur le trône de l'Assyrie, mentionne Manassé parmi un groupe de vingt-deux rois qui avaient reçu l'ordre d'envoyer des matériaux de construction pour un projet impérial à Ninive. Le souverain assyrien suivant, Assurbanipal, inclut Manassé parmi les rois qui lui envoyèrent des présents et l'aidèrent à conquérir l'Égypte. Le second livre des Chroniques nous informe qu'à un moment donné, Manassé aurait été emprisonné par les Assyriens à Babylone (2 Ch 33,11), mais les circonstances, voire l'exactitude historique de cet emprisonnement présumé font l'objet d'une polémique. Il est en tout cas clair que son règne, fort long – cinquante-cinq ans – fut une période de paix pour Juda. Les cités et les villages établis durant son règne ont survécu jusqu'à la destruction finale de Juda, au siècle suivant.

Sur le plan archéologique, il est difficile de distinguer les découvertes qui appartiennent au début du VIIe siècle av. J. C. de celles qui appartiennent à la seconde moitié du même siècle (voir appendice E). Cependant, nous en savons assez pour affirmer qu'avec la destruction généralisée de la Shefelah, dont une partie fut annexée par les cités philistines, la population des hautes terres de Juda s'accrût. Cela est probablement dû à l'afflux de réfugiés judéens ayant fui les régions dévastées de la Shefelah. La production agricole autour de la capitale s'intensifia. Au VIIe siècle av. J. C., un ensemble compact de fermes fut construit aux environs de Jérusalem, et au sud, à proximité de Bethléem. Elles devaient pourvoir à l'approvisionnement de la population croissante de la capitale.

Mais le développement le plus singulier de Juda au cours du VIIe siècle av. J. C. reste l'expansion démographique de l'habitat judéen dans les régions arides de l'est et du sud (carte 12, p. 295). Dans le désert judéen, vide de tout habitat permanent au VIIIe siècle av. J. C., il se produisit quelque chose d'étonnant au cours des décennies suivantes. Au VIIe siècle av. J. C., des groupes de petits sites s'établirent dans les moindres niches écologiques qui se prêtaient un tant soit peu à l'agriculture : dans la vallée de la Buqeah, à mi-chemin entre Jérusalem et la mer Morte, proche de Jéricho, et le long du littoral occidental de la mer Morte. Dans la vallée de Beersheba, le nombre de sites dépassa de très loin celui des périodes précédentes. Entre le VIIIe et le VIIe siècle av. J. C., la superficie totale bâtie, et donc la population de la région, se multiplia par dix. Un tel développement résultait-il de la politique de Manassé ?

C'est hautement probable. Il est évident que, avant la campagne de Sennachérib, l'économie du royaume judéen était bien équilibrée par les différentes niches écologiques de son territoire : les oliveraies et les vignobles étaient surtout concentrés dans les collines, les céréales poussaient en priorité dans la Shefelah et l'élevage se pratiquait principalement en lisière du désert, au sud et à l'est. Une fois la Shefelah cédée aux cités-États philistines, Juda perdait ses terres céréalières de l'ouest. Dans le même temps, le royaume devait nourrir une population accrue rassemblée dans le reste du pays. Ces conditions contraignirent probablement une partie de la population de Juda à s'installer dans les régions écartées du royaume, en un effort désespéré de compenser la perte des terres fertiles de la Shefelah. En effet, l'exploitation des zones arides pouvait résoudre le problème. Des calculs du potentiel agricole de la vallée de Beersheba dans l'Antiquité indiquent qu'avec une production bien organisée, la région était capable de fournir un quart des besoins en céréales de Juda. Toutefois, cette colonisation ne pouvait être entreprise sur une aussi large échelle sans l'aide de l'État. Il est par conséquent raisonnable d'en conclure que cette expansion de l'habitat dans les zones arides fut encouragée, voire promue par la nouvelle orientation politique et économique de Manassé.

LES CARAVANES ARABES ET L'HUILE D'OLIVE

Le programme de Manassé ne s'arrêtait pas aux problèmes immédiats de subsistance. Il visait à intégrer Juda dans le système d'échange économique international de l'Assyrie. Les deux activités économiques majeures de l'Assyrie, à l'intérieur et autour du pays de Juda, se résumaient pour l'essentiel au commerce de produits de luxe exotiques et à celui de l'encens en provenance des pays d'Arabie, ainsi qu'à la production de masse et à la distribution de l'huile d'olive.

Le commerce arabe représentait l'un des intérêts économiques majeurs de l'Assyrie et il ne fait aucun doute qu'à partir du VIIIe siècle av. J. C., il fournissait à l'empire de substantiels revenus. L'Assyrie veillait jalousement sur la sécurité des voies qui traversaient le désert du sud au nord, entre la péninsule arabe et les ports du littoral méditerranéen. Dans l'une de ses inscriptions triomphales, le souverain assyrien Téglat-Phalasar III qualifie Gaza, terminus traditionnel des pistes du désert, de « poste de douane de l'Assyrie » ; il y avait nommé des représentants pour collecter les taxes portuaires. Sargon II déclara qu'il avait ouvert la frontière égyptienne au commerce entre les Assyriens et les Égyptiens. Nombre de forteresses et de centres administratifs ont été exhumés à divers endroits le long de la plaine littorale du sud ; le long de la côte, au sud de Gaza, on a fouillé un vaste site fortifié, contenant des vestiges d'entrepôts. L'assemblage d'ossements animaux découverts à Tell Jenmeh, un autre site proche de Gaza, révèle une augmentation considérable du nombre de chameaux et de dromadaires au VIIe siècle av. J. C. L'analyse de ces ossements, faite par l'archéo-zoologue Paula Wapnish, indique que ces chameaux – tous adultes, ne faisant donc pas partie d'un élevage local – étaient vraisemblablement utilisés par les caravaniers.

Certaines des voies caravanières majeures traversaient les territoires les plus méridionaux encore contrôlés par le royaume de Juda, dans la vallée de Beersheba, les hautes terres d'Édom et la plaine littorale du sud. Or, au VIIe siècle av. J. C., ces régions connurent une croissance démographique sans précédent. C'est à cette époque qu'eut lieu la première occupation généralisée du plateau édomite, sous la domination assyrienne. En fait, l'émergence d'Édom en tant qu'État constitué date de cette période et semble due à ces développements.

Les découvertes archéologiques nombreuses et variées, réalisées dans la zone qui s'étend entre l'Édom et la Philistie, ont prouvé que les Assyriens, les Arabes, les Phéniciens et les Édomites participaient à cette activité commerciale florissante. Sous le règne de Manassé, Juda en était aussi un partenaire important. C'est dans cette perspective que la vague d'implantations dans la vallée de Beersheba doit être comprise. L'expansion géographique de Juda a sans doute atteint le sud, le long des voies commerciales. On a exhumé deux vastes forteresses du VIIe siècle av. J. C. en plein désert. La première est Cadès-

Barnéa, située sur le flanc ouest des contreforts du Néguev, à environ quatre-vingts kilomètres au sud-ouest de Beersheba. Le site domine la plus grande oasis de la région, située sur la voie commerciale importante qui reliait la Palestine méridionale à la pointe du golfe d'Aqaba, puis, au-delà, à l'Arabie. La deuxième forteresse récemment fouillée se trouve à Haseva, à une trentaine de kilomètres au sud de la mer Morte, sur une autre voie de communication avec l'Arabie. À la lumière de ces découvertes, l'historien bibliste Nadav Naaman suggère qu'elles auraient été construites au début du VIIe siècle av. J. C., sous l'égide de l'Assyrie, avec l'assistance des États vassaux de la région, et que leurs garnisons devaient être composées de troupes venues de Juda et d'Édom.

Des inscriptions en arabe, trouvées sur plusieurs sites de Juda, attestent des liens privilégiés que le royaume entretenait à l'époque avec l'Arabie. À Jérusalem aussi, on retrouve ce genre de témoignage. Trois ostraca porteurs d'inscriptions en arabe méridional furent retrouvés dans la Cité de David. Gravés sur des vases typiquement judéens, et non sur de la poterie d'importation, ils prouvent indubitablement qu'une population arabe résidait à Juda. Un nom propre qui figure sur un sceau hébraïque typique, datant du VIIe siècle av. J. C., s'apparente à un nom arabe méridional. À ce sujet, plusieurs savants ont avancé que la femme de Manassé, Meshullémet, était arabe. Ce mariage fut peut-être un geste diplomatique destiné à renforcer les intérêts de Juda dans le Sud. La légende deutéronomiste de la reine de Saba qui vient à Jérusalem pour rendre visite au roi Salomon se serait-elle inspirée des contacts culturels et des ambitions économiques d'un autre roi davidique, mais du VIIe siècle av. J. C., celui-là ?

Cette relation avec l'Arabie n'était pas la seule ouverture économique. Les Assyriens monopolisaient et développaient la production d'huile d'olive dans le Levant. La preuve en est fournie par Tel Miqne, site de la Shefelah occidentale (Philistie) où se situe l'Éqrôn biblique. Durant les siècles qui ont précédé la prise de pouvoir assyrienne de la région, le site était des plus modestes ; or, au début du VIIe siècle av. J. C., Éqrôn devint un centre de production d'huile d'olive d'une dimension considérable. On y a découvert plus d'une centaine de pressoirs à olives, plus que n'importe où ailleurs dans le pays. Il s'agit même du centre de production d'huile d'olive le plus important de tout l'antique Proche-Orient. La zone industrielle recouvrait environ un cinquième de l'aire totale de la cité. La capacité annuelle devait être d'un millier de tonnes.

L'huile d'Éqrôn était apparemment exportée en Assyrie et en Égypte – ces deux pays ne possédant pas l'environnement propice à la culture de l'olivier. Mais la ville d'Éqrôn n'appartenait pas à la région traditionnelle de la culture de l'olivier. La cité est située en plaine, où se pratiquait l'agriculture céréalière. Elle devint cet important centre de production d'huile en raison de sa situation privilégiée à mi-chemin des oliveraies des hautes terres et des centres de distribution du littoral occidental.

Les oliveraies d'où provenaient les fruits du site industriel d'Éqrôn étaient sans doute situées dans les collines de Juda et peut-être aussi dans la province assyrienne de Samarie, plus au nord. Comme nous l'avons déjà mentionné, c'est au VIIe siècle av. J. C. que débuta, à Juda, la production d'olives à l'échelle industrielle ; le royaume était certainement le principal fournisseur d'olives à l'industrie de transformation d'Éqrôn. Les archéologues qui fouillèrent à Éqrôn – Trude Dothan, de l'université hébraïque de Jérusalem, et Seymour Gitin, de l'Albright Institute – ont noté la présence d'un nombre important d'autels à encens, de facture typiquement israélite, dans les bâtiments qui abritaient les pressoirs à huile, ce qui indiquerait que nombre de Judéens avaient peut-être été envoyés en Philistie comme travailleurs forcés par Sennachérib. Ainsi, même si la manière de faire avait été froidement cruelle, une barrière de plus était tombée qui séparait Juda du monde extérieur.

Ces initiatives planifiées et contrôlées pour restaurer l'économie nécessitaient une centralisation accrue de l'État judéen. La culture extensive des olives et du raisin, et leur transformation en produits d'exportation exigeaient des moyens de stockage, de transport et de distribution efficaces. En outre, l'élargissement de l'habitat et l'intensification de la culture dans les zones arides nécessitaient également une planification à long terme. Il devenait nécessaire d'entreposer les surplus de céréales pendant les années d'abondance pour les redistribuer durant les années de sécheresse. Les découvertes archéologiques viennent à l'appui de l'hypothèse d'une implication accrue du gouvernement dans toutes les phases de la vie de Juda : le nombre de sceaux, impressions de sceaux, ostraca administratifs et poids officiels, découverts dans les couches archéologiques datées du VIIe siècle av. J. C., excède de très loin les quantités trouvées auparavant.

DESTINS CONTRAIRES

Le siècle assyrien – depuis les dernières années du règne d'Achaz jusqu'aux règnes d'Ézéchias et de Manassé – présente un cas fascinant de fluctuation dramatique dans l'orientation politique de Juda. Ces trois rois – le grand-père, le père et le fils – ont hésité entre une attitude de défiance ou de rapprochement à l'égard des autorités assyriennes, entre le syncrétisme ou le puritanisme en matière de politique religieuse. La façon dont l'historien biblique les traite reflète ces variations, mais dans une perspective différente. Il décrit Achaz comme un idolâtre qui collabore avec les Assyriens. Ézéchias en revanche est l'extrême opposé. Son règne est sans défaut ; ses mérites, innombrables. Il incarne le souverain idéal, qui débarrasse Juda des scories du passé. À l'encontre de son impie de père qui soumit volontairement Juda à l'Assyrie, il combat bravement, et délivre le royaume du joug assyrien. Les Assyriens menacent Jérusalem, mais YHWH délivre miraculeusement la cité. Le rideau retombe sans la moindre indication d'un assujettissement quelconque à l'Assyrie ; hormis un court verset, la Bible ne dit mot des résultats catastrophiques de la campagne assyrienne contre les provinces judéennes. Quant à Manassé, il est à l'image de son père, mais en négatif. Il incarne l'apostat ultime, qui rejette les réformes et rétablit toutes les abominations du passé.

Le tableau que nous en font l'archéologie et les sources extérieures diffère du tout au tout. L'effondrement du royaume nordiste a suscité dans Jérusalem un fol espoir d'unifier toute la population israélite autour d'une même capitale, d'un même Temple et d'une même dynastie. Mais face aux puissants Assyriens, il n'y avait que deux solutions : oublier cet espoir et collaborer avec l'Assyrie, ou poursuivre une politique nationaliste en attendant le bon moment de se débarrasser du joug assyrien. Des enjeux élevés exigent des mesures extrêmes ; le siècle assyrien fut témoin de renversements dramatiques d'une option à l'autre.

Achaz, roi prudent et pragmatique, préserva Juda du sort terrible d'Israël et mit le royaume sur la voie de la prospérité. Il comprit que le seul mode de survie consistait à s'allier à l'Assyrie ; sa loyauté de bon vassal lui valut des concessions économiques de la part de ses suzerains, ce qui lui permit d'intégrer Juda dans le circuit économique régional de l'Assyrie. Le règne d'Achaz fut une période de prospérité sans précédent pour Juda, dont l'État atteignit pour la première fois au plein développement. Mais, en permettant la libre pratique religieuse des cultes traditionnels, il provoqua la colère de l'historien deutéronomiste.

Dans les années qui suivirent son accession au pouvoir, Ézéchias n'eut pas d'autre choix que de marcher sur les pas de son père. À la mort de Sargon II sur le champ de bataille, Sennachérib lui succéda et l'Assyrie fut confrontée à des révoltes qui firent éruption dans plusieurs parties de l'empire. Soudain, la « restauration » d'un État panisraélite parut réalisable, surtout avec le concours de l'Égypte. Ézéchias lança alors une réforme religieuse pour justifier la révolte et soulever la population. Malheureusement, la révolte contre l'Assyrie se révéla une décision imprudente qui aboutit à un désastre.

À l'accession de Manassé sur le trône, le pouvoir à Jérusalem retourna dans le camp des modérés. Puisque le nouveau roi n'avait que douze ans à l'époque, il est évident que ce sont eux qui furent responsables du retour à la politique d'Achaz. Le long règne de Manassé fit triompher le pragmatisme et le syncrétisme. Il opta pour la collaboration avec l'Assyrie et la réintégration de Juda dans l'économie assyrienne de la région. Comme un phénix qui renaît de ses cendres, Juda se rétablit du traumatisme de la campagne de Sennachérib.

Les prophètes et les sages du « mouvement-du-YHWH-unique » devaient être terriblement frustrés par la tournure des événements. La totalité des exploits réalisés par leur héros Ézéchias venaient d'être réduits à néant – d'abord par les armées de Sennachérib, ensuite par le propre fils d'Ézéchias. Eux, pour qui Ézéchias représentait le sauveur potentiel d'Israël, virent en Manassé l'incarnation du mal. Le récit biblique laisse entendre qu'à l'occasion, des émeutes éclataient dans Juda. On ne sait à quels incidents renvoie le récit biblique selon lequel « Manassé répandit aussi le sang innocent en si grande quantité qu'il inonda Jérusalem d'un bout à l'autre » (2 R 21,16), mais il est facile d'imaginer que les adversaires du roi avaient dû tenter de s'emparer du trône. Il n'est

TABLEAU 8

ROIS JUDÉENS D'ÉZÉCHIAS À JOSIAS

ROIS	DATES	ÉVALUATION BIBLIQUE	TÉMOIGNAGES BIBLIQUES	PREUVES EXTRA-BIBLIQUES	PREUVES ARCHÉOLOGIQUES
Ézéchias	727-698 av. J. C.	Vertueux	Réformateur religieux ; se rebelle contre l'Assyrie ; délivre Jérusalem.	Sennachérib dévaste Juda : annales et bas-relief de Lakish.	Jérusalem s'élargit considérablement : construction d'un nouveau rempart, tunnel et cimetière de Siloé, fortifications de Lakish ; prospérité dans la vallée de Beersheba ; destruction de Lakish et d'autres sites ; indices d'alphabétisation.
Manassé	698-642 av. J. C.	Très cruel	Grand apostat ; répand des flots de sang innocent.	Verse un tribut à l'Assyrie.	Croissance démographique dans la vallée de Beersheba et le désert judéen ; construction du fort de Cadès-Barnéa ? Juda participe à la production d'huile d'olive à Éqrôn ; preuves de plus en plus évidentes d'alphabétisation.
Amon	641-640 av. J. C.	Mauvais	Tué lors d'un coup d'État.		Prospérité continue dans la vallée de Beersheba ; renaissance de la Shefelah ; « aniconisme » dans les sceaux et impressions de sceaux.
Josias	639-609 av. J. C.	Très vertueux	Grand réformateur religieux ; prend Béthel ; tué par le pharaon Neko II.		

donc pas étonnant que, lorsque les deutéronomistes prirent le pouvoir à Jérusalem, peu après la mort de Manassé, et se mirent à réécrire l'histoire du royaume, ils réglèrent leurs comptes. Le portrait qu'ils laissèrent de Manassé fit de lui le plus cruel de tous les rois et le pire de tous les apostats.

L'APOGÉE EST PROCHE

L'exploit de Manassé, qui était parvenu à transformer la contrée de Juda dévastée par Sennachérib en un État prospère au sein de l'Empire assyrien, eut un double résultat : l'accumulation de richesses entre les mains de quelques-uns, le bouleversement social et la précarité pour beaucoup d'autres. Comme le fait remarquer Baruch Halpern, l'afflux de réfugiés du Nord après la chute de Samarie, la réorganisation des provinces sous Ézéchias, la deuxième vague de réfugiés fuyant le saccage de la Shefelah par les armées de Sennachérib, ces trois facteurs provoquèrent la rupture des liens traditionnels entre clans et territoire clanique. Dans les campagnes, l'économie normalisée – préalable à la production d'énormes quantités d'olives à presser et de céréales à distribuer – bénéficiait avant tout à ceux qui disposaient du capital nécessaire à l'organisation de la commercialisation et de la production agricole à grande échelle, bien plus qu'à ceux qui travaillaient les champs. Dans les clans survivants, qui pouvaient encore se réclamer de la possession ininterrompue de leurs champs, de leurs villages ou sommets, surgit l'idée d'un âge d'or, idée fortifiée par les effets de la guerre et les bouleversements démographiques et économiques. Dans cet âge d'or – qu'il fût réel ou imaginaire –, leurs ancêtres vivaient en sécurité, sur des territoires bien délimités, et jouissaient de la promesse divine d'une paix et d'une prospérité éternelles

Nous approchons maintenant du point culminant de l'histoire. Manassé décède en l'an 642 av. J. C. Son fils Amon lui succède. D'après le second livre des Rois, Amon « fit ce qui déplaît à Yahvé, comme avait fait son père Manassé » (2 R 21,20). Il ne s'écoule pas deux ans qu'un coup d'État éclate à Jérusalem, au cours duquel Amon est assassiné. Horrifié, « le peuple du pays » – probablement l'élite sociale et économique de Juda – tue les conspirateurs et met Josias, le fils d'Amon, âgé de huit ans, sur le trône. Josias régnera sur Jérusalem pendant trente et un ans ; il sera loué comme le roi le plus pieux de l'histoire de Juda, rivalisant en réputation avec David en personne. Durant son règne, les tenants du camp du « YHWH-unique » reprendront le pouvoir.

Une fois encore, leurs convictions religieuses exaltées, et leur opinion tenace selon laquelle YHWH seul pouvait protéger Juda et la dynastie davidique des attaques de leurs adversaires devront s'incliner devant les dures réalités de l'histoire. Mais, cette fois-ci, ils laisseront à la postérité un brillant témoignage, qui maintiendra leurs idées en vie. Leur monument sera la collection impérissable de textes hébraïques qui expriment leur vision de l'histoire et leurs espérances pour l'avenir. Cette saga collective servira de fondation inébranlable à la Bible hébraïque telle que nous la connaissons aujourd'hui.

11

La grande réforme

(639-586 av. J. C.)

Le règne de Josias, roi de Juda, représente l'apogée de la monarchie israélite – en tout cas, c'est ainsi qu'il dut apparaître aux yeux de ses contemporains. Pour les historiens deutéronomistes, de toute évidence, le règne de Josias fut un moment métaphysiquement à peine moins important que l'alliance entre Dieu et Abraham, l'Exode, ou la promesse divine faite au roi David. Le roi Josias n'était pas simplement considéré comme le digne successeur de Moïse, de Josué et de David : en réalité, les traits de ces grands personnages – tels que nous les dessine le récit biblique – semblent avoir été dépeints en fonction de Josias, sorte d'idéal vers lequel tend, dirait-on, toute l'histoire d'Israël. « Il n'y eut avant lui aucun roi qui se fût, comme lui, tourné vers Yahvé de tout son cœur, de toute son âme et de toute sa force, en toute fidélité à la Loi de Moïse, et après lui il ne s'en leva pas qui lui fût comparable », rapporte le second livre des Rois (2 R 23,25). Un hommage aussi éclatant n'est accordé à aucun autre roi biblique.

Descendant de David de la seizième génération, on ne sait pas grand-chose de son enfance. Les histoires édifiantes sur son éveil religieux précoce, durant son adolescence, rapportées par le second livre des Chroniques (2 Ch 34,3), relèvent vraisemblablement de l'hagiographie. Cependant, durant tout son règne sur le royaume de Juda, Josias semble avoir été reconnu par nombre de ses sujets comme un espoir tangible de rédemption nationale, comme un véritable messie, chargé de restaurer les splendeurs passées de la maison d'Israël.

Se fondant sur la doctrine contenue dans le « livre de la Loi », miraculeusement « découvert » dans le Temple de Jérusalem, il se lance dans une campagne d'éradication de toute trace de culte étranger ou syncrétiste, y compris les hauts lieux ancestraux des campagnes. Secondé par ses milices puritaines, il ne limite pas son épuration religieuse aux frontières traditionnelles de son royaume ; il l'étend jusqu'à Béthel, où le très détesté Jéroboam Ier avait jadis bâti un temple rival de celui de Jérusalem – sur l'autel duquel (selon 1 R 13,2) il avait été prédit qu'un beau jour, un héritier de David nommé Josias brûlerait les ossements des prêtres idolâtres du Nord.

Le rôle messianique de Josias s'inscrit dans le cadre théologique du nouveau mouvement religieux, qui transforme radicalement la signification du terme « israélite » et qui établit la fondation du judaïsme futur et du christianisme. Ce mouvement est responsable de la production des documents clés de la Bible – principalement d'un livre de la Loi, découvert pendant les travaux de rénovation du Temple de Jérusalem, en 622 av. J. C., dans la dix-huitième année du règne de Josias. Ce document, identifié par de nombreux savants comme la version originale du Deutéronome, déclencha une révolution dans le rituel et redéfinit intégralement l'identité israélite. Il expose les principes fondamentaux du monothéisme biblique, qui se résument au culte exclusif d'un seul Dieu en un seul lieu, à l'observance nationale des fêtes principales de l'année juive (la Pâque, les Tabernacles) et à toute une série de réglementations diverses, qui concernent le bien public, la justice et la moralité personnelle.

Ce moment privilégié et formateur cristallisa la tradition biblique telle que nous la connaissons aujourd'hui. Du reste, le récit qui relate le règne de Josias se concentre presque exclusivement sur la nature de ses réformes religieuses, et sur leur extension géographique. Il ne dit quasiment rien du contexte historique qui environnait Juda et qui favorisa certainement l'émergence de l'idéologie deutéronomiste. L'examen des découvertes archéologiques et des sources historiques contemporaines nous permettra peut-être de mieux appréhender comment il se fait que Josias, l'obscur souverain d'un minuscule royaume, dans l'ombre des grandes puissances, soit devenu – consciemment ou non – le protecteur d'un mouvement intellectuel et spirituel, qui est à l'origine de certains des enseignements éthiques majeurs de la Bible et de sa version spécifique de l'histoire d'Israël.

UNE DÉCOUVERTE INATTENDUE AU SEIN DU TEMPLE

Cet épisode – d'une importance capitale – de la vie politique et spirituelle de Juda débute en l'an 639 av. J. C. par le couronnement du jeune prince Josias. C'est un tournant radical dans la vision biblique de l'alternance de rois « impies » et de rois « pieux » dans l'histoire antérieure du royaume. Josias se comporte comme le fidèle et digne successeur de David. Il « fit ce qui est agréable à Yahvé et imita en tout la conduite de son ancêtre David, sans en dévier ni à droite ni à gauche » (2 R 22,2).

D'après la Bible, sa piété incite Josias à prendre une initiative décisive : il ordonne au grand prêtre Hilqiyyahu de prélever des fonds sur le trésor public pour rénover le Temple du Dieu d'Israël. Durant les travaux de rénovation, un document étonnant fait surface, découvert par le grand prêtre dans les combles du Temple. Le secrétaire du roi, Shaphân, en fait la lecture au souverain. L'effet en sera déterminant, car il révèle, de façon soudaine et choquante, combien le culte traditionnel de YHWH, tel que Juda le pratiquait jusqu'alors, était erroné.

Sans hésiter, Josias rassemble le peuple de Juda, pour qu'il prête le serment solennel de se consacrer entièrement aux commandements divins tels que les énumère le document récemment découvert (2 R 23,2-3) :

> [...] et le roi monta au Temple de Yahvé avec tous les hommes de Juda et tous les habitants de Jérusalem, les prêtres et les prophètes et tout le peuple du plus petit au plus grand. Il lut devant eux tout le contenu du livre de l'alliance trouvé dans le Temple de Yahvé. Le roi était debout sur l'estrade et il conclut devant Yahvé l'alliance qui l'obligeait à suivre Yahvé et à garder ses commandements, ses instructions et ses lois, de tout son cœur et de toute son âme, pour rendre effectives les clauses de l'alliance écrite dans ce livre. Tout le peuple adhéra à l'alliance.

Alors, pour débarrasser le culte de YHWH des scories qui l'encombraient, Josias initie la réforme la plus radicale et la plus puritaine de l'histoire de Juda. Il s'en prend en premier lieu aux rites idolâtres pratiqués à l'intérieur du Temple même de Jérusalem (2 R 23,4-7) :

> Le roi ordonna à Hilqiyyahu, au prêtre en second et aux gardiens du seuil de retirer du sanctuaire de Yahvé tous les objets de culte qui avaient été faits pour Baal, pour Ashéra et pour toute l'armée du ciel ; il les brûla en dehors de Jérusalem, dans les champs du Cédron, et porta leur cendre à Béthel. Il supprima les

> faux prêtres que les rois de Juda avaient installés et qui sacrifiaient dans les hauts lieux, dans les villes de Juda et les environs de Jérusalem, et ceux qui sacrifiaient à Baal, au soleil, à la lune, aux constellations et à toute l'armée du ciel. Il transporta du Temple de Yahvé en dehors de Jérusalem, à la vallée du Cédron, le pieu sacré et le brûla dans la vallée du Cédron ; il le réduisit en cendres et jeta les cendres à la fosse commune. Il démolit la demeure des prostitués sacrés, qui était dans le Temple de Yahvé et où les femmes tissaient des voiles pour Ashéra.

Il démolit les sanctuaires dédiés aux cultes étrangers, en particulier ceux qui étaient établis à Jérusalem et qui jouissaient d'un patronage royal aussi ancien que celui de Salomon (2 R 23,10-14) :

> Il profana le Tophèt de la vallée de Ben-Hinnon, pour que personne ne fît plus passer son fils ou sa fille par le feu en l'honneur de Molek. Il fit disparaître les chevaux que les rois de Juda avaient dédiés au soleil à l'entrée du Temple de Yahvé, près de la chambre de l'eunuque Netân-Mélek, dans les dépendances, et il brûla au feu le char du soleil. Les autels qui étaient sur la terrasse et qu'avait bâtis les rois de Juda, et ceux qu'avaient bâtis Manassé dans les deux cours du Temple de Yahvé, le roi les démolit, les brisa là et jeta leur poussière dans la vallée du Cédron. Les hauts lieux qui étaient en face de Jérusalem, au sud du mont des Oliviers, et que Salomon roi d'Israël avait bâtis pour Astarté, l'horreur des Sidoniens, pour Kemosh, l'horreur des Moabites, et pour Milkom, l'abomination des Ammonites, le roi les profana. Il brisa aussi les stèles, coupa les pieux sacrés et combla leur emplacement avec des ossements humains.

Josias met également fin aux cultes rendus par les prêtres ruraux qui accomplissaient leurs rites sur les hauts lieux et les sanctuaires répartis dans la campagne : « Il fit venir des villes de Juda tous les prêtres et il profana les hauts lieux où ces prêtres avaient sacrifié, depuis Géba jusqu'à Bersabée [Beersheba] » (2 R 23,8).

Josias règle tous les vieux comptes, l'un après l'autre. Le suivant sera la faute impie de Jéroboam Ier, l'autel idolâtre de Béthel, où Josias accomplira la prédiction biblique, qui affirmait qu'un jour, un roi vertueux du nom de Josias présiderait à sa destruction (2 R 23,15-18) :

> De même pour l'autel qui était à Béthel, le haut lieu bâti par Jéroboam fils de Nebat qui avait entraîné Israël dans le péché, il démolit aussi cet autel et ce haut lieu, il en brisa les pierres et les réduisit en poussière ; il brûla le pieu sacré. Josias se retourna et vit les tombeaux qui étaient là, dans la montagne ; il envoya prendre les ossements de ces tombeaux et les brûla sur l'autel. Ainsi il profana, accomplissant la parole de Yahvé qu'avait annoncée l'homme de

> Dieu lorsque Jéroboam se tenait à l'autel pendant la fête. En se retournant, Josias leva les yeux sur le tombeau de l'homme de Dieu qui avait annoncé ces choses et il demanda : « Quel est le monument que je vois ? » Les hommes de la ville lui répondirent : « C'est le tombeau de l'homme de Dieu qui est venu de Juda et qui a annoncé ces choses que tu as accomplies contre l'autel. » – « Laissez-le en paix, dit le roi, et que personne ne dérange ses ossements. » On laissa donc ses ossements intacts avec les ossements du prophète qui était de Samarie.

Mais Josias ne s'arrête pas à Béthel. L'épuration se poursuit plus loin vers le nord (2 R 23,19-20) :

> Josias fit également disparaître tous les temples des hauts lieux qui étaient dans les villes de la Samarie, et que les rois d'Israël avaient bâtis pour l'irritation de Yahvé et il agit à leur endroit exactement comme il avait agi à Béthel. Tous les prêtres des hauts lieux qui étaient là furent immolés par lui sur les autels et il y brûla des ossements humains. Puis il revint à Jérusalem.

Tout en combattant l'idolâtrie, Josias institue les grandes fêtes religieuses nationales (2 R 23,21-23) :

> Le roi donna cet ordre à tout le peuple : « Célébrez une Pâque en l'honneur de Yahvé votre Dieu, de la manière qui est écrite dans ce livre de l'alliance. » On n'avait pas célébré une Pâque comme celle-là depuis les jours des Juges qui avaient régi Israël et pendant tout le temps des rois d'Israël et des rois de Juda. C'est seulement en la dix-huitième année du roi Josias qu'une telle Pâque fut célébrée en l'honneur de Yahvé à Jérusalem.

Vue rétrospectivement, la description biblique de la réforme religieuse de Josias au second livre des Rois (2 R 23) n'est pas une simple énumération de faits. C'est un récit, habilement construit, qui fait allusion à toutes les grandes personnalités et aux événements majeurs de l'histoire d'Israël. Josias y est implicitement comparé à Moïse, le grand libérateur, le chef de la première Pâque. On lui confère la stature de Josué et de David, les deux grands conquérants ; il suit l'exemple de Salomon, le constructeur du Temple de Jérusalem. La restauration de Josias redresse les erreurs du passé. Les fautes du royaume du Nord sont rappelées, puisque Josias détruit l'autel de Jéroboam à Béthel, le centre du culte du royaume d'Israël, qui faisait depuis si longtemps concurrence à Jérusalem. Samarie, avec ses hauts lieux et le souvenir amer de sa destruction, y est également évoquée. L'histoire tout entière d'Israël est parvenue à un tournant décisif. Enfin, après des siècles d'impiété, Josias s'est levé pour racheter les fautes passées et conduire le peuple d'Israël sur le chemin de la rédemption par l'observance correcte de la Loi.

QU'ÉTAIT DONC CE « LIVRE DE LA LOI » ?

La découverte du livre de la Loi fut un événement d'une importance capitale pour l'histoire ultérieure du peuple d'Israël. Ce document fut considéré comme le code légal définitif, que Dieu avait remis à Moïse sur le Sinaï, et dont l'observance devait assurer la survie du peuple d'Israël.

Dès le XVIIIe siècle, les biblistes avaient constaté les similitudes évidentes entre les descriptions du livre de la Loi découvert dans le Temple et le Deutéronome. Les parallèles précis et directs entre le contenu du Deutéronome et les idées qui ont présidé aux réformes de Josias indiquent clairement qu'ils partageaient l'un et l'autre la même idéologie. Le Deutéronome est le seul livre du Pentateuque qui affirme exprimer les « paroles de l'alliance » (Dt 28,69 ; 29,9) auxquelles tout Israël doit se soumettre. C'est le seul livre qui interdit le sacrifice ailleurs que dans « le lieu choisi par Yahvé votre Dieu » (Dt 12,5), alors que les autres livres du Pentateuque se réfèrent en permanence, sans soulever d'objections, aux cultes rendus sur les autels bâtis à travers le pays. Le Deutéronome est le seul à décrire le sacrifice national de la Pâque offert sur un autel national (Dt 16,1-8). Bien entendu, des rajouts furent introduits ultérieurement dans le texte final mais, dans l'ensemble, le Deutéronome colle étroitement à tout ce que Josias a décidé de promulguer, « pour la première fois », à Jérusalem, en 622 av. J. C.

L'apparition soudaine d'un code légal écrit à cette époque correspond bien aux données archéologiques qui témoignent d'un essor sans précédent de l'alphabétisation à cette même époque dans Juda. Bien que le prophète Osée et le roi Ézéchias aient aussi été associés à des idées semblables à celles qui sont exprimées par le Deutéronome, néanmoins, le récit de l'apparition d'un texte écrit et de sa lecture publique par le roi s'accorde fort bien avec les évidences que nous détenons d'une propagation soudaine et surprenante de l'alphabétisation dans le royaume de Juda au VIIe siècle av. J. C. La découverte de centaines de sceaux individuels et d'impressions de sceaux en hébreu, datant de cette période, témoigne d'un usage répandu de l'écriture et du document écrit. Cette alphabétisation à grande échelle prouve qu'à l'époque, Juda avait atteint le stade d'un État pleinement constitué. Auparavant, le royaume ne possédait pas la capacité de produire des textes bibliques aussi étendus.

En outre, les savants ont observé que le style littéraire dans lequel est formulée l'alliance passée entre YHWH et le peuple d'Israël dans le Deutéronome, ressemble de façon frappante à celui des traités assyriens de vassalité du début du VIIe siècle av. J. C., qui énuméraient les droits et les devoirs des peuples sujets envers leur suzerain (dans le cas présent, Israël et YHWH). Qui plus est, comme le fait remarquer le bibliste Moshe Weinfeld, le Deutéronome n'est pas non plus sans rappeler la littérature grecque primitive, dans l'expression de l'idéologie au sein de discours programmatiques, dans la manière de bénir et de maudire, dans les cérémonies qui consacrent la fondation de nouvelles implantations. Pour résumer, il paraît évident que le livre de la Loi dont parle le second livre des Rois n'est autre que la version originelle du Deutéronome. On peut en conclure sans risque d'erreur que, loin d'être un document ancien découvert par surprise, il fut en réalité composé au VIIe siècle av. J. C., immédiatement avant ou pendant le règne de Josias.

ASCENSION D'UN PHARAON, DÉCLIN D'UN EMPIRE

Un coup d'œil sur la scène internationale durant les dernières décennies de l'histoire de Juda nous aidera à mieux saisir les raisons pour lesquelles le Deutéronome a pris la forme qu'il a adoptée – et pourquoi il suscita une telle émotion. Une revue des sources historiques et archéologiques montrera comment les changements majeurs relatifs à l'équilibre du pouvoir dans la région ont joué un rôle central dans la formulation de l'histoire biblique.

Au moment où le prince Josias, âgé de huit ans, montait sur le trône de Juda, en 639 av. J. C., l'Égypte entamait une renaissance politique au cours de laquelle l'image de son lointain passé – et de ses grands conquérants, fondateurs d'empire – devint le puissant symbole qui l'aida à rehausser son pouvoir et son prestige alentour. Dès l'an 656 av. J. C., Psammétique Ier, fondateur de la XXVIe dynastie, s'était débarrassé de la domination de l'Empire assyrien pour rétablir son autorité sur la quasi-totalité du territoire du Levant, contrôlé jadis par le grand pharaon Ramsès II, au XIIIe siècle av. J. C.

Cette renaissance égyptienne profita grandement du déclin précipité de l'Assyrie, durant les dernières décennies du VIIe siècle av. J. C. La date et les raisons précises de la chute de l'Assyrie, après plus d'un siècle de domination sans partage, sont toujours matière à controverse pour les savants. Quoi qu'il en soit, le pouvoir assyrien déclina vers la fin du règne du dernier grand souverain assyrien, Assurbanipal (669-627 av. J. C.), en raison d'incursions de tribus nomades de cavaliers scythes, sur les frontières nord, et des conflits permanents qui opposaient l'empire aux Babyloniens et au peuple d'Élam, à l'est. Après la mort d'Assurbanipal, l'hégémonie assyrienne se retrouva encore plus gravement compromise par la révolte ouverte en Babylonie, en 626 av. J. C., et par une guerre civile qui déchira l'Assyrie de l'intérieur, trois ans plus tard, en 623 av. J. C.

Le déclin de l'Assyrie profita d'emblée à l'Égypte. Le pharaon Psammétique Ier, qui établit sa capitale dans la cité de Saïs, sur le delta du Nil, réussit à rassembler sous son autorité l'aristocratie égyptienne locale. Sous son règne (664-610 av. J. C.), les troupes assyriennes quittèrent l'Égypte et abandonnèrent une bonne partie du Levant au contrôle égyptien. L'historien grec Hérodote, qui reste une source importante d'information sur les événements de cette période, raconte (avec force détails légendaires) comment Psammétique Ier fit campagne vers le nord et assiégea pendant vingt-neuf ans la cité d'Ashdod, sur la côte méditerranéenne. Quelle que soit la véracité de son récit, les découvertes archéologiques sur les sites de la plaine littorale attestent d'une influence égyptienne croissante à partir de la fin du VIIe siècle av. J. C. Sur une inscription contemporaine, Psammétique Ier se vante d'ailleurs de contrôler la côte méditerranéenne jusqu'à la Phénicie.

Le retrait des Assyriens de leurs anciennes possessions sur la plaine littorale et dans le territoire du défunt royaume d'Israël semble s'être déroulé pacifiquement. Peut-être l'Égypte et l'Assyrie avaient-elles conclu un accord aux termes duquel l'Assyrie cédait à l'Égypte ses provinces situées à l'ouest de l'Euphrate contre l'engagement de lui prêter militairement main-forte en cas de conflit. Quoi qu'il en soit, le rêve caressé par l'Égypte depuis cinq siècles de récupérer son ancienne colonie cananéenne se réalisa. Les Égyptiens rétablirent leur contrôle sur les richesses agricoles et les voies commerciales dans les basses terres fertiles. Cependant, comme au temps des grands pharaons du Nouvel Empire, les habitants isolés dans les hautes terres – l'actuel royaume de Juda – ne présentaient pas un enjeu majeur aux yeux des Égyptiens. C'est pourquoi, au début tout au moins, ils furent laissés en paix.

LA NOUVELLE CONQUÊTE DE LA TERRE PROMISE

Le retrait des Assyriens des régions du Nord avait créé une situation qui, aux yeux des Judéens, ressemblait à un miracle longtemps attendu. Un siècle de domination assyrienne prenait fin ; l'Égypte se préoccupait surtout de la zone littorale ; le « méchant » royaume nordiste d'Israël n'existait plus. La voie semblait libre pour l'accomplissement des ambitions judéennes. Enfin, Juda pouvait étendre son territoire vers le nord, récupérer les hautes terres qui avaient appartenu à l'ancien royaume concurrent, centraliser le culte à Jérusalem et établir un grand État panisraélite.

La mise en œuvre d'un plan aussi ambitieux nécessitait une propagande énergique et convaincante. Le Deutéronome avait certes déjà assuré l'unité du peuple d'Israël et la centralité du culte national ; mais ce sera la rédaction de l'histoire deutéronomiste et d'une partie du Pentateuque qui créera la saga épique, capable d'exprimer le pouvoir et la passion des rêves renaissants de Juda. C'est la raison vraisemblable qui incita les auteurs et éditeurs de l'histoire deutéronomiste, et d'une partie du Pentateuque, à rassembler et à refondre les traditions les plus précieuses du peuple d'Israël : il fallait préparer le peuple pour le grand combat national qui l'attendait.

Embellissant et développant les histoires rapportées dans les quatre premiers livres de la Torah, ils combinèrent les variantes régionales des récits des patriarches Abraham, Isaac et Jacob, en les situant dans un contexte étrangement ressemblant à celui du VIIe siècle av. J. C. ; l'accent fut résolument mis sur la domination de Juda sur l'ensemble d'Israël. Ils façonnèrent une grande épopée nationale célébrant la lutte de *toutes* les tribus d'Israël pour se libérer du joug d'un pharaon autoritaire, dont l'empire ressemblait comme deux gouttes d'eau, dans ses détails géographiques, à celui de Psammétique Ier.

Dans l'histoire deutéronomiste, ils transformèrent la conquête de Canaan en une épopée unique, dont les scènes de bataille les plus féroces se déroulaient sur les lieux précis – dans la vallée du Jourdain, dans la région de Béthel, sur les contreforts de la Shefelah, dans les centres administratifs (devenus assyriens) de l'ancien royaume du Nord – où ils allaient devoir engager la nouvelle conquête de Canaan. Le puissant et prospère royaume du Nord, à l'ombre duquel Juda avait vécu pendant deux longs siècles, présenté comme le renégat impie du véritable héritage israélite, fut condamné comme une aberration historique. Les seuls rois légitimes de tout le territoire israélite étaient ceux de la lignée de David, en particulier le pieux Josias. L'anathème fut jeté sur Béthel, le grand centre de culte du royaume du Nord renversé par Josias. Les « Cananéens », c'est-à-dire les habitants non israélites, furent tous frappés d'exclusion ; le mariage avec les femmes étrangères fut strictement prohibé, de peur que, selon l'histoire deutéronomiste et le Pentateuque, celles-ci n'induisent leurs époux à l'idolâtrie. Cette double mesure répondait sans doute à la difficulté d'ordre pratique d'étendre l'autorité du roi sur les anciens territoires d'Israël où les Assyriens avaient installé nombre de colons non israélites, principalement dans la partie méridionale du royaume défunt du Nord, autour de Béthel.

On ignore si quelque version antérieure de l'histoire d'Israël avait été composée à l'époque d'Ézéchias, ou par des factions dissidentes, sous le long règne de Manassé, ou si l'ensemble de l'épopée fut entièrement composé durant le règne de Josias. Cependant, il est clair que nombre de personnages décrits par l'histoire deutéronomiste – tels que les très pieux Josué, David et Ézéchias, et les apostats Achaz et Manassé – sont présentés comme des miroirs, en positif ou en négatif, de Josias. De ce point de vue, l'histoire deutéronomiste n'a rien d'historique, dans le sens moderne du terme. Sa composition répondait à un double besoin, idéologique et théologique.

Au VIIe siècle av. J. C., pour la première fois dans son histoire, Israël réunissait un public populaire avide de telles œuvres. Juda était devenu un État fortement centralisé au sein duquel l'alphabétisation progressait, à partir de la capitale et des villes principales, vers l'intérieur des campagnes. Le processus semble avoir débuté au cours du VIIIe siècle av. J. C., mais il n'a atteint son apogée qu'au temps de Josias. Les écrits, tout comme les prêches, devinrent des moyens de propager un ensemble d'idées politiques, religieuses et sociales, plutôt révolutionnaires. En dépit des récits sur l'apostasie et la déloyauté d'Israël et de ses monarques, en dépit du cycle du péché, du châtiment et de la rédemption, et des calamités du passé, la Bible proposait une histoire profondément optimiste. Elle promettait aux lecteurs et aux auditeurs qu'ils seraient les participants actifs de la fin heureuse de l'histoire – quand leur bon roi Josias purgerait Israël de l'abomination des nations voisines, rachèterait leurs péchés, imposerait l'observance collective des vraies lois de YHWH, et prendrait les premières mesures pour faire du royaume légendaire de David une réalité concrète.

LA RÉVOLUTION DANS LES CAMPAGNES

L'époque de Josias fut véritablement messianique. Le camp deutéronomiste avait remporté la victoire et, à Jérusalem, l'atmosphère était à la jubilation. Mais la leçon de la transition précédente du pieux Ézéchias à l'impie Manassé n'avait pas été oubliée. Les réformateurs au service de Josias devaient sûrement rencontrer quelque opposition. L'époque devait donc se prêter à l'éducation et aux réformes sociales. À ce propos, il est important de noter que le livre du Deutéronome contient des codes éthiques et des clauses en faveur du bien-être social qui n'ont aucun parallèle ailleurs dans la Bible. Le Deutéronome plaide pour la protection de l'individu, pour la défense de ce que nous appellerions aujourd'hui les droits de l'homme et de la dignité humaine. Ses lois expriment un souci nouveau en faveur des faibles et des indigents à l'intérieur de la société judéenne :

> Se trouve-t-il chez toi un pauvre, d'entre tes frères, dans l'une des villes de ton pays que Yahvé ton Dieu t'a donné ? Tu n'endurciras pas ton cœur ni ne fermeras ta main à ton frère pauvre, mais tu lui ouvriras ta main et tu lui prêteras ce qui lui manque (Dt 15,7-8).

> Tu ne porteras pas atteinte au droit de l'étranger et de l'orphelin, et tu ne prendras pas en gage le vêtement de la veuve. Souviens-toi que tu as été en servitude au pays d'Égypte et que Yahvé ton Dieu t'en a racheté ; aussi je t'ordonne de mettre cette parole en pratique (Dt 24,17-18).

Ce n'était pas simplement une question de charité ; cela traduisait plutôt le fait d'une conscience désormais à l'étroit dans le seul sentiment de communauté nationale, sentiment étayé par la saga historique d'Israël à présent codifiée en un texte. Les droits familiaux de propriété étaient protégés par l'interdiction de toucher aux anciennes pierres de bornage (Dt 19,14) ; les droits à l'héritage des épouses rejetées par leurs maris étaient sécurisés (Dt 21,15-17) ; les fermiers devaient donner la dîme aux pauvres tous les trois ans (Dt 14,28-29) ; les résidents étrangers étaient protégés contre la discrimination (Dt 24,14-15) ; il fallait affranchir les esclaves hébreux au bout de six ans de service (Dt 15,12-15). Ce sont là quelques exemples pris dans le large éventail de législations sociales qui visaient à compenser les injustices et les inégalités traditionnelles dans la vie quotidienne.

Le fonctionnement du gouvernement était également prévu pour limiter les abus et interdire aux dirigeants de la société judéenne de tirer avantage de leur position pour satisfaire leurs propres intérêts et opprimer l'ensemble de la population (Dt 16,18-19) :

> Tu établiras des juges et des scribes, en chacune des villes que Yahvé ton Dieu te donne, pour toutes tes tribus ; ils jugeront le peuple en des jugements justes. Tu ne feras pas dévier le droit, tu n'auras pas d'égard aux personnes et tu n'accepteras pas de présent, car le présent aveugle les yeux des sages et ruine les causes des justes.

Le roi lui-même était assujetti aux lois de l'alliance ; les auteurs du Deutéronome avaient clairement en tête à la fois les péchés des rois d'Israël et la droiture de Josias (Dt 17,15-20) :

> C'est un roi choisi par Yahvé ton Dieu que tu devras établir sur toi, c'est quelqu'un d'entre tes frères que tu établiras sur toi comme roi, tu ne pourras pas te donner un roi étranger qui ne soit pas ton frère. Mais qu'il n'aille pas multiplier ses chevaux et qu'il ne ramène pas le peuple en Égypte pour accroître sa cavalerie, car Yahvé vous a dit : « Vous ne retournerez jamais par ce chemin. » Qu'il ne multiplie pas le nombre de ses femmes, ce qui pourrait égarer son cœur. Qu'il ne multiplie pas à l'excès son argent et son or. Lorsqu'il montera sur le trône royal, il devra écrire sur un rouleau, pour son usage, une copie de

cette Loi, sous la dictée des prêtres lévites. Elle ne le quittera pas ; il la lira tous les jours de sa vie, pour apprendre à craindre Yahvé son Dieu en gardant toutes les paroles de cette Loi, ainsi que ces règles pour les mettre en pratique. Il évitera ainsi de s'enorgueillir au-dessus de ses frères, et il ne s'écartera pas de ces commandements ni à droite ni à gauche. À cette condition, il aura, lui et ses fils, de longs jours sur le trône en Israël.

En 1960, dans une forteresse datant de la fin du VIIe siècle av. J. C., située sur la côte méditerranéenne, au sud de Tel-Aviv (carte 12, p. 295), connue des archéologues sous le nom de Mesad Hashavyahu, on a découvert ce qui constitue peut-être l'exemple le plus évocateur de cette nouvelle conscience relative aux droits individuels. Dans cette forteresse en ruine se trouvaient des fragments de poterie grecque d'importation, témoignant de la présence probable de mercenaires grecs. Les noms yahvistes qui apparaissent sur les ostraca découverts sur le site indiquent que des Judéens occupaient également la forteresse ; certains devaient travailler les champs alentour, d'autres, servir comme soldats ou officiers. L'un de ces travailleurs adressa une réclamation au commandant de la garnison, écrite à l'encre sur un tesson de poterie. Cette inscription hébraïque est peut-être la plus ancienne preuve que nous détenions de la nouvelle attitude et des nouveaux droits offerts par la loi deutéronomique :

Puisse monseigneur l'officier entendre la plainte de son serviteur ! Votre serviteur travaille à la moisson. Votre serviteur se trouvait à Hasar-Asam. Il y a quelques jours, votre serviteur a fauché, récolté et engrangé le grain, avant de s'arrêter. Quand votre serviteur eut fini de faucher et d'engranger, il y a quelques jours, Hoshayahu, fils de Shabay, est arrivé et s'est emparé des vêtements de votre serviteur. Quand j'ai eu fini de faucher, à ce moment-là, il y a quelques jours, il a pris mes habits, à moi, votre serviteur. Tous mes compagnons témoigneront pour moi, tous ceux qui fauchaient avec moi sous le soleil brûlant – ils témoigneront pour moi que je dis la vérité. Je n'ai commis aucune infraction. S'il vous plaît, que l'on me rende mes vêtements ! Si l'officier ne considère pas comme une obligation que le vêtement de votre serviteur lui soit rendu, alors, prenez pitié de lui et retournez son vêtement à votre serviteur. Vous ne pouvez pas rester silencieux quand votre serviteur est privé de son vêtement.

Il s'agit d'une plainte individuelle pour exiger que la loi soit observée, en dépit de l'énorme différence sociale qui sépare le plaignant du destinataire. Une plainte déposée par un individu contre un autre individu est une étape révolutionnaire, qui s'écarte de la tradition proche-orientale, laquelle reposait uniquement sur la loi du clan pour préserver les droits communaux.

C'est un exemple unique, retrouvé par chance dans les ruines d'un site très éloigné du centre de Juda. Mais il est lourd de sens. Les lois du Deutéronome représentent un nouveau code de droits et de devoirs individuels pour le peuple d'Israël. Elles ont également servi de fondement à un code social universel et à un système de valeurs communautaires qui perdurent – même aujourd'hui.

L'ARCHÉOLOGIE ET LES RÉFORMES DE JOSIAS

Si l'archéologie s'est révélée précieuse en mettant en lumière les développements sociaux qui ont, dans la durée, sous-tendu l'évolution historique de Juda et la naissance du mouvement deutéronomiste, en revanche, elle n'a pas fourni de preuves convaincantes des réalisations spécifiques de Josias. Le temple de Béthel – cible première de Josias dans sa campagne contre l'idolâtrie – n'a toujours pas été identifié ; en dehors de Jérusalem, à ce jour, on n'a découvert qu'un seul temple judéen contemporain de Josias. On ne sait pas clairement quel fut son sort durant le programme de centralisation religieuse de Josias[1].

Les sceaux et impressions des officiels et des dignitaires de la monarchie judéenne tardive n'offrent qu'un *possible* témoignage de l'influence des réformes de Josias. Alors que les sceaux judéens plus anciens représentaient des images liées aux cultes astraux – les étoiles ou la lune, qui étaient des symboles sacrés –, la plupart des sceaux qui datent de la fin du VIIe siècle av. J. C. ne comportent que des noms de personnes (parfois, tout au plus, une décoration florale), sans la moindre figure iconique. Les styles artistiques d'autres régions, comme Ammon ou Moab, témoignent de la même tendance, qui résultait peut-être de l'alphabétisation de plus en plus répandue dans toute la région ; cependant, elle est loin d'être aussi prononcée qu'en Juda, où

1. Ce temple fut exhumé dans la forteresse d'Arad, dans le Sud. D'après le fouilleur, Yohanan Aharoni, le temple cessa de fonctionner vers la fin du VIIe siècle ou au début du VIIIe siècle av. J. C., où un mur de fortification fut élevé au-dessus. Apparemment, la fermeture ou l'abandon du temple daterait de l'époque où Josias entreprenait ses réformes. Cependant, d'autres savants contestent cette datation et ne tiennent pas pour certain que le temple d'Arad ait cessé de fonctionner à cette époque, comme Josias l'aurait sans aucun doute souhaité.

elle reflète peut-être l'influence des réformes de Josias, qui décourageaient le culte des puissances célestes sous une forme visible et n'admettaient qu'un YHWH impersonnel comme unique objet légitime de vénération.

Pourtant, d'autres découvertes laissent croire que Josias était loin d'être parvenu à éradiquer la vénération des images : dans les quartiers d'habitation de tous les sites importants de la fin du VIIe siècle av. J. C., on a retrouvé un grand nombre de figurines qui représentent une femme debout soutenant ses seins avec ses mains (identifiée généralement à la déesse Asherah). Par conséquent, au moins pour ce qui concerne le domaine privé, ce culte très populaire paraît s'être poursuivi, en dépit des instructions religieuses imposées par Jérusalem.

JUSQU'OÙ LA RÉVOLUTION DE JOSIAS S'EST-ELLE ÉTENDUE ?

L'étendue des conquêtes territoriales de Josias n'a été, jusqu'à ce jour, que grossièrement évaluée selon les critères archéologiques et historiques (voir appendice F). Bien que le sanctuaire de Béthel n'ait pas encore été découvert, des objets typiquement judéens, datant du VIIe siècle av. J. C., ont été retrouvés dans les régions avoisinantes. Il est possible que Josias se soit aventuré plus au nord, en direction de Samarie (comme le suggère 2 R 23,19), mais aucune preuve archéologique n'est venue le confirmer.

Dans l'ouest, le fait que Lakish ait été refortifiée pour servir d'avant-poste judéen important est probablement la meilleure preuve que Josias continuait à contrôler la région de la Shefelah, déjà redynamisée par son grand-père Manassé. Mais Josias pouvait difficilement s'étendre plus à l'ouest, dans les régions trop importantes pour les intérêts égyptiens. Dans le sud, une présence judéenne continue suggère que Josias contrôlait la vallée de Beersheba et, peut-être aussi, les forteresses plus au sud, établies par Manassé quelques décennies auparavant, sous l'égide de l'Assyrie.

Dans ses grandes lignes, sous Josias, le royaume de Juda ressemblait à celui de Manassé. Sa population ne devait pas excéder soixante-quinze mille habitants, avec une occupation relativement dense dans les zones rurales des collines judéennes, un réseau d'implantations dans les zones arides de l'est et du sud, et un peuplement clairsemé dans la Shefelah. C'était en quelque sorte une cité-État densément peuplée, dont la capitale regroupait près de vingt pour cent de la population. La vie urbaine de Jérusalem atteignit un niveau qui ne sera égalé qu'à la période romaine. L'État était aussi bien organisé et hautement centralisé qu'à l'époque de Manassé. Mais, pour ce qui concerne son développement religieux et l'expression littéraire de son identité nationale, l'ère de Josias a marqué une nouvelle et radicale étape dans l'histoire de Juda.

LA CONFRONTATION DE MEGIDDO

La vie de Josias prend fin inopinément. En 610 av. J. C., Psammétique Ier décède. Son fils Neko II lui succède. Au cours d'une expédition en direction du nord, menée pour aider l'Empire assyrien affaibli à combattre les Babyloniens, une rencontre fatidique a lieu. Le second livre des Rois rapporte l'événement de façon laconique, en style télégraphique : « De son temps, le pharaon Neko II, roi d'Égypte, monta vers le roi d'Assyrie, sur le fleuve de l'Euphrate. Le roi Josias se porta au-devant de lui mais Neko II le fit périr à Megiddo, à la première rencontre » (2 R 23,29). Le second livre des Chroniques rapporte le même événement, mais avec plus de détails. En particulier, il met la mort de Josias sur le compte de l'issue tragique d'une rencontre sur le champ de bataille (2 Ch 35,20-24) :

> Neko, roi d'Égypte, monta combattre à Karkémish sur l'Euphrate. Josias s'étant porté à sa rencontre, il lui envoya des messagers pour lui dire : « Qu'ai-je à faire avec toi, roi de Juda ? Ce n'est pas toi que je viens attaquer aujourd'hui, mais c'est une autre maison que j'ai à combattre, et Dieu m'a dit de me hâter. Laisse donc faire Dieu qui est avec moi, de peur qu'il ne cause ta perte. » Mais Josias ne renonça pas à l'affronter, car il était fermement décidé à le combattre et n'écouta pas ce que lui disait Neko au nom de Dieu. Il livra bataille dans la trouée de Megiddo ; les archers tirèrent sur le roi Josias et le roi dit à ses serviteurs : « Emportez-moi car je me sens très mal. » Ses serviteurs le tirèrent hors de son char, le firent monter sur un autre de ses chars et le ramenèrent à Jérusalem où il mourut. On l'enterra dans la sépulture de ses pères.

Lequel de ces deux récits est le plus exact ? Que nous révèlent-ils du succès ou de l'échec des réformes de Josias ? Quelles conséquences les événements de Megiddo auront-ils pour l'évolution de la foi biblique ? La réponse se trouve, une fois de plus, dans le bouillonnement politique de la région. Le pouvoir assyrien ne cessait de vaciller et la pression constante de Babylone sur le fief de l'empire agonisant menaçait les intérêts égyptiens en Asie. C'est pourquoi l'Égypte décida d'intervenir aux côtés des Assyriens et, en 616 av. J. C., son armée marcha vers le nord. Cette intervention n'arrêta pas l'effondrement de l'Assyrie. La capitale assyrienne, Ninive, tomba en 612 av. J. C. et la cour impériale se réfugia à Harân, à l'ouest, un événement que rapporte le prophète Sophonie (So 2,13-15). Deux ans plus tard, en 610 av. J. C., après la mort de Psammétique Ier et l'accession sur le trône de Neko II, les forces égyptiennes stationnées au nord durent se replier, laissant les Babyloniens s'emparer d'Harân. L'année suivante, Neko II décida de se mettre en campagne vers le nord.

Nombreux sont les historiens biblistes qui préfèrent la version du livre 2 des Chroniques, qui décrit une véritable bataille entre Neko II et Josias, à Megiddo, en 609 av. J. C. D'après eux, Josias se serait emparé de toute la région des collines autrefois possédées par le royaume défunt du Nord ; autrement dit, il aurait annexé l'ancienne province assyrienne de Samarie. Il aurait étendu sa domination encore plus au nord, sur Megiddo, où il aurait construit un grand fort, sur la pointe orientale du tertre. Il aurait transformé Megiddo en un avant-poste stratégique, pour surveiller la région nord de l'État judéen en expansion. Certains savants estiment que son but était de s'allier aux Babyloniens contre les Assyriens, en stoppant la progression de Neko II dans l'étroit défilé qui mène à Megiddo. Certains vont jusqu'à affirmer que le passage du livre 2 des Chroniques (34,6) serait historique et que Josias serait parvenu à étendre sa domination plus au nord, annexant les ex-territoires israélites de Galilée.

Malgré ces explications, l'arrivée de Josias à Megiddo avec une force armée suffisante pour arrêter Neko II et lui interdire de progresser davantage paraît des plus improbables. Il est fort douteux que la taille de son armée lui ait permis de risquer un affrontement avec les Égyptiens. Jusqu'en 630 av. J. C., son royaume était un vassal de l'Assyrie ; plus tard, il est inconcevable que Psammétique Ier, dont la puissance lui permettait de contrôler tout le littoral oriental de la Méditerranée jusqu'en Phénicie, ait laissé Juda développer une force militaire d'envergure. De toute manière, Josias aurait été fou de risquer la totalité de son armée contre les Égyptiens aussi loin de ses bases arrière, situées au cœur du royaume. La version succincte du livre des Rois est donc probablement plus fiable.

Nadav Naaman a avancé une explication originale. D'après lui, l'une des raisons qui auraient poussé Neko II à traverser la Palestine, en 609 av. J. C., un an après la mort de Psammétique Ier, était qu'il souhaitait obtenir de ses vassaux qu'ils renouvelassent leur serment de loyauté. D'après la coutume, la mort de Psammétique Ier invalidait le serment que ses féaux lui avaient prêté. Josias aurait donc été convoqué à la ville forte égyptienne de Megiddo pour y jurer fidélité à Neko II. Pour une obscure raison, Neko II aurait décidé de l'exécuter.

Qu'avait fait Josias qui provoquât l'ire du monarque égyptien ? Sa percée vers le nord, dans la région des collines de Samarie, aurait-elle menacé les intérêts égyptiens dans la vallée de Jezréel ? À moins qu'une tentative de sa part de s'étendre vers l'ouest, au-delà de ses territoires de la Shefelah, n'ait menacé les mêmes intérêts égyptiens en Philistie. La suggestion de Baruch Halpern, que les menées d'indépendance de Josias dans le sud, le long des voies névralgiques du commerce arabe, auraient provoqué la fureur de Neko II, n'est pas moins plausible.

Une chose est sûre : l'historien deutéronomiste, qui voyait en Josias un messie doté de l'onction divine, destiné à racheter Juda et à le mener à la gloire, avait toutes les peines du monde à justifier une catastrophe historique d'une telle ampleur ; incapable de fournir une explication valable, il ne fit qu'une brève allusion, des plus énigmatiques, à la disparition de Josias. Les ambitions de ce roi-messie furent brutalement anéanties sur la colline de Megiddo. Des décennies de renouveau spirituel et de nouvelles espérances s'effondrèrent subitement. Josias n'était plus. Quant au peuple d'Israël, il était de nouveau asservi par l'Égypte.

LE DERNIER DES ROIS DAVIDIQUES

Comme si cela ne suffisait pas, les années suivantes furent encore plus calamiteuses. Après la mort de Josias, le vaste mouvement de réforme s'effondra. Les quatre derniers rois de Juda – trois d'entre eux sont les fils de Josias – ne méritent, d'après la Bible, qu'un jugement négatif : ce sont des apostats. En effet, les deux dernières décennies du royaume de Juda sont décrites par l'histoire deutéronomiste comme une période de déclin continu, menant à la destruction inévitable de l'État judéen.

Joachaz, le fils et successeur de Josias, apparemment hostile à l'Égypte, ne règne que trois mois. Il rétablit les coutumes idolâtres des anciens rois de Juda. Déposé et exilé par le pharaon Neko II, il est remplacé par son frère Joiaqim, qui, lui aussi, « fit ce qui déplaît à Yahvé », et ajoute l'outrage à l'impiété en prélevant un tribut sur le peuple pour le remettre à son suzerain, le pharaon Neko II.

La Bible (y compris les œuvres prophétiques de l'époque) nous offre une description très documentée, confirmée par les sources extra-bibliques, des luttes tumultueuses auxquelles se livrent les grandes puissances rivales durant les années qui suivirent la mort de Josias. Apparemment, l'Égypte, soucieuse de ressusciter la gloire pharaonique passée, conserve le contrôle des territoires occidentaux de l'ancien Empire assyrien pendant plusieurs années. Mais, en Mésopotamie, le pouvoir des Babyloniens ne cesse de grandir. En 605 av. J. C., le prince héritier de Babylone, connu plus tard sous le nom de Nabuchodonosor, écrase l'armée égyptienne à Karkémish, en Syrie (événement rapporté dans le livre de Jérémie, 46,2) ; les forces égyptiennes se replient en hâte vers le Nil. Cette défaite sonne le glas de l'Empire assyrien, irrévocablement démembré ; Nabuchodonosor, devenu roi de Babylone, peut étendre son contrôle sur les terres d'occident.

Les forces babyloniennes descendent le long de la plaine littorale de la Méditerranée, dévastant les riches cités philistines. En Juda, la faction proégyptienne, qui a pris la direction de la cour de Jérusalem quelques mois après la mort de Josias, est prise de panique. Les appels désespérés qu'elle adresse à Neko II pour obtenir une aide militaire contre les Babyloniens ne font qu'accroître sa vulnérabilité politique dans les jours terribles qui l'attendent.

Le piège de Babylone se referme sur Jérusalem. Le pillage et la dévastation complète de l'État judéen est l'objectif avoué des Babyloniens. Après la mort subite de Joiaqim, son fils Joiakîn doit affronter la puissance terrifiante de l'armée d'invasion (2 R 24,10-16) :

> En ce temps-là, les officiers de Nabuchodonosor, roi de Babylone, marchèrent contre Jérusalem et la ville fut investie. Nabuchodonosor, roi de Babylone, vint lui-même attaquer la ville, pendant que ses officiers l'assiégeaient. Alors Joiakîn, roi de Juda, se rendit au roi de Babylone, lui, sa mère, ses officiers, ses dignitaires et ses eunuques, et le roi de Babylone les fit prisonniers ; c'était en la huitième année de son règne. Celui-ci emporta tous les trésors du Temple de Yahvé et les trésors du palais royal et il brisa tous les objets d'or que Salomon, roi d'Israël, avait fabriqués pour le sanctuaire de Yahvé, comme l'avait annoncé Yahvé. Il emmena en exil tout Jérusalem, tous les dignitaires et tous les notables, soit dix mille exilés, et tous les forgerons et serruriers ; seule fut laissée la plus pauvre population du pays. Il déporta Joiakîn à Babylone ; de même la mère du roi, les femmes du roi, ses eunuques, les nobles du pays, il les fit partir en exil de Jérusalem à Babylone. Tous les gens de condition, au nombre de sept mille, les forgerons et les serruriers, au nombre de mille, tous les hommes en état de porter les armes, furent conduits en exil à Babylone par le roi de Babylone.

Ces événements, qui se déroulèrent en 597 av. J. C., sont également décrits par la chronique babylonienne :

> À la septième année, au mois de Kislev, le roi d'Akkad rassembla ses troupes, marcha contre le pays d'Hatti, mit le siège devant la cité de Juda et, le deuxième jour du mois d'Adar, il s'empara de la cité et captura son roi. Il désigna pour régner sur le lieu un roi de son choix, prit un lourd tribut et le rapporta à Babylone.

L'aristocratie et le clergé de Jérusalem – que l'idéologie deutéronomiste enflammait – furent exilés. Ils laissaient derrière eux une maison royale totalement désemparée et de plus en plus déchirée par des conflits internes.

Mais ce n'était qu'une première étape avant le démembrement complet de Juda. Nabuchodonosor remplace Joiakîn l'exilé par son oncle Sédécias, apparemment plus docile. C'est une erreur car, quelques années plus tard, Sédécias complotera avec les rois voisins pour fomenter une rébellion. Comme un personnage de tragédie grecque, Sédécias prononce sa propre condamnation à mort, mais aussi celle de sa cité. En 587 av. J. C., Nabuchodonosor marche sur Juda à la tête d'une formidable armée et met le siège devant Jérusalem. C'est le début de la fin.

La soldatesque babylonienne pille les campagnes. Les villes provinciales de Juda tombent l'une après l'autre. Presque tous les sites de la monarchie tardive qui ont été fouillés dans le territoire de Juda offrent des témoignages éloquents sur les sursauts désespérés du royaume du

Sud, que ce soit dans la vallée de Beersheba, dans la Shefelah ou dans les hautes terres. Dans la forteresse d'Arad, centre judéen de contrôle et d'opérations militaires dans le sud, un ensemble d'ostraca fut découvert dans les débris de la couche de destruction, qui traduisent des ordres frénétiques envoyés pour commander d'urgence des mouvements de troupes et des transports de ravitaillement. À Lakish, dans la Shefelah, des ostraca trouvés dans les ruines de la porte la plus récente de la cité apportent un témoignage poignant des dernières heures d'indépendance du royaume de Juda, tandis que, un par un, s'éteignent les signaux de feu des villes proches. Un ostracon, adressé probablement au commandant de Lakish par un avant-poste voisin, exprime le sentiment angoissant du désastre imminent :

> Et puisse monseigneur apprendre que nous attendons les signaux de Lakish suivant toutes les instructions que monseigneur nous a données. Car nous ne voyons plus ceux d'Azéqa…

Ce sombre rapport est confirmé par une description du livre de Jérémie (34,7), qui note que Lakish et Azéqa furent en effet les dernières villes de Juda à résister à l'assaut des Babyloniens.

Il ne reste plus que Jérusalem. La description biblique des dernières heures de la capitale est terrifiante (2 R 25,3-7) :

> Alors que la famine sévissait dans la ville et que la population n'avait plus rien à manger, une brèche fut faite au rempart de la ville. Alors le roi s'échappa de nuit avec tous les hommes de guerre… et il prit le chemin de la Araba. Les troupes chaldéennes poursuivirent le roi et l'atteignirent dans les plaines de Jéricho, où tous ses soldats se dispersèrent loin de lui. Les Chaldéens s'emparèrent du roi et le menèrent à Ribla auprès du roi de Babylone, qui le fit passer en jugement. Il fit égorger les fils de Sédécias sous ses yeux, puis il creva les yeux de Sédécias, le mit aux fers et l'emmena à Babylone.

Un mois plus tard, environ, le rideau retombe sur le dernier acte de la tragédie :

> Nebuzaradân, commandant de la garde, officier du roi de Babylone, fit son entrée à Jérusalem. Il incendia le Temple de Yahvé, le palais royal et toutes les maisons de Jérusalem. Les troupes chaldéennes qui étaient avec le commandant de la garde abattirent les remparts qui entouraient Jérusalem. Nebuzaradân, commandant de la garde, déporta le reste de la population laissée dans la ville… (2 R 25,8-11).

Les découvertes archéologiques témoignent des ultimes moments de violence. Les traces d'un terrible incendie sont présentes partout à l'intérieur des murs de la ville. Les pointes de flèches découvertes dans les maisons et près des fortifications du nord attestent l'intensité de la dernière bataille de Jérusalem. Les demeures privées, dont l'incendie provoqua l'effondrement, laissèrent un gigantesque amas de cendres et de gravats, témoignage concret de l'intensité de la destruction de Jérusalem par les Babyloniens resté visible à l'œil nu pendant un siècle et demi après l'événement (Ne 2,13).

C'est donc la fin. Quatre cents ans d'histoire de Juda viennent de s'achever dans le feu et le sang. Le fier royaume est totalement dévasté, son économie, ruinée, sa société, réduite en lambeaux. Le dernier souverain d'une dynastie qui régnait depuis des siècles est emprisonné et torturé à Babylone. Ses fils sont tous morts, assassinés. Le Temple de Jérusalem – le seul lieu légitime du culte de YHWH – est détruit.

La religion et l'identité nationale du peuple d'Israël auraient pu être englouties dans cet immense désastre. Par miracle, elles ont, l'une et l'autre, survécu.

12

L'exil et le retour

(586-440 av. J. C.)

Pour avoir une vision complète de l'évolution de l'ancien Israël et de la création de l'histoire biblique, nous ne pouvons nous arrêter à la mort de Josias, à la destruction de Jérusalem et à la chute de la dynastie davidique. Il importe d'examiner ce qu'il advint de Juda durant les décennies qui suivirent la conquête babylonienne, de connaître les développements que vécurent les exilés de Babylone et de rappeler les événements qui eurent lieu dans la Jérusalem postexilique. À cette époque, et en ces différents lieux, les textes du Pentateuque et de l'histoire deutéronomiste subirent des additions et des révisions importantes, avant de prendre ce qui sera en gros leur forme définitive. Dans le même temps, le peuple d'Israël développa de nouveaux types d'organisation communautaire et de modes cultuels, à Babylone et à Jérusalem, au cours des VIe et Ve siècles av. J. C. Ils serviront de fondation au judaïsme du Second Temple et, par conséquent, au christianisme primitif. Les événements et les processus qui prirent place dans le siècle et demi qui suivit la conquête du royaume de Juda – pour autant que nous puissions les reconstituer à partir des sources historiques et des données archéologiques – sont donc cruciaux pour comprendre l'émergence de la tradition judéo-chrétienne.

Avant de poursuivre avec le récit de la Bible, nous devons prendre note des changements significatifs survenus dans les sources bibliques dont nous disposons. L'histoire deutéronomiste, qui contait l'évolution d'Israël depuis l'arrivée en Terre promise jusqu'à la conquête babylonienne de Jérusalem, s'arrête brusquement. D'autres auteurs bibliques prennent le relais. Le livre de Jérémie décrit la situation à l'intérieur de Juda après la destruction, tandis que le livre d'Ézéchiel (écrit par un exilé) fait part de la vie et des aspirations des déportés en Babylonie. Les événements qui marqueront les vagues successives du retour à Jérusalem après l'exil babylonien sont rapportés dans les livres d'Esdras et de Néhémie, et par les prophètes Aggée et Zacharie. Nous devrons désormais modifier notre terminologie : le royaume de Juda devient Yehoud (Judée) – le nom araméen de la province au sein de l'Empire perse – et le peuple de Juda, les Judéens, se nommeront dorénavant les *Yehoudim*, les Juifs.

DE LA DESTRUCTION À LA RESTAURATION

Dans cette phase dramatique de l'histoire d'Israël, le rideau se lève sur une scène de désastre et de désespoir. Jérusalem est détruite, le Temple, en ruine, le dernier roi davidique, Sédécias, aveugle et exilé, ses fils assassinés. De nombreux membres de l'élite judéenne ont été déportés. La situation est désespérée. Selon les apparences, l'histoire du peuple d'Israël s'achève sur une note amère et irréversible.

Les apparences sont trompeuses. La lecture du dernier chapitre du second livre des Rois et du livre de Jérémie nous apprend qu'une partie de la population de Juda a survécu et n'a pas été déportée. Les autorités babyloniennes leur ont même accordé une certaine autonomie ; elles ont désigné un certain Godolias, fils d'Ahiqam, pour gouverner ceux qui sont restés à Juda, qui apparemment constituaient « la plus pauvre population du pays ». Miçpa, modeste bourgade au nord de Jérusalem, devient le centre de l'administration de Godolias ; elle sert de lieu de refuge aux Judéens qui, comme le prophète Jérémie, s'étaient opposés à la calamiteuse révolte contre Babylone. Godolias tente alors de convaincre le peuple de Juda de coopérer avec les Babyloniens et de reconstruire leur existence et leur avenir, en dépit de la destruction du Temple et de la capitale. Mais il sera vite assassiné par Yismaël, le fils de Netanya, « qui était de race royale » – sans doute parce que la collaboration de Godolias avec Babylone fut perçue comme une menace pour l'avenir de la maison de David. Furent également massacrés d'autres notables judéens et des représentants de Babylone, qui se trouvaient à Miçpa. Ce qui restait de la population locale décida de s'enfuir pour garder la vie sauve, désertant Juda. Les gens du peuple, « du plus petit au plus grand », allèrent en Égypte, « parce qu'ils eurent peur des Chaldéens » (c'est ainsi qu'on appelait alors les Babyloniens). Jérémie, le prophète, s'enfuit avec eux. De nombreux siècles d'occupation israélite de la Terre promise semblaient prendre fin (2 R 25,22-26 ; Jr 40,7-43,7).

La Bible ne livre que de maigres détails sur l'existence menée par les exilés durant les cinquante ans qui suivirent. Nos seules sources sont les allusions indirectes et souvent obscures contenues dans les différentes œuvres prophétiques. Le livre d'Ézéchiel et la seconde partie du livre d'Isaïe (les chapitres 40 à 55) rapportent que les Judéens exilés vécurent, pour certains, à Babylone, la capitale, pour d'autres, dans les environs. Les déportés de l'aristocratie et du clergé commencèrent une nouvelle vie, en compagnie du roi davidique exilé, Joiakîn – de préférence à l'aveugle Sédécias, disgracié –, en conservant sans doute un minimum d'autorité sur l'ensemble de la communauté. Quelques passages épars du livre d'Ézéchiel suggèrent que les localités judéennes étaient installées dans des zones sous-développées du royaume babylonien, proches de canaux nouvellement creusés. Ézéchiel, qui était un prêtre exilé du Temple de Jérusalem, vécut pendant quelque temps dans un village situé sur un ancien tertre nommé Tell Abib (en hébreu, Tel-Aviv – Ez 3,15).

Le texte biblique ne s'étend pas sur la nature de leur existence. Il se contente de dire qu'ils s'installèrent en vue d'un long séjour, suivant en cela le conseil de Jérémie : « Bâtissez des maisons et installez-vous ; plantez des jardins et mangez leurs fruits ; prenez femme et engendrez des fils et des filles ; choisissez des femmes pour vos fils ; donnez vos filles en mariage et qu'elles enfantent des fils et des filles ; multipliez-vous là-bas, ne diminuez pas ! » (Jr 29,5-6). Mais l'histoire allait soudain prendre un tournant radical qui allait ramener nombre d'exilés à Jérusalem.

En 539 av. J. C., le puissant Empire babylonien s'effondre et tombe aux mains des Perses. Durant sa première année de règne, Cyrus, fondateur de l'Empire perse, passe un décret en faveur de la restauration de Juda et du Temple (Esd 1,2-3) :

> Ainsi parle Cyrus, roi de Perse : Yahvé, le Dieu du ciel, m'a remis tous les royaumes de la terre, c'est lui qui m'a chargé de lui bâtir un Temple à Jérusalem, en Juda. Quiconque, parmi vous, fait partie de tout son peuple, que Dieu soit avec lui ! Qu'il monte à Jérusalem, en Juda, et bâtisse le Temple de Yahvé, le Dieu d'Israël – c'est le Dieu qui est à Jérusalem.

Un chef des exilés nommé Sheshbaççar, que le livre d'Esdras (1,8) appelle « le prince de Juda » (ce qui signifie probablement qu'il s'agissait d'un des fils du roi davidique exilé Joiakîn), dirige le premier groupe de ceux qui reprennent le chemin de Sion. Ils transportent avec eux les trésors du Temple pris par Nabuchodonosor à Jérusalem un demi-siècle auparavant. Suit une longue liste de ceux qui reviennent de captivité, au nombre d'environ cinquante mille personnes. Ils s'installent sur leur ancien territoire et posent les fondations d'un nouveau Temple. Quelques années plus tard, une deuxième vague d'exilés revient à Jérusalem. Conduits par Josué, fils de Yoçadaq, et par Zorobabel, petit-fils de Joiakîn, ils construisent un autel pour y offrir des holocaustes et célébrer la fête des Cabanes. Une scène émouvante les dépeint en train de reconstruire le Temple :

> Et le peuple tout entier poussait de grandes clameurs en louant Yahvé, parce que le Temple de Yahvé avait ses fondations. Cependant, maints prêtres, maints lévites et chefs de famille, déjà âgés et qui avaient vu le premier Temple, pleuraient très fort tandis qu'on posait les fondations sous leurs yeux, mais beaucoup d'autres élevaient la voix en joyeuses clameurs. Et nul ne pouvait distinguer le bruit des clameurs joyeuses du bruit des lamentations du peuple ; car le peuple poussait d'immenses clameurs dont l'éclat se faisait entendre très loin (Esd 3,11-13).

Les gens de Samarie – citoyens de l'ex-royaume du Nord et populations déplacées par les Assyriens qui les y avaient installées – apprennent la nouvelle de la construction du Second Temple. Ils viennent trouver Zorobabel pour lui demander de leur permettre de participer à ce travail. Mais Josué, le prêtre, et Zorobabel renvoient les Nordistes, en leur déclarant : « Il ne convient point que nous bâtissions, vous et nous, un Temple à notre Dieu » (Esd 4,3). À l'évidence, la faction qui a survécu à l'exil estime qu'elle possède, à présent, le droit divin de décider de l'orthodoxie judéenne.

Furieux, « le peuple du pays » tente de saboter le travail. Ils écrivent au roi de Perse, en accusant les Juifs de « rebâtir la ville rebelle et perverse », et en prédisant que « si cette ville est rebâtie et les remparts restaurés, on ne paiera plus d'impôts, contributions ni droits de passage, et qu'en fin de compte le roi sera lésé… Tu n'auras bientôt plus de territoires en Transeuphratène ! » (Esd 4,12-16). À la lecture de cette lettre, le roi de Perse ordonne l'arrêt des travaux à Jérusalem.

Faisant la sourde oreille, Zorobabel et Josué poursuivent les travaux. Quand, l'ayant appris, le gouverneur perse de la province vient inspecter le site, il leur demande qui a accordé le permis de reconstruire. On le renvoie au décret originel de Cyrus. D'après le livre d'Esdras, le gouverneur écrit alors au nouveau souverain, Darius, en le priant d'en décider. En réponse, Darius lui ordonne non seulement de permettre au travail de se poursuivre sans obstruction, mais aussi de payer les dépenses sur les revenus de l'État, de fournir le Temple en animaux sacrificiels et de punir quiconque transgresserait le nouvel édit. Grâce à ces mesures, la construction du Temple se termine en l'an 516 av. J. C. Ainsi débute, dans l'histoire du judaïsme, la période dite du Second Temple.

Débute alors une période sombre d'un demi-siècle, jusqu'à l'arrivée à Jérusalem du scribe Esdras, de la famille du grand prêtre Aaron, revenu de Babylone probablement en 458 av. J. C. « C'était un scribe versé dans la Loi de Moïse, qu'avait donnée Yahvé, le Dieu d'Israël… Car Esdras avait appliqué son cœur à scruter la Loi de Yahvé… » (Esd 7,6.10). Esdras est délégué par Artaxerxès, roi de Perse, pour enquêter sur Juda et Jérusalem ; le souverain permet à Esdras d'emmener avec lui un groupe de Juifs exilés à Babylone qui souhaitaient retourner à Juda. Il lui octroie des fonds et lui confère une autorité juridique. En arrivant à Jérusalem, en compagnie de cette dernière vague de rapatriés, Esdras, stupéfait, découvre que le peuple d'Israël, y compris les prêtres et les lévites, partage les abominations de ses voisins. Ils épousent les femmes du pays et se mélangent à cette population.

Esdras ordonne à tous ceux qui sont revenus de se rassembler à Jérusalem (Esd 10,9-16) :

> Tous les hommes de Juda et de Benjamin s'assemblèrent donc à Jérusalem… Tout le peuple s'installa sur la place du Temple de Dieu… Alors le prêtre Esdras se leva et leur déclara : « Vous avez commis une infidélité en épousant des femmes étrangères ; ainsi avez-vous ajouté à la faute d'Israël ! Mais à présent rendez grâces à Yahvé, le Dieu de vos pères, et accomplissez sa volonté en vous séparant des peuples du pays et des femmes étrangères. » Toute l'assemblée

répondit à forte voix : « Oui, notre devoir est d'agir suivant tes consignes »... Les exilés agirent comme on l'avait proposé.

Esdras – l'un des personnages les plus influents des temps bibliques – disparaît alors de la scène.

Le second héros de l'époque s'appelle Néhémie, l'échanson d'Artaxerxès, le souverain perse. Néhémie entend parler de la misère qui frappe les habitants de Juda et du triste état de délabrement dans lequel se trouve encore Jérusalem. Bouleversé, Néhémie implore Artaxerxès de lui accorder la permission de retourner à Jérusalem pour y reconstruire la cité de ses ancêtres. Le souverain perse la lui accorde et le nomme gouverneur de la ville. Peu après son arrivée, aux environs de l'an 445 av. J. C., Néhémie accomplit une inspection nocturne de la cité, puis il convie le peuple à participer à un grand effort collectif pour reconstruire les remparts de Jérusalem ; ainsi « nous ne serons plus insultés ! » leur dit-il pour les encourager. Mais quand les voisins de Juda – les dirigeants de Samarie et d'Ammon, et les Arabes du Sud – apprennent que Néhémie fortifie Jérusalem, ils accusent les Juifs de préparer une révolte contre les autorités perses et se préparent à attaquer la cité. Néanmoins, le travail sur les remparts se poursuit. Néhémie s'emploie également à faire observer les lois sociales, condamnant en particulier tous ceux qui pratiquent l'usure et les poussant à restituer leur terre aux démunis. En même temps, lui aussi interdit aux Juifs d'épouser des femmes étrangères.

Les mesures prises par Esdras et Néhémie dans la Jérusalem du Ve siècle av. J. C. jetèrent les fondations du judaïsme du Second Temple par l'établissement d'une frontière claire entre le peuple juif et ses voisins, et par l'imposition très stricte des lois deutéronomiques. Leurs efforts – et les efforts des autres prêtres et scribes judéens pendant un siècle et demi d'exil, de souffrances, d'examens de conscience et de réhabilitation politique – donnèrent naissance à la Bible hébraïque sous sa forme presque définitive.

DE LA CATASTROPHE AU RÉVISIONNISME HISTORIQUE

La vaste saga scripturaire, élaborée sous le règne de Josias, qui narre l'histoire d'Israël depuis la promesse faite par Dieu aux patriarches jusqu'à la découverte du livre de la Loi dans le Temple de Jérusalem – en passant par l'Exode, la conquête, la monarchie unifiée, la division en deux États – est une composition brillante et passionnée. Elle vise à expliquer comment les événements du passé préparaient les triomphes du futur, à justifier la nécessité des réformes deutéronomiques et, plus prosaïquement, à soutenir les ambitions territoriales de la dynastie davidique. Mais, au moment même où Josias était sur le point de racheter Juda, il tombe, frappé à mort par les hommes du pharaon. Ses successeurs retournent à leurs pratiques idolâtres et à leur manie du complot. L'Égypte reprend possession du littoral et les Babyloniens surviennent, qui mettent un terme à l'existence nationale de Juda. Qu'est devenu le Dieu qui a promis la rédemption ? Là où la plupart des autres nations du Proche-Orient se seraient empressées d'accepter le verdict de l'histoire, de hausser collectivement les épaules et de rendre hommage à la divinité plus puissante du vainqueur, les rédacteurs de l'histoire deutéronomiste décident de revoir leur copie.

Joiakîn, le roi exilé de Jérusalem en 597 av. J. C., chef de la communauté judéenne de Babylone, représentait le dernier espoir d'une restauration future de la dynastie davidique. Seulement voilà : après la catastrophe qui venait de se dérouler, la conviction autrefois incontestée qui voulait qu'un héritier de David accomplît la promesse divine ne pouvait plus être prise à la lettre. C'est pourquoi le besoin désespéré se fit ressentir d'une réinterprétation des événements historiques des décennies précédentes, qui entraîna une réécriture de l'histoire deutéronomiste originelle. Il fallait bien expliquer pourquoi cette rédemption tant attendue, que le règne du grand-père de Joiakîn, Josias, avait fait espérer, ne s'était pas manifestée.

Il y a déjà longtemps, le savant américain Frank Moore Cross a identifié ce qui, d'après lui, constitue deux rédactions distinctes de l'histoire deutéronomiste, qui reflètent les différences d'interprétation de l'histoire avant et après l'exil. La première version (Dtr^1, pour l'érudition biblique) fut vraisemblablement écrite durant le règne de Josias ; elle était, comme nous l'avons dit, entièrement vouée à la réussite des objectifs religieux et politiques du monarque. D'après Cross et les nombreux savants qui l'ont suivi, la première histoire deutéronomiste (Dtr^1) se termine après les passages qui vantent la grande opération de destruction des hauts lieux d'idolâtrie du pays et la célébration de la première Pâque nationale à Jérusalem. Cette commémoration rappelait la grande Pâque de Moïse, laquelle célébrait la libération par YHWH du joug de l'esclavage, et anticipait la délivrance de Juda du nouveau joug égyptien instauré par le pharaon Neko II. L'histoire deutéronomiste originale résume en effet toute l'histoire d'Israël, à partir du dernier sermon de Moïse et de la conquête de Canaan par Josué, jusqu'à la découverte de la nouvelle Loi et la reconquête de la Terre promise par Josias. Le récit aurait dû s'achever sur la rédemption divine et la béatitude éternelle.

Or, la catastrophe avait frappé. Des siècles d'effort et d'espoir s'étaient effondrés. Juda était de nouveau esclave de l'Égypte – cette même Égypte dont les Israélites s'étaient jadis libérés. Puis, ce fut la destruction de Jérusalem, accompagnée du terrible choc théologique : la promesse inconditionnelle que YHWH avait faite à David, l'assurant que sa dynastie régnerait éternellement sur Jérusalem – fondement de la foi deutéronomiste –, venait d'être rompue. La mort de Josias et l'anéantissement de Jérusalem ont certainement jeté les auteurs de l'histoire deutéronomiste dans le désarroi le plus profond : comment préserver leur version sacrée de l'histoire au milieu de la catastrophe ? Quelle signification lui accorder, à présent ?

Avec le temps, de nouvelles explications émergèrent. L'aristocratie de Juda – qui comptait peut-être parmi ses membres les auteurs de l'histoire deutéronomiste originale – était installée en la lointaine Babylone. Le choc du déplacement s'estompant, la nécessité d'une histoire se fit de nouveau ressentir ; en fait, jamais l'urgence d'une nouvelle histoire d'Israël ne s'était davantage imposée. Les Judéens en exil avaient tout perdu, y compris leur attachement à leurs idées deutéronomiques. Ils avaient perdu leurs demeures, leurs villages, leurs terres, leurs sépultures ancestrales, leur capitale, leur Temple et jusqu'à leur indépendance politique, vieille de quatre siècles de dynastie davidique. Une réécriture de l'histoire d'Israël restait le meilleur moyen pour les exilés de réaffirmer leur identité. Elle leur donnerait un lien avec la terre de leurs aïeux, avec leur capitale en ruine, avec leur Temple incendié, avec leur grande épopée dynastique.

Il devenait donc nécessaire d'actualiser l'histoire deutéronomiste. Cette seconde version allait se fonder substantiellement sur la première, mais avec deux nouveaux objectifs. En premier lieu, il s'agissait de conter brièvement la fin de l'histoire, depuis la mort de Josias jusqu'à la destruction et l'exil ; en second lieu, il fallait donner un *sens* au déroulement des faits, réconcilier la promesse, éternelle et inconditionnelle, faite par Dieu à David, avec la destruction de Jérusalem et du Temple, et la chute des rois davidiques. Il fallait répondre à la question théologique suivante : comment se faisait-il que la droiture et la piété de Josias aient été impuissantes à prévenir la brutale et sanglante conquête de Jérusalem ?

C'est ainsi que naquit la seconde version de l'histoire deutéronomiste, à laquelle les savants attribuent le sigle Dtr^2, et dont les derniers versets (2 R 25,27-30) sont consacrés à la libération de Joiakîn, à Babylone, en 560 av. J. C. (la composition de Dtr^2 ne peut donc être antérieure à cette date). La mort de Josias, les règnes des quatre derniers rois davidiques, la destruction de Jérusalem, suivie de l'exil, sont contés avec une sobriété quasi télégraphique (2 R 23,26-25,21). Les changements les plus évidents sont ceux qui expliquent pourquoi la destruction de Jérusalem était inévitable, en dépit des grands espoirs suscités par Josias. Cette seconde version de l'histoire deutéronomiste Dtr^2 insère dans le texte de la première version Dtr^1 une condition à la promesse – auparavant inconditionnelle – faite à David (1 R 2,4 ; 8,25 ; 9,4-9) ; et introduit dans le texte antérieur des références à l'inéluctabilité de la destruction et de l'exil (par exemple, 2 R 20,17-18). Et surtout, elle fait porter l'entière responsabilité du drame à Manassé, l'ennemi juré du mouvement deutéronomiste, qui régna entre les très pieux Ézéchias et Josias, et qui est dépeint comme le plus impie de tous les souverains judéens (2 R 21,10-15) :

> Alors Yahvé parla ainsi, par le ministère de ses serviteurs les prophètes : « Parce que Manassé, roi de Juda, a commis ces abominations, qu'il a agi plus mal que tout ce qu'avaient fait avant lui les Amorites et qu'il a entraîné Juda lui aussi à pécher avec ses idoles, ainsi parle Yahvé, Dieu d'Israël : Voici que je fais venir sur Jérusalem et sur Juda un malheur tel que les deux oreilles en tinteront à quiconque l'apprendra. Je passerai sur Jérusalem le même cordeau que sur Samarie, le même niveau que pour la maison d'Achab, j'écurerai Jérusalem comme on écure un plat, qu'on retourne à l'envers après l'avoir écuré. Je rejetterai les restants de mon héritage, je les livrerai entre les mains de leurs ennemis, ils serviront de proie et de butin à tous leurs ennemis, parce qu'ils ont fait ce qui me déplaît et qu'ils ont provoqué ma colère, depuis le jour où leurs pères sont sortis d'Égypte jusqu'à ce jour-ci. »

Dtr[2] procède en outre à un retournement théologique. Soudain, la rectitude de Josias apparaît uniquement capable de « retarder » l'inévitable destruction de Jérusalem, pas d'obtenir la rédemption définitive d'Israël. L'oracle de la prophétesse Hulda fait froid dans le dos. Voici ce qu'elle répond aux courtisans de Josias venus la consulter (2 R 22,18-20) :

> Et vous direz au roi de Juda qui vous a envoyés pour consulter Yahvé : « Ainsi parle Yahvé, Dieu d'Israël : Les paroles que tu as entendues [s'accompliront]. Mais parce que ton cœur a été touché et que tu t'es humilié devant Yahvé en entendant ce que j'ai prononcé contre ce lieu et ses habitants qui deviendront un objet d'épouvante et de malédiction, et parce que tu as déchiré tes vêtements et pleuré devant moi, moi aussi, j'ai entendu, oracle de Yahvé. C'est pourquoi je te réunirai à tes pères, tu seras recueilli en paix dans ton sépulcre, tes yeux ne verront pas tous les malheurs que je fais venir sur ce lieu. »

La droiture d'un seul monarque davidique ne suffisait plus à assurer la destinée d'Israël. La vertu de Josias lui épargnera la vision funeste de la chute de Jérusalem. Mais c'est la droiture du peuple tout entier – sur la base des droits et des devoirs individuels précisés par le Deutéronome – qui est devenue le facteur déterminant pour le futur d'Israël. Ainsi réécrite, l'histoire deutéronomiste subordonne habilement l'alliance avec David à l'accomplissement de l'alliance passée entre Dieu et le peuple d'Israël au Sinaï. Dorénavant, roi ou pas roi, Israël possédera une raison d'être et une destinée.

Mais malgré tous ses renversements et ses explications, le second deutéronomiste ne pouvait se permettre de terminer son histoire sur une note de désespoir. C'est pourquoi sa compilation en sept livres de l'histoire d'Israël s'achève sur une description laconique de la libération de Joiakîn (2 R 25,27-30) :

> En la trente-septième année de la déportation de Joiakîn, roi de Juda, au douzième mois, le vingt-sept du mois, Évil-Mérodak, roi de Babylone, en l'année de son achèvement, fit grâce à Joiakîn, roi de Juda, et le tira de prison. Il lui parla avec faveur et lui accorda un siège supérieur à ceux des autres rois qui étaient avec lui à Babylone. Joiakîn quitta ses vêtements de captif et mangea toujours à la table du roi, sa vie durant. Son entretien fut assuré constamment par le roi, jour après jour, sa vie durant.

Ainsi, le dernier roi de la lignée de David, appartenant à la dynastie qui assurait la connexion entre la terre d'Israël, sa capitale et son

Temple, vivait encore. Si le peuple d'Israël adhérait à YHWH, la promesse faite à David pouvait encore s'accomplir.

CEUX QUI ÉTAIENT RESTÉS

Au tout début de la recherche archéologique, s'imposait la notion que l'exil de Babylone avait été intégral, que la quasi-totalité de la population de Juda avait été emmenée. On pensait que Juda avait été vidé de sa population et que les campagnes avaient été abandonnées dans leur triste état de dévastation. La plupart des savants se fiaient au récit biblique, attestant de la déportation de toute l'aristocratie de Juda – la famille royale, le clergé du Temple, les ministres et les notables – et indiquant que seule la paysannerie la plus démunie serait demeurée sur place.

À présent que nous en savons davantage sur la population de Juda, cette interprétation historique se révèle erronée. Étudions d'abord les chiffres. Le second livre des Rois (2 R 24,14) estime le nombre des exilés à la suite de la première campagne babylonienne (en 597 av. J. C., sous Joiakîn) à dix mille, tandis que le verset 16 du même chapitre en compte huit mille. Bien que ce texte n'indique pas le chiffre précis d'exilés judéens au moment de la destruction de Jérusalem, en 586, il précise qu'après le meurtre de Godolias et le massacre de la garnison babylonienne à Miçpa, « tout le peuple » s'enfuit en Égypte (2 R 25,26), laissant, on le devine, les campagnes de Juda virtuellement désertes.

Un calcul sensiblement différent du nombre des exilés est attribué au prophète Jérémie – qui, resté avec Godolias à Miçpa avant de fuir en Égypte, fut témoin de l'événement. Le livre de Jérémie (Jr 52,28-30) rapporte que le total des déportations babyloniennes se montait à quatre mille six cents personnes. C'est un chiffre rond, mais la plupart des savants pensent qu'il est plausible, car ses totaux partiels sont plutôt détaillés et probablement plus précis que les chiffres arrondis du second livre des Rois. Cependant, ni les livres des Rois ni Jérémie ne précisent si les chiffres représentent le nombre *total* de déportés ou simplement celui des chefs de famille de sexe masculin (un système très répandu de recensement dans l'Antiquité). Compte tenu de ces incertitudes, tout ce que l'on peut raisonnablement affirmer est que nous avons affaire à un nombre total d'exilés qui doit se situer entre quelques milliers et peut-être quinze à vingt mille au maximum.

Il suffit de comparer ces chiffres à la population totale de Juda à la fin du VIIe siècle av. J. C., *avant* la destruction de Jérusalem, pour avoir une idée de l'ampleur des déportations. D'après les données obtenues durant les fouilles et les explorations intensives, on estime la population de Juda à environ soixante-quinze mille habitants (Jérusalem en abritant au moins vingt pour cent – soit quinze mille – et une autre quinzaine de mille peuplant probablement les terres agricoles environnantes). Par conséquent, même si on accepte le chiffre le plus élevé de déportés (vingt mille), il représenterait *au maximum* un quart de la population de l'État judéen. Soixante-quinze pour cent de la population continuait donc à peupler le pays.

Que savons-nous de cette vaste majorité de Judéens non exilés ? Des références éparses dans les textes prophétiques suggèrent qu'ils poursuivirent leur existence rurale. Miçpa, au nord de Jérusalem, compte parmi les villes qui survécurent. Les ruines du Temple de Jérusalem étaient encore fréquentées et un semblant d'activité cultuelle y perdurait (Jr 41,5). Notons que cette communauté ne comprenait pas seulement des pauvres villageois, mais aussi des artisans, des scribes, des prêtres et des prophètes. Une partie importante des œuvres prophétiques de l'époque, en particulier les livres d'Aggée et de Zacharie, furent compilées en Juda.

Les fouilles intensives effectuées dans Jérusalem ont révélé que les Babyloniens avaient opéré une destruction systématique de la cité. L'incendie semble avoir été général. À la reprise d'une activité sur l'arête formée par la Cité de David, à la période perse, les faubourgs de la colline occidentale, qui dataient pourtant de l'époque d'Ézéchias, ne furent pas réoccupés. Une seule grotte funéraire datée du VIe siècle av. J. C. fut découverte à l'ouest de la ville. Elle appartenait sans doute à une famille qui, bien qu'établie hors de la ville, n'en continuait pas moins d'inhumer ses morts dans son tombeau ancestral.

Cependant, certains indices témoignent d'une occupation continue au nord et au sud de Jérusalem. Une forme de gouvernement autonome semble s'être maintenue à Miçpa, sur le plateau de Benjamin, à environ treize kilomètres au nord de Jérusalem. Godolias, le gouverneur qui s'y fera bientôt assassiner, devait être un haut fonctionnaire de l'administration judéenne avant la destruction. Plusieurs indices (Jr 37,12-13 ; 38,19) suggèrent que la région au nord de Jérusalem se serait rendue aux Babyloniens sans combattre ; les découvertes archéologiques appuient cette hypothèse.

Les recherches les plus approfondies sur les sites habités de Juda à la période babylonienne, menées par Oded Lipschits, de l'université de Tel-Aviv, démontrent que le site de Tell en-Nasbeh, proche de la moderne Ramallah – identifié comme la biblique Miçpa – ne fut pas détruit durant la campagne babylonienne et qu'il devint le centre le plus important de la région, au VIe siècle av. J. C. D'autres sites au nord de Jérusalem, comme Béthel et Gabaôn, continuèrent à être habités à la même époque. Au sud de Jérusalem, la région de Bethléem semble avoir bénéficié d'une continuité significative depuis la monarchie tardive jusqu'à la période babylonienne. Par conséquent, que ce soit au nord ou au sud de Jérusalem, la vie se poursuivait sans changement notoire.

Les textes et l'archéologie contredisent donc l'idée qu'entre la destruction de Jérusalem, en 586 av. J. C., et le retour des exilés à la suite de l'édit de Cyrus en 538, Juda, abandonné, était resté en ruine. La prise du pouvoir par les Perses et le retour d'un certain nombre d'exilés, encouragés par le nouveau gouvernement, y a simplement changé la situation de l'habitat. La vie urbaine de Jérusalem reprit et un grand nombre de ceux qui rentrèrent d'exil s'installèrent dans les monts de Judée. La liste des rapatriés que donnent Esdras 2 et Néhémie 7 se monte à presque cinquante mille personnes. On ne sait si ce chiffre important représente le total des vagues successives d'exilés qui revinrent sur plus d'un siècle ou la population totale de Yehoud, y compris ceux qui y étaient demeurés. Dans tous les cas, l'archéologie prouve que ce nombre est très exagéré. Les données réunies durant les explorations de l'ensemble des sites habités de Yehoud aux Ve et IVe siècles av. J. C. indiquent une population d'environ trente mille habitants (pour ce qui concerne les frontières de Yehoud, voir carte 13 et appendice G). Ce petit nombre représentait la communauté postexilique à l'époque d'Esdras et de Néhémie, qui joua un rôle essentiel dans la formation du judaïsme ultérieur.

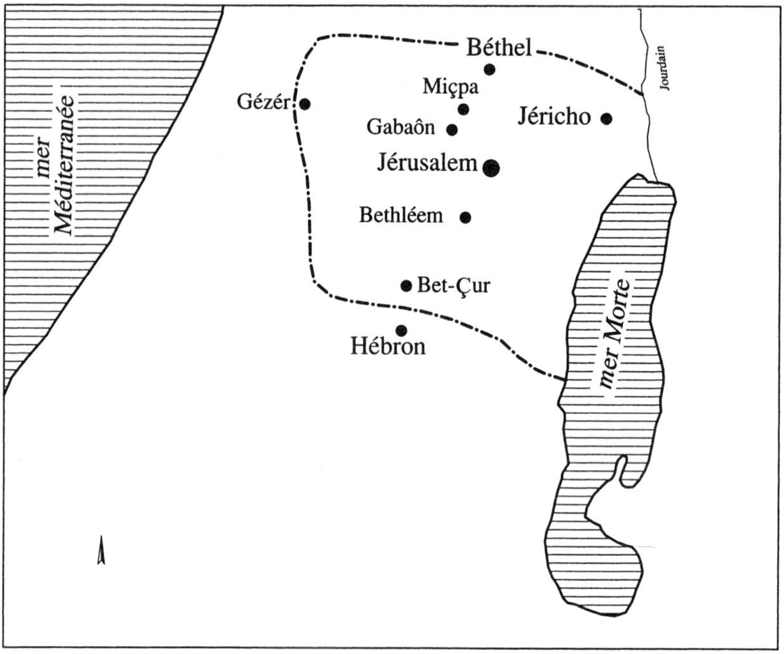

Carte 13 : La province de Yehoud, durant la période perse.

DES ROIS AUX PRÊTRES

L'édit de Cyrus, roi de Perse, qui permit le retour à Jérusalem d'un groupe d'exilés israélites, ne fut pas motivé par un élan de sympathie pour les malheureux qui étaient restés à Juda, ni pour les souffrances des exilés. Il correspondait à un calcul politique qui visait à servir les intérêts de l'Empire perse. Les souverains perses toléraient, voire promouvaient les cultes locaux, de manière à s'assurer la loyauté des provinces envers leur vaste empire. À plusieurs reprises, Cyrus et son fils Cambyse favorisèrent la construction de temples et encouragèrent le retour d'exilés dans leur pays d'origine ; ils choisirent également de laisser une large autonomie aux élites locales.

De nombreux savants s'accordent à penser que les rois perses encouragèrent l'essor d'une élite loyale à Yehoud en raison de la situation stratégique de la province sur la frontière égyptienne. Cette élite se recrutait dans la communauté des exilés de Babylone et était dirigée par des dignitaires étroitement associés à l'administration perse : principalement des individus qui jouissaient d'un statut social et économique élevé, des familles ayant résisté à l'assimilation et probablement proches des idées deutéronomistes. Dans Yehoud, ces rapatriés n'étaient qu'une minorité. Néanmoins, leur statut religieux, socio-économique et politique, et leur concentration dans Jérusalem et ses alentours leur conféraient un prestige hors de proportion avec leur petit nombre. Ils devaient sans doute s'appuyer sur la partie de la population locale qui soutenait le code légal deutéronomiste, promu un siècle plus tôt. Grâce à l'appui d'un riche corpus littéraire – récits historiques et œuvres prophétiques – et de la popularité du Temple, dont ils avaient le contrôle, les rapatriés réussirent à imposer leur autorité sur l'ensemble de la population de la province de Yehoud. Un détail les aidait, qui favorisa le développement ultérieur du judaïsme : à l'encontre de la politique des Assyriens dans le royaume du Nord un siècle auparavant, les Babyloniens n'avaient pas repeuplé Juda avec des immigrés non israélites.

Mais comment se fait-il que la dynastie davidique ait soudain disparu de la scène ? Pourquoi n'a-t-on pas rétabli la monarchie, avec un membre de la famille royale comme souverain ? D'après le livre d'Esdras, les deux premières personnalités qui dirigèrent les rapatriés furent Sheshbaççar et Zorobabel, décrits l'un et l'autre comme « hauts-commissaires » de Yehoud (Esd 5,14 ; Ag 1,1). Sheshbaççar, qui rapporta les trésors de l'ancien Temple et posa les fondations du nouveau, est un personnage énigmatique. La Bible l'appelle « le prince de Juda » (Esd 1,8), ce qui le fit identifier par de nombreux savants avec le Shéneaççar du premier livre des Chroniques (1 Ch 3,18), l'un des héritiers du trône davidique, voire avec le fils de Joiakîn. Zorobabel, qui termina la construction du Temple en 516 av. J. C., descendait apparemment lui aussi de la lignée de David. Pourtant, il ne dirigeait pas seul, mais avec le grand prêtre Josué. En outre, détail significatif, il disparaît du récit biblique après l'achèvement des travaux du Temple. Il est bien possible que son lien avec la maison de David ait suscité des espérances messianiques dans Juda (Ag 2,20-23), qui auraient poussé les autorités perses à le rappeler pour des raisons politiques.

À partir de ce moment-là, la famille davidique n'a plus joué aucun rôle dans l'histoire de Yehoud. En même temps, le clergé, dont l'importance s'était affirmée durant l'exil, et qui joua un rôle majeur parmi ceux qui étaient restés à Yehoud, conserva son autorité en raison de sa capacité à préserver l'identité du groupe. C'est pourquoi, durant les décennies suivantes, le peuple de Yehoud fut gouverné par un système duel : politiquement, par des hauts-commissaires désignés par l'autorité perse, sans connexion aucune avec la famille royale davidique ; religieusement, par les prêtres. La monarchie ne jouant plus aucun rôle, le Temple devint le centre de l'identité du peuple de Yehoud. Ce fut l'un des tournants les plus cruciaux de l'histoire juive.

LA RECONSTRUCTION DE L'HISTOIRE D'ISRAËL

L'une des fonctions principales de l'élite cléricale dans la Jérusalem postexilique – au-delà des sacrifices et des purifications rituelles – fut la production permanente d'une littérature sacrée destinée à souder la communauté et à lui fixer ses propres normes en opposition à celles des populations voisines. Les savants ont remarqué que la source « P » (« sacerdotale »), dans le Pentateuque, est, en grande partie, postexilique – elle est liée à l'ascension du clergé dans la communauté du Temple de Jérusalem. Autre détail d'importance, la rédaction finale du Pentateuque date également de cette période. Le bibliste Richard Elliot Friedman va plus loin encore : il attribue la rédaction finale des « Lois de Moïse » au scribe Esdras, décrit comme « le Secrétaire de la Loi du Dieu du Ciel » (Esd 7,12).

De retour à Jérusalem, les auteurs postexiliques avaient pour mission, non seulement d'expliquer la destruction de Jérusalem par les Babyloniens, mais aussi de rassembler la population de Yehoud autour du nouveau Temple. Ils devaient insuffler au sein du peuple l'espoir d'un avenir meilleur, plus prospère, résoudre les problèmes de relation avec les peuples voisins, spécialement dans le nord et dans le sud, et traiter des problèmes domestiques propres à la communauté. À cet égard, les besoins de la communauté postexilique de Yehoud étaient identiques aux nécessités de la communauté judéenne de la monarchie tardive. L'une et l'autre étaient des communautés restreintes, vivant sur un territoire limité, qui ne représentait qu'une faible portion de la Terre promise, mais qui assumait une importance capitale en tant que centre de la vie politique et spirituelle des Israélites. L'une et l'autre étaient environnées par des voisins étrangers et hostiles. L'une et l'autre revendiquaient des territoires extérieurs à leur domaine. L'une et l'autre rencontraient des problèmes avec les étrangers installés à l'intérieur de leur territoire et hors de leurs frontières. L'une et l'autre étaient concernées par les questions de pureté de la communauté et d'assimilation. Par conséquent, dans l'ensemble, les préceptes judéens de la monarchie tardive ne sonnaient pas faux aux oreilles du peuple de la Jérusalem postexilique. L'idée de la centralité de Juda, de sa supériorité sur ses voisins, devait trouver un écho au sein de la communauté hiérosolymitaine de la fin du VIe siècle et du Ve siècle av. J. C. Mais d'autres circonstances – tels le déclin de la maison de David et l'appartenance à un vaste empire – contraignirent les auteurs postexiliques à reformuler les anciennes notions.

L'histoire de l'Exode devint particulièrement signifiante pendant et après l'exil. Le récit de cette libération devait exercer une fascination sur les exilés de Babylone. Comme le fait remarquer le bibliste David Clines : « L'esclavage en Égypte rejoint leur propre esclavage à Babylone et l'Exode du passé devient l'exode qui n'a pas encore eu lieu. » Bien plus, la similitude des récits de l'Exode égyptien et du retour de Babylone dénote une probable influence réciproque. La saga de l'Exode faisait écho à leur propre situation de rapatriés. D'après Yair Hoffman, bibliste attaché à l'université de Tel-Aviv, les deux récits racontent comment les Israélites avaient quitté leur terre pour un pays étranger ; comment cette terre d'Israël était censée appartenir à ceux qui l'avaient quittée ; comment ces derniers devaient y revenir en raison de la promesse divine ; comment, après un douloureux séjour en exil, ils retournèrent dans leur pays de naissance ; comment, sur le chemin du retour, les rapatriés durent traverser un dangereux désert ; comment leur rapatriement entraîna des conflits avec la population locale ; comment les rapatriés réussirent à occuper une partie seulement de la Terre promise ; et comment les chefs des rapatriés prirent les mesures qui s'imposaient pour éviter aux Israélites de s'assimiler aux peuples de la terre.

Ainsi l'histoire d'Abraham qui avait émigré de Mésopotamie vers la Terre promise de Canaan pour y devenir un grand homme et y bâtir une nation prospère devait aller droit au cœur du peuple, pendant et après l'exil. De même, le puissant message de la séparation des Israélites et des Cananéens dans le récit des patriarches devait conforter l'attitude de la population du Yehoud postexilique.

Cependant, du point de vue politique aussi bien qu'ethnique, le problème le plus sérieux rencontré par la communauté postexilique résidait dans sa relation avec les régions du Sud. Après la destruction de Juda, les Édomites s'étaient installés dans les parties méridionales du royaume vaincu, dans la vallée de Beersheba et dans les montagnes d'Hébron, une région qui portera bientôt le nom d'Idumée, ou terre des Édomites. Il était donc d'une importance capitale de définir la frontière entre « nous », la communauté postexilique de la province de Yehoud, et « eux », les Édomites des hautes terres du Sud. L'essentiel était de démontrer que, comme Jacob et Ésaü, Juda avait la suprématie sur Édom, entité secondaire et barbare.

C'est dans ce contexte que doit être interprété l'histoire du tombeau des patriarches, dans la grotte d'Hébron, qui appartient à la tradition sacerdotale (source « P »). La communauté de Yehoud ne contrôlant plus qu'une partie de l'ancien royaume de Juda, la frontière sud passait à présent entre Bet-Çur et Hébron, situé de l'autre côté de la frontière. Le souvenir de l'importance d'Hébron sous la monarchie devait susciter dans le cœur de la communauté une nostalgie empreinte d'amertume pour une ville qui ne lui appartenait plus. Une tradition qui situait à Hébron le tombeau des puissants fondateurs de la nation devait enraciner encore plus fortement l'attachement pour la région des hautes terres méridionales. Quelle que soit l'ancienneté et la véracité de cette tradition, elle séduisait les auteurs de la source sacerdotale, qui lui accordèrent une grande importance dans le récit concernant les patriarches.

Les derniers rédacteurs de la Genèse ne se contentèrent pas de simples métaphores. Ils entendirent montrer que les origines du peuple d'Israël se situaient au cœur même du monde civilisé. Considérant leurs voisins comme des peuples de moindre importance, ayant émergé dans des régions sous-développées et dépourvues de culture, ils choisirent la très célèbre et très cosmopolite Ur comme lieu de naissance de leur propre ancêtre. Les origines urites d'Abraham ne sont mentionnées que dans deux versets isolés (Gn 11,28.31 – un document « P »), alors que son histoire paraît davantage centrée au nord de la Syrie, dans la ville araméenne d'Harân. Mais, aussi brève fût-elle, la simple mention d'Ur suffisait : attribuer à Abraham Ur comme lieu de naissance revenait à conférer un énorme prestige à l'ancêtre putatif de la nation. Ur était déjà renommée comme lieu de savoir d'une très haute antiquité ; mais son prestige augmenta considérablement dans toute la région lorsque, vers le milieu du VIe siècle av. J. C., elle redevint un important centre religieux grâce au roi babylonien – ou chaldéen – Nabonide. Ainsi, le choix comme origine d'Abraham de la « Ur des Chaldéens » donnait aux Juifs à la fois distinction et ancienneté culturelle.

Pour résumer, l'étape postexilique de la rédaction de la Bible récapitulait nombre de « thèmes clés » qui appartenaient à l'étape précédente, celle du VIIe siècle av. J. C., dont nous avons abondamment parlé tout au long de cet ouvrage. La similitude des réalités et des besoins de ces deux époques en fut la cause. Une fois encore les Israélites se retrouvaient dans l'incertitude, regroupés autour de Jérusalem et privés du contrôle de la plus grande partie d'une terre qu'ils tenaient pour leur en raison de la promesse divine. Une fois encore une autorité centrale cherchait à souder l'unité de la population. Et, une fois encore, cette unité se réalisa grâce à la brillante reformulation du noyau historique de la Bible, de telle manière qu'il puisse servir de fondement identitaire et spirituel au peuple d'Israël, confronté aux désastres, aux défis religieux et aux aléas politiques qui le menaçaient.

Épilogue

L'avenir de l'Israël biblique

La province de Yehoud demeura aux mains des Perses pendant deux siècles, avant d'être conquise par Alexandre le Grand en 332 av. J. C. Elle fut alors incorporée au sein des empires fondés par les successeurs d'Alexandre, en premier lieu celui des Ptolémées d'Égypte, puis, celui des Séleucides de Syrie. Pendant plus d'un siècle et demi après la conquête d'Alexandre, les grands prêtres qui dirigeaient la province, laquelle portait à présent le nom de Judée, conservèrent les coutumes et les lois formulées au temps du roi Josias, puis codifiées et épurées pendant et après l'exil. C'est d'ailleurs lors de la période hellénistique, aux environs de l'an 300 av. J. C., qu'apparaîtra la première description détaillée des lois et coutumes bibliques, due à la plume d'un observateur étranger. L'auteur grec Hécatée d'Abdère, qui parcourut le Proche-Orient peu après la mort d'Alexandre, a livré un aperçu de cette étape de la tradition judaïque dans laquelle le prestige du clergé et le pouvoir de la législation sociale du Deutéronome ont totalement éclipsé la tradition monarchique. En parlant des lois établies par « un homme nommé Moïse, remarquable à la fois par sa sagesse et par son courage », Hécatée note ceci :

> Il [Moïse] a choisi des hommes d'un très haut raffinement, dotés de la capacité la plus élevée de diriger la nation tout entière, et il les a désignés comme grands prêtres ; et il leur a ordonné de se consacrer au Temple, à son culte et aux sacrifices offerts à leur Dieu. Ces mêmes hommes, il les a également désignés comme juges dans toutes les querelles importantes, et il leur a confié la garde des lois et des coutumes. Pour cette raison, les Juifs n'ont jamais de roi.

Les Judéens, ou Juifs, commençaient à être renommés, dans le monde méditerranéen, comme une communauté soudée par une dévotion unique à son Dieu. Au cœur de cette identité, se trouvaient non seulement les lois et les règles qui régissaient le sacrifice, mais aussi la saga historique qui débutait par l'appel entendu par Abraham, dans la lointaine Ur, et qui se terminait par la restauration de la communauté du Temple grâce aux efforts d'Esdras et de Néhémie, dans la période postexilique. Avec l'abandon de la monarchie et la dispersion des Juifs à travers le monde gréco-romain, le texte sacré de la Bible hébraïque, traduit petit à petit en grec, pendant les IIIe et IIe siècles av. J. C., devint la source principale d'identité et d'inspiration pour tous les membres de la maison d'Israël qui vivaient au-delà du voisinage immédiat du Temple de Jérusalem. L'épopée de l'Exode et de la conquête de la Terre promise proposait à tous les membres de la communauté une vision de solidarité et d'espoir – que d'autres mythologies, royales ou héroïques, n'auraient su leur offrir.

Par la suite, de considérables changements se produisirent, dus à la confrontation de l'élite sacerdotale de Judée avec la culture et la religion hellénistiques, au IIe siècle av. J. C. Le farouche mouvement de résistance des Maccabées – dont l'idéologie se rapprochait de celle du mouvement deutéronomique de Josias – parvint à conquérir une partie importante du territoire traditionnel d'Israël et à imposer la Loi à ses habitants. Cependant, la plus grande force de la Bible n'était pas de servir d'inspiration aux conquêtes militaires ou aux triomphes politiques, qui assuraient la fortune de tel dirigeant ou de telle dynastie.

Lorsque le roi Hérode, laquais des Romains, prit le pouvoir en Judée à la suite des querelles qui divisèrent la dynastie hasmonéenne, la Bible apparut comme le seul pouvoir unificateur et le cœur scripturaire d'une communauté profondément éprouvée. Les récits de la libération et de la conquête de Josué suscitèrent une forte et profonde émotion au sein des mouvements populaires de résistance contre les tyrans locaux ou l'impérialisme romain, pendant tout le Ier siècle av. J. C. et les deux siècles suivants. Nulle part, dans le monde antique, n'avait été composée une aussi puissante saga, partagée de façon aussi unanime. Les mythes et épopées grecs ne parlaient que par métaphores ; les épopées perses et mésopotamiennes, abondantes en secrets cosmiques, ne constituaient ni une histoire terrestre ni un guide de vie. La Bible hébraïque offrait l'une et l'autre, présentant un cadre narratif dans lequel chaque Juif pouvait situer à la fois sa famille et son histoire nationale. Pour résumer, la saga d'Israël, qui s'est cristallisée pour la première fois au temps de Josias, devint la première anthologie nationale et sociale qui s'adressait aussi bien aux hommes, aux femmes, aux enfants, aux riches, aux pauvres et aux exclus de toute une communauté.

Avec la destruction du Second Temple, en 70 apr. J. C., et l'avènement du christianisme, le pouvoir formateur de la Bible – qui est bien plus qu'une œuvre littéraire de génie ou une simple anthologie de lois et de sagesses antiques – se révéla pleinement. Elle servit de fondement à l'élaboration définitive de la *Mishnah* et du *Talmud* du judaïsme rabbinique ; le christianisme, dès le début, la reconnut comme son Ancien Testament. La prise de conscience d'une descendance spirituelle à partir d'Abraham, et l'expérience commune de l'Exode furent partagées par des réseaux de plus en plus vastes de communautés à travers l'Empire romain et le monde méditerranéen. L'espoir de rédemption future, qui ne se rattachait plus à la dynastie terrestre et défunte de David, continuait à vivre dans les attentes prophétiques et messianiques du judaïsme, et dans la croyance chrétienne de l'appartenance de Jésus à la lignée davidique. La mort poignante du prétendu messie Josias, bien des siècles auparavant, avait défini un modèle qui allait perdurer à travers l'histoire.

Par la suite, pendant de nombreux siècles, la Bible hébraïque constituera un réservoir de principes de solidarité et d'identité pour d'innombrables communautés. Les détails de ses histoires, tirées du trésor d'antiques souvenirs, de récits fragmentaires et de légendes réécrites, possèdent une qualité universelle, qui dépasse la simple chronique objective d'événements survenus sur une portion minuscule de territoire située sur le rivage oriental de la Méditerranée. Ils forment l'expression éternelle de ce que pourrait être la destinée divine d'un peuple. De même que ses sujets vénéraient Charlemagne comme un conquérant et un nouveau David – et que les sujets du sultan ottoman Soliman « le Magnifique » voyaient en lui la vivante incarnation de la sagesse de Salomon –, de même d'autres communautés, dans des contextes culturels très différents, vont identifier leurs propres luttes à celles de l'Israël biblique. Les communautés paysannes de l'Europe médiévale, soulevées par des révoltes apocalyptiques, brandiront les personnages et les héros de la Bible hébraïque comme étendards de bataille. Les pionniers puritains de la Nouvelle-Angleterre s'identifieront si bien à la traversée du désert des Israélites qu'ils recréeront une terre promise ponctuée de villes aux noms bibliques – Salem, Hebron, Goshen et New Canaan – au milieu de leurs forêts et de leurs prairies. La véracité de l'épopée biblique ne fera pas l'ombre d'un doute à leurs yeux.

Ce n'est qu'à partir du moment où la Bible hébraïque commença à être disséquée et étudiée, indépendamment de sa puissante fonction au cœur de la communauté humaine, que les théologiens et les spécialistes de la Bible en attendirent plus que ce qu'elle pouvait offrir. À partir du XVIIIe siècle, le siècle des Lumières, en quête d'une vision historique parfaitement exacte et vérifiable, fit de la Bible un sujet d'âpres controverses. Une création en sept jours et toutes sortes de miracles spontanés restant désespérément dénués d'explications scientifiques satisfaisantes, les savants commencèrent à faire le tri, à distinguer ce qui leur paraissait « historique », dans la Bible, de ce qui ne l'était pas. Les théories émergèrent quant aux différentes sources qui avaient alimenté le texte définitif de la Bible, et les archéologues argumentèrent autour des indices qui confirmaient ou invalidaient l'exactitude historique de tel ou tel passage.

Cependant, l'intégrité de la Bible et, en fait, son historicité, ne se fondent pas sur les preuves historiques d'événements ou de personnages donnés, comme le partage des eaux de la mer Rouge, les sonneries de trompettes qui abattirent les murs de Jéricho, ou David tuant Goliath d'un seul jet de fronde. Le pouvoir de la saga biblique repose sur le fait qu'elle est l'expression cohérente et irrésistible de thèmes éternels et fondamentaux : la libération d'un peuple, la résistance permanente à l'oppression, la quête de l'égalité sociale, etc. Elle exprime avec éloquence la sensation profonde de posséder une origine, des expériences et une destinée communes, nécessaires à la survie de toute communauté humaine.

En termes purement historiques, nous savons maintenant que l'épopée de la Bible a émergé dans un premier temps en réponse aux pressions, aux difficultés, aux défis et aux espoirs vécus par le peuple du minuscule royaume de Juda, pendant les décennies qui ont précédé son démantèlement, ainsi que par la communauté encore plus réduite du Second Temple de Jérusalem, pendant la période postexilique. La plus grande contribution offerte par l'archéologie à une meilleure compréhension de la Bible est peut-être celle-ci : que des sociétés aussi réduites et isolées, relativement pauvres, comme l'étaient le royaume de Juda de la monarchie tardive et le Yehoud postexilique, ont été capables de produire les grandes lignes de cette épopée éternelle en un laps de temps aussi court. Une telle compréhension est fondamentale. En effet, ce n'est qu'à partir du moment où nous percevons quand et pourquoi les idées, les images et les événements décrits dans la Bible en vinrent à être tissés ensemble avec une telle dextérité que nous pouvons enfin apprécier le véritable génie et le pouvoir constamment renouvelé de cette création littéraire et spirituelle unique, dont l'influence fut tellement considérable dans l'histoire de l'humanité.

Appendice A

Théories relatives à l'historicité des patriarches

L'HYPOTHÈSE AMORITE

Les progrès de l'archéologie biblique moderne nous ont révélé qu'au IIIe millénaire – au Bronze ancien –, Canaan bénéficiait d'une vie urbaine pleinement développée. Cet environnement ne se prêtait guère, comme toile de fond historique, à l'errance des patriarches, ponctuée de fort rares contacts citadins. Durant la première période urbaine de l'âge du Bronze, de grandes cités, dont certaines couvraient une superficie de vingt-cinq hectares, abritant plusieurs milliers d'habitants, s'étaient développées dans les basses terres. De puissantes fortifications les protégeaient, et elles possédaient des temples et des palais. Nous n'avons aucun texte relatif à cette période, mais une comparaison entre le IIIe millénaire et la deuxième période urbaine (celle du IIe millénaire, qui nous a légué des documents) suggère que les villes les plus importantes devaient servir de capitales à des cités-États qui exerçaient leur contrôle sur la population rurale. Leur culture matérielle était celle de peuples sédentaires, fort bien organisés. Mais, vers la fin du IIIe millénaire, ce système urbanisé et florissant s'effondra. Les cités furent détruites ; la plupart tombèrent en ruine, pour ne plus jamais se relever. Un grand nombre d'implantations rurales qui en dépendaient furent abandonnées. Il s'ensuivit une période de plusieurs siècles, vers la fin du IIIe et peut-être aussi au début du IIe millénaire, durant laquelle prévalut une culture totalement différente, privée de cités importantes, autrement dit quasiment dépourvue de vie urbaine. Le plus gros de la population de la Palestine – c'est ce que pensaient les archéologues, dans les années 1950 et 1960 – pratiquait le pastoralisme nomade, jusqu'au moment où la vie urbaine reprit ses droits ; Canaan connut alors une deuxième période d'urbanisation, celle du Bronze moyen, au début du IIe millénaire.

Le savant américain William Albright crut pouvoir identifier ce qui sert de toile de fond historique au récit des patriarches avec cet interlude nomade, entre les deux périodes d'urbanisation de Canaan, interlude situé entre 2100 et 1800 av. J. C., assez proche donc de l'époque des patriarches suggérée par la chronologie biblique. Albright baptisa cette période le Bronze moyen I (que d'autres savants appelaient, plus correctement, le « Bronze intermédiaire », car il s'agissait bien d'un intervalle entre deux périodes urbaines). Albright – comme d'autres savants de l'époque – affirmait que l'effondrement de la culture urbaine du Bronze ancien avait été soudain, et provoqué par une invasion, ou une migration de peuplades nomades en provenance du nord-est. Il identifiait les nouveaux venus avec le peuple des Amourrou – les Amorites (littéralement, les « Occidentaux ») des documents mésopotamiens. Franchissant un pas audacieux, Albright et ses disciples considéraient les patriarches comme des Amorites et dataient l'épisode de la Genèse consacré à Abraham de cette période de l'histoire de Canaan. D'après leur reconstruction, Abraham était un marchand amorite originaire du Nord, qui parcourait les hautes terres centrales de Canaan et le Néguev.

Quelle était la raison historique de la migration d'Abraham ? D'après Albright, Abraham, « un caravanier de grand renom », participait au vaste réseau commercial du XIXe siècle av. J. C. Des documents de l'époque, découverts près de Kayseri, en Anatolie centrale, attestent qu'il existait une relation commerciale prospère entre la Mésopotamie et le nord de la Syrie (parallèle au déplacement entre Ur et Harân effectué par Abraham d'après la Genèse) ; une peinture tombale égyptienne de la même période prouve qu'il existait une liaison caravanière entre la Transjordanie et l'Égypte (semblable à celle que nous décrit l'histoire de Joseph dans la Genèse) : dans les deux types de documents, des ânes étaient utilisés comme bêtes de somme. Aussi Albright établissait-il un lien entre les deux phénomènes – le pastoralisme des patriarches et le commerce de caravanes d'ânes du XIXe siècle av. J. C. – en soutenant que le Bronze moyen I s'était poursuivi jusqu'aux environs de l'an 1800 av. J. C. L'archéologue américain Nelson Glueck justifia, en apparence, cette thèse. Ses explorations en Transjordanie méridionale et dans le désert du Néguev l'ont mené à la découverte de centaines de sites datant de la même période. Albright pensait que ces sites servaient de toile de fond aux récits concernant les activités d'Abraham dans le Néguev et la destruction des villes de la mer Morte.

Cependant, l'hypothèse amorite fit long feu. Grâce aux fouilles additionnelles effectuées sur des sites dans toute la région, la majorité des experts arriva à la conclusion que le schéma urbain du Bronze ancien ne s'était pas effondré brutalement ; un déclin graduel s'était opéré sur de nombreuses décennies, dû principalement à la dislocation de l'économie locale et à des bouleversements sociaux internes à Canaan, bien plus qu'à une hypothétique invasion étrangère. Dans le même temps, l'hypothèse amorite recevait un coup supplémentaire en provenance d'une autre direction ; en effet, il devenait clair que le terme « amorite » n'était pas du tout réservé aux groupes pastoraux. Les communautés villageoises du nord de la Syrie, au début du IIe millénaire, étaient également qualifiées d'« amorites ». Autrement dit, la venue d'Abraham dans le pays ne devait rien à une prétendue vague d'envahisseurs.

En outre, la similitude apparente entre le pastoralisme de la deuxième phase d'occupation du pays et les descriptions du nomadisme d'Abraham se révéla être tout aussi illusoire. Il est clair, à présent, que le Bronze moyen dit « intermédiaire » n'était pas une période exclusivement vouée au nomadisme. Il n'y avait pas, il est vrai, de grandes cités, à l'époque, et la proportion de pasteurs nomades par rapport au reste de la population avait augmenté de façon significative. Mais il n'empêche que la plus grande partie de la population demeurait sédentaire, fixée dans des villages et des hameaux permanents. En contradiction flagrante avec la théorie d'une grande migration de nomades en provenance du nord, la continuité de l'architecture, des styles de poterie et des schémas d'occupation du territoire indique que la population de Canaan, durant cette phase « interurbaine », était essentiellement indigène. Cette population était formée des descendants de ceux qui avaient occupé, plusieurs générations auparavant, les grandes cités. Et ce furent les mêmes qui, dans les cités ultérieures du Bronze moyen, allaient reconstruire la vie urbaine de Canaan.

Il faut aussi noter que certains des sites majeurs mentionnés dans les récits ayant trait aux patriarches – Sichem, Beersheba, Hébron – ne contiennent aucun objet datant du Bronze intermédiaire, pour la bonne raison que ces sites n'étaient pas habités à l'époque.

LES PATRIARCHES AU BRONZE MOYEN

Une autre théorie liait l'époque des patriarches avec le Bronze moyen II, âge qui connut l'apogée de la vie urbaine, dans la première moitié du IIe millénaire. Les savants qui défendaient ce point de vue, comme le bibliste français Roland de Vaux, estimaient que la nature du Bronze moyen, telle que le texte et l'archéologie la révèlent, correspond parfaitement à la description biblique, parce que les patriarches y sont souvent décrits comme résidant sous des tentes à proximité de cités. L'archéologie démontre que tous les sites importants mentionnés dans la Genèse – Sichem, Hébron, Béthel et Gérar – servaient de puissantes forteresses au Bronze moyen. Textuellement, les archives découvertes dans les ruines de la célèbre cité de Mari, située sur l'Euphrate, en Syrie, et datant du IIe millénaire, attestent de cette relation étroite entre tente et cité. Ils ajoutent que de telles similitudes n'existent pas pour les périodes plus tardives de l'histoire du Proche-Orient ancien. En outre, les partisans du Bronze moyen comme datation de la période patriarcale affirment que les noms des patriarches ressemblent aux noms amorites en usage au début du IIe millénaire et qu'ils diffèrent, en revanche, des noms communément employés par la suite. L'exemple invoqué le plus souvent est celui de Jacob, nom qui revient fréquemment au début du IIe millénaire.

Les savants américains Cyrus Gordon et Éphraïm Speiser ont noté des similitudes entre les pratiques sociales et légales mentionnées dans la description biblique de l'époque des patriarches et les pratiques sociales et légales mentionnées dans les documents proche-orientaux datant du IIe millénaire. Les tablettes de Nuzi, au nord de l'Irak, qui datent du XVe siècle av. J. C., forment l'ensemble de documents le plus important. Ces tablettes – des archives familiales, pour la plupart – dépeignent les coutumes des Hourrites, un peuple non sémitique, qui fonda le puissant royaume nord-mésopotamien de Mitanni, vers le milieu du IIe millénaire. Pour citer quelques exemples : à Nuzi, une femme stérile devait présenter une esclave à son mari pour qu'elle lui fasse des enfants ; le parallèle avec l'histoire entre Saraï et Agar au chapitre 16 de la Genèse est évident. À Nuzi, les enfants esclaves étaient adoptés par les couples sans enfant ; cela rappelle l'adoption d'Éliézer, par Abraham, pour lui servir d'héritier (Gn 15,2-3). Le marché conclu par Jacob avec Laban en échange de son mariage avec Rachel et Léah trouve aussi son équivalent dans les tablettes de Nuzi. Les rapprochements entre les tablettes de Nuzi et le témoignage biblique sur les patriarches prouvaient que l'influence culturelle des Hourrites s'étendait jusqu'à Canaan. Pour établir un pont entre Nuzi et le Bronze moyen, on interprétait les coutumes de Nuzi comme un reflet de pratiques hourrites plus anciennes datant du début du IIe millénaire.

Mais bien vite, la solution du Bronze moyen II en relation avec Nuzi fut écartée. Du point de vue de l'archéologie de la Palestine, la difficulté essentielle se trouve dans ce que nous ne voyons pas ou dans ce dont nous n'entendons pas parler dans le texte biblique. Le Bronze moyen était une période où la vie urbaine était très développée. Un ensemble de puissantes cités-États, gouvernées à partir de capitales comme Haçor et Megiddo, dominaient Canaan. Protégées par des remparts formés d'énormes levées de terre et des portes monumentales, ces capitales abritaient de vastes palais et des temples majestueux. Or, rien de tout cela n'apparaît dans le texte biblique, qui mentionne bien en passant quelques villes, mais elles sont de peu d'importance. Sichem (en tant que cité) n'y figure pas, ni Béthel, ni Jérusalem – or, les trois cités comptaient parmi les grosses villes fortes du Bronze moyen. Dans les plaines, au lieu de Gérar, on aurait dû entendre parler d'Haçor, de Megiddo, de Gézér. L'histoire biblique des patriarches n'est clairement pas celle du pays de Canaan au Bronze moyen. Le phénomène de nomades installés près de cités ne se limite nullement à cette période. Quant aux noms des patriarches, ils appartiennent tout autant aux périodes ultérieures, celles du Bronze récent ou du Fer. Le nom de Jacob, par exemple, revient souvent au Bronze moyen, mais on le rencontre aussi au Bronze récent, au ve siècle av. J. C., voire plus tardivement.

Pour ce qui concerne les textes de Nuzi, des études récentes ont prouvé que les pratiques sociales et légales qui présentent des similitudes avec le récit biblique ne se limitent pas à une seule époque. Ils étaient communs à tout le Proche-Orient antique pendant les IIe et Ier millénaires. En fait, dans certains cas, les matériaux du Ier millénaire offrent incontestablement de meilleurs parallèles. Ainsi, la responsabilité que prend une épouse stérile de proposer une servante à son époux pour qu'elle lui donne un enfant apparaît dans des périodes ultérieures, par exemple dans un contrat de mariage assyrien qui date du VIIe siècle av. J. C.

LES PATRIARCHES AU FER ANCIEN

Au moment même où la solution du IIe millénaire semblait une cause perdue, le bibliste Benjamin Mazar emprunta une voie différente en exploitant les données archéologiques pour suggérer qu'il fallait revoir le récit des patriarches avec, en toile de fond, l'âge du Fer ancien. Mazar met surtout l'accent sur les anachronismes que contient le texte, tels que la mention du roi philistin (de Gérar) et des Araméens. Inutile de dire qu'il n'y avait pas l'ombre d'un Philistin à Canaan ni au Bronze moyen ni au Bronze récent. Les textes égyptiens et l'archéologie prouvent indubitablement que ce peuple ne s'est installé le long du littoral méridional de la Palestine qu'au XIIe siècle av. J. C. Au lieu d'attribuer leur apparition à une insertion tardive (au moment de la compilation) dans une tradition plus ancienne, Mazar affirmait que le texte reflète une connaissance intime des royaumes philistins à l'époque qui précède de peu l'établissement de la monarchie israélite. Les Araméens aussi jouent un rôle prééminent dans les histoires patriarcales, alors qu'ils ne sont apparus sur la scène du Proche-Orient qu'au début de l'âge du Fer, et que leurs royaumes n'ont émergé que plus tardivement encore, vers le IXe siècle av. J. C. Mazar estimait que la description des Araméens sous les traits de pasteurs nomades reflète une phase ancienne de leur histoire, qui précède la formation de leurs premiers États. Par conséquent, concluait Mazar, l'errance des patriarches dans les pays de collines du centre, entre Sichem et Hébron, correspond bien au cadre géographique de la première occupation israélite du Fer I. Certaines traditions, comme celle de Jacob qui érige un autel à Béthel, correspondent à la période des juges, tandis que d'autres, comme la centralité d'Hébron, correspondent aux premiers temps de la monarchie, sous David. Le bibliste américain Kyle McCarter adopta, de façon plus prudente, un point de vue assez analogue. Le récit des patriarches contenait, selon lui, différentes couches de composition, dont certaines remontent peut-être à l'âge du Bronze. Mais sur les thèmes qui touchent à la priorité donnée à Juda dans le récit des patriarches – l'importance accordée au personnage d'Abraham et au tombeau des patriarches à Hébron –, McCarter adoptait un point de vue analogue à celui de Mazar. Il affirmait que l'importance accordée à Hébron dans les histoires patriarcales se comprend mieux dans le contexte de l'établissement de la monarchie, sous David.

Mazar avait raison, qui affirmait que la réalité derrière les récits du livre de la Genèse ne pouvait se comprendre dans le contexte du Bronze moyen parce qu'elle appartenait à l'âge du Fer. Cependant, il avait tort, car la période qu'il avait adoptée, le Fer I, était encore trop ancienne. La recherche archéologique moderne démontre que Juda, berceau de l'importante source yahviste (« J »), était quasiment dépeuplé jusque vers la fin du VIIIe siècle av. J. C. Également, un siècle de fouilles à Jérusalem révèle que la capitale de Juda n'est devenue une cité de quelque importance qu'à la même période ; au Xe siècle av. J. C., Jérusalem était encore un modeste village. Les résultats obtenus après des décennies de fouilles intensives ont démontré que Juda n'a atteint un niveau suffisant d'alphabétisation qu'à la fin du VIIIe siècle av. J. C. Enfin – et ce n'est pas le moins important –, le récit des patriarches grouille de références aux réalités de la monarchie tardive, en particulier celles du VIIe siècle av. J. C.

Appendice B

En quête du Sinaï

Si l'on en juge par les cartes touristiques de la péninsule du Sinaï, l'identification des lieux clés mentionnés dans les histoires bibliques sur la traversée du désert et sur la remise des Tables de la Loi ne présente pas l'ombre d'une difficulté. Le mont Sinaï et autres emplacements mentionnés dans la Bible ont été identifiés et visités dès l'époque médiévale, voire plus tôt, dès la période byzantine. En fait, la première théorie archéologique digne de ce nom sur l'itinéraire de la traversée du désert et sur l'emplacement du mont Sinaï date de mille cinq cents ans. Elle remonte aux traditions du christianisme primitif en connexion avec le mouvement en faveur du monachisme et des pèlerinages aux Lieux saints du désert, entre le IVe et le VIe siècle apr. J. C., traditions perpétuées encore aujourd'hui par les touristes et les pèlerins qui se rendent au mont Sinaï et au lieu du Buisson ardent.

Au cœur de la région montagneuse située au sud de la péninsule du Sinaï, dans l'écrin formé par d'impressionnants sommets granitiques, se niche le monastère Sainte-Catherine. Construit au VIe siècle apr. J. C. par l'empereur byzantin Justinien, afin de commémorer le site présumé du buisson ardent (montré aujourd'hui encore aux visiteurs), le monastère fut baptisé de son nom actuel au Moyen Âge. Ceinturé de hautes murailles pour le protéger des maraudeurs, cet édifice évoque irrésistiblement les temps anciens. Sa magnifique église et une bonne partie de ses fortifications datent de sa construction originelle. Le pic du djebel Mousa (le « mont de Moïse », en arabe) domine le monastère ; depuis la période byzantine, ce mont est identifié au Sinaï. Son sommet, qui offre un panorama des plus saisissants sur le désert environnant, a conservé les ruines d'une chapelle du VIe siècle.

Dans les monts qui environnent le djebel Mousa et le monastère Sainte-Catherine, on trouve de nombreux vestiges d'anciens monastères, avec leurs églises, leurs ermitages et leurs citernes.

Les textes qui leur sont contemporains mentionnent certains de ces sites. De nombreuses sources byzantines décrivent la vie des moines, ainsi que la construction du monastère du buisson ardent. D'autres textes, tout aussi intéressants, font le récit du pèlerinage au mont de Dieu. L'un d'entre eux, le plus détaillé de tous, évoque la vie d'une femme pèlerin de la fin du IVe siècle, qui s'appelait Égéria. Avec ses compagnes, elle aurait grimpé jusqu'au sommet ; de là-haut, les moines de l'ermitage lui auraient montré chacun des lieux mentionnés dans le récit biblique du mont Sinaï.

La fiabilité historique de ces traditions n'en est pas moins sujette à caution. Il n'est pas impossible que les moines byzantins aient perpétué des traditions très anciennes, mais il n'existe aucun moyen de le vérifier car la région ne recèle aucun vestige de l'époque biblique. L'explication la plus plausible de l'origine de ces traditions paléochrétiennes réside dans la localisation géographique et les caractéristiques environnementales du Sinaï méridional. Le monastère du Buisson ardent et le mont Sinaï des moines byzantins sont situés dans une région d'une beauté exceptionnelle, offrant des panoramas montagneux dont la majesté suscite aisément la dévotion des moines et pèlerins. En outre, une occupation permanente de ces sites était chose faisable. Les environs du monastère offrent aux moines des avantages notables, dus à la combinaison d'un microclimat et de formations géologiques particulières. Les hautes montagnes du Sinaï méridional bénéficient de précipitations supérieures aux contrées voisines et le granit rouge de la région est imperméable, ce qui permet la collecte de l'eau de pluie dans des bassins et des citernes. En outre, les *wadis*[1] contiennent de grandes quantités d'eau dans leur sous-sol, que l'on peut atteindre en creusant des puits peu profonds. Cela permit aux moines byzantins de cultiver des champs et des vergers dans les petits *wadis* situés au fond des vallons (ce que font encore les Bédouins de nos jours).

1. *Wadi*, en arabe : lit de rivière asséché, où les eaux coulent de nouveau après une forte pluie. (N.D.T.)

Il semblerait donc que la combinaison d'un superbe panorama et de conditions environnementales relativement favorables ait encouragé les pèlerinages ainsi que la dévotion dans certains sites se trouvant dans cette partie de la péninsule du Sinaï. Le pouvoir d'évocation de l'histoire biblique du mont Sinaï a toujours encouragé les tentatives d'identification des lieux mentionnés. Cependant, elles appartiennent plus au domaine du folklore ou des spéculations géographiques qu'à celui de l'archéologie.

Appendice C

Autres théories de la conquête israélite

UNE INFILTRATION PACIFIQUE

Dans les années 1920 et 1930, alors qu'Albright et ses étudiants pensaient fermement avoir découvert les preuves archéologiques de la conquête de Josué, un bibliste allemand nommé Albrecht Alt émit une hypothèse divergente. Alt, qui enseignait à l'université de Leipzig, ne croyait pas à l'historicité du livre de Josué ; à l'instar de nombre de ses collègues universitaires allemands, il était partisan d'une approche critique de la Bible. Convaincu que le compte rendu biblique avait été compilé plusieurs siècles après les événements supposés, il le considérait pratiquement comme une épopée mythique et nationaliste. Cependant, Alt n'était pas prêt à conclure qu'une explication historique des origines des Israélites était impossible à atteindre. Il écartait le récit du livre de Josué, mais il attribuait une certaine validité historique à une autre source : le premier chapitre du livre des Juges. Au cours de ses voyages en Palestine, au début du XXe siècle, Alt s'était vivement intéressé aux modes de vie et aux schémas d'occupation du territoire des Bédouins dans les steppes du Néguev et le désert judéen. À partir de sa connaissance des anciens textes et de ses observations ethnographiques de la vie des bédouins, en particulier dans leur relation avec les communautés rurales, il formula une nouvelle théorie, des plus audacieuses, sur l'origine des Israélites.

Cette nouvelle théorie s'articulait autour de la notion que les pasteurs nomades du Moyen-Orient ne se déplacent pas au petit bonheur la chance, mais qu'ils meuvent leurs troupeaux selon une routine saisonnière. Ces mouvements complexes sont fondés sur une connaissance précise des variations climatiques et saisonnières. La pluie ne tombe qu'en hiver. En été, saison fort longue et très sèche, les pâturages se font rares. Les pasteurs bédouins doivent alors prendre un soin attentif de leurs troupeaux.

Alt avait observé que, pendant les hivers pluvieux, où les pâturages abondent même dans les zones arides des steppes et du désert, les Bédouins s'éloignent des zones habitées et campent en bordure du désert. Quand revient la saison sèche, les groupes de Bédouins, privés des pâturages hivernaux, se rapprochent alors des régions agricoles habitées, plus fertiles, où ils peuvent trouver quelques pâtures. Les Bédouins sont bien connus dans ces régions. Au cours des siècles se sont établis entre eux et les habitants des communautés paysannes sédentaires toute une série d'arrangements mutuellement bénéfiques. On leur permet de faire paître leurs troupeaux dans les champs récemment moissonnés des villages permanents, pour que les bêtes broutent le chaume et fument la terre. Cependant, au plus fort de l'été, cette source de pâture épuisée, il reste encore de longs mois à patienter avant les premières pluies, période cruciale pour la survie des bêtes. C'est à ce moment-là que les Bédouins se dirigent vers les pâturages encore verdoyants des hautes terres. Ils transhument avec leurs troupeaux entre les villages, jusqu'à l'arrivée de la saison des pluies, où ils redescendent alors en bordure du désert.

Cette routine annuelle dépend des fluctuations pluviométriques hivernales. Alt avait également observé à quel point les changements importants dans les conditions climatiques ou politiques influencent les Bédouins et peuvent les inciter à abandonner leur mode de vie nomade pour se sédentariser. Cette conversion de mode de vie est longue à accomplir ; la vie pastorale, avec ses coutumes, son rythme, son importante flexibilité, reste, de bien des façons, une meilleure stratégie de survie que la culture d'un petit bout de terrain. Mais le processus peut néanmoins être observé ; des parcelles saisonnières de terrains cultivés commencent à apparaître dans certaines zones de pâture estivale où les Bédouins ont coutume de retourner chaque année. Après avoir semé du blé ou de l'orge sur ces parcelles, ceux-ci partent avec leurs troupeaux pour y revenir au printemps suivant, à temps pour moissonner.

Au début, des petits groupes cultivent des parcelles isolées, tout en continuant à faire paître leurs troupeaux. Quelquefois, une partie de la famille demeure en arrière, pour surveiller les champs, pendant que le reste continue à migrer avec les bêtes. Petit à petit, ces parcelles saisonnières s'agrandissent et les Bédouins devenus cultivateurs en dépendent de plus en plus pour leurs céréales, qu'ils n'ont plus à acheter auprès des villageois. Au fur et à mesure qu'augmentent le temps et l'effort consacrés à l'agriculture, diminue la taille des troupeaux dans le cas où ils ne peuvent plus quitter leurs champs pour se lancer dans de longues migrations. L'ultime étape du processus est alors l'installation permanente, avec la construction d'une maison et l'abandon de l'élevage, sauf dans les environs immédiats des champs cultivés. Alt avait observé que ce processus s'opère graduellement et paisiblement – au moins au début – puisque les Bédouins s'installent initialement dans les régions dépeuplées, où l'eau et la terre arable abondent et la propriété des terrains n'est pas bien contrôlée. Ce n'est que plus tard, à une étape ultérieure, lorsque les Bédouins nouvellement installés commencent à rivaliser pour l'eau et pour la terre avec les habitants des villages voisins, qu'éclatent les conflits, parfois sanglants.

Alt pensait que ses observations du processus de sédentarisation des pasteurs nomades lui avaient permis de comprendre la situation décrite dans le livre des Juges. Après quelque temps, il formula ce qui finit par être connu comme la théorie de l'infiltration pacifique des premiers Israélites. D'après Alt, les Israélites, à l'origine, étaient des pasteurs nomades qui transhumaient régulièrement avec leurs troupeaux, en hiver, dans les régions des steppes orientales, puis, en été, dans les hauteurs occidentales de Canaan. Les sources égyptiennes décrivent ces deux régions comme étant très peu peuplées. Même s'il était très boisé et accidenté, le terrain était libre pour la culture. C'est pourquoi Alt pensait qu'à la fin du Bronze récent, certains groupes de pasteurs nomades commencèrent à pratiquer une forme saisonnière d'agriculture près de leurs pâturages d'été dans les hautes terres de Canaan. C'est ainsi que se serait mis en place le processus d'installation permanente.

Comme de nos jours, ce processus s'opéra au début de façon graduelle et pacifique. Cependant, suggérait Alt, le nombre des nouveaux venus s'élargissant, leurs besoins en terre et en eau augmentèrent. Ils s'attirèrent ainsi l'hostilité de leurs voisins cananéens, en particulier de ceux qui vivaient dans les villes isolées des hautes terres, comme Jérusalem et Luz (Béthel). Ces querelles, autour de droits de propriété sur la terre et sur l'eau, provoquèrent, selon l'hypothèse d'Alt, des escarmouches locales, puis des conflits prolongés, qui furent à l'origine des luttes entre les Israélites et leurs voisins cananéens et philistins décrites dans le livre des Juges.

L'hypothèse de l'infiltration pacifique, bien que purement théorique, était séduisante. Elle paraissait logique ; elle s'inscrivait parfaitement dans le cadre démographique et économique du pays et correspondait bien aux histoires des Juges, qui semblent plus historiques que les récits de combats et de batailles par trop épiques du livre de Josué. Elle présentait un avantage supplémentaire de taille : des textes égyptiens semblaient l'appuyer. Un papyrus datant du règne de Ramsès II, au XIIIe siècle av. J. C., qui rapporte une dispute entre deux scribes à propos de la géographie de Canaan, décrit la région des collines comme une contrée boisée, presque vide, habitée par des Bédouins de la tribu des Shosou. Aussi, Alt croyait qu'on pouvait assimiler les Israélites à ces Shosou. Leur étape initiale de sédentarisation dans les hautes terres ne leur a pas attiré les foudres de l'Égypte, car cette dernière se préoccupait essentiellement des zones fertiles du littoral et des vallées du nord, proches des voies terrestres du commerce international, d'un intérêt plus stratégique.

Au début des années 1950, Yohanan Aharoni, l'un des plus fervents partisans des théories d'Alt parmi les archéologues israéliens, pensait avoir découvert des preuves convaincantes en haute Galilée. Ses explorations dans cette région de collines très boisées, située au nord du pays, lui révélèrent qu'au Bronze récent, la contrée était quasiment vide de tout habitat cananéen. Durant la période suivante – l'âge du Fer I –, un nombre relativement élevé de petits habitats, pauvres et isolés, s'y étaient établis. Aharoni identifia les nouveaux installés comme les premiers Israélites, plus précisément les membres des tribus de Nephtali et d'Asher, lesquelles, si l'on en croit les chapitres géographiques du livre de Josué, se seraient installées dans les montagnes de Galilée.

Comme on pouvait s'y attendre, les conclusions d'Aharoni furent âprement contestées par Yigael Yadin, qui estimait que les preuves d'une massive conflagration du Bronze récent à Haçor – la cité décrite dans le livre de Josué comme « la capitale de tous ces royaumes » – excluaient toute théorie d'une quelconque infiltration pacifique. Yadin, qui adhérait à la théorie de la conquête unifiée, affirmait qu'aussi longtemps que la cité d'Haçor avait conservé sa puissance, les Israélites ne pouvaient s'être installés en Galilée. D'après lui, le premier acte a dû se dérouler avec la destruction d'Haçor par les Israélites vers la fin du XIIIe siècle av. J. C. Une fois Haçor détruite, la porte était ouverte aux Israélites pour s'installer en haute Galilée, ainsi que sur les ruines de cette ville elle-même.

La reconstitution des événements d'Aharoni, pour moins héroïque, n'en était pas moins romantique. Selon lui, les Israélites seraient apparus dans la région quand Haçor était encore au faîte de son pouvoir, mais ils n'auraient pas opté pour un affrontement en règle. Évitant de s'installer dans le voisinage d'Haçor et de s'attirer l'hostilité des habitants, les nouveaux venus israélites se seraient infiltrés graduellement et pacifiquement en haute Galilée, région isolée, dépeuplée et boisée. Ainsi, pour éviter d'entrer en conflit avec la puissante Haçor, ils auraient affronté les rigueurs de l'environnement et les risques de l'agriculture dans les hautes terres. L'épreuve finale se serait déroulée plus tard, d'après Aharoni, quand les Israélites se sentirent assez forts pour attaquer Haçor. La cité détruite, les Israélites se seraient répandus dans les régions nord, plus riches et fertiles, y compris dans la pointe nord de la vallée du Jourdain.

La théorie de l'infiltration pacifique gagna du terrain deux décennies plus tard grâce aux explorations d'Aharoni dans la vallée de Beersheba, zone aride située au sud de la région des collines de Juda. Dans les années 1960 et 1970, Aharoni entreprit les fouilles de quelques-uns des plus importants sites de la vallée : la forteresse d'Arad, la cité antique de Beersheba et un site du Fer ancien, Tell Masos, d'une dimension exceptionnelle, situé à proximité de puits d'eau douce au milieu de la vallée. Aharoni découvrit que l'historique de l'occupation du territoire dans la vallée de Beersheba était identique à celui de la haute Galilée. Alors qu'il n'y avait aucune implantation permanente dans la vallée au Bronze récent, un certain nombre de petits sites s'y étaient établis au Fer I. Aharoni identifia ces nouveaux venus du Fer I aux gens de la tribu de Siméon. La tribu était différente, mais, d'après Aharoni, l'histoire était la même : celle d'une installation pacifique par des Israélites dans des territoires frontaliers vides de toute cité cananéenne.

UNE RÉVOLTE PAYSANNE

En dépit de leurs origines, de leurs croyances religieuses et de leurs opinions radicalement différentes, Albright, Alt, Yadin et Aharoni partageaient un même point de vue : que leur théorie soit en faveur de la conquête militaire ou en faveur de l'infiltration pacifique, ils partaient du principe que les Israélites constituaient un groupe de nouveaux venus, qui s'étaient introduits dans le pays vers la fin du Bronze récent. Et, quelles que soient leurs différences dans l'interprétation du texte biblique, ils n'en croyaient pas moins que le niveau de civilisation de ce nouveau groupe ethnique était beaucoup plus primitif que celui des Cananéens natifs du pays. Yadin comme Aharoni voyaient dans ces premiers Israélites des semi-nomades et ils croyaient l'un comme l'autre que la conquête de Canaan, qu'elle ait résulté d'une invasion ou d'une infiltration, était à classer au chapitre du conflit éternel qui oppose désert et terre cultivée au Moyen-Orient.

Cette croyance implicite fut profondément ébranlée au cours des années 1960 et 1970, quand les anthropologues et les archéologues qui étudiaient d'autres régions du Moyen-Orient réalisèrent que ces hypothèses tant rebattues, qui établissaient une distinction claire entre le monde des bergers nomades et celui des villageois sédentaires étaient simplistes, romantiques, naïves et erronées. La première et la plus importante de ces hypothèses était la croyance, partagée au XIXe siècle, que, pendant toute l'Antiquité, les déserts syriens et arabes étaient parcourus par un nombre considérable de peuplades nomades turbulentes, qui n'attendaient qu'une bonne occasion de fondre sur les terres cultivées. Un consensus croissant partagé par les anthropologues à partir des années 1960 a fini par avoir raison de cette hypothèse ; en effet, les grands déserts n'auraient pas été capables de nourrir plus d'une poignée de « purs » nomades avant la domestication du chameau, et son emploi généralisé comme bête de somme, qui n'eut pas lieu avant la fin du IIe millénaire, voire plus tardivement. Puisque ce progrès est survenu après l'émergence des Israélites à Canaan, il devenait impossible d'invoquer à ce sujet le parallèle d'une invasion bédouine. Aussi certains savants en conclurent-ils que les Israélites n'étaient pas des chameliers mais des gardiens de chèvres et de moutons, du type de ceux qui font paître leurs troupeaux non pas dans le désert, mais en bordure des terres arables.

Comme l'avait noté Albrecht Alt, la moisson d'été coïncide avec l'assèchement des pâturages en lisière du désert, et le déplacement naturel des pasteurs et de leurs bêtes vers les régions agricoles plus humides encourage, voire nécessite une coopération étroite entre les deux groupes. Au minimum, les pasteurs sont engagés comme travailleurs agricoles saisonniers et leurs troupeaux sont autorisés à brouter l'éteule des champs moissonnés. Mais, bien souvent, pasteurs et fermiers appartiennent en fait à une seule et même communauté, dont les membres nomades parcourent le désert en hiver, tandis que les membres sédentaires demeurent au village pour préparer et semer les champs.

Les recherches sur la nature du nomadisme suggèrent que les vieilles hypothèses sur le passage graduel des Israélites de nomades à fermiers devaient être renversées. D'un point de vue anthropologique, les pasteurs israélites et les fermiers cananéens appartenaient au même système économique. Si un mouvement important de population avait eu lieu, il se serait produit, d'après l'historien John Luke, « en direction de la steppe et du désert, et non pas en provenance du désert et en direction des terres arables ».

Entra alors en scène George Mendenhall, un bibliste pugnace de l'université de Michigan, qui rejetait avec un égal mépris la théorie de l'immigration et celle de la conquête. Pendant des années, Mendenhall prêcha dans le désert de l'érudition biblique, proclamant que la montée de la religion et de la confrérie tribale israélite ne pouvait s'expliquer que sur la base d'un développement social interne à Canaan survenu pendant le Bronze récent. Dès 1947, son réexamen des lettres de Tell el-Amarna l'amena à la conclusion que les Apirou, identifiés par certains savants aux Hébreux, n'étaient nullement un groupe ethnique, mais une classe sociale bien déterminée.

Mendenhall affirmait que les cités-États de Canaan au Bronze récent étaient organisées en sociétés hautement stratifiées, avec, au sommet de la pyramide, le roi ou le maire, juste en dessous, les princes, les courtisans et les guerriers conducteurs de char, et, enfin, au bas de l'échelle, les paysans. Les Apirou se situaient apparemment en dehors de cette organisation ; ils paraissaient menacer l'ordre social de diverses manières. Mendenhall et d'autres faisaient remarquer que les Apirou, sédentaires à l'origine, se retirèrent du système urbain/rural, s'engageant parfois comme mercenaires au plus offrant et, quand cet emploi manquait, certains Apirou encourageaient activement les paysans à la révolte.

Le contexte de cette agitation sociale, d'après Mendenhall, n'était pas un conflit entre nomades et sédentaires, mais entre la population rurale et les dirigeants des cités-États. Les lettres de Tell el-Amarna décrivent les conditions de vie difficiles résultant des prélèvements de plus en plus lourds sur les produits agricoles et pastoraux, imposés par les rois et leurs suzerains égyptiens. Il n'est donc pas surprenant que les Apirou aient réussi à soulever les paysans et qu'un grand nombre de cités cananéennes aient été détruites à cette époque. Les cités cananéennes du Bronze récent servaient essentiellement de centres administratifs aux régimes féodaux de la région. Leur destruction n'était pas uniquement une victoire militaire. Elle représentait aussi la fin du système économique maintenu et imposé par la cité.

Comme l'écrivait Mendenhall en 1970 : « Les matériaux d'Amarna et les événements bibliques décrivent le même processus politique, celui d'un retrait, qui ne fut ni physique ni géographique, mais essentiellement politique et subjectif, effectué par de larges groupements de population, qui refusaient de continuer à servir les régimes politiques existants et, par conséquent, par la même occasion, celui d'un renoncement à une protection quelconque de la part de ces sources. Autrement dit, il n'y eut aucune invasion statistiquement probante de la Palestine, quand se mit en place le système des douze tribus d'Israël. Il n'y eut aucun déplacement radical de population, aucun génocide, aucun rejet massif de population, à part celui des administrateurs royaux [nécessité oblige !]. Pour résumer, il n'y eut aucune conquête de la Palestine dans le sens où nous l'entendons généralement ; ce qui se passa à la place peut être désigné, du point de vue de l'historien laïc qui ne se penche que sur le processus socio-politique, comme une révolte paysanne contre le réseau étroitement imbriqué des cités-États cananéennes. »

Au cœur de la théorie de la révolte paysanne se trouvait une nouvelle explication sur les débuts de la religion israélite. Mendenhall soutenait que les Apirou, et leurs partisans parmi les paysans, n'auraient jamais pu s'unir pour vaincre la domination féodale cananéenne sans le ciment d'une idéologie commune. Il pensait que leur idéologie – le culte d'un Dieu unique et transcendant, YHWH – était la réponse brillante au polythéisme des rois cananéens. Au lieu de se fier à un panthéon de divinités et à des rituels élaborés de fertilité (qui ne pouvaient être accomplis que par les rois et leur clergé officiel), le nouveau mouvement religieux plaçait sa foi en un seul Dieu, lequel établissait des lois égalitaires de comportement social et les communiquait directement à chaque membre de la communauté. La mainmise des rois sur leurs sujets était effectivement ébranlée par la propagation de cette foi nouvelle. Pour les partisans de la théorie de la révolte paysanne, la véritable conquête israélite s'est accomplie – sans invasion ni immigration – lorsqu'un nombre important de paysans cananéens eurent renversé leurs maîtres et seigneurs pour devenir des « Israélites ».

En 1979, Norman K. Gottwald, un autre spécialiste américain de la Bible, adopta et élargit les théories de Mendenhall dans son livre *The Tribes of Yahveh* (« Les tribus de Yahvé »). Mais il alla plus loin, en attaquant de front les preuves archéologiques. Tandis que Mendenhall s'était contenté d'ignorer les discussions sur les installations de semi-nomades dans les régions de collines et en bordure du désert, Gottwald déclarait que ces sites étaient en fait israélites. Il fit cette identification pour des raisons complètement différentes. Il partait du principe que les régions forestières et frontalières exerçaient une attraction naturelle sur les membres d'un mouvement indépendant qui fuyaient les plaines et les vallées plus peuplées (et mieux contrôlées) en quête d'un nouveau mode de vie. Gottwald suggérait que leur installation dans cette région rocailleuse et peu arrosée ne fut possible que grâce à deux progrès technologiques : les outils en fer, qui permettaient de creuser des citernes dans le roc, dont les parois étaient rendues imperméables grâce à un nouveau type d'enduit, ainsi qu'un nouveau mode d'agriculture en terrasses sur les pentes des collines.

Au niveau social, Gottwald ajoutait que, dans leur nouvel habitat, les Israélites établirent une société plus égalitaire, dans laquelle tous avaient un même accès aux moyens de production. Sur le plan cognitif, il suggérait que ce nouvel idéal d'égalité avait été importé à Canaan par un petit groupe de personnes en provenance d'Égypte, qui se seraient établies dans les hautes terres. Ce groupe aurait été influencé par les nouvelles tendances religieuses et hétérodoxes des Égyptiens, comme celles qui avaient inspiré la révolution d'Akhenaton au XIVe siècle av. J. C., idées qui se rapprochaient du concept beaucoup plus tardif du monothéisme. Ainsi, ce nouveau groupe formait le noyau de pionniers autour duquel se sont rassemblés les nouveaux immigrants dans les hautes terres.

L'archéologue américain William Dever contribua explicitement à la théorie de la révolte paysanne en lui offrant un contexte archéologique. À partir d'une nouvelle interprétation des découvertes des fouilles antérieures, il affirmait que la poterie et l'architecture des nouveaux sites des hautes terres au Fer I ressemblaient à la céramique et aux traditions architecturales des habitants des plaines du Bronze récent – suggérant par là même que les premiers Israélites venaient des communautés sédentaires de Canaan. D'accord avec Gottwald, Dever suggérait que le Fer I correspondait à la première occupation plutôt dense des collines, due à deux innovations technologiques : la capacité de creuser les citernes dans le roc et de les enduire (ce qui permettait aux nouveaux venus de s'installer loin des sources et des puits) et les techniques de construction de terrasses sur les pentes raides des coteaux (ce qui ouvrait la voie pour une exploitation plus intense des collines, comprenant la culture de la vigne et de l'olivier, qui entraîna à son tour la production de masse de vin et d'huile d'olive). D'après Dever, ces deux « inventions » devaient être issues d'une société complexe et technologiquement avancée : celle de la population sédentaire de Canaan.

L'hypothèse de la révolte paysanne ou de la « révolution sociale » était assurément très séduisante ; elle reçut le soutien d'un grand nombre de biblistes et d'archéologues. Elle paraissait correspondre aux réalités sociales de Canaan au Bronze récent ; elle expliquait en apparence le déclin du schéma d'occupation du territoire du Bronze récent dans les plaines et le développement de celui du Fer I dans les hautes terres ; et, surtout, elle collait parfaitement au radicalisme politique des milieux universitaires américains et européens de l'époque. Elle s'appuyait également sur le scepticisme croissant éprouvé dans le monde de la recherche biblique quant à la valeur historique des livres de Josué et des Juges.

Or, cette hypothèse était fausse. D'ailleurs, elle fut abandonnée avec la même célérité qui la vit émerger. Pour la simple raison qu'elle était hautement spéculative et théorique, et surtout que l'archéologie ne lui offrait pas le moindre support. En fait, bien au contraire, l'archéologie témoignait contre elle.

Elle apparut également au mauvais moment. Pendant les années 1980, le scepticisme des anthropologues et des archéologues ne cessait de croître quant à la possibilité de déterminer l'« ethnicité » et les origines géographiques des anciennes nations à partir de la poterie et des styles architecturaux. En effet, ces éléments de la culture matérielle peuvent aisément être imités ou empruntés par une société donnée à une autre société. En fait, la plupart des découvertes mentionnées par Dever furent trouvées dans des villages qui appartenaient à la deuxième phase d'occupation des hautes terres. Par conséquent, les similitudes des découvertes du Bronze récent peuvent attester de « relations » commerciales ou économiques des habitants du Fer I avec les peuplades des basses terres et non pas d'une « origine », puisqu'il est prouvé qu'une continuité culturelle reliait le Bronze récent au Fer I dans les plaines. En outre, dans les années 1970 et au début des années 1980, des renseignements concrets concernant les villages du Fer I situés dans les hautes terres ont commencé à affluer. Ces nouvelles données contredisaient clairement la théorie d'une révolution sociale.

En premier lieu, détail d'importance, les nouvelles données démontraient, d'une part, que le Fer I n'était pas la première période d'occupation intensive des hautes terres et, d'autre part, que les deux « innovations technologiques » étaient déjà maîtrisées – et employées – bien des siècles avant l'émergence de l'Israël primitif. Autrement dit, l'utilisation de citernes creusées dans le roc et enduites, et la mise en terrasses des flancs des coteaux étaient la conséquence d'un regain d'activité dans les hautes terres, et non pas le moteur principal. Les preuves rassemblées dans les plaines ne corroborent pas la théorie d'une révolution sociale. Il devint clair, au cours des dernières années, que le secteur rural de la société cananéenne était déjà très appauvri et qu'il n'aurait pu fournir ni l'énergie ni la main-d'œuvre nécessaires pour soutenir une nouvelle campagne d'implantations territoriales dans les hautes terres. En outre, les fouilles archéologiques entreprises dans les hautes terres au cours des années 1980 et 1990 indiquent, de façon frappante, que la plupart des nouveaux occupants du Fer I venaient du nomadisme, plutôt que de la sédentarité.

Ces trois théories sur la conquête israélite – invasion unifiée, infiltration pacifique, révolution sociale – adoptaient sans ambages le concept biblique selon lequel l'émergence de l'ancien Israël avait été un phénomène unique et singulier dans l'histoire du pays. Les nouvelles découvertes des récentes décennies ont bouleversé cette notion.

Appendice D

L'erreur de l'archéologie traditionnelle relative aux périodes davidique et salomonique

LA CONQUÊTE DAVIDIQUE : LE MIRAGE DE LA CÉRAMIQUE

L'indice le plus fréquemment invoqué pour relier les niveaux de destruction avec les conquêtes de David est celui de la poterie philistine décorée ; selon les savants, elle est datée des débuts du XIIe siècle av. J. C. jusque vers l'an 1000 av. J. C. La première couche exempte de ce type particulier de céramique est alors datée du Xe siècle av. J. C., soit de l'époque de la monarchie unifiée. En fait, cette datation, fondée essentiellement sur la chronologie biblique, reposait sur un raisonnement douteux, car la date la plus récente de cette poterie avait été fixée d'après l'ère présumée des conquêtes davidiques, aux alentours de l'an 1000 av. J. C. En réalité, il n'existait aucune preuve qui permettait de situer de façon précise l'époque à laquelle s'était effectuée la transition entre le style philistin et les styles ultérieurs.

En outre, les études récentes ont révolutionné la datation de la poterie philistine. Au cours des dernières décennies, un grand nombre de sites importants ont été fouillés dans la plaine littorale méridionale d'Israël, une région qui connaissait une forte présence égyptienne au XIIe siècle av. J. C. et où les Philistins s'installèrent. Ces sites comprenaient trois des cités mentionnées dans la Bible comme étant les centres de l'activité philistine : Ashdod, Ashqelôn (Ascalon) et Éqrôn (Tel Miqne), sans oublier plusieurs sites qui servaient de forteresses égyptiennes. Ces derniers livrèrent de précieuses informations sur la culture matérielle égypto-cananéenne durant les dernières décennies de l'hégémonie égyptienne à Canaan. Leurs découvertes incluaient des inscriptions égyptiennes qui ont trait à l'administration impériale de Canaan, ainsi que des vases égyptiens de fabrication locale. Certaines de ces inscriptions datent du règne de Ramsès III, le pharaon qui combattit les Philistins et qui, on le suppose, leur permit de s'installer dans ses forteresses du sud de Canaan.

À la surprise générale, on découvrit que la couche qui correspondait à la dernière phase de domination égyptienne à Canaan, sous Ramsès III, ne contenait aucune trace des premiers types de vases philistins décorés, et les premiers niveaux philistins ne révélaient aucune trace de présence égyptienne : pas un seul vase ou tesson égyptien. Les deux couches sont complètement séparées. En outre, sur certains sites, les premières occupations philistines ont « succédé » aux forteresses égyptiennes de l'époque de Ramsès III. Chronologiquement, cela n'a pu avoir lieu avant l'effondrement de la domination égyptienne à Canaan, c'est-à-dire vers le milieu du XIIe siècle av. J. C. Les implications d'une telle révélation pour l'archéologie de la monarchie unifiée créèrent un bel effet d'enchaînement : il fallut repousser l'ensemble des styles de poteries d'un bon demi-siècle, y compris la transition des styles philistins aux styles postphilistins.

Le niveau VI A de Megiddo, qui représente la dernière phase de culture matérielle cananéenne dans le Nord, contenait un autre type de preuve. On avait daté cette couche du XIe siècle av. J. C. et on attribuait à David la responsabilité de sa destruction. Cette assomption correspondait parfaitement à l'idéologie biblique : le preux David avait annihilé l'ultime bastion de la culture cananéenne. Comme cette couche avait été détruite par un incendie, des centaines de poteries avaient été écrasées dans l'effondrement des murs et des toitures. Les fouilles entreprises par l'Oriental Institute et, plus récemment, par l'université de Tel-Aviv ont pourtant permis d'en exhumer un grand nombre, mais pas un seul échantillon de poterie philistine ne fut retrouvé. Par conséquent, il est impossible de situer la destruction de cette cité au XIe siècle av. J. C., période où le style philistin de poterie décorée était répandu dans toute la région, y compris dans les sites voisins de la vallée de Jezréel. D'ailleurs, Megiddo possède elle aussi des vases philistins, mais ils proviennent tous des couches antérieures. Ce qui veut dire que la cité de Megiddo qui contient des vestiges cananéens n'a pu être détruite par le roi David aux alentours de l'an 1000 av. J. C. La céramique et la datation au carbone 14 ont révélé que cette cité existait encore bien des décennies après cette date et qu'elle a survécu pendant une bonne partie du xe siècle av. J. C.

RÉÉVALUATION DE MEGIDDO : DATES, POTERIE, ARCHITECTURE

Yigael Yadin affirme que son identification des cités salomoniques se fondait sur la stratigraphie, la poterie et la Bible. Mais la stratigraphie et la poterie permettent d'établir seulement une chronologie relative. Par conséquent, il est clair que la conception archéologique de la monarchie unifiée, des plans d'urbanisme des architectes de Salomon et de la splendeur des palais de Salomon s'appuie entièrement sur un simple verset de la Bible (1 R 9,15) : « Voici ce qui concerne la corvée que le roi Salomon leva pour construire le Temple de Yahvé, son propre palais, le Millo et le mur de Jérusalem, Haçor, Megiddo et Gézér. » Nous ne le répéterons jamais assez : la reconstitution traditionnelle de la nature de la monarchie unifiée d'Israël – son étendue territoriale, sa culture matérielle et sa relation avec les pays voisins – est entièrement fondée sur l'interprétation d'un unique verset biblique ! Et, qui plus est, d'un verset qui fait l'objet d'une réelle polémique. Car nous ignorons s'il s'inspire de sources authentiques contemporaines à Salomon ou de réalités plus tardives. Nous ne comprenons même pas son sens exact : « construire » signifie-t-il que Salomon a fondé de nouvelles cités ? Aurait-il seulement fortifié des cités existantes ? Les cités en question – Megiddo, Gézér et Haçor – ne feraient-elles que symboliser, pour l'auteur du livre des Rois, les trois cités administratives majeures de l'Israël nordiste ? L'auteur n'aurait-il pas rétrospectivement attribué à Salomon la construction de ces grandes cités, entreprise bien des années plus tard ?

Prenons d'abord les portes à triple tenaille. Premièrement, l'idée que la porte de Megiddo date de la même époque que les palais en pierre appareillée a été contestée, surtout en raison du fait que la porte est connectée au mur d'enceinte situé « au-dessus » des deux palais. Autrement dit, puisque le mur est postérieur aux palais et qu'il est connecté à la porte, il s'ensuit que la porte doit être elle aussi postérieure aux palais. En outre, des fouilles récentes ont démontré qu'on employait ce même type de porte à l'extérieur des frontières de la monarchie unifiée et que des portes semblables ont été construites dans des phases ultérieures de l'âge du Fer, jusqu'au VIIe siècle av. J. C. Par conséquent, l'unique pilier sur lequel repose tout l'édifice se révèle extrêmement branlant. Mais ce n'est pas tout.

L'indice suivant vient du site voisin de Jezréel, à une quinzaine de kilomètres à l'est de Megiddo. David Ussishkin, de l'université de Tel-Aviv, et John Woodhead, de la British School of Archaeology de Jérusalem, ont fouillé ensemble le site dans les années 1990. Ils exhumèrent une vaste enceinte fortifiée, qu'ils ont identifiée avec le palais construit par Achab dans la première moitié du IXe siècle av. J. C. Cette acropole palatiale fut détruite peu après sa construction. On attribue sa destruction soit à la révolte contre les Omrides, menée par Jéhu, le futur roi israélite, soit à la campagne militaire d'Hazaël, roi de Damas, contre le royaume nordiste d'Israël. Dans l'un et l'autre cas, la date d'abandon de l'enceinte de Jezréel se situerait aux alentours du milieu du IXe siècle av. J. C. Les archéologues eurent la surprise de découvrir que la poterie de l'enceinte de Jezréel était identique à celle de la cité contemporaine des palais de Megiddo. Or, cette cité avait censément été détruite par le pharaon Shéshonq Ier un siècle plus tôt ! Comment combler la brèche ? Deux possibilités s'offrent à nous : soit nous faisons remonter la construction de Jezréel à l'époque de Salomon, soit nous repoussons celle des palais de Megiddo au règne d'Achab. Mais, en réalité, nous n'avons qu'une seule solution, car, d'une part, nous n'avons pas le moindre indice d'une occupation salomonique de Jezréel et, d'autre part, l'enceinte de Jezréel est en tout point semblable à l'acropole de Samarie, la capitale du royaume du Nord, qui fut construite par les Omrides. La cité des palais en pierre appareillée de Megiddo fut donc détruite vers le milieu du IXe siècle av. J. C., probablement par Hazaël, et non en 926 av. J. C., par Shéshonq Ier.

Mais, à part l'effet d'enchaînement dont nous avons parlé plus haut, existerait-il d'autres indices précis pour la datation de la cité contemporaine des palais de Megiddo ? Autrement dit, aurait-elle été « construite » sous Salomon, au Xe siècle av. J. C., et « détruite » seulement au IXe siècle av. J. C. ? La réponse semble négative, pour deux raisons. La première nous est donnée par Samarie, la capitale du royaume israélite du Nord, construite au début du IXe siècle av. J. C. Les similitudes sont claires entre les méthodes de construction du palais de Samarie et des deux palais de Megiddo, ce qui signifie qu'ils furent construits à la même époque. L'alternative est la suivante : soit le palais de Samarie et son acropole royale furent l'un et l'autre bâtis par Salomon, soit les palais de Megiddo furent construits après Salomon. La première option n'est pas recevable car il ne fait aucun doute sur le plan archéologique que le palais de Samarie et l'entière acropole furent bâtis par Omri et Achab, au début du IXe siècle av. J. C.

Quelques mots à propos du traitement des matériaux bibliques. Certains de nos collègues se demandent sur quelle base nous excluons l'historicité d'un verset de la Bible (1 R 9,15) alors que nous acceptons l'historicité d'autres versets, par exemple celui qui attribue à Achab la construction du palais de Jezréel (1 R 21,1) et celui qui attribue à Omri la construction du palais de Samarie (1 R 16,24). C'est une question de méthodologie. Il faut bien se garder de traiter le matériau biblique comme s'il s'agissait d'un monolithe. Il n'est pas à prendre ou à rejeter d'un seul bloc. Deux siècles de recherches bibliques ont prouvé que le matériau biblique doit être évalué chapitre par chapitre, parfois même verset par verset. La Bible a incorporé des matériaux historiques, non historiques, et quasi historiques, qui sont parfois très proches dans le texte. La recherche biblique consiste essentiellement à distinguer les passages historiques de ceux qui ne le sont pas, en faisant appel à des considérations linguistiques, littéraires et extra-bibliques. Par conséquent, la réponse est : oui, il est permis de douter de l'historicité d'un verset et d'accepter celle d'un autre, en particulier dans le cas d'Omri et d'Achab, dont les royaumes furent décrits dans des textes contemporains assyriens, moabites et araméens.

Appendice E

Identification du règne de Manassé dans les découvertes archéologiques

Manassé est difficile à situer archéologiquement, c'est-à-dire qu'il n'est pas aisé d'identifier les niveaux d'occupation correspondant spécifiquement à son règne, dans les sites de Juda. Bien que la poterie judéenne du Fer récent II soit mieux connue que celle des autres phases de l'âge du Fer, sa datation n'est pas cependant assez pointue pour nous permettre de distinguer les styles propres à chaque génération. La raison principale de cette situation embarrassante est que, pour dater précisément les assemblages de poterie, il faut découvrir des couches de destruction qui peuvent être mises en relation avec un événement historique donné. L'entière chronologie de la céramique dans la dernière phase de l'histoire de Juda postérieure à la chute d'Israël se fonde par conséquent sur un seul site, Lakish, dans la Shefelah, qui nous fournit par deux fois la combinaison d'un niveau archéologique de destruction évident, riche en objets, et d'une source historique très fiable. Premièrement, les annales assyriennes, le bas-relief de Ninive et la Bible prouvent indubitablement que la cité fut dévastée par Sennachérib, en 701 av. J. C. Deuxièmement, la référence biblique à Azéqa et à Lakish comme derniers bastions de résistance judéenne contre l'assaut des Babyloniens (Jr 34,7), confirmée par un ostracon découvert sur le site, prouve que Lakish fut anéantie par les Babyloniens en 587-586 av. J. C.

Ces deux destructions de Lakish sont liées à la fin des niveaux III et II de ce site. En comparant les ensembles du Fer II découverts sur d'autres sites judéens aux deux ensembles de poteries, riches et clairement datés, exhumés sur le site de Lakish, les experts furent à même de distinguer deux horizons dans le Juda des VIIIe et VIIe siècles av. J. C. :

les sites dont la destruction, datant de la fin du VIIIe siècle av. J. C., devait être attribuée aux Assyriens, et les sites détruits par les Babyloniens au début du VIe siècle av. J. C.

Le règne de Manassé tombe précisément entre ces deux horizons. Puisque Manassé se comportait en bon vassal de l'Assyrie, aucune guerre ne fut à déplorer à son époque et, par conséquent, aucune destruction majeure. Son règne fut pacifique. Mais ce qui fut très positif pour le peuple de Juda l'est infiniment moins pour les archéologues. En effet, nous n'avons aucune couche que nous puissions dater avec certitude de son époque. Les cités bâties par Manassé ont survécu jusqu'à la chute finale de Juda et, par conséquent, les couches de destruction témoignent de la culture matérielle de leurs dernières années plutôt que de celle de leurs débuts. Il s'ensuit que la seule méthode pour identifier Manassé consiste à repérer les tendances générales des schémas d'occupation du territoire et les oscillations démographiques de Juda, entre 701 av. J. C. et la fin du VIIe siècle av. J. C. Si l'on garde en mémoire que le règne de Manassé fut établi juste après la campagne de Sennachérib et qu'il représentait une période significative de redressement économique, une telle information, aussi générale soit-elle, peut se révéler précieuse.

Appendice F

Quelles étaient les limites du royaume de Josias ?

D'après l'auteur des Chroniques, la campagne de purification cultuelle et de conquête territoriale de Josias s'étendit fort loin dans le nord et dans le sud, jusque « dans les villes de Manassé, de Siméon, et même de Nephtali » (2 Ch 34,6). Aussi, la plupart des archéologues bibliques, prenant pour argent comptant le compte rendu des Chroniques, étaient convaincus que le royaume de Josias comprenait la majeure partie du territoire de la Palestine occidentale, depuis les hautes terres du Néguev, dans le sud, jusqu'à la Galilée, dans le nord. À les en croire, Josias se serait emparé de régions importantes du territoire de l'ancien royaume du Nord et se serait étendu vers le sud et vers l'ouest, jusqu'à dominer des régions qui auparavant n'avaient jamais été contrôlées par Jérusalem. Or, de nouvelles analyses archéologiques indiquent que les avancées territoriales de Josias devaient être, en réalité, infiniment plus modestes.

Le point de vue maximaliste sur la frontière nord de Juda sous Josias se fondait sur les découvertes de Megiddo. Après la chute du royaume du Nord, les Assyriens avaient fait de Megiddo le chef-lieu de leur province dans les vallées septentrionales et la Galilée. Ils reconstruisirent la cité sur un plan complètement neuf : elle comportait à présent deux palais assyriens typiques et son enceinte octogonale renfermait des rangées de rues parallèles qui se croisaient à angle droit. Cette cité – niveau III – représente le meilleur exemple de centre administratif assyrien dans les provinces occidentales de l'empire. Elle resta en fonction jusqu'à l'abandon de la Palestine par les Assyriens, vers la fin du VIIᵉ siècle av. J. C.

La Megiddo plus récente – le niveau II – perpétue, sur la majeure partie du tertre, la cité précédente, avec de modiques additions et réfections. Mais il existe deux différences majeures entre les cités des niveaux II et III. Sur le niveau le plus récent, le mur d'enceinte a disparu et un édifice de grande dimension, identifié par l'équipe de l'université de Chicago à une forteresse, occupe le côté oriental du tertre. Ce fort dominait la vallée et surveillait la route internationale qui reliait l'Égypte à la Mésopotamie. Les archéologues ont interprété le niveau II comme faisant partie des « efforts de Josias d'unir les deux royaumes » ; quant à sa destruction partielle, elle fut attribuée à la confrontation ultérieure au cours de laquelle mourut Josias.

Cette forteresse de Megiddo semblait donc offrir le chaînon manquant permettant d'expliquer l'épreuve de force fatidique avec Neko II. Le scénario envisagé était que Josias, non content de s'emparer des territoires de toute la région des collines de l'ancien royaume du Nord, avait tenté d'étendre son emprise plus au nord, jusqu'à Megiddo, dont il aurait fait son avant-poste stratégique. Le contrôle total sur la région qui s'étendait de Jérusalem à la vallée de Jezréel aurait permis à Josias de s'avancer jusqu'à Megiddo avec son armée, pour tenter d'interdire à Neko II de prêter main-forte aux Assyriens contre les Babyloniens.

Quant à la frontière occidentale présumée du royaume de Juda à l'époque de Josias, la découverte qui remporta les suffrages des maximalistes fut celle de Mesad Hashavyahu – un petit site littoral situé à environ vingt-quatre kilomètres au sud de Tel-Aviv. Cet édifice, aux dimensions fort modestes, identifié à un fort (d'où son nom hébreux de *mesad*, ou « fort »), renfermait deux trouvailles très excitantes. Premièrement, l'assemblage céramique, daté sans ambiguïté du VIIe siècle av. J. C., comportait de la céramique grecque d'importation. Deuxièmement, un grand nombre d'ostraca trouvés sur le site étaient écrits en hébreu biblique. Ils mentionnent des noms yahvistes, se terminant par *yahu*, comme Hoshayahu, Obadiahu, Hashavyahu. Par conséquent, on interpréta le site comme une forteresse bâtie par Josias sur le littoral, afin d'offrir à Juda un accès à la mer. Le fort, sous commandement judéen, abritait aussi des mercenaires grecs qui servaient dans l'armée judéenne, jouant un rôle analogue à celui qu'ils avaient dans l'armée égyptienne de l'époque. Des ostraca contemporains trouvés dans le fort judéen d'Arad, dans la vallée de Beersheba, semblèrent venir à l'appui de cette idée. Ils mentionnent l'allocation de provisions de bouche à des gens appelés Kittim, terme qui signifierait « Grecs » – et qui désignerait par conséquent un contingent de mercenaires grecs servant dans l'armée judéenne.

La discussion relative aux frontières méridionales du royaume de Juda tournait autour de deux grands forts du VIIe siècle av. J. C. : Cadès-Barnéa et Haseva. Fouillés par l'archéologue israélien Rudolph Cohen, ils sont situés en plein désert, très au sud de l'alignement des cités judéennes les plus méridionales de la vallée de Beersheba. Cadès-Barnéa surveillait la plus vaste oasis située sur l'importante voie commerciale menant du sud de la Palestine à la pointe du golfe d'Aqaba et, plus au sud, à l'Arabie. D'après l'archéologue, plusieurs forts judéens y furent construits. Le dernier d'entre eux aurait été bâti sous le règne de Josias, et aurait été détruit par les Babyloniens en 586 av. J. C. Ce dernier édifice fut identifié à une forteresse judéenne, d'une part parce qu'il ressemblait apparemment aux forts judéens de la vallée de Beersheba, d'autre part parce qu'on y aurait découvert des ostraca en hébreu et, enfin, parce que l'évaluation historique du règne de Josias tendrait à prouver la probabilité d'une expansion judéenne dans cette région. À Haseva, situé à une trentaine de kilomètres au sud de la mer Morte, une massive structure à casemates, couvrant une superficie d'environ un hectare et demi, avec une porte à double tenaille, a été datée du IXe ou du VIIIe siècle av. J. C. Une forteresse de dimension plus modeste lui a succédé vers la fin du VIIe siècle av. J. C. ; on a attribué sa construction aux activités de Josias. Un trésor de vases édomites brisés, ayant servi au culte, était enfoui dans une fosse près du fort ; on les a datés également du VIIe siècle av. J. C. et l'on a attribué leur destruction aux réformes du culte entreprises par Josias.

En dépit de ces indices apparents de l'expansionnisme de Josias proposés par l'archéologie, beaucoup d'experts estimaient que certains détails géographiques de la Bible indiquent clairement que les gains territoriaux de Josias avaient été minimes. La source primordiale en est la liste des villes tribales du livre de Josué (Jos 15–19), dont certaines, d'après le bibliste allemand Albrecht Alt, doivent être datées du VIIe siècle av. J. C. Notamment, suggérait Alt, les listes des villes de Juda, Benjamin, Dan et Siméon reflètent les divisions administratives de Juda sous le règne de Josias. À l'époque, le royaume était divisé en douze districts, qui comprenaient la région qui part de la vallée de Beersheba, au sud, au plateau de Benjamin, au nord, y compris la Shefelah orientale. Un autre indice nous est offert par les listes des rapatriés de Babylone, qui apparaissent dans les livres d'Esdras et de Néhémie. Ces listes semblent inclure des noms de lieux situés à l'intérieur des frontières de Juda avant la destruction de 586 av. J. C.

L'historien de la Bible israélien Benjamin Mazar ajoute que la description des limites géographiques de la réforme religieuse de Josias dans le second livre des Rois (2 R 23,8) révèle également les frontières de son État : « Il fit venir des villes de Juda tous les prêtres et il profana les hauts lieux où ces prêtres avaient sacrifié, depuis Géba jusqu'à Beersheba. » D'après Mazar, Géba correspondrait à un site qui se trouve à environ vingt-quatre kilomètres au nord de Jérusalem. Cela signifie que l'expansion de Josias vers le nord devait être minime et ne dépassait pas la région environnant le centre cultuel tant abhorré de Béthel.

En effet, les découvertes archéologiques invoquées par les maximalistes peuvent s'interpréter de façon totalement différente. À commencer par Megiddo, dans le nord, où rien ne prouve que le fort du niveau II doive être attribué à Josias. On n'a retrouvé à Megiddo aucun objet judéen datant du VIIe siècle av. J. C. Par contre, la théorie selon laquelle le niveau II de Megiddo représenterait une prise de pouvoir pacifique par les Égyptiens est parfaitement acceptable. Les palais assyriens ont probablement continué à abriter l'administration égyptienne, tandis qu'un fort était bâti à l'extrémité orientale du tertre. Cette interprétation soulève pourtant un problème identique : le niveau II ne contient aucun élément égyptien. Mais la mainmise égyptienne en Palestine au VIIe siècle av. J. C. fut de courte durée – entre dix et vingt ans – et n'a laissé que fort peu de traces, même dans la plaine littorale du sud.

Quant à Mesad Hashavyahu, à l'ouest, la céramique grecque qu'on y a retrouvée nous est maintenant familière grâce à de nombreux sites dans la plaine littorale du midi et dans la vallée de Beersheba. La question qui se pose est la suivante : cette poterie témoigne-t-elle de la présence physique sur les lieux de marchands ou de mercenaires grecs, ou résulte-t-elle de relations commerciales avec l'Occident ? En général, la réponse à ce genre de question dépend, parmi d'autres facteurs, de la quantité de céramique trouvée sur le site en question. La proportion relativement élevée de cette poterie à Mesad Hashavyahu pourrait être, en effet, la preuve d'une présence effective de Grecs sur le site. Et puisque le site était une forteresse, il devait donc s'agir de mercenaires. La question suivante serait alors : dans quelle armée servaient-ils ? L'historien grec Hérodote nous dit que des mercenaires grecs servaient dans l'armée de Psammétique Ier, roi d'Égypte, et qu'ils étaient postés aux frontières de l'empire. Des fouilles menées en Égypte ont confirmé cette information ; on explora, parmi d'autres, l'un des endroits spécialement mentionnés par Hérodote. Ainsi, la théorie selon laquelle Mesad Hashavyahu était un avant-poste égyptien sur le littoral, abritant une garnison composée entre autres de mercenaires grecs, est tout à fait recevable.

Mais est-il possible que des mercenaires grecs aient également servi dans l'armée judéenne ? Souvenons-nous de ces Kittim, mentionnés dans certains ostraca du VIIe siècle av. J. C., découverts dans le fort judéen méridional d'Arad, qui ordonnaient au commandant du fort de leur donner des vivres. En se fondant à la fois sur la Bible, qui identifie les Kittim aux Grecs ou aux Chypriotes, et sur les poteries grecques trouvées à Mesad Hashavyahu (site présumé d'un fort judéen de l'époque de Josias), Aharoni, l'archéologue qui fouilla Arad, émit l'hypothèse que les Kittim étaient des mercenaires grecs ou chypriotes au service de l'armée judéenne. Mais il existe d'autres explications qui ne sont pas moins logiques. Nadav Naaman suggère que les ostraca d'Arad doivent être interprétés comme des ordres donnés aux officiers judéens de livrer des vivres aux mercenaires grecs de l'armée égyptienne, laquelle, à cette époque, dominait Juda. Un autre historien bibliste, Anson Rainey, émit l'hypothèse que les Kittim ne représentaient pas des mercenaires mais plutôt des marchands, originaires de la ville chypriote de Citium. Quoi qu'il en soit, pour ce qui concerne Mesad Hashavyahu, il n'est guère douteux que l'Égypte, qui, vers la fin du VIIe siècle av. J. C., contrôlait tout le littoral du Levant, avait les moyens d'interdire à Josias de se bâtir une forteresse isolée au beau milieu d'une région qui représentait pour l'Égypte une position stratégique majeure.

Si Mesad Hashavyahu était un fort égyptien, nous devons nous demander ce qu'y faisaient des Judéens – en tout cas des personnes portant des noms yahvistes. Le livre de Jérémie (Jr 44,1 ; 46,14) explique qu'à son époque des Judéens vivaient en divers endroits d'Égypte ; les découvertes effectuées dans l'île d'Éléphantine, située dans le Nil, en haute Égypte, combinées avec les références bibliques à Syène (Assouan), nous permettent de croire que des Judéens servaient déjà comme mercenaires dans l'armée égyptienne à la période monarchique tardive. La garnison du fort égyptien de Mesad Hashavyahu pouvait raisonnablement inclure des mercenaires judéens. Naaman suggérait que certains de ces Judéens auraient pu faire partie des travailleurs corvéables envoyés par Juda pour répondre à ses obligations de vassal de l'Égypte. Il n'y a donc aucune raison d'élargir le royaume de Juda jusqu'au littoral méditerranéen.

Quant aux deux forts du VIIe siècle av. J. C. situés dans le sud profond – Cadès-Barnéa à l'ouest et Haseva à l'est –, ils furent identifiés comme judéens à partir de quelques spécimens de poterie et (pour le premier) de quelques ostraca en hébreu, mais surtout d'après l'idée d'une vaste expansion de Juda sous le règne de Josias. Mais l'autre proposition de Naaman n'est pas moins intéressante : les deux forts auraient été construits au début du VIIe siècle av. J. C. sous les auspices de l'Assyrie avec l'aide des États vassaux de la région – Juda (de Manassé) et Édom – et auraient été défendus par des troupes locales fournies par ces États vassaux. Naaman va jusqu'à proposer que les ostraca écrits en égyptien hiératique et découverts à Cadès-Barnéa semblent indiquer que, vers la fin du VIIe siècle av. J. C., le site serait passé aux mains des Égyptiens. En fait, les deux forts, en particulier l'énorme édifice d'Haseva (qui date probablement du VIIe siècle av. J. C.), paraissent sensiblement différents des forteresses judéennes de la vallée de Beersheba.

Voilà pour les indications négatives. Mais en avons-nous de positives ? Quelles découvertes archéologiques pourraient nous permettre de délimiter les frontières de Juda sous le règne de Josias ? La culture matérielle de Juda vers la fin du VIIe siècle av. J. C. possède un certain nombre de caractéristiques qui sont relativement aisées à repérer parmi les assemblages archéologiques. Elles reflètent divers aspects du Juda du VIIe siècle av. J. C. : commerce, administration, vie quotidienne. En marquant leur répartition sur une carte, nous pouvons identifier les frontières du royaume. Même si certaines firent une première apparition quelques décennies avant Josias, leur usage s'est maintenu et leur popularité a dû atteindre son apogée vers la fin du siècle. Autrement dit, il est permis de croire que si Josias a élargi les frontières de Juda, les objets typiquement judéens se sont, eux aussi, répandus jusqu'aux nouvelles frontières.

Comme première caractéristique de l'archéologie de Juda au VIIe siècle av. J. C., on trouve des poids gravés de petite dimension en pierre calcaire. Ils devaient être utilisés quotidiennement dans des activités commerciales privées. On les découvre principalement au cœur du royaume de Juda, de la vallée de Beersheba, au sud, à la région située juste au nord de Jérusalem. On en trouve également en bon nombre dans la Shefelah orientale. À l'exception des frontières traditionnelles de Juda, on en trouve en quantité non négligeable seulement à l'ouest, c'est-à-dire dans la basse Shefelah et la plaine littorale. Mais cela résulte peut-être d'une activité commerciale intensive entre Juda et cette région.

Comme autre découverte typique de Juda au VIIe siècle av. J. C., on trouve des impressions de sceaux en forme de rosette sur les anses de certaines jarres de stockage. Ces sceaux devaient jouer un rôle encore indéterminé dans l'administration de Juda à cette époque. Leur distribution comprend les hautes terres de Juda, de la vallée de Beersheba, au sud, à la région qui se trouve légèrement au nord de Jérusalem, avec une concentration particulière autour de la capitale.

On trouve également un grand nombre de figurines qui représentent une femme debout qui tient ses seins dans ses mains ; elles sont caractéristiques de Juda à la fin de la période monarchique. Elles se distinguent des figurines semblables qui apparaissent dans les régions voisines. La plupart d'entre elles furent découvertes au cœur du royaume de Juda, entre Beersheba et Béthel. Vers l'ouest, on en trouve en larges quantités jusqu'à une ligne qui joindrait Lakish à Bet-Shémesh. Un autre type de figurine, représentant un cheval et un cavalier, était également populaire au Fer récent II, dans la région. Il en existe également une version judéenne. Presque toutes les figurines de ce type furent découvertes à l'intérieur des frontières propres de Juda.

Quoi qu'il en soit, ces objets, ainsi que les types de poteries judéennes caractéristiques de la fin du VIIe siècle av. J. C. furent retrouvés principalement au cœur du royaume de Juda. Leur nombre décroît quand on se dirige vers l'ouest ou vers le nord. On en trouve encore en quantité appréciable sur le plateau de Béthel, mais, un peu plus au nord, leur proportion dans les assemblages diminue sensiblement.

Quand on marque l'emplacement de chacun de ces objets sur une carte, on découvre une grande similitude dans leur distribution, qui s'étend de la vallée de Beersheba au plateau de Béthel, au nord de Jérusalem, et de la région de la mer Morte et de la vallée du Jourdain jusqu'aux hauteurs de la Shefelah. Les questions suivantes se posent : ces limites indiquent-elles les anciennes frontières de Juda ? Sont-elles la preuve d'une expansion minime vers le nord ? Ou bien ne représentent-elles que le cœur du royaume ? Dans ce dernier cas, et pour peu que la poussée vers le nord ait été de courte durée, elle peut fort bien être sous-représentée dans les assemblages archéologiques. Il n'en reste pas moins que les découvertes archéologiques ne révèlent pas une annexion permanente ou de grande ampleur de nouveaux territoires dans le royaume de Juda.

Appendice G

Les frontières de la province de Yehoud

Les rois perses avaient repris à leur compte les divisions administratives générales du Proche-Orient telles que les avaient fixées les Empires assyrien et babylonien. Sous les Perses, les vastes territoires de la région étaient divisés en satrapies ; chaque satrapie était divisée à son tour en provinces, administrées par des gouverneurs. La Palestine faisait partie de la satrapie appelée « Au-delà du Fleuve » (c'est-à-dire à l'ouest de l'Euphrate), laquelle, d'après le grand historien grec de l'époque, Hérodote, incluait la Syrie, la Phénicie, Chypre et la Palestine.

Les données territoriales les plus détaillées sur la province postexilique de Yehoud (Judée) nous sont fournies par le texte biblique, par la liste des rapatriés de Babylone (Esd 2 ; Ne 7) et par celle des rebâtisseurs des remparts de Jérusalem (Ne 3). Dans le sud, la frontière entre Yehoud et Édom passait au sud de Bet-Çur, laissant Hébron – qui était pourtant, à l'époque de la monarchie tardive, la deuxième ville par ordre d'importance dans les hautes terres, et qui abritait le tombeau des patriarches – hors du territoire des rapatriés. Dans le nord, la frontière de Yehoud est conforme à celle du Juda du VIIe siècle av. J. C., durant la monarchie tardive ; elle passait au nord de Miçpa et de Béthel. À l'est, Jéricho faisait partie de Yehoud. À l'ouest, la région de Lod, dans la Shefelah du Nord, est mentionnée dans la liste des rapatriés, mais les savants débattent encore de son appartenance à la province. Par conséquent, Yehoud était une province de dimension modique, recouvrant principalement les monts de Judée dans un rayon d'environ vingt-cinq kilomètres au nord et au sud de Jérusalem, un territoire qui ne faisait pas beaucoup plus que deux mille kilomètres carrés. Il était bien plus petit que le royaume de Juda à la fin du VIIe siècle av. J. C. À l'encontre de ce dernier, il n'incluait ni les montagnes au sud d'Hébron, ni la vallée de Beersheba, et une grande partie de la Shefelah en était exclue. Apparemment, la province était subdivisée en districts ; la liste des bâtisseurs du rempart (Ne 3) mentionne quelques villes, dont Miçpa au nord et Bet-Çur au sud, qui servaient de chefs-lieux de district dans la province de Yehoud.

Les découvertes archéologiques confirment cette reconstitution textuelle des frontières de la province de Yehoud. Les plus probantes sont les diverses impressions de sceaux, trouvées sur les poteries de la période perse, et portant en caractères araméens ou hébreux le nom araméen de la province : Yehoud. On en a trouvé plusieurs centaines. Leur répartition, en quantités appréciables, correspond aux frontières de la province de Yehoud décrite ci-dessus, qui s'étendait de la contrée de Miçpa, au nord, à Bet-Çur, au sud, et de Jéricho, à l'est, à Gézér (près de Lod), à l'ouest. En réalité, presque toutes les empreintes furent découvertes à Jérusalem et dans les sites voisins, au nord et au sud de la capitale. Un type d'empreintes porte, outre le nom de la province, un nom propre et le titre de « gouverneur ». La plupart des savants attribuent ces noms propres aux gouverneurs, inconnus par ailleurs, de la province de Yehoud, c'est-à-dire aux administrateurs qui occupaient la même fonction que Néhémie.

Bibliographie

Note des auteurs

Les ouvrages scientifiques qui traitent de façon pertinente des sujets abordés dans ce livre ne manquent pas, que ce soit en hébreu, en allemand, en français, ou en d'autres langues européennes. Néanmoins, nous avons décidé de limiter cette bibliographie à nos sources principales en langue anglaise. Il nous arrive cependant de mentionner nos sources allemandes ou françaises lorsque ce sont les seules références existantes sur un sujet donné.

Encyclopédies de référence

— Sur les principaux sites archéologiques en Israël et en Jordanie :
STERN E. éd., *The New Encyclopedia of Archaeological Excavations in the Holy Land*, Jérusalem, 1993.

— Sur la Bible :
FREEDMAN D. N. éd., *The Anchor Bible Dictionary*, New York, 1992.

— Sur le Proche-Orient ancien :
MEYERS E. M. éd., *The Oxford Encyclopedia of Archaeology in the Near East*, New York, 1997.
SASSON J. M. éd., *Civilizations of the Ancient Near East*, Londres, 1995.

Introduction : La Bible et l'archéologie

— Sur la géographie physique de Canaan/Israël :
ABEL F.-M., *Géographie de la Palestine*, Paris, 1933.
ORNI E. et EFRAT E., *Geography of Israel*, Jérusalem, 1971.

— Sur les méthodes archéologiques :

RENFREW C. et BAHN P., *Archaeology : Theories, Methods and Practice*, Londres, 1991.

— Sur l'histoire de la recherche archéologique en Palestine :

SILBERMAN N. A., *Digging for God and Country : Exploration in the Holy Land 1799-1917*, New York, 1982.

— Ouvrages d'introduction à l'archéologie dans le Levant :

BEN-TOR A. éd., *The Archaeology of Ancient Israel*, New Haven, 1992.

LEVY T. E. éd., *The Archaeology of Society in the Holy Land*, Londres, 1995.

MAZAR A., *Archaeology of the Land of the Bible 10,000-586 BCE*, New York, 1990.

— Sur la géographie historique de la terre d'Israël :

Voir ABEL F.-M., ci-dessus.

AHARONI Y., *The Land of the Bible : A Historical Geography*, Philadelphie, 1979.

— Traduction de textes du Proche-Orient ancien :

PRITCHARD J. B., *Ancient Near Eastern Texts Relating to the Old Testament*, Princeton, 1969.

— Sur la Bible en général :

RENDORFF R., *Introduction à l'Ancien Testament*, Paris, 1989.

Voir articles divers dans « Qui a écrit la Bible ? », *Le Monde de la Bible* 137, Paris, 2001.

— Sur le Pentateuque :

BLENKINSOPP J., *The Pentateuch : an Introduction to the First Five Books of the Bible*, New York, 1992.

FRIEDMAN R. E., *Qui a écrit la Bible ?*, Paris, 1997.

GUNKEL H., *The Legends of Genesis*, New York, 1964.

HAUDEBERT P. dir., *Le Pentateuque : débats et recherches*, Paris, 1992.

NOTH M., *A History of Pentateuchal Traditions*, Sheffield, 1981.

PURY R. dir., *Le Pentateuque en question*, Genève.

VAN SETERS J., *The Pentateuch : A Social Science Commentary*, Sheffield, 1999.

WELLHAUSEN J., *Prolegomena to the History of Ancient Israel*, New York, 1957.

WHYBRAY R. N., *The Making of the Pentateuch*, Sheffield, 1987.

— Sur l'histoire deutéronomiste :

• En général :

KNOPPERS G. N. et MCCONVILLE J. G. éd., *Reconsidering Israel and Judah. Recent Studies on the Deuteronomistic History*, Winona Lake, 2000.

PURY A. de, RÖMER T. et MACCHI J.-D. dir., *Israël construit son histoire. L'historiographie deutéronomiste à la lumière des recherches récentes*, Genève, 1996.

MCKENZIE S. L. et GRAHAM M. P. éd., *The History of Israel's Traditions : The Heritage of Martin Noth*, Sheffield, 1994.

ROFÉ A., « Ephraimite versus Deuteronomistic History », in *Storia e tradizioni di Israele*, Garrone D. et Felice I. éd., 1991.

VON RAD G., *Studies in Deuteronomy*, Londres, 1953.

• L'école allemande (Martin Noth) :

NOTH M., *The Deuteronomistic History*, Sheffield, 1981.

• L'école de Harvard (Frank M. Cross) :

CROSS F. M., *Canaanite Myth and Hebrew Epic*, Cambridge (Mass.), 1973, pp. 274-288.

HALPERN B. et VANDERHOOFT D., « The Editions of Kings in the 7th-6th Centuries BCE », *Hebrew Union College Annual* 62, 1991, pp. 179-244.

MCKENZIE S. L., *The Trouble with Kings : The Composition of the Book of Kings in the Deuteronomistic History*, Leiden, 1991.

NELSON R. D., *The Double Redaction of the Deuteronomistic History*, Sheffield, 1981.

— Sur les livres des Chroniques :

CAZELLES H., *Le livre des Chroniques*, Paris, 1954.

NOTH M., *The Chronicler's History*, Sheffield, 1987.

WILLIAMSON H. G. M., *1 and 2 Chronicles*, Londres, 1982.

— Sur l'historiographie biblique :

BRETTLER M. Z., *The Creation of History in Ancient Israel*, Londres, 1995.

HALPERN B., *The First Historians : The Hebrew Bible and History*, San Francisco, 1988.

PHILIPS LONGS V., *Israel's Past in Present Research, Essays on Ancient Israelite Historiography*, Winona Lake, 1999.

VAN SETERS J., *In Search of History : Historiography in the Ancient World and the Origins of Biblical History*, New Haven, 1983.

— Sur la chronologie biblique :

COGAN M., « Chronology », *Anchor Bible Dictionary*, New York, 1992.

GALIL G., *The Chronology of the Kings of Israel and Judah*, Leiden, 1996.

— Sur l'histoire d'Israël :

• Études exprimant le courant dominant :

ALT A., *Essays on Old Testament History and Religion*, Oxford, 1966.
BORDREUIL P. et BRIQUEL-CHARDONNET F., *Le temps de la Bible*, Paris, 2000.
BRIQUEL-CHARDONNET F., *Les relations entre les cités de la côte phénicienne et les royaumes d'Israël et de Juda*, Louvain, 2000.
DE VAUX R., *Histoire ancienne d'Israël*, Paris, 1971.
HAYES J. H. et MILLER M. J., *Israelite and Judaean History*, Londres, 1977.
MILLER M. J. et HAYES J. H., *A History of Ancient Israel and Judah*, Londres, 1986.
NOTH M., *The History of Israel*, Londres, 1965.

• L'approche minimaliste :

DAVIES P., *In Search of « Ancient Israel »*, Sheffield, 1992.
LEMCHE N. P., « Is it Still Possible to Write a History of Ancient Israel ? », in *Scandinavian Journal of Old Testament* 8, 1994, pp. 165-190.
THOMPSON T. L., *Early History of the Israelite People*, Leiden, 1992.
THOMPSON T. L., *The Mythic Past*, New York, 1999.

— Sur la vie quotidienne dans l'ancien Israël :
De Vaux R., *Les institutions de l'Ancien Testament*, Paris, 1967.

— Sur l'école des Annales :
BRAUDEL F., *Écrits sur l'Histoire*, Paris, 1969.
FEBVRE L., *A New Kind of History and Other Studies*, New York, 1973.

Chapitre 1 : En quête des patriarches

— Sur le livre de la Genèse :
Voir la bibliographie sur le Pentateuque dans l'introduction.
SARNA N. M., *Understanding Genesis*, New York, 1966.
SPEISER E. A., *Genesis : Introduction, Translation, and Notes*, Garden City, 1964.
VON RAD G., *La Genèse*, Genève, 1968.

— Sur la source « J » :
Voir la bibliographie sur le Pentateuque dans l'introduction.
FRIEDMAN R. E., *The Hidden Book in the Bible*, San Francisco, 1999.
VAN SETERS J., *Prologue to History : The Yahwist as Historian in Genesis*, Louisville, 1992.

— Sur la source « E » :
JENKS A. W., *The Elohist and North Israelite Traditions*, Missoula, 1977.

— Sur la source « P » :
HARAN M., « Behind the Scenes of History : Determining the Date of the Priestly Source », in *Journal of Biblical Literature* 100, 1981, pp. 321-333.
HURVITZ A., « Dating the Priestly Source in Light of the Historical Study of Biblical Hebrew a Century after Wellhausen », in *Beihefte zur Zeitschrift für die alttestamentliche Wissenschaft* 100, 1988, pp. 88-99.

— Études générales sur les traditions patriarcales :
DEVER W. G. et CLARK M. W., « The Patriarchal Traditions », in *Israelite and Judaean History*, Hayes J. H. et Miller M. J., Londres, 1977, pp. 70-148.
HENDEL R. S., « Finding Historical Memories in the Patriarchal Narratives », in *Biblical Archaeology Review* 21/4, 1995, pp. 52-59 et pp. 70-71.
MCCARTER P. K., « The Patriarchal Age : Abraham, Isaac and Jacob », in *Ancient Israel : From Abraham to the Roman Destruction of the Temple*, Shanks H. éd., Washington D.C., 1999, pp. 1-31.

— Anciennes théories sur l'historicité des traditions patriarcales :
ALBRIGHT W. F., « Abraham the Hebrew : A New Archaeological Interpretation », in *Bulletin of the American Schools of Oriental Research* 163, 1961, pp. 36-54.
DE VAUX R., voir bibliographie de l'introduction, *op. cit.*, pp. 157-273.
GORDON C. H., « Biblical Customs and the Nuzi Tablets », in *The Biblical Archaeologist Reader*, Campbell E. F. et Freedman D. N. éd., Garden City, 1964, vol. II, pp. 21-33.
MAZAR B., *The Early Biblical Period : Historical Studies*, Jérusalem, 1986, pp. 49-62.

— Études critiques sur les traditions patriarcales :
REDFORD D. B., *A Study of the Biblical Joseph Story*, Leiden, 1970.
THOMPSON T. L., *The Historicity of the Patriarchal Narratives : The Quest for the Historical Abraham*, Berlin, 1974.
VAN SETERS J., *Abraham in History and Tradition*, New Haven, 1975.

— Sur l'archéologie de Moab et d'Édom :
BIENKOWSKI P. éd., *Early Edom and Moab : The Beginning of the Iron Age in Southern Jordan*, Sheffield, 1992.

— Sur les premiers Arabes :
EPHAL I., *The Ancient Arabs*, Jérusalem, 1982.

Chapitre 2 : L'Exode a-t-il eu lieu ?

— Sur l'Exode en général :
Voir articles divers dans LAPERROUSAZ E. M. dir., *La Protohistoire d'Israël*, Paris, 1990.

— Sur la théorie conventionnelle de l'Exode au Bronze récent :

FRERICHS E. S. et LESKO L. H. éd., *Exodus : The Egyptian Evidence*, Winona Lake, 1997.

SARNA N. M., « Israel in Egypt : The Egyptian Sojourn and the Exodus », in *Ancient Israel : From Abraham to the Roman Destruction of the Temple*, Shanks H. éd., Washington, 1999, pp. 33-54.

— Sur Canaan au Bronze récent :

LEONARD A., « The Late Bronze Age », *Biblical Archaeologist* 52, 1989, pp. 4-39.

SINGER I., « Egyptians, Canaanites and Philistines in the Period of the Emergence of Israel », in *From Nomadism to Monarchy : Archaeological and Historical Aspects of Early Israel*, Finkelstein I. et Naaman N. éd., Jérusalem, 1994, pp. 282-338.

WEINSTEIN J. M., « The Egyptian Empire In Palestine : A Reassessment », in *Bulletin of the American Schools of Oriental Research* 241, 1981, pp. 1-28.

— Sur le relevé effectué le long de la voie internationale du Sinaï du Nord :

OREN E. D., « The "Ways of Horus" in North Sinai », in *Egypt, Israel, Sinai : Archaeological and Historical Relationships in the Biblical Period*, Rainey A. F. éd., Tel-Aviv, 1987, pp. 69-119.

— Sur le delta du Nil, la « période des Hyksos » et l'Exode :

BIETAK M., *Avaris the Capital of the Hyksos : Recent Excavations at Tell el-Daba*, Londres, 1996.

REDFORD D. B., « An Egyptological Perspective on the Exodus Narrative », in *Egypt, Israel, Sinai : Archaeological and Historical Relationships in the Biblical Period*, Rainey A. F. éd., Tel-Aviv, 1987, pp. 137-161.

REDFORD D. B., *Egypt, Canaan and Israel in Ancient Times*, Princeton, 1992, pp. 98-122.

— Sur le delta dans la période saïte et dans la tradition de l'Exode :

Voir REDFORD, ci-dessus, pp. 408-469.

— Commentaires sur l'Exode :

PROPP W. H. C., *Exodus 1-18*, New York, 1999.

SARNA N. M., *Exploring Exodus*, New York, 1986.

Chapitre 3 : La conquête de Canaan

— Sur la théorie d'une conquête militaire :

ALBRIGHT W. F., « The Israelite Conquest of Canaan in the Light of Archaeology », in *Bulletin of the American School of Oriental Research* 74, 1939, pp. 11-23.

KAUFMAN Y., *The Biblical Account of the Conquest of Palestine*, Jérusalem, 1953.

MALAMAT A., « Conquest of Canaan : Israelite Conduct of War according to Biblical Tradition », in *Encyclopedia Judaica Year Book* 1975/6, 1976, pp. 166-182.

WRIGHT G. E., « Epic of Conquest », *Biblical Archaeologist* 3, 1940, pp. 25-40.

YADIN Y., « The Transition from a Semi-Nomadic to a Sedentary Society in the Twelfth Century BCE », in *Symposia Celebrating the Seventy-Fifth Anniversary of the Foundation of the American Schools of Oriental Research (1900-1975)*, CROSS F. M. éd., Cambridge, 1979, pp. 57-68.

YADIN Y., « Is the Biblical Account of the Israelite Conquest of Canaan Historically Reliable ? », in *Biblical Archaeology Review* 8, 1982, pp. 16-23.

— Sur les fouilles actuelles d'Haçor :

BEN-TOR A., « The Fall of Canaanite Hazor – The "Who" and "When" Questions », in *Mediterranean Peoples in Transition : Thirteenth to Early Tenth Centuries BCE*, Gitin S., Mazar A. et Stern E., Jérusalem, 1998, pp. 456-467.

— Critique de la théorie de la conquête militaire :

FINKELSTEIN I., *The Archaeology of the Israelite Settlement*, Jérusalem, 1988, pp. 295-302.

— Sur les récits étiologiques dans Josué :

NOTH M., « Bethel und Ai », in *Palästinajahrbuch* 31, 1935, pp. 7-29.

NOTH M., « Die fünf Könige in der Höhle von Makkeda », *Palästinajahrbuch* 33, 1937, pp. 22-36.

— Rationalisation des preuves négatives sur la conquête de Canaan :

ALBRIGHT W. F., voir ci-dessus, *op. cit.*, p. 16.

GLUECK N., *Rivers in the Desert*, New York, 1959, p. 114.

— Sur la version biblique de la conquête :

NELSON R. D., *Joshua : A Commentary*, Louisville, 1997.

NELSON R. D., « Josiah in the Book of Joshua », in *Journal of Biblical Literature* 100, 1981, pp. 531-540.

— Sur les Peuples de la Mer :

DOTHAN T., *The Philistines and Their Material Culture*, Jérusalem, 1982.

DOTHAN T. et DOTHAN M., *People of the Sea*, New York, 1992.

OREN E. D. éd., *The Sea People and Their World : A Reassessment*, Philadelphie, 2000.

SINGER, voir dans la bibliographie du chap. 2.

STAGER L. E., « The Impact of the Sea Peoples (1185-1050 BCE) », in *The Archaeology of Society in the Holy Land*, Londres, 1995, pp. 332-348.

— Sur la date de la fin du Bronze récent :

USSISHKIN D., « Levels VII and VI at Tel Lachish and the End of the Late Bronze Age in Canaan », in *Palestine in the Bronze and Iron Ages : Papers in Honour of Olga Tufnell*, Tubb J. N. éd., Londres, 1985, pp. 213-228.

USSISHKIN D., « The Destruction of Megiddo at the End of the Late Bronze Age and Its Historical Significance », in *Tel Aviv* 22, 1995, pp. 240-267.

— Sur les années de crise qui ont marqué la fin du Bronze récent :

GITIN S., MAZAR A. et STERN E., *Mediterranean Peoples in Transition : Thirteenth to Early Tenth Centuries BCE*, Jérusalem, 1998.

WARD W. A. et SHARP JOUKOWSKY M. éd., *The Crisis Years : The 12th Century BC From Beyond the Danube to the Tigris*, Dubuque, 1992.

— Sur le royaume d'Ougarit :

YON M., *La cité d'Ougarit sur le tell de Ras Shamra*, Paris, 1997.

Voir articles divers dans « Le Mystère Ougarit », in *Le Monde de la Bible* 120, Paris, 1999.

— Sur Canaan au Bronze récent en général et durant la période amarnienne en particulier :

Voir ci-dessus, bibliographie du chap. 2.

FINKELSTEIN I., « The Territorio-Political System of Canaan in the Late Bronze Age », in *Ugarit-Forschungen* 28, 1996, pp. 221-255.

NAAMAN N., « The Network of Canaanite Late Bronze Kingdoms and the City of Ashdod », in *Ugarit-Forschungen* 29, 1997, pp. 599-626.

SINGER, voir dans la bibliographie du chap. 2.

Chapitre 4 : Qui étaient les Israélites ?

— Sur l'habitat israélite en général :

Voir articles divers dans LAPERROUSAZ E. M., bibliographie du chap. 2.

— Sur la théorie de l'infiltration pacifique :

AHARONI Y., « Nothing Early and Nothing Late. Re-writing Israel's Conquest », in *Biblical Archaeologist* 39, 1976, pp. 55-76.

ALT A., *Essays on Old Testament History and Religion*, Oxford, 1966, pp. 135-139.

ALT A., *Kleine Schriften zur Geschichte des Volkes Israels, I*, Munich, 1953, pp. 256-273.

— Sur la théorie de la révolte paysanne :

GOTTWALD N. K., *The Tribes of Yahweh*, New York, 1979.

MENDENHALL G. E., « The Hebrew Conquest of Palestine », in *Biblical Archaeologist* 25, 1962, pp. 66-87.

— Tendances actuelles à propos de l'émergence de l'ancien Israël :
COOTE R. B. et WHITELAM K. W., *The Emergence of Early Israel in Historical Perspective*, Sheffield, 1987.
DEVER W. G., « Ceramics, Ethnicity, and the Question of Israel's Origins », in *Biblical Archaeologist* 58, 1995, pp. 200-213.
FINKELSTEIN I., voir dans la bibliographie du chap. 3, *The Archaeology*.
FINKELSTEIN I., « The Great Transformation : The "Conquest" of the Highlands Frontiers and the Rise of the Territorial States », in *The Archaeology of Society in the Holy Land*, Levy T. E. éd., Londres, 1995, pp. 349-365.
FINKELSTEIN I., « Ethnicity and Origin of the Iron I Settlers in the Highlands of Canaan : Can the Real Israel Stand Up ? », in *Biblical Archaeologist* 59, 1996, pp. 198-212.
FINKELSTEIN I. et NAAMAN N. éd., *From Nomadism to Monarchy : Archaeological and Historical Aspects of Early Israel*, Jérusalem, 1994.
LEMCHE N. P., *Early Israel*, Leiden, 1985.
STAGER L. E., « The Archaeology of the Family in Ancient Israel », in *Bulletin of the American School of Oriental Research* 260, 1985, pp. 1-35.

— Sur les Apirou et les Shosou :
GIVEON R., *Les Bédouins Shosou des documents égyptiens*, Leiden, 1971.
GREENBERG M., *The Hab/piru*, New Haven, 1955.
NAAMAN N., « Habiru and Hebrews : The Transfer of a Social Term to the Literary Sphere », in *Journal of Near Eastern Studies* 45, 1986, pp. 271-288.
RAINEY A. F., « Unruly Elements in Late Bronze Canaanite Society », in *Pomegranates and Golden Bells*, Wright D. P., Freedman D. N. et Hurvitz A. éd., Winona Lake, 1995, pp. 481-496.
ROWTON M. B., « Dimorphic Structure and the problem of the Apiru-Ibrim », in *Journal of Near Eastern Studies* 35, 1976, pp. 13-20.
WARD W. A., « The Shasu "Bedouin". Notes on a Recent Publication », in *Journal of the Economy and Social History of the Orient* 15, 1972, pp. 35-60.

— Commentaires sur le livre des Juges :
BOLING R. G., *Judges*, New York, 1975.
SOGGIN J. A., *Le livre des Juges*, Genève, 1987.

Chapitre 5 : Souvenirs d'un âge d'or

— Commentaires sur les livres de Samuel et sur le premier livre des Rois :
CAQUOT A. et ROBERT P. de, *Les livres de Samuel*, Genève, 1994.
GRAY J., *I and II Kings, A Commentary*, Londres, 1970.
MCCARTER K. P., *I Samuel*, Garden City, 1980. *II Samuel*, Garden City, 1984.

— Sur la monarchie unifiée, et sur David et Salomon :

FRITZ V. et DAVIES P., *The Origins of the Ancient Israelite States*, Sheffield, 1996.

HANDY L. K. éd., *The Age of Solomon*, Leiden, 1997.

HALPERN B., *David's Secret Demons : Messiah, Murderer, Traitor, King*, Grand Rapids, 2001.

KNAUF E. A., « King Solomon's Copper Supply », in *Phoenicia and the Bible*, Lipinsky E. éd., Louvain, 1991, pp. 167-186.

NIEMANN H. M., « Megiddo and Solomon – A Biblical Investigation in Relation to Archaeology », in *Tel Aviv* 27, 2000, pp. 59-72.

— Opinions « minimalistes » sur la monarchie unifiée :

Voir la bibliographie de l'introduction.

— Théories conventionnelles sur l'archéologie de la monarchie unifiée :

DEVER W. G., *Recent Archaeological Discoveries and Biblical Research*, Seattle, 1990, pp. 85-117.

KENYON K., *Royal Cities of the Old Testament*, New York, 1971, pp. 53-70.

MAZAR A., « Iron Age Chronology : A Reply to I. Finkelstein », in *Levant* 29, 1997, pp. 155-165.

USSISHKIN D., « King Solomon's Palaces », in *Biblical Archaeologist* 36, 1973, pp. 78-105.

YADIN Y., « Megiddo of the Kings of Israel », in *Biblical Archaeologist* 33, 1970, pp. 66-96.

YADIN Y., *Hazor*, Londres, 1972, pp. 147-164.

YADIN Y., *Hazor : The Discovery of a Great Citadel of the Bible*, Londres, 1975, pp. 147-248.

— Sur la chronologie de la couche de l'âge du Fer :

FINKELSTEIN I., « The Archaeology of the United Monarchy : An Alternative View », in *Levant* 28, 1996, pp. 177-187.

FINKELSTEIN I., « Bible Archaeology or Archaeology of Palestine in the Iron Age ? A Rejoinder », in *Levant* 30, pp. 167-174.

— Sur les modèles d'habitat dans Juda :

OFER A., « "All the Hill Country of Judah" : From Settlement Fringe to a Prosperous Monarchy », in *From Nomadism to Monarchy, Archaeological and Historical Aspects of Early Israel*, Finkelstein I. et Naaman N. éd., Jérusalem, 1994, pp. 92-121.

— Sur Jérusalem sous la monarchie unifiée :

CAHILL J., « David's Jerusalem, Fiction or Reality ? The Archaeological Evidence Proves it », in *Biblical Archaeology Review* 24/4, 1998, pp. 34-41.

KNAUF E. A., « Jerusalem in the Late Bronze and Early Iron Periods : A Proposal », in *Tel Aviv* 27, 2000, pp. 73-89.

STEINER M., « David's Jerusalem, Fiction or Reality ? It's Not There : Archaeology Proves a negative », in *Biblical Archaeology Review* 24/4, 1998, pp. 26-33, 62.

USSISHKIN D., « Solomon's Jerusalem : The Text and the Facts on the Ground », in *Tel Aviv*, à paraître.

— Sur l'inscription de Tel Dan :

BIRAN A. et NAVEH J., « The Tel Dan Inscription : A New Fragment », in *Israel Exploration Journal* 45, 1995, pp. 1-18.

HALPERN B., « The Stela from Dan : Epigraphic and Historical Considerations », in *Bulletin of the American Schools of Oriental Research* 296, 1994, pp. 63-80.

LEMAIRE A., « La Dynastie davidique (*byt dwd*) dans deux inscriptions ouest-sémitiques du IXe siècle av. J. C. », in *Studi epigrafici e linguistici sul Vicino Oriente antico* 11, 1994, pp. 17-19.

LEMAIRE A., « The Tel Dan Stela as a Piece of Royal Historiography », in *Journal for the Study of the Old Testament* 81, 1998, pp. 3-14.

SCHNIEDEWIND W., « Tel Dan Stela : New Light on Aramaic and Jehu's Revolt », in *Bulletin of the American Schools of Oriental Research* 302, 1996, pp. 75-90.

YAMADA S., « Aram-Israel Relations as Reflected in the Aramaic Inscription from Tel Dan », *Ugarit-Forschungen* 27, 1995, pp. 611-625.

— Sur les Philistins :

Voir la bibliographie sur les Peuples de la Mer au chap. 3.

Chapitre 6 : Un seul État, une seule nation, un seul peuple ?

— Sur l'antagonisme Nord-Sud dans les montagnes du centre au cours des millénaires :

Voir FINKELSTEIN (1995) dans la bibliographie du chap. 4.

— Sur la région des montagnes durant la période amarnienne :

Voir FINKELSTEIN (1996) et NAAMAN (1997) dans la bibliographie du chap. 3.

NAAMAN N., « Canaanite Jerusalem and its Central Hill Country Neighbours in the Second Millennium BCE », in *Ugarit-Forschungen* 24, 1992, pp. 277-291.

— Sur la formation des États dans le Levant :

FINKELSTEIN I., « State Formation in Israel and Judah : A Contrast in Context, A Contrast in Trajectory », in *Near Eastern Archaeology* 62, 1999, pp. 35-52.

MARFOE L., « The Integrative Transformation : Patterns of Socio-political Organization in Southern Syria », in *Bulletin of the American Schools of Oriental Research* 234, 1979, pp. 1-42.

— Sur la campagne du pharaon Shéshonq Ier :

KITCHEN K. A., *The Third Intermediate Period in Egypt*, Warminster, 1973, pp. 293-300.

Voir MAZAR, dans la bibliographie du chap. 1, *op. cit.*, pp. 139-150

Chapitre 7 : Israël, le premier royaume tombé dans l'oubli

— Commentaire sur le second livre des Rois :

COGAN M. et TADMOR H., *II Kings*, Garden City, 1988.

— Sur la stèle de Mésha :

DEARMAN J. A. éd., *Studies in the Mesha Inscription and Moab*, Atlanta, 1989.

LEMAIRE A., « La stèle de Mésha et l'histoire de l'ancien Israël », in *Storia e tradizioni di Israele*, Garrone D. et Israel F. éd., Brescia, 1991.

NAAMAN N., « King Mesha and the Foundation of the Moabite Monarchy », in *Israel Exploration Journal* 47, 1997, pp. 83-92.

SMELIK K. A. D., *Converting the Past, Studies in Ancient Israelite and Moabite Historiography*, Leiden, 1992, pp. 59-92.

— Sur l'inscription de Tel Dan :

Voir la bibliographie du chap. 5.

— Sur Samarie :

Voir KENYON, *Royal Cities*, dans la bibliographie du chap. 5.

— Sur la Megiddo du IXe siècle av. J. C. et sur Haçor, selon Yadin :

Voir YADIN, dans la bibliographie du chap. 5.

— Sur les systèmes hydrauliques du Fer II :

SHILOH Y., « Underground Water System in the Land of Israel in the Iron Age », in *The Architecture of Ancient Israel from the Prehistoric to the Persian Period*, Kempinski A. et Reich R. éd., Jérusalem, 1992, pp. 275-293.

— Sur les palais *bit hilani* :

Voir USSISHKIN, *King Solomon's Palaces*, dans la bibliographie du chap. 5.

— Sur Jezréel :

NAAMAN N., « Historical and Literary Notes on the Excavations of Tel Jezreel », in *Tel Aviv* 24, 1997, pp. 122-128.

USSISHKIN D. et WOODHEAD J., « Excavations at Tel Jezreel 1990-1991 : Preliminary Report », in *Tel Aviv* 19, 1992, pp. 3-56.
USSISHKIN D. et WOODHEAD J., « Excavations at Tel Jezreel 1992-1993 : Second Preliminary Report », in *Levant* 26, 1994, pp. 1-71.
USSISHKIN D. et WOODHEAD J., « Excavations at Tel Jezreel 1994-1996 : Third Preliminary Report », in *Tel Aviv* 24, 1997, pp. 6-72.
WILLIAMSON H. G. M., « Jezreel in the Biblical Texts », in *Tel Aviv* 18, 1991, pp. 72-92.
ZIMHONI O., *Studies in the Iron Age Pottery of Israel : Typological, Archaeological and Chronological Aspects*, Tel-Aviv, 1997, pp. 13-56.

— Sur les chapiteaux proto-éoliques :
Shiloh Y., *The Proto-Aeolic Capital and Israelite Ashlar Masonry (Qedem* II*)*, Jérusalem, 1979.

— Sur l'État omride :
OLIVIER H., « In Search of a Capital for the Northern Kingdom », in *Journal of Northwest Semitic Languages* II, 1983, pp. 117-132.
SCHULTE H., « The End of the Omride Dynasty : Social-Ethical Observations on the Subject of Power and Violence », in *Ethics and Politics in the Hebrew Bible*, Knight D. A. éd., Atlanta, 1994, pp. 133-148.
TIMM S., *Die Dynastie Omri*, Göttingen, 1982.
WILLIAMSON H. G. M., « Tel Jezreel and the Dynasty of Omri », in *Palestine Exploration Quarterly* 128, 1996, pp. 41-51.

— Sur la description des Omrides dans l'histoire deutéronomiste :
ISHIDA T., « The House of Ahab », *Israel Exploration Journal* 25, 1975, pp. 135-137.
WHITLEY C. F., « The Deuteronomic Presentation of the House of Omri », *Vetus Testamentum* 2, 1952, pp. 137-152.

Chapitre 8 : À l'ombre de l'empire

— Sur Aram-Damas et les Araméens :
DION P.-E., *Les Araméens à l'âge du fer*, Paris, 1997.
PITARD W. T., *Ancient Damascus*, Winona Lake, 1987.
SADER H., *Les États araméens de Syrie depuis leur fondation jusqu'à leur transformation en provinces assyriennes*, Tübingen, 1984.

— Sur Hazaël et la guerre qu'il livra à Israël :
LEMAIRE A., « Hazaël de Damas, roi d'Aram », in *Marchands, diplomates et empereurs*, éd. Charpin D. et Joannès F., Paris, 1991, pp. 91-108.
Voir bibliographie sur la stèle de Dan, au chap. 5.

— Sur Haçor et le Nord au Fer II :

FINKELSTEIN I., « Hazor and the North in the Iron Age : A Low Chronology Perspective », in *Bulletin of the American Schools of Oriental Research* 314, 1999, pp. 55-70.

— Sur les fouilles de Dan et de Bethsaïde :

BIRAN A., *Biblical Dan*, Jérusalem, 1994.

ARAV R., FREUND R. A. et SHRODER J. F., « Bethsaida Rediscovered : Long Lost City Found North of Galilee Shore », in *Biblical Archaeology Review* 26/1, 2000, pp. 45-56.

— Sur les ostraca de Samarie :

LEMAIRE A., *Inscriptions hébraïques I : Les ostraca*, Paris, 1977.

RAINEY A. F., « The Samaria Ostraca in the Light of Fresh Evidence », in *Palestine Exploration Quarterly* 99, 1967, pp. 32-41.

SHEA W. H., « The Date and Significance of the Samaria Ostraca », in *Israel Exploration Journal* 27, 1977, pp. 16-27.

— Sur la population d'Israël et de Juda au Fer II :

BROSHI M. et FINKELSTEIN I., « The Population of Palestine in Iron Age II », in *Bulletin of the American Schools of Oriental Research* 287, 1992, pp. 47-60.

— Sur les « écuries » de Megiddo :

DAVIES A. I., « Solomonic Stables at Megiddo After All ? », in *Palestine Exploration Quarterly* 120, 1988, pp. 130-141.

HERR L. G., « Tripartite Pillared Buildings and the Market Place in Iron Age Palestine », in *Bulletin of the American Schools of Oriental Research* 272, 1988, pp. 47-67.

HERZOG Z., « The Storehouses », in *Beersheba I*, Aharoni Y. éd., Tel-Aviv, 1973, pp. 23-30.

PRITCHARD J. B., « The Megiddo Stables : A Reassessment », in *Near Eastern Archaeology in the Twentieth Century*, Sanders J. A. éd., Garden City, 1970, pp. 268-275.

YADIN Y., « The Megiddo Stables », *Magnalia Dei : the Mighty Acts of God. Essays on the Bible and Archaeology in Memory of G.E. Wright*, Garden City, 1976, pp. 249-252.

— Sur les « listes de chevaux » assyriennes :

DALLEY S., « Foreign Chariotry and Cavalry in the Armies of Tiglath-pileser III and Sargon II », in *Iraq* 47, 1985, pp. 31-48.

— Sur les ivoires de Samarie :

CROWFOOT J. W. et CROWFOOT G. M., *Early Ivories from Samaria*, Londres, 1938.

— Sur les campagnes assyriennes :

TADMOR H., « Philistia under Assyrian Rule », in *Biblical Archaeologist* 29, 1966, pp. 86-102.

— Sur la prise de Samarie :

BECKING B., *The Fall of Samaria*, Leiden, 1992.

NAAMAN N., « The Historical Background to the Conquest of Samaria (720 BC) », in *Biblica* 71, 1990, pp. 206-225.

— Sur la déportation des Israélites :

NAAMAN N., « Population Changes in Palestine Following Assyrian Deportations », in *Tel Aviv* 20, 1993, pp. 104-124.

ODED B., *Mass Deportations and Deportees in the Neo-Assyrian Empire*, Wiesbaden, 1979.

YOUNGER L. K., « The Deportations of the Israelites », in *Journal of Biblical Literature* 117, 1998, pp. 201-227.

Chapitre 9 : La transformation de Juda

— Sur l'ascension de Juda au VIIIe siècle av. J. C. :

FINKELSTEIN I., « The Rise of Jerusalem and Judah : The Missing Link », in *Levant*, 2001, pp. 105-115.

JAMIESON-DRAKE D. W., *Scribes and Schools in Monarchic Judah : A Socio-Archaeological Approach*, Sheffield, 1991.

— Sur Achaz dans l'histoire et dans l'histoire deutéronomiste :

NAAMAN N., « The Deuteronomist and Voluntary Servitude to Foreign Powers », in *Journal for the Study of the Old Testament* 65, 1995, pp. 37-53.

NELSON R. D., « The Altar of Ahaz : A Revisionist View », in *Hebrew Annual Review* 10, 1986, pp. 267-276.

SMELIK K. A. D., « The New Altar of King Ahaz (2 Kings 16) ; Deuteronomistic Reinterpretation of a Cult Reform », in *Deuteronomy and Deuteronomistic Literature*, Louvain, 1997, pp. 263-278.

TADMOR H. et COGAN M., « Ahaz and Tiglath-Pileser in the Book of Kings : Historiographic Considerations », in *Biblica* 60, 1979, pp. 491-508.

— Sur la datation de la liste des cités fortifiées par Roboam :

FRITZ V., « The "List of Rehoboam's Fortresses" in 2 Chr. 11:5-12 – A Document from the time of Josiah », in *Eretz-Israel* 15, 1981, pp. 46-53.

NAAMAN N., « Hezekiah's Fortified Cities and the *LMLK* Stamps », in *Bulletin of the American Schools of Oriental Research* 261, 1986, pp. 5-21.

— Sur les inscriptions du Fer II, y compris les sceaux :

AVIGAD N. et SASS B., *Corpus of West Semitic Stamp Seals*, Jérusalem, 1997.

McCarter K. P., *Ancient Inscriptions : Voices from the Biblical World*, Washington, 1996.
Naveh J., *Early History of the Alphabet*, Leyde, 1982.

— Sur la production de masse de poteries judéennes au Fer II :
Voir Zimhoni, dans la bibliographie du chap. 7, *op. cit.*, pp. 57-178.

— Sur l'historique de l'habitat dans Juda :
Voir Ofer, dans la bibliographie du chap. 5.

— Sur les similitudes entre la Jérusalem du Bronze récent et celle du Fer ancien :

Naaman N., « The Contribution of the Amarna Letters to the Debate on Jerusalem's Political Position in the Tenth Century BCE », in *Bulletin of the American Schools of Oriental Research* 304, 1996, pp. 17-27.

— Sur la religion de Juda (et d'Israël) :

Ackerman S., *Under Every Green Tree : Popular Religion in Sixth Century Judah*, Atlanta, 1992.
Albertz R., *A History of Israelite Religion in the Old Testament Period*, Louisville, 1994.
Miller P. D., *Israelite Religion and Biblical Theology*, Sheffield, 2000.
Smith M., *Palestinian Parties and Politics that Shaped the Old Testament*, New York, 1971.
Von Rad G., *Théologie de l'Ancien Testament I*, Genève, 1957.

— Sur l'expansion de Jérusalem au VIIIe siècle av. J. C. :

Avigad N., *Discovering Jerusalem*, Oxford, 1984, pp. 31-60.
Broshi M., « The Expansion of Jerusalem in the Reigns of Hezekiah and Manasseh », in *Israel Exploration Journal* 24, 1974, pp. 21-26.

— Sur les cimetières de Jérusalem au Fer II :

Barkay G. et Kloner A., « Jerusalem Tombs from the Days of the First Temple », in *Biblical Archaeology Review* 12/2, 1986, pp. 22-39.
Ussishkin D., *The Village of Silwan : The Necropolis from the Period of the Judean Kingdom*, Jérusalem, 1993.

— Sur les réformes religieuses d'Ézéchias :

Naaman N., « The Debated Historicity of Hezekiah's Reform in the Light of Historical and Archaeological Research », in *Zeitschrift für die alttestamentliche Wissenschaft* 107, 1995, pp. 179-195.
Rosenbaum J., « Hezekiah's Reform and the Deuteronomistic Tradition », in *Harvard Theological Review* 72, 1979, pp. 23-43.

— Sur la possibilité d'une première version de l'histoire deutéronomiste sous Ézéchias :

HALPERN et VANDERHOOFT, voir la bibliographie de l'introduction.
LEMAIRE A., « Vers l'histoire de la rédaction des livres des Rois », in *Zeitschrift für die alttestamentliche Wissenschaft* 98, 1986, pp. 221-235.
PROVAN I. W., *Hezekiah and the Books of Kings : A Contribution to the Debate about the Composition of the Deuteronomistic History*, Berlin, 1988.

Chapitre 10 : Entre guerre et survie

— Sur la révolte d'Ézéchias :
GONCALVÈS F., *L'expédition de Sennachérib en Palestine dans la littérature hébraïque ancienne*, Paris, 1986.
HALPERN B., « Jerusalem and the Lineages in the Seventh Century BCE : Kinship and the Rise of Individual Moral Liability », in *Law and Ideology in Monarchic Israel*, Halpern B. et Hobson D. W. éd., Sheffield, 1991, pp. 11-107.
NAAMAN N., « Hezekiah and the Kings of Assyria », in *Tel Aviv* 21, 1994, pp. 235-254.

— Sur la politique étrangère de Juda sous les rois Ézéchias et Manassé :
EVANS C. D., « Judah's Foreign Policy from Hezekiah to Josiah », in *Scripture in Context : Essays on the Comparative Method*, Evans C. D., Hallo W. W. et White J. B. éd., Pittsburgh, 1980, pp. 157-178.
NELSON R., « Realpolitik in Judah (687-609 BCE) », in *Scripture in Context II : More Essays on the Comparative Method*, Hallo W. W., Moyer J. C. et Perdue, L. G. éd., Winona Lake, 1983, pp. 177-189.

— Sur l'expansion vers l'ouest de Jérusalem :
Voir AVIGAD et BROSHI, dans la bibliographie du chap. 9.

— Sur Lakish, et la conquête de Sennachérib :
USSISHKIN D., *The Conquest of Lachish by Sennacherib*, Tel-Aviv, 1982.

— Sur les jarres d'entreposage *LMLK* et l'administration d'Ézéchias :
NAAMAN N., « Sennacherib's Campaign to Judah and the Date of the *LMLK* Stamps », in *Vetus Testamentum* 29, 1979, pp. 61-86.
USSISHKIN D., « The Destruction of Lachish by Sennacherib and the Dating of the Royal Judean Storage Jars », in *Tel Aviv* 4, 1977, pp. 28-60.
VAUGHN A. G., *Theology, History and Archaeology in the Chronicler's Account of Hezekiah*, Atlanta, 1999.

— Sur le règne de Manassé :
FINKELSTEIN I., « The Archaeology of the Days of Manasseh », in *Scripture and Other Artifacts : Essays on the Bible and Archaeology in Honor of Philip J. King*, Coogan M. D., Exum J. C. et Stager L. E. éd., Louisville, 1994, pp. 169-187.

— Sur le jugement porté par la Bible sur Manassé :

BEN-ZVI E., « The Account of the Reign of Manasseh in II Reg 21:1-18 and the Redactional History of the Book of Kings », in *Zeitschrift für die alttestamentliche Wissenschaft* 103, 1991, pp. 355-374.

EYNIKEL E., « The Portrait of Manasseh and the Deuteronomistic History », in *Deuteronomy and Deuteronomic Literature*, Vervene M. et Lust J. éd., Louvain, 1997, pp. 233-261.

HALPERN B., « Why Manasseh was Blamed for the Babylonian Exile : The Revolution of a Biblical Tradition », in *Vetus Testamentum* 48, 1998, pp. 473-514.

SCHNIEDEWIND W. M., « The Source Citations of Manasseh : King Manasseh in History and Homily », in *Vetus Testamentum* 41, 1991, pp. 450-461.

— Sur la prospérité du Sud au VIIe siècle av. J. C. :

BIENKOWSKI, voir la bibliographie du chap. 1, divers articles.

FINKELSTEIN I., « Horvat Qitmit and the Southern Trade in the Late Iron Age II », in *Zeitschrift des Deutschen Palästina-Vereins* 108, 1992, pp. 156-170.

— Sur la production d'huile d'olive de Tel Miqne :

EITAM D. et SHOMRONI A., « Research of the Oil Industry during the Iron Age at Tel Miqne », in *Olive Oil in Antiquity*, Heltzer M. et Eitam D. éd., Haifa, 1987, pp. 37-56.

GITIN S., « Tel Miqne-Ekron in the 7th C. BC : City Plan, Development and the Oil Industry », in *Olive Oil in Antiquity*, Heltzer M. et Eitam D. éd., Haifa, 1987, pp. 81-97.

— Sur l'évaluation des rois de Juda sous la monarchie tardive :

Voir NAAMAN (1994) ci-dessus.

SCHNIEDEWIND W. M., *Society and the Promise to David*, Oxford, 1999.

Chapitre 11 : La grande réforme

— Sur Josias et sa réforme dans l'histoire deutéronomiste :

EYNIKEL E., *The Reform of King Josiah and the Composition of the Deuteronomistic History*, Leyde, 1996.

LAATO A., *Josiah and David Redivivus : The Historical Josiah and the Messianic Expectations of Exilic and Postexilic Times*, Stockholm, 1992.

LOHFINK N., « The Cult Reform of Josiah : 2 Kings 22-23 as a Source for the History of Israelite Religion », in *Ancient Israelite Religion*, Miller P. D., Hanson P. D. et McBride S. D. éd., Philadelphie, 1987, pp. 459-475.

NAAMAN N., « The Kingdom of Judah under Josiah », in *Tel Aviv* 18, 1991, pp. 3-71.

TALSHIR Z., « The Three Deaths of Josiah and the Strata of Biblical Historiography (2 Kings XXIII 29-30 ; 2 Chronicles XXXV 20-5 ; 1 Esdras I 23-31) », *Vetus Testamentum* 46, 1996, pp. 213-236.

— Sur le Deutéronome :

TIGAY J., *Deuteronomy*, Philadelphie, 1996.

VON RAD G., *Studies on Deuteronomy*, Londres, 1953.

VON RAD G., *Deuteronomy : A Commentary*, Londres, 1966. Voir aussi bibliographie de l'introduction.

WEINFELD M., *Deuteronomy and the Deuteronomic School*, Oxford, 1972.

— Sur la scène internationale dans les dernières décennies de l'histoire de Juda :

MALAMAT A., « Josiah's Bid for Armageddon », in *Journal of the Ancient Near Eastern Society* 5, 1973, pp. 267-279.

MALAMAT A., « The Kingdom of Judah between Egypt and Babylon : A Small State within a Great Power Confrontation », in *Text and Context*, Sheffield, 1988, pp. 117-129.

— Sur l'Égypte et le Levant sous la XXVIe dynastie :

Voir REDFORD, *Egypt and Canaan*, dans la bibliographie du chap. 2.

— Sur le Dtr[1] :

Voir bibliographie de l'introduction.

— Sur l'« iconisme » ou l'« aniconisme » dans l'antique Israël :

KEEL O. et UEHLINGER C., *Gods, Goddesses, and Images of God in Ancient Israel*, Édimbourg, 1998.

METTINGER T., *No Graven Image ? Israelite Aniconism in Its Ancient Near Eastern Context*, Lund, 1995.

Chapitre 12 : L'exil et le retour

— Sur le Dtr[2] :

Voir bibliographie sur l'histoire deutéronomiste (l'école de Harvard) dans l'introduction, en particulier HALPERN et VANDERHOOFT.

Voir l'entrée concernant le roi Manassé dans la bibliographie du chap. 10.

— Sur la période babylonienne :

LIPSCHITS O., *The Fall and Rise of Jerusalem*, à paraître.

VANDERHOOFT D. S., *The Neo-Babylonian Empire and Babylon in the Latter Prophets*, Atlanta, 1999.

— Sur les quatre derniers versets du livre des Rois (la grâce du roi Joiakîn) :

BECKING B., « Jehoiachin's Amnesty, Salvation for Israel ? Notes on 2 Kings 25, 27-30 », in *Pentateuchal and Deuteronomistic Studies*, Brekelmans C. et Lust J. éd., Louvain, 1990, pp. 283-293.

LEVENSON J. D., « The Last Four Verses in Kings », in *Journal of Biblical Literature* 103, 1984, pp. 353-361.
Voir également VON RAD dans la bibliographie de l'introduction.

— Sur le mythe de la terre dépeuplée, et sur l'habitat et la démographie de Yehoud :

BARSTAD H. M., *The Myth of the Empty Land*, Oslo, 1996.

CARTER C. E., *The Emergence of Yehud in the Persian Period*, Sheffield, 1999.

— Sur la province de Yehoud et l'émergence du judaïsme du Second Temple :

BERQUIST J. L., *Judaism in Persia's Shadow*, Minneapolis, 1995.

BRIEND J., « L'édit de Cyrus et sa valeur historique », in *Transeuphratène* 11, 1996, pp. 33-44.

DAVIES P. R. éd., *Second Temple Studies 1 : The Persian Period*, Sheffield, 1991.

ESKENAZI T. C. et RICHARDS K. H. éd., *Second Temple Studies 2. Temple and Community in the Persian Period*, Sheffield, 1994.

HANSON P. D., « Israelite Religion in the Early Postexilic Period », in *Ancient Israelite Religion*, Miller P. D., Hanson P. D. et McBride S. D. éd., Philadelphie, 1987, pp. 485-508.

LEMAIRE A., « Population et territoires de la Palestine à l'époque perse », in *Transeuphratène* 3, 1990, pp. 32-45.

LEMAIRE A., « Histoire et administration de la Palestine à l'époque perse », in *La Palestine à l'époque perse*, éd. Laperrousaz E.-M. et Lemaire A., Paris, 1994, pp. 16-24.

SÉRANDOUR A., « Les récits bibliques de la construction du Second Temple : leurs enjeux », in *Transeuphratène* 11, 1996, pp. 9-32.

WILLIAMSON H., « Judah and the Jews », in *Studies in Persian History : Essays in Memory of David M. Lewis*, Brosius M. et Kuhrt A. éd., Leyde, 1998.

— Sur la culture matérielle de la période perse en général et de la province de Yehoud en particulier :

STERN E., *Material Culture of the Land of the Bible in the Persian Period, 538-332 BC*, Warminster, 1982.

— Sur les réalités exiliques et postexiliques derrière les récits du Pentateuque :

CLINES D. J. A., *The Theme of the Pentateuch*, Sheffield, 1997.

HOFFMAN Y., « The Exodus – Tradition and Reality. The Status of the Exodus Tradition in Ancient Israel », in *Jerusalem Studies in Egyptology*, Shirun-Grumach I. éd., Wiesbaden, 1998, pp. 193-202.

Voir également VAN SETERS (1975) dans la bibliographie du chap. 1

Index

T

U

V

Table des matières

Édition exclusivement réservée
aux adhérents du Club
Le Grand Livre du Mois
15, rue des Sablons
75116 Paris

Achevé d'imprimer en septembre 2002 par Normandie Roto Impression s.a.s., à Lonrai (Orne)
N° d'impression : 02-2136
Dépôt légal : septembre 2002

Imprimé en France